V&R

Mario Raich / Simon L. Dolan

JENSEITS DER KOMFORTZONE

Wirtschaft und Gesellschaft übermorgen

Mit einem Vorwort von Franz Josef Radermacher

Aus dem Englischen von Tina Grummel

Mit 38 Abbildungen und 19 Tabellen

Vandenhoeck & Ruprecht

© Raich, M., Dolan, S. L. (2008). Beyond. Business and Society in Transformation. Zuerst veröffentlicht von Palgrave Macmillan, New York.

Bibliografische Information der Deutschen Nationalbibliothek

Die Deutsche Nationalbibliothek verzeichnet diese Publikation in der Deutschen Nationalbibliografie; detaillierte bibliografische Daten sind im Internet über http://dnb.d-nb.de abrufbar.

ISBN 978-3-525-40352-5

© 2010, Vandenhoeck & Ruprecht GmbH & Co. KG, Göttingen / Vandenhoeck & Ruprecht LLC, Oakville, CT, U. S. A.
www.v-r.de
Printed in Germany.
Layout und Satz: textformart, Göttingen
Druck und Bindung: ⊕ Hubert & Co., Göttingen

Gedruckt auf alterungsbeständigem Papier.

Für alle Leser,
denen an der Zukunft unseres Planeten gelegen ist,
die Verantwortung übernehmen wollen für unsere Kinder und Kindeskinder
und die bereit sind, die Komfortzone zu verlassen.

Inhalt

Der Buchinhalt aus der Vogelperspektive*

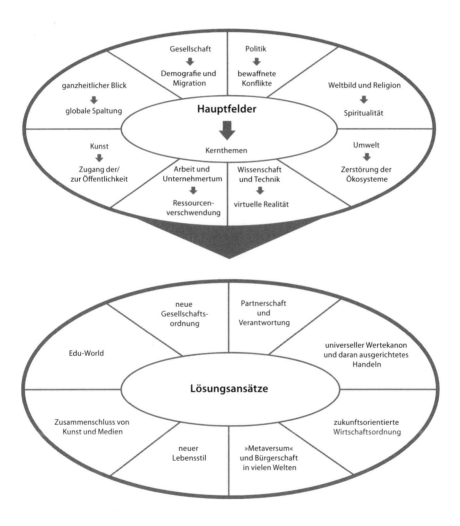

Gesellschaft → Demografie und Migration

Politik → bewaffnete Konflikte

ganzheitlicher Blick → globale Spaltung

Hauptfelder

Weltbild und Religion → Spiritualität

Kunst → Zugang der/ zur Öffentlichkeit

Kernthemen

Umwelt → Zerstörung der Ökosysteme

Arbeit und Unternehmertum → Ressourcen- verschwendung

Wissenschaft und Technik → virtuelle Realität

neue Gesellschafts- ordnung

Partnerschaft und Verantwortung

Edu-World

universeller Wertekanon und daran ausgerichtetes Handeln

Lösungsansätze

Zusammenschluss von Kunst und Medien

zukunftsorientierte Wirtschaftsordnung

neuer Lebensstil

»Metaversum« und Bürgerschaft in vielen Welten

---

* In diesem Buch haben wir eine neue Technik angewandt, das Advanced Key Issue Manage- ment (AKIM). Näheres dazu im Infoteil am Ende des Vorworts (S. 27 f.).

Vorwort

Wir befinden uns weltweit in einer gefährlichen Situation. Ein Bevölkerungswachstum in Richtung zehn Milliarden Menschen bis 2050, Ressourcenknappheit, drohender Peak Oil und Klimakatastrophe, Spaltung der Welt in Arm und Reich, eine beginnenden Prekarisierung in der reichen Welt, eine »globale Apartheid« und eine Zunahme des Hungers weltweit sind Signale einer angekündigten Katastrophe. Hinzu kommen eine gigantische Verschuldung der Nationalstaaten und eine Vielzahl gigantischer »Plünderungsprozesse« durch Premiumakteure aus dem Finanzsektor. All das zeigt, dass der momentane Zustand auf diesem Globus mit Nachhaltigkeit nicht kompatibel ist. Während die Menschen ihre nachvollziehbaren Anstrengungen in Richtung Sicherung von Lebensstandard, Lebensqualität und Zukunft betreiben, während die Möglichkeiten des marktwirtschaftlichen Systems von Premiumakteuren auf die Spitze getrieben werden, bröckelt der Zusammenhang des Ganzen und fahren wir die Umwelt an die Wand - mit absehbar schmerzhaften Folgen.

Die Frage ist, was in dieser Situation getan werden kann, wo Anknüpfungspunkte für eine bessere Zukunft sind. Das Buch »Jenseits der Komfortzone« von Mario Raich und Simon L. Dolan, beide unter anderem an der ESADE Graduate School in Barcelona tätig, ist ein Plädoyer für radikale Veränderungen und für ein prinzipielles Umdenken. Die Autoren halten eine vernünftige Zukunft für zehn Milliarden Menschen und Nachhaltigkeit in Verbindung mit Marktwirtschaft für möglich. Dazu ist aber der »Ökonomismus« der Moderne zu überwinden. Eine Vision einer besseren Welt ist nötig, die weit über den Ökonomismus hinausweist. Das verlangt massive Veränderungen, es verlangt, dass wir uns alle bewegen und herausgehen aus unserer trügerischen individuellen Komfortzone.

Das Buch thematisiert Kernthemen einer nachhaltigen Entwicklung. Von Weltbild und Religionen über Wirtschaft und Technik bis hin zu Arbeit und Unternehmertum wird ein breiter Zugang gewählt, der insbesondere auch die umfassenden wirtschaftsnahen Erfahrungen der beiden Autoren aus Lehrtätigkeit, Consultingarbeiten und Beratung reflektiert. Behandelt wird eine Vielzahl von Problemen, die auf diesem Globus bestehen, die Notwendigkeit zur Veränderung wird immer wieder unterstrichen. Raich und Dolan nehmen Bezug auf den UN-Millenniumsgipfel im Jahr 2000 und wie wenig von den damaligen Beschlüssen umgesetzt wurde, und diskutieren das offensichtliche Bedürfnis der Menschen nach mehr Spiritualität.

Die Autoren des Buches behandeln unterschiedliche Lösungsansätze. Sie beziehen Weltbilder und Religionen in die Überlegungen mit ein. Eng mit ökonomischen Verhältnissen und Erfahrungen vertraut, bringen sie ein breites Verständnis für die ungeheure Kraft technischer Innovationen, insbesondere im informations- und kommunikationstechnischen Bereich, in ihre Diskussionen mit ein. Sie identifizieren weiterhin die zentrale Bedeutung von Energie für unseren Wohlstand und arbeiten die Probleme heraus, die wir mit dem drohenden Peak Oil und den daraus resultierenden Zwängen zur Veränderung haben. Hinzu kommen Spiritualität und Kunst als Gegenüber von Ökonomie und Technik.

Technik wird ungewöhnlich weit gedacht bis hin zu nichtbiologischer Intelligenz. Raich und Dolan suchen ein holistisches Bild, ein Verständnis für das Ganze in einer Welt, deren Architekturprinzip bis heute die Aufspaltung der Verantwortung in kleine Compartments ist, die dann zum Schluss nicht mehr zusammenpassen. Sie setzten dabei nicht nur auf Kopf und Analytik, sondern auch auf Bauch und Herz. Außerdem diskutieren sie ausführlich die Rolle der Kunst und der Kultur für die Bewältigung der anstehenden Transformationsprozesse. Hier besteht eine interessante Brücke zum »World Culture Forum« in Dresden.

Die Autoren beklagen zu Recht, dass es in der öffentlichen Debatte dieser zentralen Herausforderungen zahlreiche punktuelle Interventionen gibt, aber viel zu wenige ganzheitliche Ansätze. Wir haben es in der modernen Welt mit ihren unglaublich raschen Veränderungsprozessen mit der Problematik eines komplexen »Puzzles« zu tun, dessen Teile möglicherweise nicht kompatibel miteinander sind, das heißt, die nicht in eine arbeitsfähige Kombination von Markt und Nachhaltigkeit oder von Wohlstand und Nachhaltigkeit übersetzt werden können. Und wenn doch, und dafür stehen Raich und Dolan, ist die Lösung des »Puzzles« eine gigantische Aufgabe, der sich die Autoren stellen wollen. Der Club of Rome, die Global Marshall Plan Initiative, ebenso die Earth Charter und das World Ethos werden in diesem Kontext als beispielgebende integrative Konzepte genannt, die Orientierung bieten.

Die Autoren diskutieren, ob und wie das Wachstum der Weltbevölkerung – ein Problem hinter vielen anderen Problemen –, verlangsamt werden kann. Es wird ein überraschendes Beispiel einer zielführenden Bevölkerungspolitik im Iran in den letzten Jahren vorgestellt, auch wenn aktuell ein Politikwechsel vor Ort stattfindet.

Einen großen Raum nehmen die Veränderungen ein, die sich auf die Ökonomie als Disziplin und Interpretationsrahmen der Welt beziehen, sei es die Notwendigkeit einer Neudefinition der Wirtschaftsleistung (BIP), sei es eine neue Zukunftsperspektive für Ökonomie und Nachhaltigkeit. Die Rolle des fairen Handels, der Happy Planet Index oder ein so spannendes Projekt wie DESERTEC werden erörtert. Mit DESERTEC sollen die Entwicklungsnöte in Nordafrika teilweise mit einer zukunftsfähigen Energieversorgung Europas gekoppelt werden, um eine Win-win-Situation zu erzeugen. Hightech-Entwicklungen, sowohl bezüglich der vorgesehenen »Sonnenfarmen« in der Wüste wie der Ferntransport-trassen (Hochspannungs-Gleichstromtrassen) für Elektrizität spielen eine zentrale Rolle.

Unter der Überschrift »Auf dem Weg zu sozialem Unternehmertum und Innovation« diskutieren Raich und Dolan neue Trends: den Übergang zum Wissenszeitalter, Unternehmen jenseits der Profitorientierung, soziale Innovationen wie Kleinkreditorganisationen und soziales Unternehmertum, beispielsweise im Sinne des Friedensnobelpreisträgers 2006, Muhammad Yunus aus Bangladesh, und aktuelle Trends jenseits des klassischen Managements und klassischer Führungsstile.

Ein zentrales Thema der Autoren, eine wesentliche Erklärung für die aktuellen Schwierigkeiten und unsere Probleme im Umgang damit, ist die dramatisch zunehmende Beschleunigung aller Prozesse. Die Autoren diskutieren die Beschleunigungen in der Veränderung der Welt, beginnend vor 10.000 Jahren, als die Menschen Kontrolle über die Ernährung durch Ackerbau und Viehzucht gewonnen haben, bis in die moderne Zeit, das virtuelle Zeitalter, in dem soziale Innovationen immer schneller zum zentralen Faktor der weiteren Entwicklung werden bzw. werden können: mit der Entwicklung technischer Intelligenz, einer New Economy, Corporate Social Responsibility, neuen Lebensstilen, einer neuen Wirtschaftsordnung. Eine Welt großartiger Perspektiven, aber eben auch sehr bedroht – keine Komfortzone. Raich und Dolan verdeutlichen immer wieder, dass es Zeit zum Handeln ist. Jeder Einzelne muss sich nun aus ihrer Sicht bewegen. Als Bürger und Verbraucher haben wir alle einen enormen Einfluss auf unsere Umwelt und die Zukunft, mehr, als den meisten bewusst ist. Handeln ist jetzt das Gebot der Stunde. Vielleicht verpassen wir sonst die letzte Chance, unsere Probleme friedlich und zukunftsfähig zu lösen.

Die Problemfelder, die als Ziel des Handelns angesprochen werden, betreffen Gesellschaft, Politik, Weltbild und Religion, Umwelt, Wissenschaft und Technik, Arbeit und Unternehmertum, Kunst mit einem ganzheitlichen Blick. Ausgewählte Kernthemen betreffen Demografie und Migration im Kontext von Überbevölkerung sowie Politik im Kontext bewaffneter Konflikte. Neue Sozial- und Governance-Strukturen sind ein Schlüsselbegriff, ebenso Partnerschaft und Verantwortung.

Im Problemfeld Weltbild und Religion geht es um die Identifikation universeller Werte und deren globaler Einhaltung. Überfällig ist die Beendigung der Zerstörung der Ökosysteme. Hierzu ist eine zukunftsorientierte Wirtschaftsordnung, verbunden mit einer wirkungsvollen Global Governance, erforderlich.

Wissenschaft und Technik erarbeiten Innovationen, die ein Potential eröffnen für ein gutes Leben unter Bedingungen der Balance und in Frieden mit der Natur.

Virtuelle Realität vermischt sich mit Realität zu einem »Metaversum«. Die Menschen sind dort Bürger vieler Welten. Arbeit und Unternehmertum wechselwirken einerseits mit Humanpotenzialen und verfügbarer Energie, dann aber auch mit neuen Lebensstilen. Solche sind zu entwickeln und zu etablieren, auch über Governancestrukturen und Motivationsmechanismen durchzusetzen. Die Kunst mit ihrer eigenen Sprache hat dabei potenziell eine große Wirkungsmacht. Es geht darum, den Zugang der Öffentlichkeit zu den entsprechenden Entwicklungen und Potenzialen zu erschließen. Die Wechselwirkung zwischen Kunst, Medien und Bildung ist entsprechend zu fördern.

Gefordert ist insgesamt ein ganzheitlicher Blick, um die globale Kluft und eine wachsende globale Polarisierung zu überwinden und in Richtung Harmonie umzusteuern. Der »Edu-World«, das heißt Bildung und Edutainment im »Metaversum«, wird dabei eine große Rolle zugewiesen, auch zur Vernetzung des Denkens. Denn erforderlich ist jetzt die große Transformation. Die Krise ist anzunehmen. Was wir sehen, ist schon schlimm genug. Und doch ist es nur die Spitze des Eisberges. Wir können nicht warten, bis wir den »Eisberg« rammen. Wir können nicht warten, bis der »Bagger im Wohnzimmer steht«. Wir müssen uns jetzt bewegen, die Komfortzone verlassen, daran glauben, dass wir die Dinge ändern können und entschlossen handeln.

Wörtlich: »Wenn wir unsere wunderbare Welt nicht verlassen wollen, wenn wir unseren schönen blauen Planeten weiter genießen und ihn für künftige Generationen erhalten möchten, wenn wir ihn nicht für kurzfristigen Gewinn zerstören und lebendige Landschaften nicht für abstrakte Bankkonten aufs Spiel setzen wollen, müssen wir jetzt die weit verbreitete Ichbezogenheit der Menschen, die sich nur um sich selber kümmern und bereit sind, alles andere für ihren eigenen Vorteil zu opfern, besiegen. Die Zukunft unseres Planeten liegt in unserer Hand. Wir können das Schicksal unserer Spezies bestimmen« (S. 284).

Das Buch ist ein starkes Plädoyer für Bewegung, aber auch für einen Durchbruch: auf Basis eines mentalen Wandels, auf Basis tatsächlicher Einstellungsveränderungen, neuer Lebensstile, ermöglicht und gefördert durch eine neue Weltwirtschaftsordnung. Wir können, wenn wir wollen – aber wir müssen uns dazu bewegen und letztlich eine bessere Global Governance und eine Vielzahl weiterer global verzahnter Lösungen realisieren.

Neue Strukturen auf dem Weg sind Partnerschaft, Verantwortung, Fürsorge; eine zukunftsorientierte Wirtschaftsordnung; universelle Werte; das »Metaversum«. Damit bewirkbare Folgen sind soziale Innovationen, neue Lebensstile, wirtschaftliche Innovationen.

Die Kernbotschaften der Autoren:
1. Unsere Kultur steht kurz vor dem Untergang.
2. Wir erwarten bzw. erhoffen eine neue »Große Transformation« der menschlichen Kultur.

3. Die wachsende Anzahl von Menschen auf diesem Planeten verstärkt alle unsere Probleme.
4. Da die Probleme miteinander verknüpft sind, brauchen wir globale Lösungen.
5. Die Art unseres Denkens und Handelns, das hohe Bevölkerungswachstum und die Gier vieler sind wesentliche Verursacher der Probleme.

Es geht bei diesen Fragen nicht um irgendwelche Menschen, weit weg, irgendwann, sondern um uns, heute und hier. Wir können eine wunderbare neue Welt aufbauen, aber wir können auch in einer Katastrophe enden. Die Zeit läuft uns davon – jetzt ist die Zeit zum Handeln. Jetzt haben wir noch die Chance, uns unsere eigene balancierte Zukunft zu schaffen!

Das Buch ist ein wichtiges Dokument zur richtigen Zeit. Es ist zugleich ein gewichtiges Buch: umfangreich, mit vielen Ideen, vielen Anregungen, mit Bezug auf Management und Technologie sowie neuen Medien. Schon bei der Erarbeitung der Inhalte setzten Raich und Dolan auf eine neue Methode: das Advanced Key Issue Management (AKIM). Das Buch profitiert von den umfassenden praktischen Erfahrungen der Autoren und integriert viele kurze Statements erfolgreicher Praktiker aus dem Unternehmertum, die in ihrem Tun und Handeln Bezüge zu Nachhaltigkeit, Corporate Social Responsibility und Good Corporate Governance einbringen. Das Buch bietet einen eigenen originellen und eigenständigen Ansatz. Es ist geschrieben aus einer interessanten wissenschaftlichen Perspektive. Es ist ein wichtiger Beitrag für alle, die hoffen, dass wir eine »bessere« Welt schaffen können.

Ich wünsche allen Lesern viele Erkenntnisgewinne und die Kraft, aktiv zu werden, und den Autoren viel Erfolg mit diesem Buch und in ihrem weiteren Wirken.

Franz Josef Radermacher

Vorwort der Autoren
zur deutschen Ausgabe

Die Menschheit braucht einen neuen Traum

Seit dem Erscheinen der ersten Auflage dieses Buches im Jahre 2008 hat sich die Welt dramatisch verändert. Viele unserer damaligen Vorhersagen haben sich bewahrheitet. Aktuell erleben wir die wohl schlimmsten wirtschaftlichen Turbulenzen der Neuzeit. Obwohl die Ursachen nicht hundertprozentig geklärt sind, scheinen Themen wie Geldgier und die Illusion vom unendlichen Wachstum, verbunden mit ineffizienten Kontrollsystemen, weltweit eine bedeutende Rolle zu spielen. Auch die Natur hat uns wieder einmal gezeigt, dass wir noch immer nicht die Meister dieses Planeten sind; das führen uns der Vulkanausbruch auf Island mit seinen weitreichenden Konsequenzen für den Luftverkehr und die Ölkatastrophe im Golf von Mexiko deutlich vor Augen, um nur zwei aktuelle Ereignisse zu nennen.

Inmitten dieses Chaos, vielleicht dem ärgsten seit Menschengedenken, scheint etwas Neues, etwas Großes zu entstehen. In aller Bescheidenheit glauben wir, dass das, was da gerade passiert, etwas vollkommen Andersartiges ist. Nur die Spitze des Eisbergs ist zu sehen. Aus den Trümmern der bestehenden Zivilisation kann eine neue Gesellschaft entstehen. Haben wir es hier mit einer Utopie zu tun? Ist es sicher, dass wir in diese Richtung schippern?

Die Weltkrise wird eine kathartische Wirkung entfalten und die Grundlage für den fundamentalen Wechsel in Richtung einer neuen Welt bereiten. Die Große Transformation treibt uns dorthin, indem sie die Veränderungen beschleunigt. Das gilt insbesondere für den rasanten technologischen Wandel, der uns alle betrifft. Das Ganze ist ein globales Phänomen, vor dem es kein Entrinnen gibt.

Es ist zu beobachten, dass sich das Unternehmertum zurückzubesinnen beginnt: auf das Wohlergehen der Menschheit, auf den Erhalt der Ökosysteme und den Aufbau einer nachhaltigen Zukunft. Heute stehen wir am Beginn des neuen sozialen Unternehmertums.

Wie aber können wir Menschen dazu bewegen, ihre Komfortzone zu verlassen? Wie lässt sich Kreativität fördern? Wie können wir universelle Werte annehmen, die uns selbst und der Menschheit weiterhelfen? Wie ließe sich die traditionelle Wertkette so wandeln, dass Platz für weitere Themen entstünde? Dies sind nur einige der grundlegenden Themen, die überlegt und besprochen werden müssen. Eins ist sicher: Die Zeit ist reif, den Ideen für eine neue Gesellschaft freien Lauf zu lassen.

Der Mangel an Verantwortung und Kontrolle haben dazu geführt, dass sich Manager wie Spekulanten und skrupellose Unternehmer benehmen. Leider trifft das Gleiche auf Politiker zu, die behaupten, das Kapital ihrer Länder zu verwalten; viele haben ihr Land fast in den Bankrott getrieben (betroffen sind z. B. Island, Griechenland, möglicherweise Spanien, Portugal, Irland; andere könnten noch folgen). Sowohl auf der Makro- als auch auf der Unternehmensebene lässt sich das, was da gerade passiert, als »Kasino-Kapitalismus« beschreiben, wo die Prämie abgeschöpft, der Schaden jedoch an die Besitzer weitergegeben und schließlich der Gesellschaft untergeschoben wird.

Kritiker der freien Marktwirtschaft konzentrieren sich auf die Struktur der Märkte und ihre Beziehungen zu sozialen Institutionen. Instabilität und Unbeständigkeit der aktiven Märkte entziehen dem Einzelnen die Existenzgrundlage und führen, makroökonomisch gesehen, zum Zusammenbruch nationaler und regionaler Ökonomien. Auf der Suche nach dem letzten Profitkick haben es manche Banker schon geschafft, ihre Banken in den Ruin zu treiben. Natürlich sind nicht alle Kreditinstitute für das aktuelle Chaos verantwortlich, aber gerade die führenden Banken trifft eine Hauptschuld an der Lawine, die die Finanzwelt unter sich zu begraben droht. Das Beunruhigende ist, dass nicht nur wackelige Ökonomien und labile Länder, sondern die Bastionen des globalen Finanzmarktes (u. a. die USA und die Schweiz) betroffen sind.

Derzeit ist kein Ende der Krise in Sicht. Solange die bestehenden Ökonomien ausschließlich auf Wachstum aus sind und die Gier sie antreibt, ist zu erwarten, dass neue Sparten (Branchen, Länder und Währungen) einfach geschluckt werden; so lange, bis das ganze Wirtschaftssystem zusammenbricht. Die Finanzblasen blähen sich tendenziell weiter auf; die Erholung der Finanzmärkte setzt immer verzögerter ein. Das mag so lange so weitergehen, bis die Rettung gestrandeter Unternehmen durch ihre Regierungen eines Tages unmöglich sein wird. Die Wirtschaftskrise kann nicht darüber hinwegtäuschen, dass der Menschheit weitere potenziell existenzbedrohliche Herausforderungen bevorstehen, beispielsweise die aktuell zurückgestellten, jedoch permanent virulenter werdenden Umweltprobleme.

Im Grunde ist diese Krise eine Krise des Vertrauens. Die Menschen haben ihr Vertrauen in die Institutionen, in die Regierungen und sogar in die Religionen verloren. Sie fühlen sich von ihren Vorgesetzten betrogen, getäuscht und verraten. Für manche sind Wörter wie »Manager« oder »Banker« zu Schimpfwörtern geworden; sie dürften schon im Laufe einer Generation ersetzt worden sein. Bislang scheinen nur die Unternehmer als vertrauenswürdige »Spezies« übrig geblieben zu sein.

Wir sind der Auffassung, dass uns diese Situation die Chance bietet, nicht nur das Finanzsystem, sondern Gesellschaft und Wirtschaft als Ganzes neu zu strukturieren und neu zu erfinden. Das mag utopisch klingen; die Voraussetzungen für den Aufbau einer gerechteren Gesellschaft, die auf Partnerschaft und Verantwortung basiert und zu einem nachhaltigen Lebensstil führt, waren jedoch nie besser. Das Schlüsselwort in dem Kontext der Erschaffung einer neuen Wirtschaftsordnung ist *Transformation*. Die Entwicklung und Implementierung einer neuen Wertkette kann dazu führen, dass sich das Unternehmertum, neben seiner Ausrichtung auf Profit, zusätzlich um das Schaffen sozialer Werte bemüht. Das würde auch dazu führen, dass sich die Wirtschaft wieder stärker in den Dienst der Gesellschaft stellte. Uns scheint, dass diese Chance im rechten Verhältnis zum Ausmaß der Krise steht. Deshalb ist die Zeit reif, die bestehenden sozialen und ökonomischen Rahmenbedingungen zu sprengen. Es ist an der Zeit, die Mechanismen der Gier und der Angst auszuschalten. Wachstum lässt sich durch Transformation ersetzen; mit dem Endergebnis einer wahren Nachhaltigkeit.

Wir erleben eine ungeheuer schnelle Transformation, die die Menschheit inmitten des 21. Jahrhunderts an einen Wendepunkt treibt. In dieser Zeit wird sich die Transformation eine Million Mal schneller ereignen als im Steinzeitalter. Die Zeit, die existenziellen Kernprobleme zu lösen, die wir im Laufe des Zeitalters des Strebens nach Macht und Kontrolle selbst geschaffen haben, und die Menschheit auf diesen bedeutenden Moment vorzubereiten, wird immer knapper. Wir haben die Wahl: Wir können den Kopf in den Sand stecken und hoffen, dass alles vorüber geht, eine gleichgültige Haltung einnehmen oder etwas tun. Noch können wir das Ruder herumreißen, wir müssen uns aber schnell entscheiden.

Die Frage, die sich Führungskräfte stellen müssen, ist, ob sie abwarten wollen, dass sich die Transformation von selbst ereignet, ob sie sich auf die neue Gesellschaft und Wirtschaft aktiv vorbereiten wollen oder ob sie sogar selbst versuchen sollten, eine neue Ordnung anzustoßen. Im Hinblick auf die neue Welt könnte ihr Handeln bald nach Kriterien wie Berücksichtigung universeller Werte, Umweltfreundlichkeit und Nachhaltigkeit beurteilt werden. In Zukunft werden Kunden Umweltverträglichkeit einfordern und Gesetzgeber werden entsprechende Maßnahmen ergreifen. Millionen umweltbewusster Organisationen könnten sich zu einem mächtigen Verbund zusammenschließen, dem die Zukunft am Herzen liegt. Dass die Menschen auch in ihrer Berufstätigkeit immer mehr nach Sinn suchen, ist ein klarer Indikator dafür, dass vielen die Befriedigung ihrer ökonomischen »Grundgier« nicht mehr genügt, die das letzte Viertel des 20. Jahrhunderts so bestimmt hat.

Immer mehr Menschen hinterfragen den Sinn des Strebens nach stetem Wachstum. Deshalb werden Organisationen, die mobil (und clever) genug sind, sich vom Wachstum zu einer (multidimensionalen) Transformation zu bewegen, nicht nur die Vorteile desjenigen genießen, der den ersten Schritt macht, sondern sie werden sich auch als Pioniere der neuen Welt einen Namen machen.

Nach der Phase der Gier stecken wir heute in der Phase der Angst, in der die Wirkung rationaler Argumente schnell verpufft. Die Instinkte übernehmen die Regie: Reine Zeit- und Geldverschwendung, das Gespenst der Krise bekämpfen zu wollen. In den Köpfen der Menschen hat sich das schon fest verankert. Wahrnehmung ist Realität!

Nichtsdestotrotz sollten wir uns vor Augen führen, dass wir in den entwickelten Ländern auf sehr hohem Niveau klagen. Natürlich ist es schwer für alle, die viel Geld, ihr Unternehmen, ihr Haus oder ihren Job verloren haben. Da ereignen sich menschliche Tragödien. Trotzdem sollten wir zu verstehen versuchen, dass die aktuell wirkenden Mechanismen wesentliche Bestandteile (bzw. Nebenwirkungen) der kapitalistischen Wirtschaftsordnung sind. Solange wir jedoch im bestehenden System nach Lösungen suchen, werden wir das Problem nicht in den Griff bekommen. Wir können noch so viele Milliarden oder sogar Billionen in das schwarze Loch schmeißen, das die Gier und die Illusion von unendlichem Wachstum hervorgerufen hat; füllen werden wir es nie.

Unsere Wirtschaftsführer und Politiker scheinen die Zeichen der Zeit nicht zu verstehen. Hier geht es nicht nur um die Wirtschaftsordnung; es geht um unsere ganze Art zu leben. Wir müssen akzeptieren, dass der amerikanische »way of life« ausgedient hat. Die Zeit, in der die Träume vom unbegrenzten Wachstum unsere Weltanschauung bestimmten, ist vorbei. Die Zeit der Wegwerfökonomie ebenso. Die Wegwerfgesellschaft beißt sich mit der heutigen Realität. Je eher wir das einsehen, desto besser.

Nicht nur Investmentbanker, wir alle haben den Traum des unendlichen Wachstums geträumt und über unsere Verhältnisse gelebt. Der Kommunismus ist letztendlich daran gescheitert, dass er eine Kultur hervorgerufen hatte, in der der Staat über seine Verhältnisse lebte. Der Kapitalismus folgte mit einer Kultur, in der Unternehmen und Konsumenten genau dasselbe taten. Der Spekulationshype am Ende der Finanzblase war nur die logische Konsequenz unserer auf Gier und Angst beruhenden Wirtschaftsordnung. Nach den Exzessen des giergetriebenen Hypes leiden wir nun unter der Krise der Angst. Wir alle sind dem Wirtschaftsmantra »Wachstum« kläglich zum Opfer gefallen.

Wir wissen, dass unsere Wirtschaftsordnung nicht nachhaltig ist und uns immer wieder in Krisen stürzen wird. Obwohl wir wissen, dass wir uns eines Tages möglicherweise nicht mehr erholen und in Chaos und Zerstörung enden werden, scheinen wir nichts ändern zu wollen.

Wir haben vergessen, dass die Grundlage der Wachstumsidee der »Fortschritt« war, der zu einem besseren Leben und zu einer gerechteren Gesellschaft führen sollte, nicht nur zu quantitativem Wachstum. Uns ist der Sinn verloren gegangen. Heutzutage sollten wir einsehen, dass es sich beim »Wachstum« um ein vorübergehendes Phänomen handelt, das lediglich für neue Unternehmen und Entwicklungsländer maßgeblich ist. Es dient dazu, Tempo aufzunehmen und eine angemessene »Reisegeschwindigkeit« zu erreichen. Einmal erreicht, gilt es, sie zu halten und sich auf den »Fortschritt« zu konzentrieren. Wachstum ist erst dann wieder notwendig, wenn wir langsamer werden.

Stellen Sie sich einen Motor vor (eines Autos, Zugs oder Flugzeugs), der unentwegt beschleunigt. In kürzester Zeit würde er entweder auseinanderbrechen oder das Fahrzeug würde von der geplanten Spur abkommen. Was wir also brauchen, ist eine Transformation, die sich auf Fortschritt konzentriert und gleichzeitig unsere Ökonomien am Leben erhält und sie auf dem richtigen Kurs hält. Wir sind auch der zunehmenden Beschleunigung unseres eigenen Lebens zum Opfer gefallen. Wir hetzen von hier nach da, ohne uns einmal die Zeit zu nehmen, anzuhalten und uns zu fragen, was wir da eigentlich machen. Wir nehmen uns nicht die Zeit, uns selbst die fundamentale Frage zu stellen, wie viel genug ist. Deshalb erreichen wir nie den Punkt der Befriedigung. Wir werden nie wirklich glücklich sein, weil wir bis an unser Lebensende immer weiter jagen und immer mehr desselben haben wollen.

Sowohl der Sozialismus als auch der Kapitalismus sind Produkte des Zeitalters der Beherrschung (im Wesentlichen der Dominanz des Mannes). Sie gehören der Vergangenheit an. Es ist an der Zeit, nach neuen Wegen und Mitteln zu suchen. Wir brauchen eine Gesellschaft, die auf Partnerschaft und Verantwortung füreinander aufbaut, eine Wirtschaftsordnung, deren Kern ein dynamisches Gleichgewicht von Wachstum und Transformation ist.

In diesem Buch legen wir eine systematische Analyse der existenziellen Kernthemen vor und skizzieren eine Auswahl an möglichen Lösungen. Wir sind aufgrund unserer Untersuchungen zu dem Schluss gekommen, dass die Lösungen *jenseits* der bestehenden sozialen, ökonomischen und politischen Strukturen liegen müssen. Unsere Situation ist die einer Gratwanderung zwischen einer großartigen Zukunft und einer schlimmen Katastrophe. Mehr desselben ist keine Lösung!

Die andauernde Wirtschaftskrise übt einen gravierenden Einfluss auf die Gesellschaft aus. Wir beobachten, dass sich Menschen wieder stärker spirituellen Werten zuwenden. Die Menschen suchen auch in ihrer Arbeit nicht mehr nur die finanzielle Entlohnung, sondern einen Sinn, eine Bedeutung. Die Menschen fangen an zu begreifen, dass ihr Lebensstil einen tiefgreifenden Einfluss auf die Zukunft ihrer Kinder hat. Sie verstehen langsam auch, dass die Wirtschaft viel zu lang von der Gesellschaft losgelöst war.

Die Welt braucht einen neuen Traum und eine neue Hoffnung. Beides kann durch Menschen verkörpert werden, die für die Zukunft stehen und bereit sind, das Vermächtnis der Vergangenheit hinter sich zu lassen. Wir müssen über unseren Schatten springen, auch wenn das schwierig ist.

Eine neue Welt ist nur möglich, wenn ein Paradigmenwechsel im Wirtschaft und Gesellschaft stattfindet. Dafür gilt es, die Voraussetzungen für moderne Zivilisationen zu verändern.

Sinnstiftung, dem Tun Bedeutung verleihen, könnte ihre Schlüsselstellung in den Unternehmen zurückgewinnen und Engagement und Leidenschaft in den Menschen wecken. Wertschöpfung wird sich hybrid (d. h. real und virtuell) und mit einem klaren Fokus auf einem ausbalancierten Werteportfolio mit der Gesellschaft und den zukünftigen Generationen als Key-Stakeholder (Interessenvertreter) ereignen. Gleichzeitig werden sich die Shareholder (Aktionäre) stärker mit den nichtfinanziellen Werten einer Firma beschäftigen.

Wir müssen die Vergangenheit ziehen lassen und damit beginnen, uns voll auf die Zukunft zu konzentrieren. Als Erstes brauchen wir einen neuen Traum. Ein Traum ist das mächtigste Mittel, die Zukunft zu gestalten. Er kann sprichwörtlich Berge versetzen und Menschen ins All befördern.

Mario Raich
Simon L. Dolan

Vorbemerkungen

Liebe Leserin, lieber Leser,

sicher haben Sie schon vom Klimawandel gehört, von der drohenden Ölkrise, der Umweltverschmutzung, der Bevölkerungsexplosion, von Armut und Migration, von der virtuellen Welt und den Anforderungen der neuen Technologien und anderen kritischen Themen, die die Menschheit in Atem halten. Vielleicht haben Sie auch schon das ein oder andere zu den Risiken eines möglichen Zusammenbruchs der Zivilisation gelesen.

In diesem Buch versuchen wir, einen Gesamtüberblick über die zentralen Zukunftsfragen und Probleme zu geben, mit denen die Welt heute konfrontiert ist – Probleme, die einen großen Einfluss darauf haben werden, wie wir morgen leben und arbeiten. Die Kernfragen werden wir sowohl einzeln als auch in ihrem Zusammenhang besprechen. Dabei soll es aber nicht bleiben. Zu den Fragen und Problemen wollen wir Lösungsansätze vortragen, die aus einer frischen und innovativen Perspektive heraus entstanden sind und weit über jedes traditionelle Weltbild hinaus gehen.

Jedes Thema, das wir behandeln, bedroht, für sich gesehen, unsere Zivilisation, ja sogar unsere Existenz. Alle Problemfelder zusammengenommen stellen die größte Herausforderung dar, vor der die Menschheit jemals stand.

Weil Sie sich über Ihre eigene Zukunft und die Ihrer Kinder Gedanken machen, weil Sie unsere Zivilisation vor dem Aussterben bewahren wollen und sich für die Auslöser der Bedrohungen interessieren, sollten Sie dieses Buch lesen, um mehr über die zentralen Probleme und ihre Lösungsmöglichkeiten zu erfahren:

- Unser *Lebensstil lässt sich nicht aufrechterhalten*. Die Industrienationen nutzen schon jetzt mehr Ressourcen, als die Erde bereithalten kann. Wenn auch die Entwicklungsländer eines Tages so leben wie wir heute, werden die Ressourcen unserer Erde bald erschöpft sein. Wir bräuchten fünf »Erden« gleichzeitig, um überhaupt unseren Lebensstandard zu halten. Sicher ist also: Wir müssen unseren Lebensstil ändern.
- Jedes Jahr wächst die Weltbevölkerung um *80 Millionen Menschen* – das ist fast so viel wie die Gesamtbevölkerung Deutschlands. Diese Menge kommt zu den aktuell 6,5 Milliarden Weltbürgern hinzu. Das heißt: Jedes Jahr brauchen wir mehr Platz, Essen, Wasser, Bildung, Arbeit etc. für diese zusätzlichen 80 Millionen.

- Die *Zerstörung der Ökosysteme*, die uns mit lebensnotwendigen Ressourcen – Luft, Wasser, Nahrungsmittel und Schutz – versorgen, beschleunigt sich immer mehr.
- Fast 90 % der *1,5 Milliarden jungen Menschen* (zwischen 12 und 24) weltweit lebt in Entwicklungsländern, die meisten ohne Zukunftsperspektiven oder Hoffnung. Sie alle träumen davon, eines Tages in entwickelte Länder auswandern zu können.
- Der *Klimawandel* wird mit Naturkatastrophen große Schäden anrichten und den Abbau fruchtbarer Böden und zunehmende Wasserknappheit verstärken, was wiederum zu Hunger- und Dürrekatastrophen führen dürfte. In den kommenden Jahrzehnten wird es mindestens 50 Millionen Klimaflüchtlinge geben.
- In naher Zukunft können wir mit mehr Spannungen rechnen, die zu *bewaffneten Konflikten und Terrorangriffen* führen werden, auch zum Einsatz von Massenvernichtungswaffen, vor allem aus den Bereichen der Bio- und Nanotechnologie.
- Wir werden mit allen möglichen *Energieproblemen* zu kämpfen haben. In Kürze steht uns der Zeitpunkt bevor, an dem die Hälfte der gesamten Ölreserven aufgebraucht ist (»Peak Oil«). Die Ölpreise werden in die Höhe schnellen. Zusammenbrüche im Stromnetz werden immer häufiger zu Komplettausfällen führen. Wir werden erleben, dass Börsenspekulationen die Energiepreise rasant in die Höhe treiben werden.
- Unglaublich, aber wahr: Wir benötigen rund 15.000 Milliarden Euro, um die *Infrastruktur* (Energieversorgung, Straßen, Brücken, Wasser, Abwasser etc.) *am Laufen zu halten.*
- Da die Mehrheit der Weltbevölkerung in Städten leben wird, werden wir in den nächsten Jahrzehnten einen schnellen Anstieg an *Megastädten* erleben, jeweils mit Einwohnerzahlen über 10 Millionen, manche sogar über 30 Millionen. Das wird dazu führen, dass sich der Druck auf Infrastruktur und Umwelt erhöhen und soziale Spannungen zunehmen werden. Laut einer Studie der Vereinten Nationen leben schon heute eine Milliarde Menschen in Slums. Wenn wir nichts unternehmen, wird sich diese Zahl in den nächsten 30 Jahren verdoppeln.
- Wir erleben die Entwicklung einer *virtuellen Realität*, die unsere Bildung, unsere Arbeit, unser ganzes Leben schon bald stark beeinflussen wird. Es wird uns möglich sein, mehrere Leben parallel zu führen, mit Konsequenzen und Herausforderungen, die wir heute noch nicht kennen.

Vor diesem Hintergrund müssen wir uns fragen: Können wir uns den Luxus der Ignoranz weiter leisten und weiter so leben, als sei alles gut? Wie werden sich die angesprochenen Probleme auf Arbeit und Gesellschaft auswirken? Wir wissen, dass die Probleme miteinander zusammenhängen und sich gegenseitig verstärken und dass das rasante Wachstum der Weltbevölkerung die bedrohliche Kraft der Probleme noch potenzieren wird. Wenn es uns nicht gelingt, die Überbevölkerung zu stoppen, werden wir an einer besseren Zukunft scheitern.

Abgesehen von diesen Problemfeldern, die der Mensch zu verantworten hat, müssen wir uns auch vor *unabsehbaren und akut auftretenden Ereignissen* hüten, die enorme Konsequenzen nach sich zögen. Man denke nur an die Folgen des Zusammenpralls eines größeren Asteroiden mit der Erde, Vulkanausbrüche und Erdbeben größeren Ausmaßes, gewaltige Tsunamis oder eine weltweite Pandemie.

Der erste Schritt in Richtung Problemlösung ist die Erkenntnis. Voraussetzung dafür, dass wir die Probleme, die sich uns stellen, in den Griff bekommen, ist die mentale Bereitschaft. Diese wird uns ermöglichen, die Zukunftsfragen genauer anzugehen und unser kreatives Potenzial zu nutzen, um über mögliche Lösungen nachzudenken. In den Darstellungen dieses Buches verwenden wir eine einzigartige Methode, das sogenannte *Advanced Key Issue Management* (AKIM). Es hilft uns, die zentralen Fragen adäquat zu formulieren und Lösungsansätze zu identifizieren. Obwohl wir dieses Buches geschrieben haben und die volle Verantwortung für seinen Inhalt übernehmen, waren wir beim Zusammenstellen der Daten und der Problemanalyse auf die Hilfe eines »virtuellen Teams« angewiesen, das sich aus einem erlesenen Kreis der renommiertesten Wissenschaftler unterschiedlichster Disziplinen zusammensetzte. Wir haben uns für diesen Ansatz entschieden, weil uns bewusst wurde, dass uns unsere eigenen intellektuellen Fähigkeiten auf der Suche nach einer glorreichen Lösung nicht weit genug hätten bringen können. Deshalb haben wir über 40 Experten eingeladen, dem virtuellen Team des Zukunftsprojekts beizutreten. Freundlicherweise haben sie sich zur Mitarbeit bereit erklärt und waren uns über den ganzen Verlauf des Schreibens eine große Hilfe, die Zukunftsfragen und auch die möglichen Antworten aus unterschiedlichen Perspektiven wahrzunehmen. Zusätzlich zu diesen »weisen Männern und Frauen« haben wir einige der weltweit führenden Politiker, Managementgurus und Führungskräfte eingeladen, kurze Abschnitte zu diesem Buch beizutragen. Jeder Einzelne von ihnen ist ein *Denker von morgen*. Alle zusammen haben entschieden dazu beigetragen, dass wir hier gemeinsam über den Tellerrand der Erfahrung des Jetzt schauen können. Die entsprechenden Beiträge finden sich an strategischen Punkten des Textes.

Dieses Buch stellt den ersten wichtigen Versuch dar, Ihnen eine neue Welt vorzustellen. Wir hoffen, dass Sie sich, nachdem Sie es gelesen haben, für das Überleben der Menschheit und die Zukunft unserer Art einsetzen wollen. Wir unterschätzen unseren Einfluss auf die Zukunft unserer Welt. Als Konsumenten, Betroffene, wählende Bürger und potenzielle Führungskräfte haben wir alle eine nicht zu unterschätzende Macht und können maßgebliche Veränderungen einleiten. Wir können es uns nicht mehr erlauben, weiter abzuwarten; das Fenster der Handlungsmöglichkeiten wird immer kleiner.

Das Buch ist kein Kochbuch und kann nicht alle Probleme dieser Welt per Rezept lösen. Uns ist klar, dass es für die meisten Probleme keine einfachen Lösungen geben wird. Trotzdem werden wir die komplexen Einzelheiten der hier beschriebenen Phänomene genau und so einfach wir können darstellen, damit Sie verstehen, welches die brennenden Zukunftsfragen sind, inwiefern diese Ihr eigenes Leben und das Ihrer Kinder betreffen und welche Möglichkeiten wir haben, die Probleme anzugehen. Wir werden unsere Aufmerksamkeit sowohl der Diagnose als auch der Therapie widmen. Dabei wollen wir Beispiele innovativer politischer Maßnahmen und Fälle zur Orientierung vorstellen, die schon jetzt die Herausforderungen der Zukunft in Angriff nehmen.

Die fünf Kapitel dieses Buches haben folgende Schwerpunkte:

Kapitel 1: Einleitung
In diesem Kapitel stellen wir Störfaktoren dar, die uns zu einer neuen Welt führen. Außerdem erklären wir das Konzept der Transformationen, das zentrale Thema dieses Buches. Wir glauben, dass es einen Bereich gibt, den wir »Jenseits« nennen; er befindet sich außerhalb der Komfortzone der meisten Menschen. Dieser Bereich wird nicht allzu oft untersucht, und er verändert sich. Schließlich arbeiten wir die zentralen Themenfelder des Zukunftsuniversums heraus.

Kapitel 2: Kernthemen einer nachhaltigen Zukunft
Hier werden die Kernthemen erörtert, die uns auf dem Weg zu einer nachhaltigen Zukunft begegnen. Über einen Identifizierungsprozess und Perspektivenwechsel konzentriert sich unser Blick auf gesellschaftlich relevante Themen wie Demografie und Migration, Urbanisierung und Megastädte, Politik, Umwelt und Ressourcen, Religion, Spiritualität, Wissenschaft, Technologie und die virtuelle Welt.

Kapitel 3: Lösungsansätze
Um über die bereits bestehenden analytischen Rahmenbedingungen hinauszugehen, entwickeln wir in Kapitel 3 neue und innovative Lösungsansätze zu den im vorherigen Kapitel beschriebenen Problemen. Wir skizzieren Methoden und Ideen und bereiten den Boden für Lösungsansätze.

Kapitel 4: Auf dem Weg zu sozialem Unternehmertum und Innovation
In diesem Kapitel antizipieren wir verschiedene fundamentale Veränderungen in Gesellschaft und Wirtschaft, die sich aufgrund der Entwicklung zu einem Wissenszeitalter ereignen werden. Wir beschreiben neue Arbeitsweisen, neue Erziehungs- und Bildungsformen, neue Finanzierungsmöglichkeiten und entwickeln eine neue Definition von Werten, einschließlich neuer Wege zur Wahrung der Schöpfung. Detailliert präsentieren wir das Was, Wie und Warum des Wandels zum Wissenszeitalter.

Kapitel 5: Zeit zum Handeln
Hier nehmen wir die Forderung noch einmal auf, eine neue Welt zu schaffen. Wir fordern andere Denkstrukturen, die uns zu einer neuen Wirklichkeit führen, mit weitreichenden Erfolgen, die aus gesellschaftlichen und geschäftlichen Innovationen resultieren, und – das ist wohl am wichtigsten – zu einer neuen Art zu leben.

JENSEITS DER KOMFORTZONE: DIE AKIM-METHODE

Dieses Buch haben wir mit einer innovativen Technik geschrieben, dem Advanced Key Issue Management (AKIM). Diese Technik bietet uns ein effizientes System, Probleme und Möglichkeiten zu definieren, kreative Lösungen zu entwickeln und sie umzusetzen. Besonders bei der Suche nach Lösungen für komplexe Probleme erweist sie sich als überaus hilfreich. Als zentrale Themen definieren wir große Probleme, ernste Herausforderungen, Angelegenheiten höchster Priorität und wichtige Chancen.

Das AKIM-System ist aus verschiedenen Methoden hervorgegangen. Eine ist das Zukunftsfragenmanagement, wie es Henry Mintzberg in seinen innovativen Programmen zur Fortbildung von Führungskräften einsetzt (IMPM und ALP).[1] Die beiden anderen sind der »Kreative Problemlöseansatz« und der »Strategische Innovationsprozess«, die das Londoner Institut für Innovationsmanagement Learnità Ltd. entwickelt hat. Mit diesen beiden Methoden arbeitet unter anderem die ESADE Business School in Barcelona. Letztlich geht das AKIM-System auch auf die langjährige Erfahrung der Autoren als Berater zurück.

AKIM ist primär ein Lernprozess. Über verschiedene Stufen soll er zu einem besseren Verständnis der allgemeinen, später auch der spezielleren Kernthemen und schließlich zur Entwicklung kreativer Lösungen führen.

Zunächst identifizieren wir die allgemeinen Schlüsselfragen. Da wir es mit sehr komplexer Materie zu tun haben, kristallisieren sich sieben Kerngebiete heraus:
1. Gesellschaft,
2. Politik,
3. Weltanschauung und Religion,

---

1 Das »International Masters Program in Practicing Management« (IMPM) wurde unter anderem von Henry Mintzberg begründet und ist ein Managementförderungsprogramm auf Masterlevel (www.impm.org). Ein weltweit einzigartiges Forum in der Weiterbildung steht Führungskräften im »Advanced Leadership Program« (ALP) zur Verfügung. Unternehmen entsenden Teams von fünf bis sechs Führungskräften, die jeweils ein zentrales Anliegen ihrer Firma zur Diskussion in das Programm mitbringen. Die Teams erarbeiten zusammen Lösungen, leiten Veränderungen im jeweiligen Unternehmen ein und verwandeln dadurch die Welt um sie herum (www.alp-impm.org).

4. Umwelt,
5. Wissenschaft und Technik,
6. Arbeit und Unternehmertum,
7. Kunst,

und schließlich ein übergreifender Blick auf das Ganze.

Wir haben ausführlich darüber diskutiert, ob wir Sport und Kultur als weitere Gebiete hinzunehmen sollten, sind aber zu dem Schluss gekommen, dass Sport, so wichtig er als Thema auch ist, eher Teil der Geschäftswelt ist, und dass die Kultur als so vielfältiges Thema eher zum übergreifenden Blick auf das Ganze gehört.

Für die im Buch behandelten Themenfelder haben wir weltweit führende Experten für direkte Beiträge oder/und Beratung im Hintergrund gewinnen können.

Als Nächstes untersuchen wir die spezielleren Themen und arbeiten die jeweiligen Kernfragen heraus. Diese tragen wir in Clustern zusammen und wählen die schwierigsten für weitere Analysen aus. Wir stellen sie in ihren jeweiligen Zusammenhängen dar, um die ausgewählten Gebiete und ihre Herausforderungen besser verstehen zu können. Dieser Prozess führt normalerweise zu einer veränderten Wahrnehmung und zu einem neuen Blick auf die Kernthemen.

Als Drittes nehmen wir die Kernthemen (ggf., wo notwendig, nach einer Veränderung des Blickwinkels) als Ausgangspunkt für die Suche nach kreativen Lösungen.

Das AKIM-System eignet sich besonders zur Entwicklung von Managementprogrammen, die die Führungskompetenzen der Teilnehmer fördern, aber auch dazu, sich mit zentralen Anliegen der Firma auseinanderzusetzen und damit zu einer Weiterentwicklung insgesamt beizutragen.

Weil wir uns bewusst sind, dass ein Buch relativ statisch ist und Inhalte in unserer schnelllebigen Welt rasch obsolet werden können, haben wir unter www.beyond-comfort-zone.com eine Website für Ideenaustausch und Meinungsäußerung eingerichtet. Wir werden uns darum bemühen, alle Ihre Beiträge in weiteren Auflagen dieses Buches zu berücksichtigen. Auf der Website ist Ihr Beitrag nicht nur anderen Interessierten sofort zugänglich; wir werden auch versuchen, Ihre Ideen aufzugreifen, wodurch wiederum virtuelle und technische Aspekte sowie geballte Information zu etwas Dynamischem und Lebendigen werden – all dies verknüpft mit der Hoffnung, eine kollektive Weltmentalität zu schaffen, die normale Leute, Politiker, Führungskräfte, Wissenschaftler und jeden betroffenen Bürger, jede Bürgerin dieser Welt motivieren kann, Initiative zu ergreifen und den Wahnsinn der menschlichen Selbstzerstörung zu stoppen.

Obwohl wir nicht von Ihnen erwarten, dass Sie alle in diesem Buch formulierten Thesen teilen und unterstützen, hoffen wir, dass Sie die Arbeit, die in dieses Buch geflossen ist, anerkennen und Gedankenanstöße und fruchtbare Impulse für sich mitnehmen.

1 Einleitung

Unsere Welt ist zahlreichen zerstörerischen Veränderungsprozessen unterworfen, die zur Entstehung einer völlig neuen Welt führen können. Davon handelt dieses Buch. Wir leben in einer Welt des Wandels. Wenn die neue Welt erst einmal geschaffen ist, wird nichts mehr so sein, wie es einmal war. Wir können uns glücklich schätzen, dass wir die bedeutendsten Veränderungen in Unternehmen und Gesellschaft der Neuzeit miterleben dürfen und Teil dieser Geschichte sind. Der Wandel, zumeist ein wichtiger Motor des Fortschritts, wird jedoch ein irreversibles Stadium erreichen. Wenn die Veränderungen nicht adäquat begleitet werden, könnte das zum Kollaps der Menschheit führen.

Was wir mit diesem Buch bezwecken, ist nicht ganz leicht zu erklären. So gut wie möglich möchten wir Sie hier mit der Wahrheit in ihrer ganzen Komplexität konfrontieren. Wir wollen ein Terrain betreten, das jenseits dessen liegt, was die meisten von Ihnen erwarten und/oder befürchten, jenseits der Nachrichtenoberfläche der verschiedenen Medienkanäle (Zeitung, Radio, Internet und Fernsehen). Wir wollen zum Kern des Wandels vorstoßen, der uns alle betrifft. Wir wollen kritisch betrachten, was sich verändert, und das mit einer ganzheitlichen Perspektive: Um das Gesamtbild zu verstehen, versuchen wir die einzelnen Elemente aus verschiedenen Blickwinkeln zu fokussieren und herauszufinden, wie sich die Einzelteile zu einem Gesamtsystem zusammenfügen. Unsere Methode ist das Advanced Key Issue Management, das wir im Vorwort bereits vorgestellt haben. Seine Struktur wird sich in diesem Buch mehrfach wiederfinden. Zur kurzen Erinnerung: Zuerst definieren wir die Kernthemen, die ernsthaften Probleme, die bedrohlichen Herausforderungen, die Angelegenheiten höchster Priorität und bedeutende Chancen. Dann versuchen wir diese, mit Hilfe einiger der renommiertesten Experten weltweit, in einen neuen Kontext zu stellen und mögliche Lösungsansätze herauszuarbeiten. Schließlich ziehen wir Schlussfolgerungen über die Art des Wandels in Unternehmen und Gesellschaft. Wir fragen, was sich negativ entwickelt und was wir tun können, bevor es zu spät ist.

In jedem der folgenden Kapitel werden wir anhand kurzer Beispiele die interessantesten Ideen, Projekte, Pläne, bereits umgesetzte Ideen, Handhabungen und Experteneinschätzungen etc. vorstellen. Die jeweiligen Beispiele sind strategisch ausgewählt, um bestimmte Aspekte zu verdeutlichen und Impulse zum kreativen Denken und zur Lösungsfindung zu setzen.

Unerkannte Kräfte wirken in dieser Welt. Oberflächlich scheint alles in Ordnung zu sein, nichts scheint sich wirklich verändert zu haben. Unter der Oberfläche aber passieren viele seltsame Dinge. Vielleicht morgen, vielleicht übermorgen, vielleicht auch später werden die stillen, (noch) unsichtbaren, jedoch einschneidenden Veränderungen plötzlich sichtbar, und ihre Folgen werden unser Leben stark beeinflussen. Wenn wir den verborgenen Teil des Eisbergs nicht bald identifizieren, wenn wir warten, bis er eigenmächtig an die Oberfläche tritt, wird es zu spät sein. Wenn das passiert, wird sich unser Weltbild radikal verändern.

Wir müssen uns heute entscheiden, ob wir uns eher mit den Problemen der Vergangenheit beschäftigen oder uns auf die Herausforderungen und Chancen der Zukunft konzentrieren wollen. In diesem Buch wollen wir die »Kontinentalplattenverschiebungen« aufspüren, die Erdbeben und Tsunamis in Unternehmen und Gesellschaft verursachen und zu störenden Entwicklungen und unvorhersehbaren Veränderungen führen. Wir möchten unseren Leser/-innen einen Einblick in den Gesamtzusammenhang der Kernthemen und der möglichen Lösungsansätze bieten. Es wäre fatal, sich exklusiv auf ein einziges Thema und/oder eine einzige Lösung zu beschränken. Wir haben die neuralgischen Punkte freigelegt; haben wir nun auch die notwendige Kreativität und Energie, sie anzugehen? Entweder muss sich die Menschheit den Herausforderungen stellen oder sie wird untergehen. Die Frage lautet nicht mehr nur »Können wir?«, sondern »Wie und wann können wir?« Wir dürfen uns nicht länger auf der Ignoranz ausruhen, denn wir wissen, dass die Lage ernst ist. Wenn wir untergehen, dann in dem Wissen, dass wir den Untergang hätten verhindern können.

Trotz alledem meinen wir, dass sich das Schicksal dieser Welt so lange nicht verändern lässt, bis sich nicht die Mentalität der einzelnen Menschen verändert hat. Jede Veränderung beginnt mit einer bestimmten Gesinnung und dem Wunsch, sich von eingefahrenen Denkweisen zu verabschieden.

Um wirklich etwas zu bewirken, wirklich große und neuartige Projekte erfolgreich umzusetzen, muss man erst davon träumen und es sich *groß* und *neu* vorstellen. Es geht darum, die Dinge anders zu denken. Es geht um einen fundamentalen Perspektivenwechsel.

Wir leben in einer extrem flüchtigen, unsicheren Welt und können nur zusehen, wie sich unerwartete Entwicklungen abzeichnen und viele, oft widersprüchliche, Folgen nach sich ziehen. Unsere Welt ist eine »weji-ji«-Welt. »Weji ji«[2] heißt auf Chinesisch »Veränderung«. Das Wort setzt sich aus zwei Teilen zusammen, aus »Gefahr« und »Chance«, und deutet damit an, dass Unsicherheit immer auch die Abwägung von Nutzen und Verlust mit sich bringt. Wir brauchen uns nur umzuschauen: Bedrohungen und Gefahren allerorten, aber

2 Smith, K. (1996). Environmental Hazards. London: Routledge.

auch Chancen. Es befremdet uns, wie schnell sich alles verändert. Wir haben manchmal das Gefühl, mitten in einem Wirbelsturm zu stecken und zusehen zu können, wie die alte Welt auseinandergerissen wird und Platz für Neues macht.

Dieses Buch soll eine Reise zu den »weißen Flecken« der Entwicklungen sein, die der Öffentlichkeit meist verborgen bleiben. Wir wollen die grundlegenden Strömungen orten und Ihnen die Plattenverschiebungen vor Augen führen, die unsere Welt für immer verändern werden. Gleichzeitig wollen wir Ihnen faszinierende Ideen, Konzepte und Projekte präsentieren, deren Ziel es ist, die Bedrohungen in Chancen zu verwandeln. Deshalb werden wir in diesem Buch immer wieder wiederholen, wie wichtig eine gehörige Dosis an Verstand ist. Auch Mut ist gefragt, Mut, die Augen aufzumachen und »den Braten zu riechen«, wie es so schön heißt. Ohne Mut und Sachverstand werden wir die Chance verpassen, die unumgänglichen Veränderungen so zu steuern, dass sie der Menschheit nachhaltig nutzen. Anders ausgedrückt: Das Ziel dieses Buches ist es, einen Fahrplan der sich permanent wandelnden und unsicheren, vor uns liegenden Zukunft zu erstellen. Das sollte es Ihnen erlauben, in dieser entstehenden und flüchtigen Welt Stellung zu beziehen. Der rote Faden und die These, die wir vermitteln möchten, ist, dass wir uns in einem neuen Zyklus befinden; dass die Zukunft nicht mehr die ist, für die wir sie gehalten haben; dass wir heute vielen verschiedenen möglichen Arten von Zukunft gegenüberstehen, die sich wie das Bild eines Kaleidoskops immer wieder verändern. Da wir aber die Wahl haben, hängt die Zukunft stark von unserem Handeln *heute*, *jetzt* ab. Was wir heute tun, bestimmt das Morgen! Dieses Buch soll zu Ihrem Zukunftsführer werden.

Wir werden erklären, wie die realen, grundlegenden Veränderungen innerhalb dieses permanenten Wandels aussehen. Wir werden merken, dass wir ideologisch noch tief im Mittelalter stecken. Während die Kosmologie längst von einem unendlichen Universum bzw. einer unendlichen Anzahl von Paralleluniversen ausgeht, kreisen wir immer noch in den Bahnen einer endlichen, dreidimensionalen Welt. Wir suchen immer noch nach den Grenzen unseres Universums und stoßen dabei schnell an die Grenzen unserer Fantasie und unseres Denkvermögens. Unser aktuelles Verhalten und Denken ist von sieben fatalen Fehlern – sieben »Todsünden« – geprägt:
- Gier nach materiellen Werten und Macht (immer mehr!),
- Intoleranz und individueller Egozentrismus,
- kulturelle Blindheit und kultureller Egozentrismus,
- Machtbesessenheit,
- Respektlosigkeit,
- Gleichgültigkeit,
- Kurzsichtigkeit.

Träume und Visionen

Die Linearität der Zeit war lange festgeschriebenes Gesetz. Weil auch Prozesse als linear galten, waren Arbeitsmethoden und -mittel, die die Firmen einsetzten und propagierten, meist prozessorientiert. So zu denken und zu arbeiten, funktionierte für die Ackerbau treibende und auch für die Industriegesellschaft gut. Die meisten Menschen denken heute noch so.

Da das Prozessmodell längst nicht alle beobachteten Phänomene erklären konnte, werden in der Wissenschaft längst neue Denkmodelle angewandt. In diesem Zusammenhang haben sich zum Beispiel Chaosforschung und Chaostheorie einen Namen gemacht und einen bedeutenden Durchbruch erzielt; der Einfluss dieser Erkenntnisse auf Gesellschaft und Wirtschaft ist bislang jedoch verschwindend gering. Was da erreicht wurde, ist zu weit entfernt von der gängigen Denkweise der Menschen. Die Gesellschaft bevorzugt klare, lineare Strukturen und Wirtschaft und Gesellschaft scheinen *immer mehr* zu wollen. Die meisten Menschen halten das für Wachstum.

Die Dinge veränderten sich jedoch: Komplexität und Unsicherheit begannen um sich zu greifen und bestimmten zunehmend unser Leben. Die Globalisierung unserer Wirtschaft ist dabei nur ein Teil dieses höchst spektakulären Phänomens. Alle unsere Konzepte, Denkmodelle und Grundsätze stammen aus einer Zeit, als die Welt noch scheinbar klar und gradlinig war. Wenn wir versuchen, zu verstehen und zu erklären, was gerade um uns herum geschieht, stoßen wir schnell auf allerlei Widersprüchlichkeiten und Probleme.

Wir stehen heute vor einem Riesendilemma: Unsere Konzepte und Theorien haben sich zwar in der Vergangenheit bewährt und sind als solche gesellschaftlich etabliert; in der neuen Welt aber könnte ihr Nutzen begrenzt sein. Sollten wir nach neuen Konzepten Ausschau halten oder einfach abwarten, bis sich die Welt beruhigt und zum »Normalzustand« zurückkehrt?

Die schlechte Nachricht ist, dass es lange dauern dürfte, bis diese Beruhigung eintritt (wenn sie überhaupt eintritt). Die gute Nachricht: Wir können unsere Denk- und Handlungsweisen ändern. Wir müssen es nur wollen! Ohne Zweifel ist die neue Realität schon angebrochen.

Das, was wir Wirklichkeit nennen, ist höchst flüchtig und entsteht ständig neu. Es gibt keine gradlinigen, vielleicht sogar keine längerfristigen Trends mehr; stattdessen ereignen sich große, schnelle Umwälzungen, grundlegende Veränderungen und viele Überraschungen. Was gestern noch galt, könnte heute schon obsolet sein.

Wir befinden uns inmitten eines Übergangs von der alten kommerziellen Ökonomie zur Wissensökonomie und es geht weiter. Die Folgen dieses Übergangs sind mit den Verschiebungen der Kontinentalplatten vergleichbar, wo Erdbeben und Vulkanausbrüche ganze Landschaften verändern und Stabilität zerstören. Und all diese Geschehnisse ereignen sich in einem berauschenden

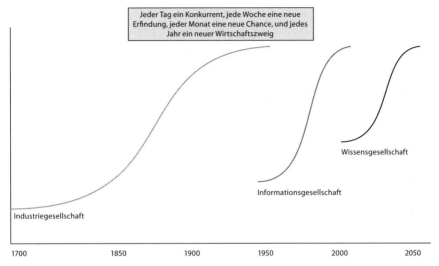

Jeder Tag ein Konkurrent, jede Woche eine neue
Erfindung, jeder Monat eine neue Chance, und jedes
Jahr ein neuer Wirtschaftszweig

Wissensgesellschaft

Informationsgesellschaft

Industriegesellschaft

| 1700 | 1850 | 1900 | 1950 | 2000 | 2050 |

Abbildung 1: Geschwindigkeit der Veränderung von Wirtschaft und Gesellschaft

Tempo. Auf eine etwas humorvolle Art stellt Abbildung 1 dar, wie sich frühere Gesellschaften entwickelt haben und was für eine Revolution die Wissensgesellschaft auslösen könnte.

Wir sind es gewohnt, linear und sequenziell zu denken, was die Welt um uns herum betrifft. Nun entdecken wir, dass die Wirklichkeit systemisch und asymmetrisch ist. Modelle und Konzepte des »alten Denkens« können mit dem, was um uns herum passiert, nicht mehr mithalten. Während wir außerdem zu konvergentem Denken neigen – möglichst mit einer *Lösung* in Sicht –, wimmelt es in der Welt nur so von divergenten Begebenheiten und Ereignissen. Es gilt, den Blick auf die Welt zu verändern. Dringend brauchen wir neue Konzepte und Modelle, die auf organischem, systemischem und holistischem Denken fußen.

Halten Sie nichts für selbstverständlich – es mag morgen schon anders sein. »Pantha rei«, alles fließt! Es fließt jedoch auf eine zerstörerische Weise. Die Wirklichkeit ist das, was unser Gehirn daraus macht. Anstatt sich auf bewährte Methoden zu verlassen oder von »Weltklasseunternehmen« zu sprechen, sollten wir nach unkonventionellen, kreativen Konzepten suchen, die jenseits des Normalen liegen. Viele davon werden Sie in diesem Buch finden. Wir hoffen, dass unsere unkonventionellen Konzepte und die, die unsere »Denker von morgen« vorstellen, viele neue, nachhaltige Ideen in Ihrem Kopf entstehen lassen.

Es ist an der Zeit, strategische Brücken zwischen der Wissenschaft und der Wirtschaft zu schlagen, zwischen verschiedenen gewerblichen Branchen und verschiedenen Regionen, zwischen Hochtechnologie und individuellen Talenten. Diese Brücken könnten zur Etablierung einer nachhaltigeren Ökonomie und einer stabileren und gerechteren Gesellschaft führen.

Die Menschheit ist an einem Wendepunkt. Da wir die Welt, in der wir leben, nicht mehr verstehen, stehen wir heute vor einem gravierenden Problem. Auf unsere Fragen erhalten wir immer öfter paradoxe Antworten. Je mehr wir uns bemühen, desto paradoxer scheint alles zu werden. Zum Beispiel:
- Qualität kontra Geschwindigkeit,
- zunehmender Veränderungsbedarf bei gleichzeitig schrumpfenden Ressourcen,
- Gewinn kontra nachhaltige Unternehmenskultur,
- Einsatz bereits bestehender Technologie kontra Investition in neue Technologien,
- Einsatz von Modellen und Konzepten, die einst funktionierten, jetzt aber nicht mehr zu gebrauchen sind,
- Verwendung eines alten Vokabulars für neue und unbekannte Dinge,
- Komplexität kontra Konzentration, stets mit begrenzten Ressourcen.

Unser Vokabular, unsere Strukturen und unser Denken eignen sich immer weniger dafür, die neue Realität zu beschreiben. Das ist ein zutiefst existenzielles Problem. Es ist nicht nur ein Problem des Verstandes, sondern auch des Gefühls. Deshalb brauchen wir einen frischen Blick auf die Welt, der uns zu verstehen hilft, was um uns herum passiert. Wir müssen uns von dem Ballast der vergangenen Jahrhunderte und den Folgen des kommerziellen Denkens befreien.

Unsere Welt ist höchst komplex und vernetzt. Kein Wunder, dass wir nicht verstehen, was um uns herum passiert, und dass die Mehrheit unserer Handlungen den Erwartungen widerspricht. Wir meinen, fortschrittlich zu denken, unser Umfeld aber ist begrenzt und unsere Weltanschauung linear.

Wir haben es nicht gelernt, die Welt aus einer systemischen Perspektive zu betrachten, und sind es nicht gewohnt, unser Handeln entsprechend auszurichten. Es mag Ihnen so vorkommen, als seien unsere Ideen der Zeit weit voraus, aber so ist es auch mit unserer Zukunft. Wir versuchen, so viel wie möglich von der Zukunft vorwegzunehmen und daraus zu lernen. Wir hoffen, dass wir Sie in unserer Leidenschaft für die Zukunft mitreißen können und Sie dazu bewegen, mit- und weiterdenken zu wollen.

Die Zukunft ist das Produkt unserer Fantasie. Sie entsteht aus der Vergangenheit, der Gegenwart, aus unseren Träume und der Fähigkeit, Dinge zu antizipieren, nach vorn und weiter zu denken. Die Zukunft entsteht zuerst in unseren Köpfen. Viele Träume haben sich als Albträume entpuppt. Auch die von Menschenhand verursachten Unglücke haben ihren Anfang im Kopf genommen.

Das größte Pfund der Wirtschaft heute ist das implizite Wissen, das mit Unternehmergeist und Kreativität einhergeht. Unternehmertum entsteht, weil Menschen Ideen umsetzen können. Voraussetzung für eine Idee ist die Kreativität. Wir haben uns doch alle gewisse Schubladen zugelegt, die wir stets mit uns herumtragen und für unentbehrlich halten. Dabei sind sie nichts weiter als aufgezwungene mentale Schranken, die uns zeigen sollen, was wir können und was nicht. Wir sind so an sie gewöhnt, dass wir uns davor fürchten, auch mal herauszuschauen und neue Wege zu gehen. Für eine nachhaltige Zukunft müssen wir aber den Mut aufbringen, die Komfortzone unserer Schubladen zu verlassen und zu neuen Ufern aufzubrechen.

Unsere Welt steht an einem Scheideweg. Noch nie hatten wir größere Herausforderungen zu meistern, noch nie waren aber auch die Chancen so einmalig wie heute. Wir brauchen Kreativität und Mut, um neue Lösungen zu finden und sie umzusetzen. Es bedarf einer neuen Gesellschaft mit einer neuen Ökonomie, in der die notwendigen Veränderungen nachhaltig umgesetzt werden. Dafür brauchen wir all unsere mentale und emotionale Intelligenz sowie den gesamten zur Verfügung stehenden Talentpool. Wir können warten, bis es passiert, wir können aber auch loslegen und uns auf die Zukunftsgesellschaft zubewegen. Wir haben die Wahl!

Max Weber, der berühmte deutsche Soziologe, der im frühen 20. Jahrhundert seine Fußstapfen in der Welt der Wirtschaft hinterließ, hat einmal gesagt, dass es drei Möglichkeiten gebe, Menschen zu motivieren: durch das Schwert, durch das Geld und durch Worte. Mit dem Schwert meinte er Gewalt, mit dem Geld die Gier und mit den Worten die Träume. Den Einsatz von Gewalt haben wir in den letzten Jahrhunderten über Gebühr erlebt. Nachhaltige (positive) Ergebnisse sind bislang ausgeblieben. Die Gier scheint stetig zuzunehmen. Wie ein Virus grassiert sie selbst unter hochrangigen Politikern und Führungskräften internationaler Konzerne; allem Anschein nach ist Geld eines der mächtigsten Motive. Die Explosion der New Economy war hauptsächlich dieser Gier geschuldet.

Wenden wir uns der dritten, von Weber postulierten Möglichkeit zu: den Worten bzw. Träumen. Was wir heute sind, ist die Folge der Entscheidungen, Handlungen und Erfahrungen von gestern. Wie die Zukunft aussieht, hängt also von unseren Entscheidungen, Taten und Erfahrungen heute ab. Das alles aber wird von unseren Träumen geleitet. Träume können uns zum Einsatz des Schwerts oder dem Einsatz des Geldes verleiten, Träume können aber auch zu einer neuen und besseren Zukunft führen. Wir müssen also an unseren Träumen arbeiten und an ihnen festhalten, denn sie sind unsere Zukunft.

Schicksal »Ökonomismus«?

Das Leben heute ist stark von der Ideologie bzw. der Ersatzideologie des »Ökonomismus« bestimmt. Alles wird nach seinem ökonomischen Wert bemessen. Das dahinterstehende Motiv ist die Gier nach mehr. Diese Einstellung findet sich häufig in letzten Zivilisationsstufen wieder. Sie ist ein klares Indiz für das Ende des Kapitalismus, wie wir ihn im letzten Jahrhundert erlebt haben. Der Kapitalismus an sich würde ohne Intervention von außen sehr schnell über Bord gehen. Es entstünden riesige Monopole, Arbeiter würden extrem ausgenutzt, die Kriminalität würde ansteigen und der Mob gewänne an Einfluss. Der Kapitalismus würde seinen eigenen Nährboden, den des freien Marktes, zerstören.

Manchmal scheinen wir zu vergessen, dass Geld und Kapital nur Surrogate sind – Ersatzmittel ohne eigenen, inhärenten Wert. Sie machen uns Waren und Dienstleistungen zugänglich, sind aber für sich genommen wertlos. Menschen, bei denen es nur um Geld und Kapital geht, betrügen sich selbst, denn sie leben ein »Ersatzleben«, nicht ihr eigenes, sinnvolles Leben.

Wenn wir unsere Geschäftspraktiken so betrachten, unsere Produkte und Leistungen, die wir kaufen und verkaufen, sollten wir uns öfter mal fragen: Machen diese Dinge uns glücklicher, leichter, besser, gesünder, netter? Verbessern sie tatsächlich unsere Lebensqualität?

Das wäre ein echter Wertecheck. Heutzutage erwarten wir das Heil der Welt von materiellen Werten. Aber manchmal müssen wir uns doch fragen, ob es das wirklich wert ist.

Weltbilder sind entweder Theorien, Ideologien oder lediglich Vorurteile. Alle drei sind gängige Formen, die Realität zu betrachten. Während Theorien eher ins wissenschaftliche Umfeld gehören, haben Ideologien ihren Platz in politischen oder religiösen Zusammenhängen. In unserem Alltag geben wir uns gern schnell mit Vorurteilen zufrieden. Alle drei Formen üben gewaltigen Einfluss auf die Gesellschaft und jeden Einzelnen aus und liefern die strukturelle Grundlage für Utopien.

Seit dem Scheitern der letzten großen Ideologie, dem Kommunismus, scheint das Interesse an neuen Utopien gering zu sein. Eine Utopie ist der gemeinsame Traum von einer idealen Gesellschaftsform, eine unerreichbare Vision. Die Spannung aber zwischen Wirklichkeit und Unerreichbarem setzt eine so unglaubliche Energie frei, dass Potenzial zu Weltveränderung entsteht. Das haben wir vielfach in der Geschichte erlebt, im Guten wie im Bösen. Eine Utopie ist im Prinzip wie Wissenschaft, Kunst oder Religion; per se weder gut noch schlecht für die Gesellschaft. Ihre Anwendung macht den Unterschied. Die wertvollsten Ideen können zum Albtraum einer ganzen Nation oder eines ganzen Kontinents werden, wie es zum Beispiel bei der katholischen Inquisition oder der »forcierten Konversion« der Neuen Welt durch Kolumbus der Fall war.

 Beispiel einer Utopie-Website

Seit 2003 engagiert sich die spanische Utopie-Gesellschaft im Internet. Es werden Foren für die Diskussion über Utopien angeboten und alle, die die Website besuchen, sind gehalten, über die Geschichte des Lebens nachzudenken. Daraus sind vielversprechende Projekte entstanden, wie zum Beispiel die »Utopie-Berater ohne Grenzen«. Siehe www.eutopia.es

Gepaart mit Fanatismus ist jegliche Form des Extremismus gefährlich und höchst destruktiv. Menschen brauchen Ideale, nach denen sie streben können; Gesellschaften brauchen Utopien. Ohne diese kreative Spannung werden wir zu fatalistischen, passiven Wesen, die alles schlucken. Es liegt am Druck der Utopie, dass die notwendige Energie frei wird, um weit über das Gestern hinauszugehen und ein neues Morgen zu schaffen.

Vielleicht ist es uns nicht bewusst, aber heute folgen wir der Utopie des Kapitalismus als dem allein seligmachenden Prinzip und der Befreiung von allem Übel. Er ist gefährlich verwoben mit Vorstellungen von Demokratie und dem freien Markt. Wir müssen uns die Beweggründe und Ideen im Hintergrund vergegenwärtigen, die uns antreiben. Wir stehen vor folgenden Herausforderungen:

- Sicherstellung von reiner Luft und sauberem Wasser für über sechs Milliarden Menschen heute und neun Milliarden morgen;
- Etablierung einer Weltwirtschaft, die alle Nationen und alle Menschen einschließt, die extremer Armut für die Mehrheit der Weltbevölkerung ein Ende setzt;
- Kontrolle über lokale Konflikte und Terrorismus;
- Bewältigung zunehmender weltweiter Zuwanderungsströme;
- Entwicklung sinnvoller Maßnahmen für Computer- und Internetunkundige;
- Kontrolle über die angewandten Bereiche von Wissenschaft und Technik, wie zum Beispiel Bio- und Nanotechnologie, die der Menschheit extremen Schaden zufügen könnten;
- Bereitstellung guter Lern- und Bildungsmöglichkeiten für alle Kinder;
- Integration von Frauen in Gesellschaft, Wissenschaft, Technologie und Wirtschaft, Nutzbarmachung der unerschlossenen weiblichen Talente, die 50 % des zur Verfügung stehenden Potenzials ausmachen.

Viele Probleme und Fragen resultieren aus einem Fehlen an Verantwortung für andere und Respekt vor anderen. Zu viele Menschen versuchen die Verantwortung für ihre Handlungen und Entscheidungen abzugeben. Sie schieben ihren Eltern, der Schule, dem Wirtschaftssystem oder der Gesellschaft die Schuld in die Schuhe und wollen weder Verantwortung übernehmen noch Rechenschaft ablegen müssen. Leider ist diesen Menschen nicht bewusst, dass sie damit einen Großteil ihrer Freiheit aufgeben.

Brauchen wir eine neue Utopie?

Einerseits ist die Art, wie wir Menschen mit unserem Leben und unserem Planeten Erde umgehen, so vielfältig wie die Persönlichkeiten, die auf ihm leben. Andererseits teilt jeder Mensch bestimmte Glaubenssätze, Wissen und Prinzipien mit anderen Menschen. In der Welt heute scheint der gemeinsame Nenner jedoch zu schrumpfen, zumindest bei den von der westlichen Zivilisation beeinflussten Menschen. Unser Weltbild ist ein integraler und sehr bedeutender Bestandteil unseres Selbstverständnisses, der entscheidend beeinflusst, wie wir leben und was für Entscheidungen wir treffen. Viele Prinzipien, die unser Verhalten lenken, leiten sich davon ab.

Das ist eine einfache Art, wie wir Menschen mit grundlegenden Fragen unserer Existenz umgehen. Bis jetzt ist das Ergebnis erstaunlich. Wir haben es geschafft, den ganzen Planeten zu bevölkern. Wir haben extrem spezialisierte Technologien entwickelt und genießen dadurch viele Vorzüge. Wir haben zwei Weltkriege und 50 Jahre Kalten Krieg überlebt, die den ganzen Planeten zu zerstören drohten. Wir haben mehr Wissen und Know-how, als die Menschheit je hatte, und wir sammeln immer schneller immer mehr davon.

Aktuell verwandeln wir den ganzen Planeten in ein World Wide Web von Computern und schaffen riesige Kommunikationsnetzwerke. Viele weitere Errungenschaften der Menschheit ließen sich nennen. Das sollte uns beeindrucken und wir sollten damit zufrieden sein. Etwas scheint aber zu fehlen. Warum haben wir heute mehr Konflikte denn je zuvor? Warum sind so viele Menschen unglücklich, depressiv und krank? Der Stress nimmt zu, die Selbstmordraten steigen; in der westlichen Welt treten immer mehr psychische Störungen auf; die Gefängnisse sind im Begriff, zu den größten Verwaltungsapparaten des 21. Jahrhunderts zu werden; die Anzahl der Hungertoten durch Kriege und Konflikte steigt. Und so weiter und so fort.

Obwohl wir gesegnet sind mit den Innovationen der modernsten Technologie, empfinden wir unser Leben nicht als wertvoller, glücklicher und gesünder. Während immer mehr Menschen in Armut leben, werden die Reichen immer reicher; beides geschieht in einer atemberaubenden Geschwindigkeit. Die Menschen verhalten sich wenig konsequent; sie tun eine Sache in einem Bereich ihres Lebens, unterlassen dieselbe aber in einem anderen. Betriebe investieren Millionen, um eine gemeinsame Vision und eine firmenübergreifende Philosophie zu finden, einzuführen und zu teilen. Kluge Köpfe verbrauchen viel Zeit und Energie, darüber nachzudenken. Viele, viele Stunden intensiver Arbeit werden investiert, um dem Betrieb einen Zweck und Sinn zu geben. Später aber erinnert sich keiner mehr daran.

Generell fällt es Menschen schwer, ihr eigenes Verhalten und Tun zu ändern. Es genügt ja, wenn andere das tun. Heutzutage scheint jede Fragestellung von der Philosophie und Mathematik bis zur Physik auf Profit und Geschäft ausgerichtet. Alle wollen die »Managementwissenschaft« (die Kunst des Managements) bereichern, um Wohlstand und Profit zu vermehren. Dieselbe Gewichtung scheint aber auf der Suche nach Sinn und Bedeutung für den Einzelnen und die Gesellschaft nicht zu erfolgen.

Die Umsetzung einer Utopie ist hier entscheidend. Die wertvollsten Ideen können zu einem Albtraum für ein ganzes Land werden. Menschen brauchen

Ideale, an denen sie festhalten und sich orientieren können; Gesellschaften brauchen Utopien. Gesellschaften ohne Utopien werden gleichgültig, arrogant und oft verengt sich ihr Blick auf materielle Güter und Werte.

Der Druck, den Utopien ausüben, versorgt eine Gesellschaft mit Energie und Kraft, die vermeintlich schützende Mauer der Komfortzone zu durchbrechen und Zukunft zu schaffen – Ziele zu setzen und sie zu erreichen. Kinder benötigen eine Hand, die sie durch das Labyrinth der Kindheit führt; Erwachsene brauchen moralische Grundsätze, die sie leiten; Gesellschaft und Kultur brauchen Ideale und Utopien als Wegweiser und gleichzeitige Energieversorger. Als Motivation und zur Orientierung brauchen wir einen Leitstern und die Vision einer idealen Welt. Viele Probleme unserer Welt sind einem Verlust an Orientierung geschuldet. Ein Mensch erlangt seine individuelle Persönlichkeit nur durch Selbsterfahrung.

So gut wie jede bestehende Kultur wird von Männern dominiert. In den meisten Gremien mit Entscheidungsgewalt sitzen mehrheitlich Männer, obwohl die Hälfte der menschlichen Bevölkerung weiblich ist. Die (verhältnismäßig) wenigen Frauen in Führungspositionen tendieren zu männlichem Verhalten. In diesem Sinne geht das, was man allgemein unter »Emanzipation« versteht, in eine falsche Richtung. Was wir brauchen, ist eine »Verweiblichung« unserer Kultur.

 ### Die Geschäftswelt hat das Phänomen der »gläsernen Decke« (»glass ceiling«) immer noch nicht überwunden

Der Begriff der »gläsernen Decke« wurde 1985 zuerst vom Wall Street Journal geprägt. Er sollte die offenkundigen Hindernisse beschreiben, die Frauen daran hindern, Toppositionen in den Firmenhierarchien zu besetzen.

Zehn Jahre später, 1995, machten Frauen 46,5 % der amerikanischen Arbeitnehmer aus, aber weniger als 8 % besetzten hohe Führungspositionen.

Booz Allen Hamilton, eine Unternehmensberatung, die scheidende Führungskräfte in den USA beobachtend begleitet, fand kürzlich heraus, dass der Anteil von Frauen im Topmanagement 1998 bei 0,7 % lag. 2004 waren es nur noch 0,4 %. Dazwischen variieren die Zahlen. Die Unternehmen bestätigten einhellig, dass der Frauenanteil sehr gering sei und nicht größer werde.

Quelle: »Women in business«, The Economist, 21 July 2005. Vgl. www.economist.com/business/displaystory.cfm?story_id=4197626

Man mag sich fragen, wie eine Welt aussähe, in der mehr Frauen Führungspositionen besetzten. Würden Konflikte vielleicht weniger gewalttätig ausgetragen?

Wäre die Bevölkerung vielleicht weniger aggressiv? Würden wir sozialer miteinander umgehen? Solange wir es nicht ausprobiert haben, werden wir es nicht wissen. Man mache sich einmal bewusst, dass Kriege schon immer eine Männerdomäne waren und Männer die meisten Verbrechen begehen. Die meisten Katastrophen wurden von Männern verschuldet. Wir brauchen eine deutlich weiblichere Linie. Wer weiß, was uns entgeht, wenn wir einen Großteil der Frauen von den Führungsebenen ausschließen. Allgemein wird vermutet, dass Frauen stärker Gebrauch von ihrer rechten Gehirnhälfte, der künstlerischen und leidenschaftlichen Hälfte, machen. Deshalb scheinen sie offener dafür zu sein, utopische Ideen aufzugreifen und für sie zu kämpfen.[3]

Einsatz der linken und rechten Gehirnhälfte bei Männern und Frauen

Funktionen linke Gehirnhälfte	Funktionen rechte Gehirnhälfte
Einsatz von Logik	Einsatz von Gefühl
detailorientiert	am großen Ganzen interessiert
Dominanz von Fakten	Dominanz der Fantasie
Wörter und Sprache	Symbole und Bilder
Gegenwart und Vergangenheit	Gegenwart und Zukunft
Mathematik und Naturwissenschaft	Philosophie und Religion
erfasst	versteht (Bedeutung)
weiß	glaubt
erkennt an	schätzt wert
Wahrnehmung nach Mustern/Strukturen	räumliche Wahrnehmung
kennt Name von Dingen	kennt Funktion von Dingen
realitätsbezogen	fantasiebezogen
entwickelt Strategien	präsentiert Möglichkeiten
praktisch	impulsiv
sicherheitsbewusst	risikofreudig

Wenn wir in die Zukunft des 21. Jahrhundert blicken, fallen viele Aufgaben im harten Geschäftsleben ins Auge, die eines weiblicheren Führungsstils bedürften. Denken Sie zum Beispiel an Beziehungspflege, Networking, Kommunikation,

---

3 Geary, D. C. (1989). A model for representing gender differences in the pattern of cognitive abilities. American Psychologist, 44, 1155–1156. Marano, H. E. (2003). The New Sex Scorecard: Men and women's minds really do work differently – but not on everything, Psychology Today, Juli/August.

Mit- und Zusammenarbeit, Verantwortung für andere, Integrität etc. Machen wir uns nichts vor: Frauen verfügen meist doch über mehr weibliche Anteile als Männer.

Eine Utopie bricht sich Bahn, wenn Menschen es vermögen, die Zukunft (real oder nur gedanklich) vorwegzunehmen, um mit der Gegenwart klarzukommen. Es ist die Fähigkeit, sich von dem zu befreien, was empirisch nachweisbar ist, um weit darüber hinauszuschauen. Eine Utopie kann eine große Bereicherung für den Geist sein, ihn zu neuen Ideen und Konzepten inspirieren und Impulse für neue Aufgaben setzen. Dahinter steckt viel mehr als nur die Verarbeitung unserer Erfahrung. Man könnte es eher als Blick nach vorn in gänzlich neue Gefilde bezeichnen. Die Utopie befreit uns von der Last unserer Erfahrungen und Begrenzungen; sie ist ein fantastisches Experiment, das nur mit der Zukunft denkbar ist. In diesem Sinne kann eine Utopie auch als ernstzunehmende Warnung hinsichtlich zukünftiger Veränderungen dienen.

Wenn Menschen nicht über ein gewisses Maß an antizipatorischer Vorstellungskraft verfügten, wären viele Dinge nie umgesetzt worden. Wo eine Utopie keine neuen Türen öffnet, tendieren die Menschen dazu, sich nur auf die Gegenwart zu konzentrieren. Das kann dazu führen, dass ganze Kulturen die Chance verpassen, sich weiterzuentwickeln.

Eine wahre Utopie weckt in Menschen einen ungeheuren Tatendrang, der ein bestimmtes Ziel verfolgt, dieses jedoch nie ganz erreicht. Die positive Utopie sucht nach Möglichkeiten, die Welt zu verbessern und nachhaltigen Frieden, Wohlstand und Glück zu schaffen. Das sind Veränderungen, die eine Utopie hervorruft. Es ist keine konkrete Lebenserfahrung, sondern eine Abstraktion, ein reines Produkt unserer Vorstellung. Utopien konzentrieren sich nicht auf das Individuum, sondern beinhalten Konzepte und Visionen für eine andere Gesellschaft bzw. Welt.

Die Widersprüche zwischen Individuum und Gesellschaft stellen jede Form von Utopie in Frage. In der realen Welt lässt sich nur ein Kompromiss zwischen dem, was gut für die Menschheit ist, und dem, was gut für die Einzelperson ist, erreichen. Das Risiko, das bei allen Utopien besteht, ist das Abrutschen in den Totalitarismus. Die Geschichte zeigt dies immer wieder. Positiv betrachtet ist die Utopie aber ein Experiment mit der Hoffnung auf Weltverbesserung.

Wir scheinen den Mut zum Balanceakt an der Grenze zur Utopie verloren zu haben. Wir bleiben lieber in der Komfortzone einer utopiefreien Gesellschaft, auch wenn das das Ende der Utopien oder zumindest ein radikaler Wendepunkt für unsere Kultur und Zivilisation sein könnte. Die Abwesenheit von Utopischem in unserem Leben müssen wir allerdings teuer bezahlen: mit innerer Leere, einem Gefühl von Sinnlosigkeit, dem Aufkommen von Pseudomoralvorstellungen, Pseudoreligionen, zunehmendem Aberglauben, reinem Materialismus etc. Uns entgehen auch moralische Autoritäten, die unserer Jugend und uns selber ein Vorbild sein könnten. Stattdessen sind wir von korrupten Politikern umgeben, von Managern, die Geld scheffeln, und Stars, die nur für ihren Ruhm und Profit zu leben scheinen.

Arbeits- und Privatleben müssen im Gleichgewicht zueinander stehen. Außerdem brauchen wir eine Aufgabe im Leben und in der Gesellschaft. Auch Unternehmens- und Sozialwert müssen ins Gleichgewicht kommen. Andernfalls bricht das ganze System zusammen.

Die Gesellschaft und jeder Einzelne müssen genauso vom Unternehmen profitieren wie seine Shareholder. Wenn nötig, müssen neue Konzepte der Unternehmensfinanzierung entwickelt werden, die es Betrieben ermöglicht, sich aus den Fängen der Quartalsberichte und der überbordenden Abhängigkeit von Aktionären zu befreien.

Die Lösung liegt natürlich nicht in der Entwicklung einer »Anti-Business«-Mentalität, sondern in einem »Sowohl-als-auch«-Ansatz. Niemand lebt für sich allein. Wir alle brauchen Menschen um uns herum. Wenn das Leben meines Nachbarn ein bisschen besser wird, bereichert das auch mein Leben. Wir müssen die Verantwortung für den Einzelnen und die Gesellschaft wieder ins Gespräch bringen.

Wir sind auf Ideale, Vorbilder und eine positive Utopie für uns selber angewiesen.

Vielleicht ist die um sich greifende »Gigantomanie« schon Vorbote eines Endes des Kapitalismus. Interessant wäre es herauszufinden, wie viel von alledem der »männlichen« Lebensweise geschuldet ist und wie es sich in einer »weiblicheren« Welt veränderte.

Jenseits des Ökonomismus

Unser Leben ist vom Ökonomismus geprägt. Nur das, was wirtschaftlichen Wert hat, was sich monetär abbilden lässt, gilt als wertvoll.

Vielleicht haben wir schon vergessen, dass Geld und Kapital nur Ersatzmittel sind. Sie erlauben uns, Produkte, Leistungen und Erfahrungen zu erwerben, haben für sich allein aber keinen Wert. Sie sind wie eine Speisekarte, die abbildet, welche Gerichte und Getränke sich bestellen lassen. Niemand käme aber auf die Idee, die Speisekarte selbst zu essen.

Es ist kaum verwunderlich, dass sich die Korruption schon zur Volkskrankheit ausgewachsen hat. Menschen, deren Leben nur um Geld und Kapital kreist, lügen sich in die eigene Tasche. Sie leben ein »Ersatzleben«, nicht ihr eigenes. Geld und Kapital sind vielleicht Motoren der Wirtschaft, nicht jedoch Selbstzweck. Heutzutage hat man das Gefühl, die Wirtschaft habe es ausschließlich auf die Vermehrung von Kapital abgesehen.

Die Rendite ist heute das Hauptziel aller Unternehmer. *Shareholder-Value* (der Unternehmenswert) heißt die neue Religion, mit Erlösung und einer goldenen

Was Topmanager sagen
und was sie wirklich dabei denken

Was sie sagen ...	... und was sie denken
Gleichberechtigung ist uns sehr wichtig.	Wir behandeln alle gleich schlecht.
Wir sind eine sehr innovative Firma.	Wir ändern ständig unseren Namen, unser Logo und unsere Strategie; eigentlich wissen wir immer noch nicht so richtig, was wir wirklich wollen.
Teamwork wird bei uns groß geschrieben.	So lange meine Angestellten tun, was ich als Chef von ihnen verlange, sind wir ein Team.
Unsere Führungsriege arbeitet im Team.	Wir müssen unsere Chefs ja bauchpinseln, also nennen wir diese Egoisten und Maniacs eben ein »Team«.
Topmanager werden so gut bezahlt, weil sie es verdienen.	Sie nehmen alles, was sie kriegen können, weil sie gierig und unersättlich sind. Gier ist der einzige Wert, den sie kennen.
So läuft das, nehmen Sie's nicht persönlich.	Ich hasse seinen Mumm, würde das aber nie zugeben. Natürlich nehm' ich alles persönlich.
Hier zählt Leistung und entsprechend werden die Menschen entlohnt.	Wenn der Chef einen mag, kriegt er einen Bonus und wird befördert.
Das war eine vernünftige Geschäftsentscheidung.	Ich wollte das unbedingt durchsetzen, aber die Verantwortung dafür übernehme ich nicht, falls etwas schiefgeht.
Der Kunde ist König.	Ich bin König und der Kunde steht mir im Weg.
Menschen sind unser teuerstes Gut.	Menschen machen Arbeit und sind schlecht einzuschätzen; da sie unsere größte Belastung sind, werden wir viele bald entlassen.

Zukunft für alle. Die Topmanager agieren, als wären sie Firmeninhaber. Da sie aber mit dem Unternehmensrisiko nichts zu tun haben wollen, haften sie auch nicht mit ihrem privaten Vermögen, wenn die Dinge nicht wie geplant laufen. Sie delegieren Denken und Entscheidungsfindung an hoch dotierte Berater und konzentrieren ihre Aktivitäten auf den eigenen Gewinn. Der Begriff des Humankapitals war geboren, Angestellte wurden im Geschäftsprozess fortan als Ware betrachtet.

Alle Geschäftsaktivitäten, die nicht den Wert der Aktien oder die Rendite erhöhen, gelten als wertlos, sind irrelevant. Topmanager, Banker und Politiker waren und sind wie hypnotisiert von der Möglichkeit der wunderbaren Wertvermehrung durch Optionen und die Erwartung des Paradieses auf Erden. Banken sind zu Spekulationsmaschinen und Förderern eines Extrem-Kapitalroulettes geworden. Die Welt konzentriert sich auf die großen, internationalen, global agierenden Firmen. Sie haben alle Unterstützung von Regierungen und Banken erfahren, die sie sich nur wünschen konnten – der Anfang der »Mergermanie«.

Die Reichen wurden immer reicher und konnten ihren Hunger nach mehr nicht stillen. Das Ende der Geschichte kennen wir alle … Die zentrale Frage ist nicht so sehr »Was ist schief gelaufen?«, sondern eher »Was können wir tun, damit es besser wird?«

Müssen wir die Exzesse des Kapitalismus hinnehmen, als handelte es sich um eine Naturkatastrophe? Müssen wir weiter unter einem System leiden, das von Gier und Furcht getrieben ist? Haben wir vom Scheitern des Sozialismus nichts gelernt?

Auf dem freien Markt, der nach dem Prinzip von Angebot und Nachfrage funktioniert, kann sich die Wirtschaft exzellent entwickeln. Wenn aber Gier und Furcht an die Stelle der Nachfrage treten, gerät das System aus der Kontrolle und es braucht eine ganze Weile, bis sich alles wieder normalisiert hat.

Eine andere Anomalie ist das System der Prämien und Subventionen. Viele Regierungen wollen im Markt mitmischen. Jedes Mal jedoch, wenn eine Regierung die Rolle eines Unternehmers übernimmt, geht es schief. Es stehen zu viele politische Ambitionen und Hoffnungen auf dem Spiel; gleichzeitig ist die unternehmerische Erfahrung so gering, dass sich das »Marktspiel« nicht rechnet. Außerdem, und das ist besonders wichtig, setzt die Regierung nicht ihr eigenes Geld ein, sondern das der Steuerzahler.

Warnung vor falschen Propheten

Es ist nicht immer ganz logisch, wie Menschen sich verhalten. Besonders in Krisensituationen scheint das Irrationale oft die Oberhand zu gewinnen. Vor allem in Gruppen können gefährliche Dynamiken ins Rollen kommen. Wir sollten deshalb vor einer wachsenden Zahl an falschen Propheten und Schwarzsehern auf der Hut sein, wenn der Öffentlichkeit klar zu werden beginnt, vor welcher potenziellen Katastrophe unsere Zivilisation steht.

Fundamentalistische Gruppierungen aller Façon werden erstarken und nachdrücklicher als je zuvor zur Rückkehr zum Ursprung und zum »reinen Glauben« aufrufen. Sie werden behaupten, dass Gott uns für unsere »Sünden« bestraft, wir deshalb leiden müssen und unsere einzige Rettung in der Rückkehr zum Glauben liege.

Jede andere, global zirkulierende Prophezeiung wird auf dieses Ziel ausgerichtet sein. Nostradamus & Co. werden eine beispiellose Renaissance widerfahren. Als Nächstes könnte dann die Maya-Prophezeiung über uns hereinbrechen, die zum dritten Mal in Folge das Ende der Welt bzw. den Übergang von einem Weltalter in das nächste vorhersagt.[4]

Der Jenseits-Bereich

Es gibt einen Bereich, den wir Jenseits nennen. Er liegt außer Sicht der Komfortzone der meisten Menschen und verändert sich stetig. Niemand kann sein Ende je erreichen, nur Annäherung ist möglich. Je näher man aber der Grenze kommt, desto weiter entfernt er sich. Wollte man ihn erreichen, wäre man ewig unterwegs. Aber gerade das ist nicht sein Sinn. Es ist der Ort, an dem die Zukunft verändert werden kann; der Raum, in den kreative Köpfe eintreten und mit zündenden Ideen wieder herauskommen. Es ist ein Bereich, in dem die Regeln und Gesetzmäßigkeiten unserer »normalen« Welt nicht gelten. Was dort zählt, ist das Unerwartete, das Andere, das Neue, das Unsichere und Überraschende. Es ist ein Ort höchster Schaffensfreude und Innovation. Dort wimmelt es nur so von neuen Ideen. Stößt man auf eine, kann man davon ausgehen, viele weitere zu entdecken. Im Jenseits-Bereich liegt das gesamte kreative Potenzial der Menschheit. Viele Künstler bereisen ihn regelmäßig. Hier suchen die großen Denker nach Lösungen, wenn die Menschheit existenziell bedroht ist.

Weil die Zukunft unserer Spezies heute auf dem Spiel steht, brauchen wir diese mutigen Denkabenteurer und Kopfakrobaten, die sich zu einem Ort *jenseits* des Augenscheinlichen, *jenseits* des Etablierten, *jenseits* des Bekannten und Eingeführten und *jenseits* des Denkbaren aufmachen. Vielleicht ist die Zukunft schon verloren, aber ein Versuch ist es alle Male wert. Bislang war nur ein kleiner Teil unserer Kreativität gefragt. Je schneller wir das gesamte zur Verfügung stehende kreative Potenzial nutzen, desto größer sind die Chancen, die schwierigste Krise seit Menschengedenken zu meistern. Wir selbst sind für einen Großteil der Probleme verantwortlich, die möglicherweise zur Auslöschung unserer Spezies führen. Wenn wir nur so viel Energie und Ressourcen in die Lösung der Probleme steckten, wie wir für ihre Verursachung gebraucht haben, sollten wir Wege finden, die heute anstehenden Herausforderungen zu bewältigen.

---

4 Zum Beispiel http://weltuntergang-2012-prophezeiungen.de/2012-prophezeiungen/maya-kalender-2012.html

Wenn wir nicht begreifen, was zu tun ist, wird das ein eindeutiger Beweis für die Kurzsichtigkeit und Dummheit unserer Spezies sein – ein Armutszeugnis für alle Intelligenten, Begabten und Kreativen unter uns. Trotzdem müssen wir uns fragen, wie es sein kann, dass wir sehenden Auges in so große Schwierigkeiten geraten sind. Sitzen wir in der Falle unseres eigenen Systems? Ist unsere Wahrnehmung so beschränkt, dass wir nicht sehen, was um uns herum passiert? Sind wir nicht imstande, mit einer komplexen und unsicheren Welt umzugehen? Oder haben wir es aus irgendwelchen egoistischen Interessen zugelassen?

Wir müssen alles daran setzen, die Weltbevölkerung vor einer weiteren Wachstumsexplosion zu bewahren. Wir müssen den Raubbau an der Natur und den natürlichen Ressourcen stoppen. Wir müssen dem Missbrauch von Wissenschaft und Technik Einhalt gebieten und uns von der Konzentration auf materialistische Werte und unserem egoistischen Lebensstil verabschieden. Die Gleichgültigkeit gegenüber dem Leid anderer Lebewesen gilt es genauso zu überwinden wie die Respektlosigkeit gegenüber der Umwelt und die Vermehrung von Wohlstand und Macht weniger auf Kosten vieler. Wir müssen vom Zug der Zerstörung springen, bevor er unsere Zivilisation und die ganze Menschheit auslöscht.

Eins ist sicher: Wir haben die Welt weit über ihre regenerativen Möglichkeiten hinaus ausgebeutet. Das war nicht besonders klug. Im Eifer des wirtschaftlichen Gefechts haben wir die gesunden Grenzen überschritten und dabei vergessen, dass Profit nicht alles ist.

Sind wir bereit, gewillt und fähig, in eine Welt jenseits der Konventionen, jenseits von allem heute Vorstellbaren aufzubrechen und nach Antworten auf die Frage zu suchen, wie sich eine Welt schaffen ließe, in der Menschen ein angenehmes Leben führen können und unsere Kinder eine Zukunft haben?

In diesem Buch geht es um die Anliegen des *Jenseits*, des *Übermorgen*, es geht um unsere Zukunft. Alle Einzelaspekte wollen wir genauer beleuchten und dabei die Gedanken führender Persönlichkeiten aus Wirtschaft, Politik und Gesellschaft integrieren, um Sie, liebe Leserinnen und Leser, davon zu überzeugen, dass die Zeit zum Handeln gekommen ist. Last but not least wollen wir in diesem Buch mutig nach vorn preschen und mit der fast unmöglichen Aufgabe beginnen, Lösungsansätze für unsere Probleme zu finden (siehe gleichnamiges Kapitel). Es ist uns nicht möglich, alle Lösungen zu kennen. Manche Lösungen mögen eigenartig oder sogar utopisch wirken; manche werden uns definitiv dazu zwingen, unsere Komfortzone zu verlassen. Weil wir nicht alle Lösungen zur Hand haben, möchten wir die Ideen anderer Experten vorstellen, die uns auf dieser Reise begleiten. Wir hoffen, dass Ihnen der dringende Handlungsbedarf bewusst wird und Sie der Bewegung der Zukunftsdenker beitreten. Nur mit Ihrer Unterstützung können wir den Code knacken, Lösungsvorschläge umsetzen und so eine neue Kultur und eine neue Realität schaffen.

DENKER VON MORGEN

Salvador García, Sozialpsychologisches Institut der Universität Barcelona[5]

Auf dem Weg zu einem neuen Management by Conscientia (MbC)[6]

Wenn das Leben schon gut ist, ist Träumen noch besser und Aufwachen das Beste.
Antonio Machado

Der »äußere« Zustand der Welt lässt sich vielleicht über ihre »innere« Befindlichkeit erklären; Geist, Herz und Seele der Welt sind schwach und unsensibel geworden.
The Call of the Time Dialogue Series[7]

Reise zur Sonne in der ersten Klasse

Wir leben in einer sehr verwirrenden Zeit. Das gilt in Bezug auf Werte und auf die Einzel- und Kollektivhoffnungen, die auf die historische Rolle von Unternehmen und auf das Gewissen des Führungspersonals gesetzt werden, unsere Welt und nichts weniger als die Gegenwart und die Zukunft der Menschheit aufzubauen.

Zum aktuellen Zustand der Welt (aus verschiedenen Quellen zusammengestellt)

- 87 % aller Angestellten meinen, dass der einzige Sinn ihrer Arbeit im Geldverdienen liegt.
- 64 % aller Angestellten geben an, dass sie depressiv oder nervös seien und gern woanders arbeiteten.
- Etwa die Hälfte der Regenwälder ist seit 1950 zerstört.
- Täglich sterben 38.000 Kinder unter fünf Jahre.
- Über 1,5 Millionen Menschen haben weniger als zwei Dollar am Tag zum Überleben.
- Die Kluft zwischen Arm und Reich ist heute zehnmal größer als zu Beginn des letzten Jahrhunderts.

Obwohl die Technologie, angetrieben von wirtschaftlichen Interessen, ein Niveau erreicht hat, das kaum zu übertreffen ist, sind viele Menschen auf diesem Planeten von

---

5 E-Mail: salvadorgarcia@ub.edu
6 Die Ideen in diesem kurzen Beitrag stammen aus bereits veröffentlichtem Material des Autors, im Besonderen: »El reto de la dirección por valores: mas allá de las calabra«, einem Buch, das gerade von Salvador García und Simon L. Dolan zur Publikation vorbereitet wird (Madrid: McGraw-Hill). García, S., Dolan, S. L. (1997). La dirección por valores. Madrid: McGraw-Hill. Dolan, S. L., García, S., Richley, B. (2006). Managing by Values. Basingstoke u. New York: Palgrave Macmillan.
7 E-Mail: info@callofthetime.com

einer Grundversorgung an Lebensmitteln, Wasser, Gesundheit oder Bildung abgeschnitten – ein unfaires und beschämendes Ungleichgewicht. Vor diesem Hintergrund
sollte man sich bewusst machen, dass uns der physische und psychosoziale Verfall, den
unser eigener »Fortschritt« als Spezies mit sich bringt, immer schneller in die Richtung
eines kollektiven Kollaps treibt, wie Eudald Carbonell in seinem Buch »The Birth of a
New Awareness«[8] betont.

Insofern ist es nicht gerade gut um den Ausflug der Menschheit zur Sonne be-
stellt. Und diejenigen unter uns, die erste Klasse reisen, wie Raimundo Panikkar[9] sagen
würde, haben eine besondere Verantwortung, unser Bewusstsein für diese Situation
zu schärfen und sie zu verbessern zu versuchen.

Gute Nachricht

Jeder Mensch verfügt über ein gewaltiges, wenn auch oft schlummerndes, kreatives
Potenzial. Wir müssen »zusammenlegen«, unseren gut gemeinten Pragmatismus und
die geistige Kraft miteinander teilen und einander wachrütteln – selbst wenn die Le-
benszusammenhänge, in denen wir stecken, das nicht immer begünstigen mögen.
Entweder aber vertrauen wir intelligent und optimistisch auf diese Möglichkeit oder
wir steuern geradewegs auf eine Katastrophe zu. Viel mehr Auswege gibt es nicht.

Die Geschäftswelt muss ihre Rolle als Agentin für den positiven sozialen Wandel
wahrnehmen – eine Rolle, die ihr schon historisch zukommt. Ihr ehrlicher, generöser
und couragierter Einsatz in diesem Entstehungsprozess ist dringend und mit aller Ent-
schiedenheit geboten.

Von der Geschäftswelt wird de facto etwas Neues erwartet. Etwas, das jenseits des
»Managing by Values (MbV)« oder der »Corporate Social Responsibility (CSR)« liegt, das
Firmen volle Kompetenz zuschreibt und faktischen Einfluss gewährleistet. Das könnte
man dann »Managing by Conscience« oder »Managing by Consciousness (MbC)«[10]
nennen. Dass dieses Konzept auf der Organisationsebene funktioniert, beweisen Firmen wie Novo Nordisk, La Fageda, MRW, Novartis, Mariposas para el Mundo (Kolum-
bien), Manpower, El Tejar (Argentinien) oder die Triodos Bank. Auf individuellem Level
zeigen Bill Gates und Warren Buffet beispielhaft, dass dieses Bewusstsein sich in der
Geschäftswelt breit macht, wenn auch längst noch nicht ausreichend.

8   Carbonell, E. (2007). El naixement d'una consciència.
9   Panikkar, R. (1999). Invitacíon a la sabiduría. Barcelona: ARA. Auf Deutsch: Panikkar, R.
    (2002). Einführung in die Weisheit. Freiburg im Breisgau: Herder.
10 Salvadór García hat den Begriff des MbC geprägt. Die Idee dazu entstand, als er mit der
    »Utopie-Berater-ohne-Grenzen«-Gruppe (siehe http://www.consultoressinfronteras.org/
    es/) auf einer Konferenz für Yoga und Meditation teilnahm, die im Oktober 2006 unter
    dem Titel »On the Edge of Emergence« in New York stattfand. Sponsor der Tagung war
    die weltweit agierende spirituelle Organisation Brahma Kumaris (www.bk.org), die in In-
    dien gegründet wurde und inzwischen Standorte in 130 Ländern der Welt hat.

MbC-Ziele

MbC schafft das Fundament für die Entwicklung einer proaktiven Sensibilität gegenüber dem Repertoire praktischer Maßnahmen, die eine Firma ergreift. Das beginnt bei der partizipativen Bestimmung der Ziele und der Unternehmensphilosophie und erstreckt sich weiter auf die strategische Führung des Unternehmens unter ökonomisch-pragmatischen Gesichtspunkten bei gleichzeitiger Wahrung der menschlichen Sensibilität, die auf einem Problembewusstsein fußt. Es schließt ferner das Agieren in einem konkreten Marktumfeld unter Einsatz von ethischem und affektivem (spirituellem) Gespür ein. Dies sollte mit dem Gefühl einhergehen, durch die privilegierte berufliche Rolle Sinn zu erfahren und diesen auch weiterzuvermitteln zu wollen.

Davon ausgehend, dass sich dieses Bewusstsein bei Topmanagern und Firmeninhabern durchsetzen wird, gilt es, konkrete Strategien für die Angestellten zu entwickeln. Sie sollten entsprechend geschult werden, gewillt und imstande sein, ihre emotionale Intelligenz überlegt und bewusst einzusetzen.

Die MbC-Ziele lauten:

1. Vertiefung und Stärkung der Kohärenz von aktuellen MbV- und CSR-Positionen, der Kreislauf Gewissen – Werte – Handlung wirkt irreversibel;
2. Bewusstsein dafür entwickeln, dass »eine andere Welt möglich ist«, eine Realität, die auf der Prämisse beruht, dass »eine andere Firma möglich ist«;
3. Synergien zwischen wirtschaftlichen Ergebnissen, Unternehmensethik und -kultur schaffen;
4. menschliche Suche nach Sinn und Glück fördern.

Die Notwendigkeit eines neuen MbC, jenseits des Managing by Values (MbV; Führen über Werte), Managing by Objectives (MbO; Führen über Ziele) oder Managing by Instructions (MbI; Führen über Anweisung) korreliert mit dem Auftreten vier wichtiger Faktoren, die unser Überleben und unsere Weiterentwicklung auf der Erde sicherstellen:

1. Die einzelne Führungsperson sollte ein »postkonventionelles« Bewusstsein entwickeln. Der Einfluss der Bezugsgruppe und der Peers sollte in Bezug auf vorherrschende Werte und Überzeugungen gering sein, damit die Führungsperson tatsächlich transformierend wirken kann. Damit läge sie *jenseits* des rein adaptiven Konventionalismus und des starren, unreifen Vorkonventionalismus.
2. Menschen sind als Zweck an sich zu betrachten, in die es sich zu investieren lohnt. Sie sind keine Ressourcen, die optimiert werden wollen, oder Maschinen, die bis zur Erschöpfung im Einsatz zu sein haben.
3. Das kapitalistische System sollte sich von seinem primitiven Fokus der Wahrung des Status quo ohne Rücksicht auf Verluste verabschieden und stattdessen neue zukunftsorientierte, nachhaltige Strukturen aufbauen.
4. Es ist notwendig, mit der zunehmenden Komplexität umgehen zu lernen, für die die bisherigen Anleitungen, Ziele und auch die erklärten Werte nicht mehr genügen.

Das erfordert eine neue Weisheit und eine neue Freiheit, die einem »veredelteren« Bewusstsein entspringen.

Wesentliche Überzeugungen des MbC

Ausgehend von verschiedenen Quellen speist sich das MbC aus einer Reihe unkonventioneller Überzeugungen, die das Wesen des Menschen und die Geschäftswelt als Generatoren neuer Werte, neuer Strukturen, neuer Interaktionsprozesse, neuer Praktiken und neuartiger Unternehmensergebnisse betreffen.

1. Der Mensch ist Zweck jeder legalen Unternehmensaktivität. Der Mensch ist das anzustrebende Ziel, nicht bloß eine der Optimierung dienende Ressource. Man sollte überhaupt aufhören, von »Human Resources« zu sprechen.
2. Die Rendite eines Unternehmens sollte nicht Ziel an sich sein, sondern Überlebens- und Entwicklungsmittel. Die Rendite kann auch als Indikator für gute Zusammenarbeit mit den Interessenvertretern des Unternehmens dienen, seien es die Firmeninhaber, die Manager, die Angestellten, Subunternehmer, Kunden oder Bürger allgemein.
3. Hinter dem Begriff »corporate values« stehen die Werte einer Firma, die einem bewussten Sein entspringen. Wo dies nicht der Fall ist, sind sie reine Worthülsen, die Frust und Aussichtslosigkeit hervorrufen können.
4. Dass der Grundsatz »Menschen sind unser größtes Pfund« ernst genommen wird, zeigt einer, der sich um sein eigene Berufsleben und das der Angestellten bemüht.
5. Das Bewusstsein, für andere da zu sein, öffnet die Tür zur Fülle, in der wir das, was wir geben, nicht verlieren, sondern zurückbekommen. Wenn wir immer nur eigennützig sind, schadet uns das.

Sein und Bewusstwerden

Managing by Consciousness setzt die Einbindung wesentlicher Werte wie Präsenz, Freiheit, Integrität, Respekt und Glück voraus. Obwohl die folgende Behauptung in einem üblicherweise nüchternen Kontext wie der Managementwelt sehr gewagt erscheint: Der zentrale Wert des MbC ist zweifelsohne Liebe. Die verstorbene Gründerin des Body Shop, Anita Roddick, beschrieb ihre Unternehmensphilosophie einst folgendermaßen: »Erstens musst du Spaß haben. Zweitens musst du alles, was du tust, mit Liebe tun. Drittens musst du gegen den Strom des Rests der Welt schwimmen.«

Das hier verwendete Wort »conscience« (Gewissen) kann vieles bedeuten. Gewissen (»conscience«) und Bewusstsein (»consciousness«) gehen auf dieselbe lateinische Wurzel »conscientia« zurück, wörtlich: Wissenschaft, Mitwissen, Gewissen.

Bewusstsein: Bewusstheitsgrad, subjektives Wissen von sich selbst in Bezug auf die Umwelt (Selbstbewusstsein). Gewissen: menschliche Fähigkeit, Dinge wertzuschätzen und ethische Entscheidungen zu fällen (sowohl um Situationen einzugrenzen als auch um neue entstehen zu lassen).

Obwohl wir korrekterweise von »mit Wissen« reden müssten und so vom »Management mit Wissen«, benutzen wir der Einfachheit halber die inklusive Terminologie vom »Management by Conscience«. Auf internationalem Parkett sollte man vielleicht besser vom »Management by Conscientia« sprechen, weil darin die lateinische Wurzel durchscheint, die beide Begriffe, »conscience« und »consciousness«, einschließt und damit auch auf ethisches Business-Management anspielt, in dem die Bewusstmachung der eigenen internen und externen Realitäten eine Rolle spielt.

»In conscience« müssen wir gewissenhaft handeln. Das Gegenteil wäre planloses Agieren, das jeder Bewusstheit entbehrte. Wenn wir skrupellos und unbewusst handeln, gewöhnen wir uns an diese Art des Umgangs. Das belastet unsere Beziehungen langfristig und wirkt sich zerstörerisch auf unser Leben aus.

Bewusst sein bedeutet, sich selbst wahrzunehmen, sich zu erforschen, nachzuspüren, sich bewusst zu werden, sich selbst zu erkennen, sich auf sich selber zu konzentrieren, aufmerksam zu sein, zu verstehen, zu reflektieren, zu bewerten, zu reagieren, Verantwortung zu übernehmen und Präsenz zu zeigen. Eine bewusste Handlung ist frei, klar, freiwillig, verantwortungsvoll, spiegelnd und nichtspiegelnd. Bewusstsein und Bewusstheit bestimmen uns als Menschen, die nicht nur denken, fühlen und handeln, sondern auch beobachten, bewerten und reflektieren, was wir denken, was wir fühlen und was wir tun und damit ein bestimmtes Selbstverständnis von der Welt und unserem eigenen Leben entwickeln.

Wie lässt sich MbC aktivieren?

Es geht hier nicht darum, unser Bewusstsein bzw. unser Gewissen zu entlasten, sondern es zu wecken und zu erweitern. Folgende vier Aspekte sollten in zukünftigen Führungskräftetrainings und -entwicklungsstrategien nicht fehlen:
1. direkte (oder zumindest statistische) Kenntnis der beschämenden Realitäten dieser Welt;
2. Heranführung an meditative Techniken (christliches Gebet, Zen, Yoga etc.);
3. Naturerfahrungen in möglichst ursprünglichem Sinn;
4. Musik hören oder an anderen kulturellen Erlebnissen teilhaben (Theater, Malerei, Tanz, etc.), die die Sinne ansprechen und schulen.

MbC erwächst aus einer bestimmten Lebensperspektive bzw. einer generativen, eindeutig utopischen Grenzlinie zwischen Idealismus und Realismus:
1. aus uns selbst heraus (von innen und außen);
2. aus anderen, indem wir uns empathisch in ihre Situation hineinversetzen, die Ethnozentrismen und extrem individuellen Haltungen abstreifen und dabei lebenslang kooperatives, kosmopolites und solidarisches Verhalten entwickeln (am besten gemäß der Goldenen Regel: Behandle andere so, wie du von ihnen behandelt werden willst). Auf Tsetungs Frage »Gibt es ein Wort, an dem man sich als Lebensprinzip orientieren kann?«, antwortete Konfuzius: »Es gibt das Wort ›shu‹, das so viel

wie Reziprozität bedeutet: Behandle andere nicht so, wie du nicht von ihnen behandelt werden willst.«;

3. an der generativen Grenze zwischen dem Innen und dem Außen des Systems, mithilfe der Fähigkeit, das große Ganze von außen zu betrachten und von innen zu verbessern;

4. aus der Verbindung zu einem höheren Lebenssinn außerhalb unserer selbst.

Topografie der MbC-Aktivierung

	außerhalb unserer selbst	innerhalb unserer selbst
innerhalb des Systems	gestresst	TRANSFORMIEREND
außerhalb des Systems	geistesabwesend	nachdenklich

Was wir im Leben brauchen, holen wir uns meistens von anderen: Bewunderung, Geld, Unterstützung, Zuneigung, Unterhaltung etc. Auf die eine oder andere Art und Weise kriegen wir unser Leben lang, was wir brauchen, selbst wenn wir einiges von dem zurückgeben, was wir bekommen. Es gibt jedoch auch andere Möglichkeiten, das von anderen Menschen zu bekommen, was wir brauchen: es sich nicht explizit zu wünschen, sondern die Selbstwahrnehmung mit einem höheren Ziel zu verknüpfen, das in und für sich selbst einen Wert hat, als ob es sich »magisch« oder unerwartet entlang eines festen Grundes und einer Wirkungslogik bewegte. Dann endete das Leben, indem es uns gegeben hätte, was wir wirklich brauchen, um die Wahrheit bzw. den Sinn des Seins zu erkennen oder wenigstens, um der Ereignisse und Möglichkeiten bewusst zu werden, die uns bei der Erledigung unserer Aufgaben helfen.

Diese höheren Wahrheiten oder Ziele mögen teilweise materialistisch sein: vom unendlichen Reichtum über wahre Freundschaften bis zum Aufbau eines richtig lukrativen Geschäfts, bei dem es darum geht, Menschen zu fördern, statt sie als Ressource zu optimieren. Diesen strategischen Weg einzuschlagen, wird sich bedeutend auf unser eigenes Leben und das der Menschen um uns herum auswirken.

»Die Veränderung, die du dir für die Welt wünschst, muss mit deiner eigenen Veränderung beginnen.«
Mahatma Gandhi

DENKER VON MORGEN

D. K. Matai, Vorstand, mi2g, ATCA und The Philantropia[11]

Überlegungen zu zukünftigen Szenarien: Höchst unwahrscheinliche, hoch wirksame Ereignisse, »Schwarze Schwäne« – Chancen und Risiken einer asymmetrischen Globalisierung[12]

Das Risiko, hoch wirksame Ereignisse zu verpassen, steigt, je komplexer unsere Welt wird. Dieses statistische Phänomen hat Nassim Nicholas Taleb »Schwarze Schwäne« getauft.[13] Taleb beschreibt sie als Sonderfälle, da sie außerhalb dessen liegen, was wir erwarten. Nichts, das wir kennen, weist darauf hin, dass es sie geben könnte. Diese retrospektive, aber nicht prospektive Vorhersagbarkeit ist das Merkmal, durch das sich ein »Schwarzer Schwan« von einem »normalen« höchst unwahrscheinlichen, hoch wirksamen Ereignis unterscheidet. Die Tendenz, »zu tun, als gäbe es solche Ereignisse nicht«, verschärft ihre Wirkung zusätzlich.

Alle Kräfte der globalen Integration – technische, ökonomische, politische und soziale Kräfte, zum Beispiel gesenkte Handelsbeschränkungen und erhöhter Kapitalfluss – fördern die allgemeinen Wachstumschancen. Begleiterscheinung dieser paradoxen Integrationskräfte sind eine Reihe asymmetrischer höchst unwahrscheinlicher, hoch wirksamer Ereignisse (»Schwarze Schwäne«), wie ausgewiesene Experten der ATCA (»Asymmetric Threats Contingency Alliance«) im Laufe der letzten sechs Jahre herausgefunden haben. Die Top Ten:

1. Klimachaos und Umweltzerstörung;
2. extreme Armut;
3. Geo- und Energiepolitik;
4. organisierte Kriminalität und Extremismus;
5. Ausbreitung fortschrittlicher Technologien: Bio-, Info-, Nano-, Robotertechnologie und Künstliche Intelligenz;
6. demografisches Ungleichgewicht;
7. Ressourcenknappheit;
8. Pandemien;
9. Finanzwesen und ihm innewohnende Risiken;
10. Transhumanismus und Ethik.

---

11 Siehe www.mi2g.net
12 Matai, D. K. (2007). Address to representatives of major financial institutions – banks, insurance and reinsurance groups, WTO, World Bank, IMF and UN Agencies. Risikogipfel in Genf, Schweiz, 9. Juni 2007.
13 Taleb, N. N. (2007). The Black Swan. The Impact of the Highly Improbable. New York: Random House. Auf Deutsch: Taleb, N. N. (2008). Der Schwarze Schwan. Die Macht höchst unwahrscheinlicher Ereignisse. München: Carl Hanser. Siehe auch http://www.fooledby randomness.com

Die asymmetrischen Bedrohungen lösen im Menschen Skepsis gegenüber dem Arbeitsmarkt, dem Gesundheitswesen, der öffentlichen Sicherheit und dem Wohlergehen zukünftiger Generationen aus. Es gibt sie nicht trotz, sondern wegen der Globalisierung, und viele von ihnen werden sich im Laufe des 21. Jahrhunderts mit hoher Wahrscheinlichkeit in »Schwarzen Schwänen« entladen. Die gleichen Kräfte der globalen Marktintegration und Technologie, die zur Steigerung der Wettbewerbsfähigkeit beigetragen haben, führen nun zur Sorge um die körperliche und finanzielle Sicherheit der Menschen.

Zum Beispiel:

– Die günstigen Transfermöglichkeiten zu Luft und zu Wasser verringern Distanzen zu Geschäftspartnern, sparen Zeit und lassen mehr Reisetätigkeit zu als je zuvor. Sie können aber leicht zu Instrumenten des Terrors werden, wenn sie nicht nur Geschäftsleute und Touristen oder Güter befördern, sondern für die Streuung von Viren und anderen Krankheitserregern oder sonstigen kriminellen Handlungen missbraucht werden.

– Das Hochgeschwindigkeitsinternet, das heutzutage immer mehr Informationen immer schneller und ergiebiger zugänglich macht denn je, kann auch Schaden anrichten, in unsere Privatsphäre eindringen, Identitätsbetrug ermöglichen, Hass auslösen und für globale böswillige Kampagnen missbraucht werden.

Es gibt noch andere höchst unwahrscheinliche, hoch wirksame Schwarzschwan-Ereignisse, zum Beispiel:

– nuklearer Terrorismus und das Risiko nationaler und internationaler Gewaltentgleisung durch Bürger anderer Länder, die gemeinschaftsschädigende Ziele verfolgen;

– Sturmfluten der Weltliquidität – Investitionen der Staaten in nationale Wettbewerbsziele verschlingen riesige Geldmengen, bergen das Risiko von Fehlleitungen und stellen verlorene Chancen für die Armutsbekämpfung dar.

Das Ungleichgewicht zwischen der erhöhten Geschwindigkeit technischer und ökonomischer Veränderungen und dem verlangsamten Tempo der Entscheidungsfindung in Regierungskreisen, die mit dem sozialen und kulturellen Wandel kämpfen, und bei großen Firmen und Finanzdienstleistern, die einen Strukturwandel begleiten, züchtet zusätzliche »Schwarze Schwäne« heran.

Die Kluft und damit der Konflikt zwischen überliefertem Gedankengut alter Kulturen wie China und Indien, das sich über Jahrhunderte hinweg entwickelt hat und dem Gros der Bevölkerung eine gute Orientierung im Alltag bietet, und den vorherrschenden Denk- und Handlungsweisen der modernen Welt, die der »alten Welt« ihre Werte zu rauben scheint, werden immer größer.

Da viele Gebiete auf dieser Erde heute besiedelt sind, die früher komplett brach lagen, hätten Asteroideinschläge, Erdbeben, Vulkanausbrüche oder eine andere Naturkatastrophen schlimmere Folgen, als allgemein angenommen.

Wenn der aktuelle Konflikt im Mittleren Osten eskaliert, könnte ein größerer regionaler Konflikt entstehen, der nicht nur das Ölgeschäft destabilisiert, sondern auch das ökonomische Wachstum des Westens erschüttern würde.

Zum Verständnis der grundlegenden Einflussfaktoren

Viele Studien der letzten Jahre haben gezeigt, dass Unternehmen und Länder am erfolgreichsten wirtschaften, wenn sie Entscheidungen treffen, die über ihren Horizont hinausgehen, und wenn sie an dieser Praxis festhalten. Trotzdem liegt auch hier ein Gleichgewicht (Symmetrie) und ein Ungleichgewicht (Asymmetrie) vor. Um die Zukunft zu verstehen, müssen wir fünf Schlüsselfaktoren verstehen, die alle zentrale Hebelwirkungen für Technologie und Innovation haben können:

1. Globalisierung,
2. Demografie,
3. natürliche Ressourcen und Umweltfragen,
4. Regulierungspolitik und Engagement seitens der Konsumenten/Interessenvertreter/Shareholder auf allen Ebenen,
5. Veränderung von Konsumverhalten und Verhaltensmustern, spätestens sobald Menschen bessere Lebensbedingungen und erstrebenswerte alternative Lebensentwürfe in anderen Gegenden der Welt wahrnehmen.

Globalisierung: Fragt man 100 Menschen, was sie unter Globalisierung verstehen, wird man vermutlich 100 verschiedene Antworten erhalten. Für das mi2g-Intelligenz-Ressort liegt der Fokus auf der Verflechtung ökonomischer, politischer, sozialer und technologischer Zusammenhänge zu objektiv messbaren, universell verfügbaren Sachverhalten, die aus verlässlichen Quellen stammen und zusammengenommen Fragen zur Konvergenz dieser Kräfte in verschiedenen Ländern aufwerfen.

Die Folgen der Globalisierung werden sich auch auf anderen Ebenen abzeichnen, zum Beispiel bei Umweltproblemen, die über Landesgrenzen hinausgehen, und Pandemien. Die Globalisierung birgt ferner das Risiko einer »Übervernetzung« in den entwickelten Ländern.

Demografie: Die Weltbevölkerung hat sich im Laufe des letzten Jahrhunderts verdreifacht, die Lebenserwartung ist enorm gestiegen. Während sich in den Entwicklungsländern eine Stärkung des Segments der 15–39-Jährigen beobachten lässt, altert die Bevölkerung der industrialisierten Welt.

Da über 90 % der Weltbevölkerung heute in Entwicklungsländern lebt, zeichnen sich auch in den Bereichen Bevölkerung und Bevölkerungsentwicklung große Umwälzungen ab. Weil sich der Bevölkerungszuwachs vor allem in urbanen Räumen ereignet, entstehen gewaltige Instabilitäten in Städten, die auf die Landflucht nicht vorbereitet sind. Diese inner- wie zwischengesellschaftlichen Veränderungen werden sich signifikant auf die Wirtschaft auswirken. Zum demografischen Wandel kommen Veränderungen auf dem globalen Arbeitsmarkt.

Möglicherweise entstehen in Zukunft Spannungen zwischen Ländern mit einem Überangebot an Arbeit und Ländern mit wenigen Beschäftigungsmöglichkeiten.

Natürliche Ressourcen und Umweltfragen: Allgemein wird angenommen, dass die meisten Vorhersagen hinsichtlich der Ölreserven falsch waren und bleiben. Immer mehr Geologen und Energieexperten machen jedoch darauf aufmerksam, dass seit den 1970er Jahren kaum eine globale, regenerative Kohlenwasserstoffquelle (in der Größenordnung von Ölfeldern wie Ghawar in Saudi-Arabien oder das nun trockenfallende Cantarell in Mexiko) neu erschlossen worden ist. Während sich allgemein viel einsparen lässt, stecken die Alternativen noch in technologischen Kinderschuhen, sind für die Versorgung ungenügend oder pure Fiktion wie im Fall von Wasserstoff (keine Energiequelle, sondern ein Speichermedium).

Ein Großteil der Infrastruktur und Hardware (d.h. Maschinen) der Energieversorgung läuft über Kohlenwasserstoff. Ein einigermaßen vernünftiger Wechsel zu jeder möglichen Kombination von Alternativen wäre denkbar, sofern der Kohlenwasserstoff genügend langsam abgebaut würde.

Gesellschaftliches Engagement und politische Regulierung: Wenn sich Menschen verwundbarer fühlen als je zuvor, versprechen sie sich Schutz von der Regierung.

Macht und Vorlieben der Konsumenten: Wenn wir eine Eins-zu-eins-Karte der Welt zeichneten und nur diejenigen mit einem jährlichen Pro-Kopf-Einkommen von 10.000 Dollar berücksichtigten (Kaufkraft), schrumpfte die sichtbare Weltbevölkerung für das Jahr 2000 sofort von sechs Milliarden auf eine Milliarde. 2015 sähe die Situation schon ganz anders aus, denn die nachweisbare Weltbevölkerung wird sich auf zwei Milliarden verdoppeln. Davon lebt eine Milliarde in Entwicklungs- und Schwellenländern (über 500 Millionen in China und 300 Millionen in Indien). Deshalb werden Investoren mit größerer Wahrscheinlichkeit nach China und Indien gehen, da dort das Potenzial, neue Märkte zu erschließen, weitaus größer ist. Interessant ist in diesem Kontext, dass sich Japan und Europa, obwohl in der Regression begriffen, immer stärker auf Konsumentengruppen der oberen Einkommensschichten konzentrieren.

Schlussfolgerung

Laut dem mi2g-Intelligenz-Ressort haben Firmen nur dann reale Wachstumschancen, wenn sie eine dynamische Weltanschauung entwickeln. Das erreichen sie mit disziplinierter Forschung und intensiver Projizierung in die Zukunft hinein. Es hilft außerdem, allgemeine Risiken strategisch zu minimieren, damit, solange sich die Welt so sprunghaft und wandelbar zeigt, Bewegungsspielräume nach vorn entstehen und verantwortungsvolles Handeln gegenüber den Interessenvertretern und Shareholdern auf allen Ebenen trotz der Bedrohung durch »Schwarze Schwäne« möglich ist.

Zu bedenken wäre jedoch, dass sich manche unwahrscheinliche »Schwarze Schwäne« in wahrscheinlich eintretende, hoch wirksame Ereignisse verwandeln können, wenn alle fünf Motoren (siehe S. 55) zusammenwirken und miteinander kollidieren.

2 Kernthemen einer nachhaltigen Zukunft

Heute stehen wir am Scheideweg der menschlichen Geschichte. Unsere Taten und unsere Untaten werden noch auf tausende Jahre, wenn nicht gar auf ewig, die Zukunft des Lebens auf der Erde bestimmen.

Jakob von Uexküll, Weltzukunftsrat

Vorbemerkungen

Unter genauerer Betrachtung der spezifischen Kernthemen in den Bereichen, die uns Sorgen bereiten, fällt auf, wie viele es sind. Wir mögen uns zu fragen beginnen, wie es Menschheit und Zivilisation überhaupt geschafft haben, bis heute zu überleben. Fast alle Bereiche weisen Probleme auf, die, für sich genommen, das Potenzial haben, unsere Weltzivilisation oder gar die ganze Menschheit zu vernichten. Wenn wir noch genauer schauen, entdecken wir, dass die meisten dieser Probleme zu »Schlüsselproblemen« und jüngst zu ernsthaften Bedrohungen geworden sind. Die meisten hängen mit dem Bevölkerungswachstum, dem Fortschritt in Wissenschaft und Technik oder der Globalisierung zusammen.

Bevor wir die Schlüsselprobleme genauer unter die Lupe nehmen, wenden wir uns etwas zu, das sich mit ungeahnten Kräften auf die Weltentwicklung auswirken kann und zuweilen alle anderen Faktoren ausschaltet. Wir tun normalerweise so, als existiere dieser Faktor nicht, denn er entzieht sich jeder Kontrolle und Vorhersage. Die Rede ist von unerwarteten, höchst unwahrscheinlichen Ereignissen mit sehr positiven oder sehr negativen Folgen, die nach Zufalls- und Erkenntnisphilosoph Nassim Nicholas Taleb »Schwarze Schwäne« (siehe S. 53) genannt werden. Diese lassen sich in vier verschiedene Kategorien unterteilen (siehe Tabelle 1).

Einige Schwarze Schwäne, auch die, die scheinbar unmöglich vorhersagbar sind, lassen sich, kurz bevor sie auftreten, erkennen. Zeit zu reagieren bleibt dann jedoch kaum noch.

Es ist wichtig, nach den unterschwelligen Signalen Ausschau zu halten, die die Schwarzen Schwäne aussenden – zumindest bei denen, die absehbar sind –,

und auf entsprechende Eventualitäten vorbereitet zu sein. Für die gänzlich unerwarteten brauchen wir einen allgemeinen Notfallplan, damit schnelles Reagieren überhaupt möglich ist.

Tabelle 1: Schwarze Schwäne

Ursprung/Verursacher	möglicherweise vorhersehbar	nicht vorhersehbar
Mensch	terroristische Angriffe, z. B. 11. September Weltkrieg neue Religion Wirtschaftskrise, z. B. Wall-Street- Börsenkrach 1929, Schwarzer Montag 1987, Platzen der Dotcom-Blase 2000, Banken-, Finanz- und Wirtschaftskrise ab 2007 technische Unfälle wie Tschernobyl Singularität (siehe S. 121)	Auftreten eines neuen Propheten oder Religionsgründers wie Konfuzius, Buddha, Jesus, Mohammed etc. charismatischer Führer wie Alexander der Große, Attila, Dschingis Khan, Napo- leon, Hitler, Stalin, Mao Zedong etc. Genies wie Da Vinci, Einstein etc.
Natur	Vulkanausbrüche Erdbeben Tsunamis Wirbelstürme Pandemien Folgen eines Asteroideneinschlags Überflutung	Kippen der Erdachse Ausbruch eines Riesenvulkans Besuch von Außerirdischen astrophysikalische Ereignisse

Manche Forscher ziehen den Ausdruck »Platzhalter« (»wild cards«) vor.[14] Schwarze
Schwäne oder Platzhalter sind zuweilen wie Joker, die einfach zur rechten Zeit
am rechten Ort zugegen sind. Wir nennen sie »Joker-Ereignisse«: Glücksgriffe,
Entdeckungen, unerwartete Entwicklungen. Ihnen soll das nächste Kapitel ge-
widmet sein.

Die Auswahl der Kernthemen ist sehr sorgfältig überlegt. Wir sind uns aber
bewusst, dass sich subjektive Faktoren bei der Selektion nie komplett ausblen-
den lassen. In diesem Sinne freuen wir uns über Kommentare und Anregungen
unserer Leser/-innen, die wir in einer Neuauflage des Buches gern berücksichtigen. Es ist uns sehr ernst und wichtig, weltweit für die Situation, in der wir uns
befinden, zu sensibilisieren und zu demonstrieren, wie eng die einzelnen Fak-

---

14 Zum Beispiel Petersen, J. (2000). Out of the Blue – How to Anticipate Big Future Surprises.
   Lanham: Madison. Barber, M. P. (2004/2006). Wildcards – signals from a future near you.
   Journal of Future Studies, 11, 1, 75–93. Hiltunen, E. (2006). Was it a wild card or just blind-
   ness to gradual change? Journal of Future Studies, 11, 2, 61–74.

toren miteinander zusammenhängen. Andernfalls wird es uns nie gelingen, die vor uns liegenden Herausforderungen zu meistern. Lassen Sie uns nicht vergessen, dass die bevorstehende Aufgabe keine akademische Übung ist, sondern unsere auf dem Spiel stehende Zukunft direkt betrifft.

Gesellschaft

Unipolare und multipolare Weltordnung

Die Menschheit war schon immer fasziniert von dem Traum einer unipolaren Welt, die von einer Macht regiert wird, oder aber von einer multipolaren Welt, in der verschiedene Mächte koexistieren. Es ist noch nicht lange her, da hat der Kommunismus mit seiner Gleichheitsutopie den Traum einer vereinten Welt leben wollen, in der die Kommunistische Partei Garant des »Arbeiterparadieses« war. Heute versuchen die Vereinigten Staaten der Welt ihre Auffassung von Demokratie aufzudrängen. Die Amerikaner gehen davon aus, dass alle Menschen gleichermaßen an freien Märkten und Demokratie interessiert sind. Führen aber freie Wahlen tatsächlich immer zu Demokratie? Können sich Menschen ohne demokratischen Hintergrund über Nacht verändern? Empfinden es alle Menschen als erstrebenswert, ihr Schicksal selbst in die Hand zu nehmen? Die Amerikaner mit ihrem Wahn, jeden, wo nur möglich, zu verklagen und andere für jedwedes Unglück oder Problem verantwortlich zu machen, sind vielleicht nicht das beste Beispiel für ein Volk, das sein Schicksal selbst bestimmt.

Auf eine andere Art versuchen Extremisten immer wieder, mit Terrorakten ihre Weltanschauung durchzudrücken. Diesen Weg geht glücklicherweise nur eine Minderheit. Erfahrungsgemäß ist der Extremismus und seine Botschaft ein eher kurzlebiges Phänomen und vermag sich langfristig nicht durchzusetzen.

Werden wir irgendwann in einer multipolaren Welt leben, in der Vielfalt respektiert wird und keiner dem anderen seine Grundsätze und Denk- und Verhaltensmuster aufdrückt? Sind denn politische und religiöse Toleranz unerreichbare Utopie?

Die Weltmächte sind hin- und hergerissen zwischen der Forderung nach Respekt und dem Wunsch, den Rest der Welt mit ihrer eigenen Weltanschauung zu beglücken. Ist der Wunsch nach stetigem Wachstum, nach immer mehr Kontrolle der Motor menschlichen Handelns? Werden wir je eine Welt der Vielfalt erleben oder sind wir ewig dazu verdammt, gegen die Beherrschung durch eine Ideologie anzukämpfen? Die Geschichte bezeugt viele schmerzliche Erfahrungen mit dem Leben in einer unipolaren Welt. Klare, wenn auch sehr unterschiedliche Beispiele sind hier der Nationalsozialismus und der Kommunismus. Religiös basierte Herrschaftsmodelle halten tendenziell länger.

Wir leben in einer Zeit, in der verschiedene Kräfte um die Macht kämpfen und dabei starke innergesellschaftliche Strudel auslösen. Vielleicht sind sie aber auch nur der sichtbare Teil starker Unterströmungen, die neue Lebensstile und Weltanschauungen hervorbringen. Vielleicht erleben wir gerade einen dieser historischen Momente, der sich auf viele Generationen nachhaltig auswirken wird.

Die Antworten, die Politik, Gesellschaft, Wissenschaft und Religion aktuell auf die großen Probleme der Menschheit und die damit verbundenen Fragen geben, stellen die Menschen nicht mehr zufrieden. Es bedarf neuer Ansätze. Die Dekonstruktion traditioneller Methoden und Sichtweisen und die Suche nach neuen Wegen löst bei vielen Menschen ein Gefühl von Verlust, Verwirrung und ein gesteigertes Unsicherheitsbefinden aus. Deshalb versuchen viele Menschen, ihre Komfortzone zu erhalten, indem sie sich nicht weiterentwickeln, sondern an fundamentalistischen Strömungen festhalten. Die rasante Dekonstruktion der Gesellschaft ist überall auf der Welt zu beobachten. Sie ist wie eine Welle, die sich kaum aufhalten lässt, eine kaum zu kontrollierende Kettenreaktion. Steuern wir deshalb auf sozialen Wandel oder soziales Chaos zu? Ist soziales Chaos die unabwendbare Folge einer sich auflösenden Gesellschaft oder notwendiger Vorbote einer neuen Ordnung? Schon heute befinden wir uns am Rande des sozialen Chaos. Wir beobachten, wie Menschen überall auf der Welt neue Arten des Zusammenlebens in einer sich rasant globalisierenden Welt erproben. Die westliche Welt aber ist längst nicht mehr der einzige Katalysator der Globalisierung. Aus jedem Kontinent kommen mittlerweile neue Spieler in Schlüsselpositionen hinzu.

Bedeutet das, dass eine »neue Weltgesellschaft« im Entstehen begriffen ist, die auf den Pfeilern der Vielfalt ruht? Oder werden die großen, neuen, sich ständig bekämpfenden Blöcke in einen Kalten Krieg eintreten?

 JENSEITS DER KOMFORTZONE

Ubuntu: »Wer wir sind, sind wir wegen anderen Menschen!«

Das traditionelle afrikanische »Ubuntu«-Konzept findet seinen klarsten Ausdruck wohl in der Maxime der Zulu: »Ein Mensch wird zum Menschen durch andere Menschen.«[15] Das bedeutet auch, dass wir fundamental durch unsere Teilhabe an einer Gemeinschaft geprägt sind. Deshalb müssen wir neben unserer eigenen Weiterentwicklung zusehen, dass sich auch ein angemessener Fortschritt in der Gesellschaft um uns herum ereignet. Das Konzept geht weit über die eher eigennützige westliche Vorstellung

15 http://www.shosholoza.de/suedafrika.php?id=5

vom Streben nach individuellem Glück hinaus. Es nimmt jeden Einzelnen und die Gesellschaft in die Pflicht, Verantwortung füreinander zu übernehmen.

Angestellte und Kooperationen wären besser dran, wenn ihre Vorgesetzten mehr »Ubuntu« hätten. Sie sind nur Vorgesetzte, weil sie dazu abgeordnet worden sind, und können nur funktionieren, weil viele andere Menschen für die Firma arbeiten.

Zusammen mit der Idee der »Regenbogennation«[16] bedeutet »Ubuntu« das harmonische Zusammenleben verschiedener ethnischer Gruppen.[17] Dieses Konzept, das sich im neuen Südafrika durchgesetzt hat, könnte zum Modell für eine partnerschaftlichere Gesellschaft werden.

Bevorstehende Gefahren und Risiken

Überall lauern Gefahren und Risiken, und die Anzahl der Bedrohungen, die unsere Spezies auslöschen könnten, nimmt ständig zu.

Die Menschheit hat schon immer am Rande der eigenen Auslöschung gestanden, war schon immer bedroht von Naturkatastrophen und der Skrupellosigkeit machtbesessener Menschen. Der spektakuläre Fortschritt von Wissenschaft und Technik im letzten Jahrhundert hat zur Entwicklung eines wachsenden Aufgebots an Waffen geführt, die aus der Kontrolle geraten und – dafür bedürfte es keines Krieges – einen Großteil der Menschheit unwillkürlich auslöschen könnten. Den Kalten Krieg mit seinem Rüstungswettlauf, einschließlich der chemischen und nuklearen Waffen, haben wir überlebt. Heute ängstigt uns die Verbreitung dieser Waffen, insbesondere die Möglichkeit, dass sie in die Hände extremistischer Gruppen gelangen und für terroristische Angriffe missbraucht werden könnten. Es macht uns auch Angst, dass immer mehr Länder ihr eigenes Nuklearprogramm entwickeln. Während diese Bedrohung groß sein mag, ist sie jedoch längst nicht so ernst wie die Gefahr, die von den neuen Waffen ausgeht.

In der ersten Hälfte des 21. Jahrhunderts werden sich wohl die Biowaffen als die größte Bedrohung erweisen. Sie verbreiten sich schnell und unkompliziert, die Folgen ihres Einsatzes sind meist unkontrollierbar. In den Händen hasserfüllter Extremisten könnten sie unserer Spezies ein Ende setzen. Sobald wir die Biowaffengefahr überlebt haben, wird uns die Bedrohung durch Nanotechwaffen auf den Leib rücken, die sich noch weniger kontrollieren lassen und in Kombination mit Biowaffen zu den gefährlichsten Waffen der Welt werden kön-

---

16 In einigen indigenen Kulturen Afrikas steht der Regenbogen für Hoffnung und eine gute Zukunft.
17 Habib, A. (1996). Myth of the Rainbow Nation: prospects for the consolidation of democracy in South Africa. African Security Review, 5, 6, www.iss.co.za/Pubs/ASR/5No6/Contents.html

nen, die die Welt je gesehen hat (auch wenn sie wahrscheinlich erst in der zweiten Hälfte unseres Jahrhunderts verfügbar sind).

Natürlich ließen sich viele weitere Untergangsszenarien beschreiben. Gerade wenn es um die Entwicklung und Herstellung neuer Waffen geht, scheint der menschliche Einfallsreichtum besonders groß zu sein. Jeder neue Fund in Wissenschaft und Technik wird sofort auf seine Tauglichkeit für die Rüstungsindustrie getestet. Da wir aktuell vor dem Durchbruch fundamentaler neuer Entdeckungen und Entwicklungen stehen, ist ein Fünkchen Sorge nicht unangebracht.

Gleichzeitig sind wir offenbar noch nicht einmal in der Lage, unseren CO_2- und Methan-Ausstoß zu kontrollieren. Wenn das so weitergeht, wird sich das Klima schon bald global so verändert haben, dass es verheerende Wetterlagen, substantielle Wüstenbildung und die Zerstörung von Nahrungsketten verursachen und damit für viele zu einem riesigen Problem werden wird. Ein Großteil der Weltbevölkerung lebt in Küstenregionen. Über die Hälfte der Amerikaner wohnt im Umkreis von 100 Kilometer Entfernung von der Küste. Sie werden wilde Stürme und Hochwasser erleben. Außerdem wirken die Faktoren weiter, die zu Ernteausfällen wie dem *Colony Collapse Disorder* (»Syndrom der verschwindenden Bienen«) führten. Über die Bestäubung produzieren Bienen 15 % bis 30 % der amerikanischen Lebensmittel. In den letzten 50 Jahren sind die domestizierten Honigbienenpopulationen in den Vereinigten Staaten jedoch um fast die Hälfte zurückgegangen. Viele Länder berichten von ähnlichen Problemen.[18]

Ein weiteres Problem ist unsere Abhängigkeit von fossilen Brennstoffen. Wenn wir uns nicht unabhängiger von ihnen machen, werden wir untergehen. Wenn wir kein Öl mehr haben und uns die wesentlichen ölabhängigen Produkte ausgehen, wird fast nichts mehr verfügbar, geschweige denn erschwinglich sein, vom Transport über die Elektrizität, den Grundnahrungsmitteln und pharmazeutischen Produkten bis hin zu Kunststoffen und Düngemitteln. Damit wären wir wieder im Steinzeitalter!

Wenn das nicht schon genug wäre: Es lässt sich nicht immer ausschließen, dass auch ein Forschungsexperiment einmal misslingt oder eine neu eingeführte Technologie unvorhersehbare, katastrophale Folgen hat.

Aktuell bedrohen uns außerdem gewaltige Naturkatastrophen wie der Ausbruch eines Supervulkans (eine massive Eruption des Yellowstone-Caldera ist z. B. längst überfällig), die Folgen eines Asteroideinschlags oder einer natürlichen Epidemie, die einen Großteil der Menschheit auslöschen könnte.[19]

---

18 Roach, J. (2004). National Geographic News vom 5. Oktober: Bee decline may spell end of some fruits, vegetables. Siehe http://news.nationalgeographic.com/news/2004/10/1005_041005_honeybees.html oder auf Deutsch: http://www.n-tv.de/wissen/weltall/Bienen-sterben-weltweit-article671465.html

19 Mehr zu möglichen Katastrophenereignissen und Risiken, die unsere Existenz bedrohen, auf folgenden Seiten: http://www.thefuturewatch.com/Catastrophe.html, http://lifeboat.com, http://armageddononline.org

Bis heute spielt die Politik die globalen Bedrohungen herunter oder ignoriert sie schlichtweg, um zu verhindern, dass sich Panik und eine mögliche Angststarre breit machen. Erst durch Hollywoodfilme und vereinzelte Weltuntergangspropheten sind die Gefahren und Risiken, denen wir ausgesetzt sind, bekannt geworden. Obwohl sie weiter präsent sind, verdrängt sie die Diskussion um den Klimawandel vom Platz 1 der Besorgnis erregenden Schlüsselprobleme der Welt. Dass wir uns meist nur um ein Thema auf einmal kümmern – eins nach dem anderen –, zeigt, dass unsere Fähigkeit zum ganzheitlichen Denken nicht besonders ausgeprägt ist. Wie wir sehen werden, muss die Lösung eines Kernproblems nicht unbedingt aus demselben Umfeld kommen, in dem das Problem entstanden ist. Auch wird sich zeigen, dass Kernprobleme und Lösungen systematisch miteinander verknüpft sind.

 DENKER VON MORGEN

Belmiro de Azevedo, Vorstandsvorsitzender der SONAE Corporation

Risikomanagement

Genau wie Umweltmanagement und soziale Verantwortung gehört Risikomanagement zu den Komponenten einer langfristigen Führung von Unternehmen – als Teil einer kontinuierlichen Entwicklung des jeweiligen Unternehmens über den Weg des Wissenszuwachses und des effektiveren Umgangs mit Risiken. […] Wir müssen gegenüber neuen Gefahren sehr wachsam sein. Ihr Art, sich zu manifestieren, und ihr Charakter unterscheiden sich deutlich von den sogenannten »aktuellen« Risiken. Informations-, Nano- und Biotechnologie sind nur einige der Gefahrenquellen. Wie gefährlich die neuen Technologien sind und welche Probleme sie genau hervorrufen, lässt sich noch nicht sagen. Ihr Einfluss aber, der sich von physischen Aspekten bis zu ethischen und moralischen Fragestellungen erstreckt, macht sich schon jetzt bemerkbar.

Risiken zu untersuchen, die wir nicht genau kennen, ist schwierig, bietet aber die große Chance, neue Möglichkeiten und Wege zu entdecken, an denen ich als Geschäftsmann interessiert bin.

Quelle: Managing risk by value creation, Risk Management Forum, Oktober 2005.

Lebensqualität

Die Hälfte der Weltbevölkerung ist von einer adäquaten medizinischen Versorgung, sauberem Wasser, einer zuverlässigen Lebensmittelquelle, Elektrizität und anderen lebenswichtigen Ressourcen so gut wie abgeschnitten. Über eine Milliarde Menschen lebt heute in Slums, und es werden täglich mehr.[20]

In den kommenden Jahren wird die Slumbevölkerung weltweit um über 30 Millionen jährlich anwachsen.[21] Welche Folgen es auf die Verfügbarkeit von natürlichen Ressourcen und die Umwelt hätte, wenn alle so lebten wie die Menschen in den entwickelten Ländern, lässt sich erahnen. Warum aber sollten nicht alle so leben dürfen wie wir? Die vom Kapitalismus beschworene, törichte Vorstellung vom kontinuierlichen Wachstum erfordert eine endlose Renditesteigerung und stellt im Grunde eine moderne Form des Perpetuum mobile dar. Wir wissen alle, dass unbegrenztes Wachstum nicht ohne gravierende Nebenwirkungen möglich ist; trotzdem spielen alle mit. Zukünftige Generationen werden sich über uns wundern. Schon heute verbrauchen wir die Ressourcen, die eigentlich bis 2050 reichen müssten, wenn die Weltbevölkerung um 50 % gewachsen ist und doppelt so viele Menschen wie heute in der entwickelten Welt lebt.

2050 wird die Menschheit doppelt so viele Ressourcen brauchen, wie unser Planet zur Verfügung stellen kann.[22] Nach einer Schätzung der FAO, der Landwirtschaftsorganisation der Vereinten Nationen, müssten zur Ernährung der Weltbevölkerung im Jahre 2020 doppelt so viele Lebensmittel zur Verfügung stehen. Das ist eine beängstigende Vorstellung, denn der verfügbare Boden wird immer knapper, die Ozeane sind schon jetzt überfischt und ein Großteil der Menschheit leidet unter Wasserknappheit. Die Landwirtschaft verbraucht circa 70 % und die Industrie 20 % des global verfügbaren Wassers.[23] Gleichzeitig steigen die Lebensmittelpreise: Weizen kostete 2007 zum Beispiel doppelt so viel wie im Jahr zuvor.[24]

---

20 UN-Habitat (2003). Global Report on Human Settlements 2003. Nairobi: UN-Habitat. Vgl. http://www.unhabitat.org/categories.asp?catid=542
21 Guardian, London, 28. März 2006.
22 WWF (2006). Living Planet Report 2006. http://assets.panda.org/downloads/living_planet_report.pdf, auf Deutsch: http://www.wwf.de/presse/details/news/schneller_konsum_statt_langfristiger_genuss/. Der World Wide Fund for Nature ist eine der weltweit größten und erfahrensten unabhängigen Umweltstiftungen. Er hat fast 5 Millionen Mitglieder und ist global mit über 100 Ländern vernetzt.
23 FAO (2004), Shiklomanov, I. A. (1999). World Water Resources: A New Appraisal and Assessment for the 21st Century. Rapport du Programme Hydrologique International (PHI). Paris: UNESCO. Weitere Informationen finden sich unter: http://www.overpopulation.org/whyPopMatters.html, auf Deutsch: http://www.proplanta.de/Agrar-Nachrichten/agrar_news_themen.php?SITEID=1140008702&Fu1=1269250104
24 The end of cheap food, http://www.economist.com/opinion/displaystory.cfm?story_id=10252015

Kernthemen

Im gesellschaftlichen Bereich lässt sich leicht eine ganze Reihe an Kernthemen identifizieren. Es bedürfte eines eigenen Buches, um sie alle zu beschreiben. Kein Wunder, dass die meisten Menschen sich scheuen, den Kernthemen auf den Grund zu gehen. Wie sich die einzelnen Handlungsfelder des Menschen und die damit verbundenen zentralen Probleme aufteilen lassen, zeigt Abbildung 2.

Alle Einzelaspekte sind miteinander verknüpft. Zur Veranschaulichung widmen wir uns besonders dem Cluster »Mensch«, da wir davon ausgehen, dass es den stärksten Einfluss auf alle anderen hat.

JENSEITS DER KOMFORTZONE

Können Zeitbanken[25] die Gesellschaft verändern?

Stellen Sie sich vor, Sie helfen jemandem in Ihrer Nachbarschaft bei der Gartenarbeit und erhalten dafür Punkte. Die Punkte werden auf eine Zeitbank gelegt und können eingesetzt werden, sobald Sie im Gegenzug Hilfe benötigen. Die Zeitbank dient als »Verrechnungsstelle« und Zeitdollardepot und wurde im Sinne eines »Servicetauschs« von Dr. Edgar S. Cahn erfunden. Er ist der Schöpfer der Zeitdollars und Gründer der TimeBanks USA. Diese »Bank« hat sich bereits in 36 amerikanischen Bundesstaaten etabliert, außerdem in Schweden, Japan und Kanada. Auf neuartige Weise begegnen sich die Menschen, helfen einander und gleichzeitig sich selber. Die Idee der Zeitbanken macht weltweit die Runde.[26]

Ausgewählte Kernthemen: Demografie und Migration

Wie wir in Abbildung 3 sehen, stellen Demografie und Migration das Zentrum des »Mensch«-Clusters dar. Damit verbunden sind einerseits die Armut und andererseits die Zerstörung der Umwelt. Innerhalb des Demografie-Feldes zeichnen sich zwei gegenläufige Trends ab:
- Wachsende Bevölkerung mit starkem Zuwachs der Jungen in vielen Entwicklungs- und Schwellenländern bei gleichzeitig sinkenden Geburtenraten in den entwickelten Ländern.
- Das Phänomen der zunehmend alternden Bevölkerung in den entwickelten Ländern wird sich bald auch in den Schwellenländern zeigen.

25 http://www.timebanks.org
26 http://www.timebanks.org/founder.htm

Veränderung

- Bewusstsein, dass sich etwas ändern muss
- Übergang zum Wissenszeitalter
- neues Weltbild

Verschiedenes

- Subventionspolitik
- Bildung
- Gesundheit und Gesundheitswesen
- Probleme im Gesundheitswesen
- Perspektivlosigkeit

Spannungen und Konflikte

- kulturelle Konflikte und Spannungen
- Fundamentalismus
- Sprachbarrieren
- Mangel an Kooperation
- verschiedene Weltanschauungen
- Mangel an Perspektiven
- Mangel an Toleranz
- männliche Dominanz
- organisierte Kriminalität
- extreme Armut

Mensch

- alternde Gesellschaft in Industriestaaten
- Demografie
- zukünftige Generationen
- zukünftiges Führungspersonal
- Migration
- Bevölkerungszuwachs
- Talente-Krieg (»war for talents«)
- Jugendüberschuss in Entwicklungsländern

Abbildung 2: Cluster der gesellschaftlichen Kernthemen

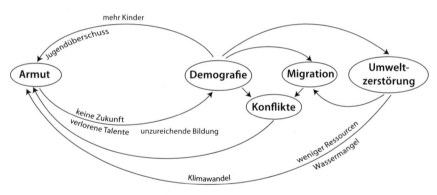

Abbildung 3: Verknüpfung der menschbezogenen Kernthemen

Fakt ist, dass die Weltbevölkerung mit zunehmender Migration dramatisch wächst. Abbildung 4 verdeutlicht die Bevölkerungszunahme im Laufe der Zeit. Wir sehen, dass bis vor kurzem weit unter eine Milliarde Menschen die Welt bevölkerten. Im Laufe des 20. Jahrhunderts ist die Bevölkerung dann trotz aller Gräueltaten und Massenmorde förmlich explodiert.[27]

27 http://www.dsw-online.de/pdf/weltbev_proj_2050.pdf, http://www.dsw-online.de/pdf/hist EntwWB_03.09.pdf

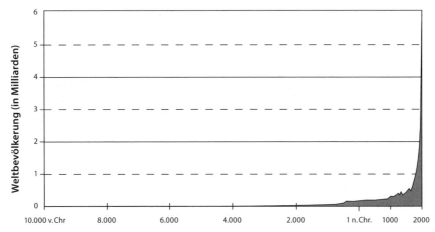

Abbildung 4: Dramatischer Anstieg der Weltbevölkerung

Schauen wir uns die Zahlen genauer an, fällt Folgendes auf: Aktuell zählt die Weltbevölkerung 6,9 Milliarden Menschen. Wenn weiterhin jährlich circa 80 Millionen Menschen hinzu kommen, werden es laut Vorhersagen der UNO 2050 über neun Milliarden sein. 60 % der Weltbevölkerung lebt heute in Asien, lediglich 10 % in Europa und 5 % in Nordamerika. In Afrika leben so viele Menschen wie in Europa und Nordamerika zusammen. 2050 wird sich die Bevölkerung in Afrika gegenüber der europäischen und nordamerikanischen verdoppelt haben. Von Indien, wo heute knapp eine Milliarde Menschen wohnt, wird erwartet, dass es China spätestens 2030 überholt. 2050 werden China und Indien zusammen circa drei Milliarden Einwohner zählen (China 1,4 und Indien 1,6 Milliarden). Das ist knapp ein Drittel der Weltbevölkerung.

Das Bevölkerungswachstum hängt nicht nur mit den Geburtenraten zusammen, sondern ist zur Hälfte auch der höheren Lebenserwartung geschuldet. Erwartungsgemäß werden 2050 über zwei Milliarden Menschen 60 Jahre oder älter sein. Parallel dazu wird sich auch der Viehbestand auf circa 35 Milliarden pro Jahr erhöhen.[28]

Das Wachstum der Weltbevölkerung geht mit schwerwiegenden Folgen für Umwelt und Ökosysteme einher. Tausende von Pflanzen und Tierarten sterben jährlich aus. Die Folgen können dramatisch sein. Sollte das Artensterben weiter voranschreiten, verschlechtern sich nicht nur die Bedingungen für die Entwicklung neuer Medikamente in der pharmazeutischen Industrie, sondern

---

28 Populationsdivision der Abteilung für Wirtschaft und Soziales der Vereinten Nationen (DESA) (2007). World Population Prospects: The 2006 Revision, http://www.un.org/esa/population/publications/wpp2006/wpp2006.htm

Abbildung 5: Die Megastadt São Paulo

auch die Landwirtschaft verlöre eine unersetzliche Quelle potenzieller neuer Nutzpflanzen. Der Zusammenbruch kompletter Ökosysteme könnte die Folge sein.

Urbanisation und Megastädte

Die Weltbevölkerung konzentriert sich immer mehr auf die Städte. 1975 gab es insgesamt fünf Megastädte mit jeweils über 10 Millionen Einwohnern. Im Jahre 2015 werden es 26 sein, allerdings nur vier davon in den entwickelten Teilen der Welt.[29]

Die Megacity São Paulo ist mit 18 Millionen Einwohnern die drittgrößte Stadt der Welt. Sie reicht von den Wolkenkratzervierteln downtown bis zu den Hausbesetzerdistrikten an den entfernten Rändern, den »favelas« (siehe Abbildung 5). Einst äußerst beliebt, heute verlassen: Viele Unternehmer und wohlhabendere Bürger hat es aus dem Stadtzentrum in neuere Geschäftsviertel und in die Vorstädte gezogen. Währenddessen breiten sich die »favelas« kontinuierlich aus: Ganze Wellen ärmerer Bevölkerungsschichten drängen aus Brasilien herein, um sich in notdürftigen Behausungen auf brach liegendem Land am Stadtrand niederzulassen. Sie hoffen darauf, Arbeit zu finden, sie hoffen auf eine Ausbildung,

29 UN (1998). Trends in urbanization and the components of urban growth. Proceedings of the Symposium on Internal Migration and Urbanization in Developing Countries, 22.–24. Januar 1996. New York: United Nations Population Fund.

eine Chance. Oft treffen sie jedoch nur Arbeitslosigkeit, Verbrechen und Hoffnungslosigkeit an.

Städte galten schon immer als Katalysatoren für soziale und wirtschaftliche Entwicklung. Die Geburtenrate in den Städten liegt weit unter derjenigen der restlichen Bevölkerung. Die Migration in die Städte führt zu großer genetischer Vielfalt. Kultur- und Bildungseinrichtungen werden eher in den Megastädten gegründet und versuchen, sich dort zu profilieren. Megastädte haben starken Einfluss auf die sozialen Werte und Gewohnheiten ihrer jeweiligen Länder. Beispielhaft dafür war New York im 20. Jahrhundert oder aktuell Shanghai oder Mumbai. Schließlich führt die hohe Konzentration von Unternehmen zum fruchtbaren Aufeinandertreffen von Ideen und gesteigerter Produktivität. Deshalb werden die Megastädte immer mehr zu Wachstumsmotoren ihrer nationalen Ökonomien.[30]

Aufgrund der enormen Einwohnerzahlen pro Quadratmeter liegt die Priorität in den Megastädten tendenziell auf wirtschaftlichem Wachstum und Beschäftigung. Sekundär sind dann Kriterien wie Schutz und Sicherheit, und auch die Umwelt, so geschätzt sie sein mag, fällt dem Wachstum zum Opfer.[31]

Megastädte schaffen ein »innovatives und unternehmerisches Umfeld«, das die richtigen Leute zusammenbringt, Bildung, Kultur, globale Kommunikationswege, Gewerbe und Finanzen verknüpft – mit der Konsequenz potenziellen wirtschaftlichen Wachstums. Als herausragende Beispiele gelten hier Singapur in Südostasien, Barcelona in Europa, Kapstadt im Süden Afrikas, Santiago de Chile und Vancouver in Nordamerika.

Man sollte sich bewusst machen, dass extrem große Menschenansammlungen ein erhebliches Risiko darstellen. Sie verursachen soziale Spannungen und wirtschaftliche Polarisierung, verschärfen kulturelle Differenzen und Regierbarkeitsprobleme und bergen Sicherheits- sowie Gesundheitsrisiken und letztlich dramatische Umweltbelastungen. Das kann einfach nur lästig sein, zum Beispiel wenn man im Verkehrsstau steht, kann aber auch zu einer Verschlechterung der Lebensbedingungen führen, zu einer Ausweitung der Slums, zu Korruption, sozialer Abgrenzung und Polarisierung, Luft- und Wasserverschmutzung und sozialen Unruhen.[32] Und am Ende könnte auch hier alles zusammenbrechen.

30 Bugliarello, G. (1999). Megacities and the Developing World. The Bridge, (29) 4, 19–26. http:// www.nae.edu/nae/bridgecom.nsf/weblinks/NAEW-4NHMPU?OpenDocument#one

31 GlobeScan, MRC McLean Hazel (2008). Megacity Challenges. A stakeholder perspective. http://www.siemens.com/entry/cc/features/urbanization_development/all/en/pdf/study _megacities_en.pdf, deutsch: http://www.siemens.com/entry/cc/features/urbanization_ development/all/de/pdf/study_megacities_de.pdf

32 Liddle, B., Moavenzadeh, F. (2002). Cities: challenges and opportunities for sustainability. In F. Moavenzadeh, K. Hanaki, P. Baccini (Hrsg.), Future Cities: Dynamics and Sustainability (pp. 1–15). Dordrecht u. a.: Kluwer. UN-HABITAT (2003). Risk Habitat Megacities: A Helmholtz Programme Initiative 2005–2013. http://www.ufz.de/index.php?en=6143

Die Flucht in die Städte ist eine der größten Bewegungen in der Menschheitsgeschichte und wird sich nachhaltig auf die Gesellschaft auswirken, vielleicht stärker als jede andere Transformation der menschlichen Bevölkerung zuvor.

 ## DENKER VON MORGEN

Dr. Astrid Stückelberger, Geneva University School of Public Health, Schweiz, Präsidentin des Geneva International Network on Ageing (GINA), Vorsitzende des NGO Committee on Ageing bei den Vereinten Nationen, Genf, Abgeordnete der International Association of Gerontology and Geriatrics (IAGG)

Transgenerationale und demografische Kräfte, die unsere Welt prägen: Folgen des Alterns und die Rolle und Verantwortung von Älteren für sozialen Zusammenhalt und Frieden

Eine »stille Revolution« krempelt gerade unsere ganze Welt und die Beziehung der Generationen untereinander um: Der anhaltende und beispiellose Anstieg der Lebenserwartung der Menschen und das Altern der Bevölkerung bringt wichtige Themen an die Oberfläche, unter anderem die Frage nach der Rolle der älteren Menschen in unserer Gesellschaft. Diese Frage stellt sich heute auf dem Hintergrund einer Welt, die dringend auf Maßnahmen und Interventionen angewiesen ist, um Entwicklungen »humaner« zu gestalten, die Zivilgesellschaft zu stärken und weltweit Frieden und Sicherheit zu gewährleisten.

In der Antike galten die Alten traditionell als »Weise«, als »Kulturvermittler« und »Hüter der Geheimnisse des Lebens«. Von Einzelnen bis zur ganzen Gesellschaft ließ sich jeder von ihnen beraten, vor allem, wenn es um den Erhalt oder die Wiederherstellung des Friedens ging. Rolle und Verantwortung der Älteren werden heute von Globalisierung und neuen Situationen wie der Drei- bis Fünfgenerationengesellschaft, den Veränderungen der traditionellen Familie, der Migration, der kulturellen Vermischung und insbesondere der Vorherrschaft der wirtschafts- und technologieorientierten Gesellschaft in Frage gestellt.

Während die Wirtschaft die direkten Herausforderungen einer zunehmend alternden Bevölkerung direkt thematisiert, scheinen die implizite Rolle und der indirekte Einfluss der Älteren auf die Gesellschaft kaum beachtet zu werden. Für die generationenübergreifende Vermittlung von Werten ist das Beispiel der Älteren für jüngere Generationen zentral und kann nachhaltig prägen. Auf welche Weise zum Beispiel die kollektive Erinnerung an Kriegs- und Friedensprozesse an die nächste Generation weitergegeben wird, spielt eine bedeutende Rolle bei psychosozialen Veränderungen, sowohl auf der Mikro- als auch auf der Makroebene: 1. entweder positiv durch die

Stärkung einer Mentalität der Vergebung und der Versöhnung innerhalb der Gesellschaft (politisch) oder/und innerhalb der Familie (sozial-genealogisch) und innerhalb des eigenen Selbst (psychologisch); oder 2. negativ durch die Verstärkung des Hasses und die Weitergabe des Bedürfnisses nach Rache von einer Generation an die nächste über die tägliche Übung entsprechender Verhaltens- und Herangehensweisen und auch über die Sprache – es findet eine Erziehung zum Krieg statt.

Die Forschungsliteratur zeigt, dass sowohl positive als auch negative Verhaltensmuster von einer Generation zur nächsten weitergegeben werden können. Dies gilt auch für Alkoholismus, Rauchen, sexuellen Missbrauch und Gewalt. Obwohl die Wissenschaft diesbezüglich noch längst nicht alles erforscht hat, weist vieles darauf hin, dass: 1. Familien- und global relevante Themen derart behandelt werden müssen, dass Generationenkonflikte vermieden werden und der Frieden gewahrt bleibt, und 2. im Sinne eines langfristigen Friedens eine gemeinsame Vision für alle Generationen zu entwickeln ist.

Auf der zweiten Weltversammlung der Vereinten Nationen zum Thema »Altern« 2002 hielt ich einen Vortrag über die alternde Bevölkerung und den Weltfrieden (»Friedensplan für die ältere Generation«).[33] Darin betonte ich die Dringlichkeit, mit der Ältere auf allen Ebenen der Gesellschaft einzubinden seien, 1. als Friedensbewahrer und Garanten für sozialen Zusammenhalt, weil sie Konflikte zu verhindern und inneren wie äußeren Frieden zu fördern vermögen, und 2. als soziale und politische Friedensstifter, weil sie das friedliche Verhalten zukünftiger Generationen und die Konfliktprävention zu stärken und sich einzubringen imstande sind. Weltbürger spielen eine neue, immer größere Rolle in der Bewahrung, Förderung und Unterstützung interner und externer Friedensbemühungen. Zukünftigen Generationen sollte die bedeutende Rolle der Alten, deren Zahl ständig zunimmt, von Kindesbeinen an bewusst gemacht werden.

Indem Ältere immer wieder auf die Bedeutung der ethischen, der spirituellen wie auch der moralischen Dimension der Wirtschaft und der Politik hinweisen, können sie einen einzigartigen Beitrag zum Frieden in der Gesellschaft leisten. Das Vermächtnis, die »Wunden der Vergangenheit« zu heilen und weitere Zerstörung und Rache zu vermeiden, bevor sie sterben, könnte ihre Rolle stärken und ihre Verantwortung zusätzlich steigern. Wir stehen an einer bedeutenden Wegscheide der Menschheitsgeschichte, an einem Punkt, der eine strenge moralische und spirituelle Führung erfordert, damit die Gesellschaft neue Wege einschlagen kann. Die Älteren in unserer Gesellschaft haben die Wahl, ob sie sich engagieren möchten oder nicht. Wenn sie sich aber einbringen, leisten sie einen besonderen Beitrag zu Weltfrieden und Wohlergehen der Menschheit.

---

33 Stückelberger, A. (2002). Population ageing and world peace: empowering future generations: older persons' role and responsibility. Journal of Psycho-Social Intervention, Special Issue for the United Nations World Assembly on Ageing in Madrid, 29–75. Stückelberger hat zahlreiche Artikel zu diesem Thema veröffentlicht.

Potenzielle Konflikte zwischen den Generationen und Chancen sind zum Beispiel:

Konflikte	Chancen
Technoclash: neue Information gegen Erfahrung	*Kontinuität und Stabilität:* Vermittlung von Know-how,
Kommunikation: Abgrenzung der Generationen	lebenslanges Lernen, Vorbildwirkung Älterer
voneinander	*Gemeinsame Verantwortung für die Zukunft* als
Historisch gewachsene Kultur: lokal gegen global oder ver-	Friedensstifter, Friedensbewahrer, Umweltschützer,
mischt	Träger gemeinsamer Werte und spirituelle Führer
Sozialdemografisch: Komplexität familiärer Bindungen,	etc.
ungerechte Verteilung im Hinblick auf Sozialfürsorge	*Freiwilligenarbeit:* Zeit und Erfahrung, Lebensexperten –
und Güter, Rationierung im Gesundheitswesen	Vermittlung von Schlüsselkompetenzen, umfassende
(d. h. Altersdiskriminierung bei Zugang zu Hightech-	soziale Netzwerke
Versorgung, Transplantaten etc.), Rentenalter und	*Entwicklung:* alters- und generationenspezifisch,
»Ghettoisierung«, bezahlte Beschäftigung gegen	Wertevermittlung an die Kinder von morgen
Freiwilligenarbeit, Gerontokratie, Generationenkrieg	*Globale Solidarität:* neues Konzept von Dienstleistung
um Macht	öffnet Tür für neue »freie« Berufstätigkeit
Wertekonflikte: Wirtschaftlichkeit gegen Menschlichkeit,	
Fehlen von generationenübergreifenden Rechten und	
Pflichten	

Hintergründe

Lassen Sie uns zunächst einen Blick auf die Demografie werfen. Die Bevölkerung in der entwickelten Welt altert zunehmend. Über 50 % der westeuropäischen Bevölkerung wird 2030 50 Jahre und älter sein.[34] Jedoch auch die Schwellenländer sind dabei, rasant aufzuholen. In China waren 2005 10,5 % der Bevölkerung über 60 Jahre alt, 2050 werden es etwa 31 % sein. Im Vergleich zu früher sind Menschen über 65 heutzutage allgemein gesünder und haben eine höhere Lebenserwartung.

Ab 2012 wird ein Großteil der Babyboomergeneration pensioniert – mit massiven Folgen für die Wirtschaft der Industrienationen. Die für ihren Protest und die Förderung des kulturellen Wandels bekannt gewordenen Babyboomer werden ihren Einfluss auf die Gesellschaft sicher weiterhin geltend machen. Gut möglich, dass sie sich eine virtuelle Welt und ein »virtuelles zweites Leben« schaffen, sobald die technischen Hürden dafür genommen sind. Die Online-Wirtschaft und die Arbeit in der virtuellen Welt könnten ihnen erneut dazu verhelfen, Spuren in Unternehmen und Gesellschaft zu hinterlassen. Das könnte zu einem sozialen Wandel größeren Ausmaßes führen. Manch pensionierter Babyboomer könnte sich als Pionier eines neuen ökonomischen Systems erweisen.

---

34 Hange, S. (2004). Families in Ageing Societies. Oxford u. New York: Oxford University Press.

Wenn wir die Herausforderungen, die vor uns liegen, meistern und als Spezies überleben wollen, sind neue Strukturen und Systeme besonders gefragt. Die Babyboomergeneration hat entscheidend zur Entstehung primär wachstumsorientierter und profitgieriger Unternehmen beigetragen. Deshalb wird sie, jetzt verstärkt aus der Retrospektive, die desaströsen Folgen für die Umwelt vielleicht deutlicher erkennen und versuchen, über den Tellerrand zu schauen. Der Jugendwahn, der die moderne Gesellschaft seit den 1950ern tyrannisiert, scheint zu Ende zu gehen. Generationenübergreifende Spannungen und Konflikte könnten zunehmen.

Als Jugendüberschuss gilt im Allgemeinen der proportional erhöhte Bevölkerungsanteil von Menschen zwischen 15 und 25 Jahren (manchmal auch 29). Im Mittleren Osten, in afrikanischen Ländern südlich der Sahara, in Teilen Südamerikas und Zentralasiens tritt dieses Phänomen verstärkt auf. Fast alle Länder mit einem großen Jugendüberschuss erleben auch einen rapiden Anstieg des Städtewachstums mit bedrohlichen Folgen wie dem Verfall der Städte und einer überdimensionalen Slum-Entwicklung.[35] Eine Studie von »Population Action International« legt eine enge Korrelation zwischen Ländern mit hoher Anfälligkeit für Bürgerkriege und Ländern mit wachsender Jugendpopulation nahe.[36] Die Geburtenraten in Afrika sind weltweit am höchsten. Heute bevölkern 1,5 Milliarden Menschen zwischen 12–24 Jahren diese Welt; davon leben 90 % in der sogenannten Dritten Welt.[37]

Aus verschiedenen Gründen werden die Zuwanderungsströme weltweit eher zu- als abnehmen. Heutzutage kann jeder arme Mensch im Fernsehen beobachten, wie grün das Gras auf der anderen Seite ist, das heißt, wie anders das Leben sein kann. Kein Wunder, dass das Bedürfnis, ein besseres Leben zu leben, wächst, zumal es so greifbar scheint. Und so wandern die meisten in die Städte ab und tragen dazu bei, dass sich diese zu Megastädten auswachsen, die den zahlenmäßig höchsten Anteil an Migranten haben.

Die wichtigste Ursache für internationale Migration ist die Hoffnung auf ein besseres Leben in einem Land, in dem sich am Wohlstand partizipieren lässt. Andere Beweggründe, warum Menschen ihre Heimat verlassen und zu Flüchtlingen werden, sind Krieg und politische Unterdrückung. Laut einer Schätzung der Vereinten Nationen gab es 2005 fast 200 Millionen internationale Migranten, Tendenz steigend.[38]

35 Worldwatch Institute, http://www.worldwatch.org/node/76
36 Council on Foreign Affairs (2007). The Effects of »Youth Bulge« on Civil Conflicts. Lionel Beehner, 27. April. http://www.cfr.org/publication/13093/
37 World Bank (2007). World Development Report 2007: Development and Next Generation. Washington DC: World Bank.
38 Global Commission on International Migration (2005). Migration in an Interconnected World: New Directions for Action. Genf: GCIM.

Global gesehen leben fast 200 Millionen Menschen in einem Land, in dem sie nicht geboren sind. Bemerkenswert ist auch, dass knapp ein Drittel der internationalen Migration süd-süd-orientiert ist, das heißt, die Menschen wandern tendenziell von einem südlichen Entwicklungsland in ein anderes südliches Entwicklungsland aus.[39] Nach einer UNO-Schätzung werden im Laufe der nächsten 45 Jahre durchschnittlich über 2,2 Millionen Menschen jährlich von einem Entwicklungsland in eine Industrienation auswandern. Hauptaufnahmeland ist mit großer Wahrscheinlichkeit die USA (1,1 Millionen pro Jahr), Ursprungsländer sind primär China, Mexiko, Indien, die Philippinen und Indonesien.[40]

Die Folgen des Klimawandels könnten die Migrations- und Flüchtlingsströme bald dramatisch ansteigen lassen. Zwischen heute und dem Jahr 2050, wenn die Folgen des Klimawandels die globale Migrationskrise verschärft haben werden (wie ein Christian-Aid-Report befürchtet), müssen mindestens eine Milliarde Menschen ihre Häuser verlassen.[41]

Die internationale Migration wird die wirtschaftlichen Beziehungen zwischen der entwickelten Welt und den Entwicklungsländern im 21. Jahrhundert maßgeblich beeinflussen. Geldsendungen durch Arbeitnehmer mit Migrationshintergrund in ihre Heimat wirken sich nachhaltig auf die Entwicklungsländer aus, außerdem sind internationale Direktinvestitionen (»foreign direct investment«, FDI) eine wichtige Finanzierungsquelle für Entwicklungsländer. 2004 flossen zusammen 130 Milliarden Dollar als FDI und circa 160 Milliarden Dollar aus internationalen Überweisungen in die Entwicklungsländer.[42]

Der Preis für den Mittelzufluss in Form dieser Geldtransfers kann sehr hoch sein – Braindrain, Talenteverlust, Verlust an Steuergeldern, Verlust an Beiträgen für die Sozialversicherung etc. Auch die Migration innerhalb eines Landes kann beträchtliche Konsequenzen nach sich ziehen. 2003 erreichte die Zahl der sogenannten schwimmenden Bevölkerung in China – Menschen, die an ihrem ak-

39 Flüchtlingskomitee der Vereinten Nationen (2006). International Migration and Development, Report of the Secretary-General, 18. Mai. http://www.unhcr.org/44d711a82. html http://daccessdds.un.org/doc/UNDOC/GEN/N06/353/54/PDF/N0635354.pdf?Open Element

40 Bloom, D. E., Canning, D. (2006). Booms, Busts, and Echoes: How the Biggest Demographic Upheaval in History is Affecting Global Development. http://www.imf.org/external/ pubs/ft/fandd/2006/09/bloom.htm. Auf Deutsch: http://www.bpb.de/wissen/Q93RXO,0,0, Migration.html

41 Christian Aid Week Report 2007. Human Tide: The Real Migration Crisis, 14. Mai. http:// www.christianaid.org.uk/Images/human-tide.pdf, auf Deutsch: http://ec.europa.eu/ environment/climat/pdf/brochures/adapting_de.pdf, S. 16.

42 Adams, R. H. Jr., Migration, Remittances and Development: The Critical Nexus in the Middle East and North Africa. http://www.un.org/esa/population/meetings/EGM_Ittmig _Arab/P01_Adams.pdf und http://www.un.org/esa/population/migration/turin/Sympo sium_Turin_files/P01_Adams.pdf

tuellen Wohnsitz nicht permanent registriert sind – 140 Millionen. Die meisten von ihnen waren Arbeiter vom Land, die es von den Dörfern in die Städte und Küstengegenden gezogen hatte.[43]

UNO-Entwicklungsziele für ein neues Jahrtausend

Auf dem Millennium-Gipfel im September 2000 verabschiedeten die führenden Nationen auf ihrem historisch größten Zusammentreffen die UNO-Millennium-Erklärung. Zur Bekämpfung der extremen Armut verpflichteten sich darin die Regierungschefs, ihre Länder in globale Partnerschaften mit anderen Ländern einzubinden. Acht Entwicklungsziele (die sog. Millennium Development Goals, MDGs) wurden vereinbart, die bis 2015 erreicht werden sollen.

Die MDGs sind zeitlich definierte, quantifizierbare Ziele zur Bekämpfung von Armut in ihren verschiedenen Ausprägungen – Einkommensarmut, Hunger, Krankheit, Obdachlosigkeit und Ausgrenzung. Die Ziele sollen sich auch auf die Gleichberechtigung von Mann und Frau, Bildung und Nachhaltigkeit in Umweltfragen erstrecken. Es geht um die Grundrechte des Menschen – Obdach, Schutz, Gesundheit, Bildung:

1. Beseitigung von Hunger und Armut,
2. Gewährleistung einer universalen Grundschulbildung,
3. Gleichberechtigung zwischen Mann und Frau und Stärkung der Rechte der Frauen,
4. Verringerung der Kindersterblichkeit,
5. Verbesserung der Gesundheitsversorgung von Müttern,
6. Bekämpfung von AIDS/HIV, Malaria und anderen Infektionskrankheiten,
7. ökologische Nachhaltigkeit,
8. Etablierung einer globalen Partnerschaft für Entwicklung.

Um diese Ziele zu erreichen, hat sich schon Bedeutendes in der Welt getan. Zwischen 1990 und 2002 sind die Durchschnittseinkommen um knapp 21 % gestiegen. Die Anzahl der in extremer Armut lebenden Menschen hat sich um etwa 130 Millionen reduziert. Die Kindersterblichkeitsrate ist von 103 auf 88 pro 1.000 Geburten pro Jahr gefallen und die Lebenserwartung von 63 auf fast 65 Jahre gestiegen. In den Entwicklungsländern haben 8 % mehr Menschen als zuvor Zugang zur Wasserversorgung und 15 % mehr profitieren von einer Verbesserung der sanitären Verhältnisse.

Der Fortschritt hält allerdings nicht überall Einzug. Es gibt große Unterschiede zwischen Ländern und innerhalb einzelner Länder. National gesehen ist

---

43 Die Statistiken wurden 2004 von der »Commission of Population and Family Planning« veröffentlicht. http://iussp2005.princeton.edu/download.aspx?submissionId=50038

die Armut in den ländlichen Gebieten das größte Problem, obwohl auch die Armut in den Städten um sich greift und hier mit beträchtlichen Dunkelziffern zu rechnen ist.

Das Epizentrum der Krise liegt jedoch in den afrikanischen Ländern südlich der Sahara. Dort herrschen weiterhin Lebensmittelknappheit und extreme Armut, erschreckend viele Kinder und Mütter sterben, viele Menschen leben in Slums – hier werden die meisten der Millennium Development Goals weit verfehlt. Obwohl sich in Asien der größte Fortschritt verzeichnen lässt, leben dort noch immer Hunderte Millionen Menschen in erbärmlichen Verhältnissen, und sogar schnell wachsende Länder erreichen, wenn es hochkommt, nur das Ziel der Einkommenssteigerung. Andere Regionen weisen eine gemischte Bilanz vor, vor allem Lateinamerika, der Mittlere Osten und Nordafrika. Hier hält der Fortschritt nur langsam oder gar nicht Einzug. Andauernde Ungleichheiten in einem Bereich verhindern nicht selten das Fortkommen in einem anderen.[44]

Überraschenderweise fehlen Zielsetzungen zur Überbevölkerung. Die UNO wäre weltweit die einzige Institution, die dieses Problem objektiv angehen könnte. Warum tut sie es nicht?

Das Kernthema neu betrachtet

Schuld an der Umweltzerstörung, der unverhältnismäßigen Beanspruchung der natürlichen Ressourcen und im Grunde aller Probleme, die die Menschheit bedrohen, sind zweifelsohne die riesige und ständig wachsende Zahl von Menschen und ihr immer anspruchsvollerer Lebensstil. Es liegt an der Überbevölkerung!

Im Folgenden führen wir einige Probleme auf, die mit der Überbevölkerung zusammenhängen:
- Kampf um knappe Ressourcen,
- Entwaldung,
- Überlastung der Infrastruktur,
- Ausschöpfung der natürlichen Ressourcen, besonders der fossilen Brennstoffe,
- zunehmende Terrorismusgefahr,
- hohe Kriminalitätsraten,
- hohe Arbeitslosenquoten, besonders in städtischen Gegenden,
- zunehmende Verbreitung von Krankheiten und Epidemien,
- zunehmende Wüstenbildung und irreversibler Verlust kulturfähigen Landes,
- Niedergang der Artenvielfalt: Aktuelle Studien beziffern ein Aussterben von 140.000 Spezies pro Jahr[45].

44 Millennium Project, http://www.unmillenniumproject.org/goals/index.htm
45 Pimm, S. L., Russell, G. J., Gittleman, J. L., Brooks, T. M. (1995). The future of biodiversity. Science, 269, 347–350.

Wie aber gehen wir am besten mit dem Thema der wachsenden und alternden Bevölkerung um? Unsere Wirtschaftsmodelle, die auf stetiges Wachstum sowie auf Angebot und Nachfrage ausgerichtet sind, die zu Gier und Angst führen, kommen mit dem rasanten Bevölkerungswachstum und derartigen Menschenmassen nicht klar.

JENSEITS DER KOMFORTZONE

Ist das iranische Modell der Geburtenregelung
ein beispielhaftes Konzept für Entwicklungsländer?

Die größten Herausforderungen unserer Zeit gehen zweifellos von Größe und Wachstum der menschlichen Bevölkerung aus. Eine Bevölkerungsstabilisierung sollte deshalb das Erste sein, was wir im Sinne einer besseren Zukunft tun können. Als Nächstes sollte die Bevölkerung so reduziert werden, dass es allen Menschen auf dieser Erde möglich ist, ein ordentliches Leben auf vertretbarem Niveau zu führen. In vielen Ländern Europas und in Japan haben wir dieses Ziel erreicht. In Ländern wie Japan, Russland, Deutschland und Italien ist die Geburtenrate sogar so niedrig, dass die Bevölkerung dort im Laufe des nächsten halben Jahrhunderts stark schrumpfen wird. Auf der anderen Seite stehen die Länder, in denen sich die Bevölkerung aller Wahrscheinlichkeit nach verdoppeln wird. Allein für Indien wird eine Einwohnerzahl von 1,5 Milliarden bis zur Mitte des 21. Jahrhunderts prognostiziert; das ist ein Zuwachs von über 500 Millionen Menschen.

Uns liegen viele Beispiele für Geburtenkontrolle in den Entwicklungsländern vor. Mit seiner Ein-Kind-Politik spielt China wohl die Vorreiterrolle einer strengen, staatlich regulierten Geburtenkontrolle. Weniger bekannt ist der Iran, wo die Wachstumsrate der Bevölkerung von 3,2 % 1986 auf 1,2 % im Jahre 2001 fiel. Die iranische Regierung hat ein landesübergreifendes Familienprogramm ins Leben gerufen. Frauen werden ermutigt, drei bis vier Jahre zwischen einzelnen Schwangerschaften zu warten, unter 18- und über 35-Jährigen wird von einer Schwangerschaft abgeraten, und der Mutterschutz wird auf die Betreuung von maximal drei Kindern beschränkt. Kostenlos stehen Verhütungsmittel zur Verfügung, einschließlich Kondome, Pille und die Möglichkeit der Sterilisation. Die Religionsführer fördern die Bemühungen der Regierung, indem sie religiöse Verordnungen (»fatwas«) erlassen, die den Gebrauch von Verhütungsmitteln und sogar die dauerhafte Sterilisation von Männern und Frauen erlaubt und fördert. Auch die Medien, speziell das Fernsehen, wurden mit ins Boot genommen, um die familienpolitischen Bemühungen zu unterstützen. Gleichzeitig wird alles daran gesetzt, die Alphabetisierungsrate unter Erwachsenen, einschließlich Frauen, anzuheben. Die Einschulungsrate ist von 60 % auf 90 % gestiegen. Paare sind verpflichtet, vor der Hochzeit eine Verhütungsberatung in Anspruch zu nehmen.

Der Iran zeigt auf beeindruckende Weise, wie gute Geburtenkontrolle schnell erfolgreich sein kann.[46] Die Geburtenraten sinken weiter: Schätzungen zufolge kamen 2007 1,71 Kinder auf eine Frau.[47]

Vielleicht sollten wir den Iran weniger als Bedrohung und stärker als Chance für die moderne Welt betrachten. Die Integration des Iran in die Begleitung der großen Umwandlungsprozesse wäre ein entscheidender Schritt. Weil der Iran auf internationalem Parkett immer bedeutender wird und seine mehr als 5.000-jährige Geschichte schützenswert ist, wäre es nur sinnvoll, diesem Land zu helfen, ein aktives und verantwortungsbewusstes Mitglied der Weltgemeinschaft zu werden.

Wie kann die Menschheit überleben und angesichts sich ausbreitender Wüsten, steigender Meersspiegel und dramatischer Biodiversitätsverluste gedeihen? Es ist ein Teufelskreis: Je mehr Menschen auf der Erde leben, desto schneller schreitet die Wüstenbildung voran, desto höher steigen die Wasserpegel und desto mehr Tier- und Pflanzenarten sterben aus.

Jeder Mensch träumt von einem schönen Leben. Die Schwellenländer würden gern so schnell wie möglich den Lebensstandard der Europäer und Amerikaner erreichen. Der wachsende Bedarf an Proteinen aber führt beispielsweise zu einer Überweidung der Grasflächen und einer Überpflügung der Felder. Erhöhte Produktivität und Mobilität führen zu einem milderen Klima, das wiederum die Meeresspiegel ansteigen lässt. Die Zerstörung von Landwirtschaftsflächen zwingt immer mehr Menschen, in den Städten oder im Ausland nach Arbeit zu suchen. Die Wachstumsschübe der Bevölkerung und die riesigen Menschenmassen überstrapazieren die Ressourcen der Erde. Schon heute ist das im Grunde untragbar. Die 80 Millionen Menschen, die jährlich hinzukommen, verbrauchen riesige Mengen an Lebensmitteln, Wasser, Öl und anderen Ressourcen. Stellen Sie sich einmal vor, dass die Welt jedes Jahr um ein Land in der Größe Deutschlands wächst. Da die Bevölkerung vornehmlich in den ärmeren Regionen der Welt wächst, führt dies unwillkürlich zu Wasserknappheit, Landzerstörung und Entwaldung. Die betroffenen Länder produzieren mehr Müll und müssen mit mehr Schmutzwasser und einer erhöhten Kohlendioxidbelastung leben. Mehr Menschen brauchen mehr Ressourcen und erzeugen mehr Verschmutzung.

Laut FAO, der Landwirtschaftsorganisation der UNO, sind bis 2025 zwei Drittel der Weltbevölkerung von Wasserknappheit betroffen. Jeder weitere Bevölkerungszuwachs erschwert den Kampf gegen Armut und Klimawandel. Überbevölkerung bemisst sich nicht allein an Größe oder Dichte einer Popu-

---

46 Vgl. Larsen, J. (2001). Iran's Birth Rate Plummeting at Record Pace. http://www.earth-policy.org/Updates/Update4ss.htm

47 http://www.indexmundi.com/iran/total_fertility_rate.html

lation, sondern an dem Verhältnis zwischen Population und verfügbaren Ressourcen.[48]

Das Wachstum der Weltbevölkerung geht primär auf zwei Faktoren zurück:
- hohe Geburtenrate (Jugendüberschuss),
- längere Lebenserwartung (→ alternde Gesellschaft).

Auf regionaler bzw. lokaler Ebene kann auch die Zuwanderung ein Grund für die Überbevölkerung sein, so wie in den meisten Megastädten.

Die Folgen sind Migration, Urbanisierung und immer knapper werdende Ressourcen. Die wirtschaftliche Entwicklung hinkt hinterher und lässt zunehmend Spannungen und Konflikte entstehen. Menschen sind das Herz jeder wirtschaftlichen und sozialen Unternehmung; Maschinen, Computer und künstliche Intelligenz spielen nur eine Nebenrolle. Wird es aber vielleicht bald hybride Formen von menschlicher und künstlicher Intelligenz geben?

Werden wir es je schaffen, eine Gesellschaft aufzubauen, die verantwortungsbewusste Individuen, soziale Netzwerke und globale virtuelle Partnerschaften unter einem Dach versammelt?

Die weltweite Suche nach und die Förderung von Talenten – besonders auch der weiblichen – jenseits des Wirtschaftsalltags und eine wachsende kulturelle Vielfalt in den meisten Ländern werden dazu beitragen, dass kreative Lösungen gefunden werden können. Die »westliche Welt« hat ihre Ideen in die ganze Welt exportiert; wäre es jetzt nicht einmal an der Zeit, die Ideen anderer Menschen in den Vordergrund zu stellen? Viel ließe sich zum Beispiel von den alten Zivilisationen wie China, Indien, Iran und von indogenen Völkern wie den Aborigines lernen.[49]

Nach diesen Überlegungen zu Demografie, Migration und schließlich Überbevölkerung stellen sich uns folgende Fragen:
- Warum kümmern wir uns nicht um die wichtigsten Themen, die anliegen, sondern neigen dazu, uns zuerst den sekundären, weniger wichtigen zuzuwenden?
- Werden wir je neue kreative Wege finden, die Überbevölkerung unseres Planeten unter Kontrolle zu bringen?
- Ist es nicht schon zu spät? Wird sich die Natur schon selbst um sich kümmern?
- Wer ist für die notwendigen Maßnahmen verantwortlich?

---

48 Siehe http://www.uni-protokolle.de/Lexikon/%DCberbev%F6lkerung.html
49 WWF (2006). Living Planet Report 2006. Population Reports. Population and the Environment: The Global Challenge, Population Information Program, Center for Communications Programs, The Johns Hopkins School of Public Health, http://www.info forhealth.org/pr/m15/m15print.shtml

Die Menschen beginnen zu verstehen, was für eine ernste Gefahr vom Klimawandel ausgeht. Leider ist er nicht das einzige Problem. Viele werden sich in hektische Aktivitäten stürzen und die Politik wird sicher eine Erklärung nach der anderen abgeben. Das wird aber wenig nützen, wenn wir nicht imstande sind, die Leute dazu zu bewegen, ihren Lebensstil und die Art, wie sie Geschäfte treiben, zu verändern. Andernfalls werden wir in unserer vereinfachten, linearen Weltanschauung gefangen bleiben und keine kreativen und miteinander verbundenen, das heißt systemischen und holistischen, Lösungen finden können.

Politik

Die Politik ist ein hoch komplexer, nicht immer klar umrissener Bereich menschlicher Aktivität, der sich mit Führung, Macht, Konflikten, Autorität, Gesetz, Ordnung, Freiheit und Frieden beschäftigt. Sie steht natürlich in engem Zusammenhang mit der Regierungstätigkeit und den damit befassten Organen, die über Legislative, Exekutive und Judikative in der Regel auf fast alle menschlichen Aktivitäten Einfluss haben.

Die Politik – also die regierenden Instanzen – hat die Aufgabe, sich um die Belange der Menschen in ihrem Verantwortungsbereich gemäß der klassischen Hierarchie menschlicher Bedürfnisse zu kümmern.[50] Nach Abraham Maslow sind zunächst die grundlegenden Bedürfnisse zu befriedigen: Luft zum Atmen, Trinkwasser und Nahrung; dann Schutz und Sicherheit, gefolgt von sozialen Bedürfnissen und dem Bedürfnis nach Respekt. Erst dann sind die »Wachstumsbedürfnisse« Selbstverwirklichung und Transzendenz dran.

Politik ist mit vielen anderen menschlichen Aktivitäten verbunden. Die wichtigsten Kernthemen in diesem Bereich sind in Tabelle 2 zusammengefasst.

Die Politik steht vor einer wachsenden Vielzahl hochkomplexer Herausforderungen einerseits und ernsthaften Problemen, überhaupt die Basics zu lösen, andererseits: Sauberes Wasser ist keine Frage der Wahl mehr. Die Wasserknappheit nimmt in vielen Ländern zu, teils als Folge der übermäßigen Entnahme von Grundwasser, teils aufgrund des Klimawandels. Die steigenden Kosten und die unzureichende Verfügbarkeit von Lebensmitteln sind ein Problem, ebenso die Verwertung von Nutzpflanzen für die Gewinnung für Ethanol und Biodiesel. Aufgrund der Wasserknappheit geht Lebensmittelproduktion zurück, gleichzeitig müssen immer mehr Menschen versorgt werden. Die Kosten für den Lebensmitteltransport steigen, ebenso die Preise für das Öl, das benötigt wird, um alle diese grundlegenden Bedürfnisse zu stillen. Obwohl das alles

---

50   Siehe beispielsweise das klassische Werk von Abraham Maslow. Maslow, A. (1954). Motivation and Personality. New York: Harper. Auf Deutsch: Maslow, A. (1977). Motivation und Persönlichkeit. Olten: Walter-Verlag AG.

weitreichende Folgen hat, scheinen die Politiker nicht besonders gut darauf vorbereitet zu sein. Es entsteht zuweilen der Eindruck, als richteten sie alles nach ihrem Hauptziel, die Wiederwahl. Auch innenpolitische Themen halten sie davon ab, sich stärker mit den Kernthemen zu befassen. Und da eine ganze Reihe zentraler Anliegen globaler Natur ist, benötigen wir dringend effizientere internationale Institutionen, die über die notwendigen Ressourcen und die notwendige Macht verfügen, die Themen anzugehen. Das ist eins der großen politischen Dilemmata heute.

Hintergründe

Auf der einen Seite gibt es schon mit den Basics wie Wasser, Nahrung, Schutz und Sicherheit Probleme, auf der anderen Seite beginnt die globale Schere in Bereichen wie Wohlstand – Armut, Gesundheit – Krankheit, Bildung – Analphabetismus und religiöse Toleranz – Hass weiter auseinanderzuklaffen. Wenn wir die Klimafolgen noch hinzunehmen, die die Probleme auf beiden Seiten deutlich verstärken, und die vielen neuen Herausforderungen wie die Massenzuwanderung, Wüstenbildung, steigende Meeresspiegel, verheerende Unwetter etc., sehen wir, dass »business as usual« in der Politik nicht ausreichen wird, um die Probleme zu lösen. Ferner sollten wir bedenken, dass auch das rasante Bevölkerungswachstum die Lage zusätzlich erschwert. Weitere Staaten werden an ihren Aufgaben scheitern, Konflikte und Spannungen werden sich verstärken und das kann wiederum zu interkulturellen Auseinandersetzungen, einer erhöhten Terrorgefahr und Kriegen führen.

Die Geschichte lehrt uns, dass manche die prekäre Situation ausnutzen und versuchen, die Herrschaft an sich zu reißen. Damit verschärft sich die ohnehin schlimme Situation. In Zeiten der Globalisierung werden derartige Vorkommnisse nicht mehr nur lokale oder regionale Probleme sein, sondern die ganze Welt erschüttern. Der Einsatz von Waffen, der Kampf um Herrschaft und Kontrolle wird nicht viel helfen. Die Erfahrungen in Somalia haben das klar gezeigt.

Wir werden eine multifokale Welt erleben, in der kulturelle und ökonomische Bereicherung stattfindet, aber zunehmend auch Spannungen und Konflikte ausgetragen werden. Heute richtet sich die weltpolitische Aufmerksamkeit nicht mehr auf den atlantischen, sondern auf den pazifischen Raum, wo die USA, Russland, Japan, China und Indien aufeinandertreffen. Europa ist »auf der anderen Seite«. Werden wir trotz eines sich abzeichnenden, potenziellen Zusammenbruchs unserer Zivilisation um die Macht kämpfen? Vielleicht benötigen wir einen grundsätzlichen Wandel unserer Denk- und Handlungsmuster, weg von einer machtbasierten Gesellschaft.

Gewalttätige Auseinandersetzungen hat es immer schon gegeben. Im letzten Jahrhundert wurden aus Konflikten zwischen Einzelpersonen, Familien und

Tabelle 2: Handlungsfelder und Kernthemen Bereich Politik

Handlungsfelder	Kernthemen
Kultur	Berücksichtigung der Kultur bei der Entwicklung von Vorstellungen einer neuen Welt
Glaube und Religion (Religionsfreiheit)	Toleranz gegenüber anderen Religionen, Religionsfreiheit, Verhältnis politische Macht und Religion
Bürgerrechtsbewegung	direkte Demokratie, lebendige Demokratie
Kommunikation	sichere Kommunikationsinfrastruktur
Konflikte (Terrorismus, Kriege)	zunehmende Spannungen, die zu terroristischen Angriffen und Kriegen führen, gewaltfreie Konfliktlösung
Verfassung/Grundgesetz	nationale vs. globale Interessen
Wirtschaft (Arbeit/Arbeitslosigkeit)	Vollbeschäftigung, Umgang mit anhaltender Arbeitslosigkeit, Auffangnetz für Arbeitslose, ökologisch nachhaltige Wirtschaft, »ökologische Wahrheit«, Überwindung der Wegwerfmentalität, Wissensökonomie, Grenzen des Kapitalismus, Ersetzen des Bruttoinlandsprodukts als Maß für die Wirtschaftsleistung durch adäquatere Methoden
Bildung	Qualität der Bildung
Energie	steigender Energiebedarf, steigende Preise, Erneuerung der Infrastruktur, Gewährleistung der Energieversorgung
Umwelt	Zerstörung der Ökosysteme, Klimawandel, Wüstenausweitung, schmelzende Polarkappen, Aussterben der Arten
Familie	Zusammenbruch der traditionellen Familienstrukturen, alleinerziehende Eltern, Singles
Landwirtschaft	Verlagerung der Subventionen von umweltschädlichen zu umweltfreundlichen Methoden
Wirtschaft und Finanzen	wachsende Defizite, Kreditklemme, Labilität der Finanzmärkte, Größe der Finanzmärkte
Globalisierung (internationale Politik)	Spannungen durch die Globalisierung, Globalisierungsfragen: Kapitalmobilität, Technologietransfer, globale Arbeitskraft, Talentekrieg, Outsourcing, Handelsanpassungen, Kriminalität und Sicherheit
Regierung (Bürokratie, Politiker)	Regierungskosten, Bürokratie, Steuerpolitik, Eigeninteresse der Politiker, Irreführung der Bürger, politischer Absentismus
Gesundheit	explodierende Kosten im Gesundheitswesen, alternde Bevölkerung und steigende Anforderungen an das Gesundheitssystem
Wohnungsbau	Rohstoffverknappung, wachsenden Bevölkerung – wachsende Nachfrage auf dem Immobilien- und Wohnungsmarkt

Handlungsfelder	Kernthemen
Infrastruktur (Strom, Verkehr, Wasser, Lebensmittelversorgung)	Erneuerung der alten Infrastruktur nötig, neue Infrastruktur für schnell wachsende Städte
Justiz (Gesetz und Ordnung, Gerichte, Gefängnisse, soziale Gerechtigkeit)	wachsende Anzahl an Häftlingen – Überbelegung, Korruption
Führung (politisch, religiös, wirtschaftlich)	Selbstsucht und Habgier von Führungspersonen, Korruption, Bedarf an Visionären und spiritueller Führung, die den Wandel begleiten
Zuwanderung und Assimilation	zunehmende Anzahl von Immigranten, illegale Zuwanderung, Widerstand gegenüber Assimilation
Mobilität (Reise, Verkehr)	Infrastruktur für Reise und Transport, Auswirkungen für die Umwelt, Folgen der Erdölknappheit
Nicht-Regierungsorganisationen (NGOs)	wachsender Einfluss von NGOs und Bürgerrechtsbewegungen
Politik	Politiker ohne Profil, Absentismus: Gefahr von Minderheitenregierungen
industrielle Produktion	Produktion und Umwelt, Produktion und Arbeit, Cradle-to-cradle-Produktion, Einsparen von Rohstoffen, Rohstoffrecycling, keine Emissionen an Produktionsstandorten
öffentliche Verwaltung (Beamte)	Qualität des Beamtenapparats, Bürokratismus
Lebensqualität	Wahrung der Lebensqualität, Definition akzeptabler Qualitätsstandards unter Berücksichtigung der vielfältigen Herausforderungen
Schutz und Sicherheit (Polizei, Armee, Diplomatie, nationale Verteidigung)	Kosten für nationale Sicherheit, Polizei, Rolle des Militärs
Gesellschaft	Schutz der Kinder, Bildung für alle, Gleichberechtigung der Geschlechter, soziale Gerechtigkeit, sozialer Zusammenhalt, Tribalismus
Sport	Rolle des Sports, Sport als Geschäft
Steuern	Verlagerung von der Einkommenssteuer zu Steuern auf umweltzerstörerische Aktivitäten, Mehrwertsteuer, Ökosteuer, Wertschöpfungssteuer
Handel	Subventionen, Handelsschranken, fairer Handel

Gruppen ganze Weltkriege, die sich im 21. Jahrhundert global ausweiten könnten. 2006 wurden mindestens 20 dauerhafte kriegerische Auseinandersetzungen[51] sowie eine weltweit wachsende Anzahl an terroristischen Angriffen registriert. Es gibt verschiedene Methoden, die Einstellung zum Krieg an sich einzuordnen. Brian Orends diesbezügliche Kategorisierung hat eine ethische

51 http://infoplease.com/ipa/A0904550.html

Grundlage[52] und teilt sich in drei Ordnungen auf: gerechter Krieg, Realismus und Pazifismus. Theorien des gerechten Kriegs gehen davon aus, dass es Situationen gibt, in denen ein Land moralisch legitimiert ist, Waffen einzusetzen. Der Realismus gründet auf der Vorstellung, dass sich moralische und ethische Grundsätze, die für Einzelpersonen gelten, nicht auf Staaten anwenden lassen; der Staat kann zur Wahrung nationaler Interessen Krieg führen. Der Pazifismus schließlich lehnt Krieg kategorisch ab.

Der bekannte Kriegstheoretiker Carl von Clausewitz behauptet, Krieg sei lediglich die »Fortsetzung des politischen Diskurses durch Hinzunahme anderer Mittel«.[53] Während der Krieg in der Geschichte oft glorifiziert und in vielen Gesellschaften als ehrenhafte Handlung angesehen wurde, gilt Krieg heute nur im Angesicht bewaffneter Aggression als legitim und »gerecht«. Viele Menschen glauben zum Beispiel, dass im Falle eines ungerechtfertigten Angriffs eines Aggressors primär die Vereinigten Staaten in der Handlungsverantwortung stünden. Es ist traurig, aber wahr: Die Realität sieht leider anders aus. Es werden immer noch zu viele grundlose, ungerechte Kriege geführt. Deshalb sind wir gehalten, die allgemeinen Ursachen von Krieg zu erforschen. Gehört Krieg zur Natur des Menschen? Würde eine weiblich dominierte Gesellschaft weniger Kriege führen? Diese Fragen sind insofern besonders relevant, als zwei Drittel der zahlreichen Kriege seit dem Zweiten Weltkrieg innerstaatliche Kriege waren. Es verwundert darum nicht, dass die Zahl der gefallenen Zivilisten gewaltig angestiegen ist (ca. 90 %). Die Hälfte der Gefallenen sind Kinder.[54]

In ihrem aktuellen Buch »The Real Wealth of Nations: Creating a Caring Economics« legt Riane Eisler klar und überzeugend dar, wie uns die maskuline »Herrscher«-Mentalität in diese kritische Lage von Armut, Ungleichheit, Krieg, Terrorismus und Umweltzerstörung gebracht hat. Sie glaubt nicht an einen durch Gott oder das Wesen des Menschen vorherbestimmten Krieg.

Bewaffnete Auseinandersetzungen werden heutzutage meist mit einer gewissen methodischen Asymmetrie ausgetragen (z. B. Guerrillakämpfe oder terroristische Attacken). Die Taktik der Guerrillas zielt vornehmlich darauf ab, einen übermächtigen Aggressor zu bekämpfen oder ein Volk/eine Gruppe aus den Fängen einer Diktatur zu befreien. Terrorismus ist die Gewaltanwendung gegen Menschen oder Eigentum mit dem Ziel der Bezwingung oder der Erpressung[55] über den Weg der Gewalt, Angst und Einschüchterung. Obwohl der Terrorismus Jahrtausende alt ist, fällt die genaue Unterscheidung zwischen Ter-

52 Orend, B. (2006). The Morality of War. Orchard Park: Broadview. Siehe auch sein Artikel in The Stanford Encyclopedia of Philosophy, http://plato.stanford.edu/entries/war
53 Clausewitz, Carl von (1832). Vom Kriege. Berlin: Dümmlers.
54 UNICEF, Child Protection from Violence, Exploitation and Abuse. http://www.unicef. org/protection/index_armedconflict.html
55 FEMA, General Information About Terrorism, http://www.fema.gov/hazard/terrorism/ info.shtm

roristen, Kriminellen und Revolutionären oft schwer. Terroristen meinen, die Anwendung von Gewalt sei moralisch vertretbar, wenn sie Mittel zum Zweck ist. So denken aber auch Revolutionäre und Krieg führende Militärs. Der Terrorismus ist eine feige Form des Kriegs und eine der ernstesten Bedrohungen der modernen Gesellschaft, die zukünftig eher zu- als abnehmen wird. Die modernen Wege der Kommunikation wie das Internet oder das Mobiltelefon, die Verfügbarkeit von neuen Waffen und Technologien machen den Terrorismus noch gefährlicher und lassen neue Formen entstehen (z. B. den Cyberterrorismus). Eine breite Medienberichterstattung (wie sie beispielsweise bei den Angriffen auf die Zwillingstürme des World Trade Centers in New York 2001 erfolgte) stachelt Terroristen eher zu weiteren Taten an, als dass sie sie abschreckte.

Die zunehmende Polarisierung und Marginalisierung eines immer größeren Teils der Menschen werden das Gespür vieler für Ungerechtigkeit verstärken und sie möglicherweise sogar ermutigen, den Terrorismus zu unterstützen oder einer Terrorgruppe beizutreten. Entfremdung, Demütigung und Entmachtung eines Großteils der Weltpopulation sind für extremistische Geister und fundamentalistische Ideologien ein gefundenes Fressen.

Ein sich abzeichnendes Erstarken des Fundamentalismus in allen Religionen der Welt gießt weiteres Öl ins Feuer des Terrorismus. Schon bald werden neue, gewaltbereite religiöse Bewegungen entstehen. Je mehr die Gesellschaft zerfällt, desto attraktiver erscheint das Flüchten in kleinere Gemeinschafen (Tribalismus). Der Tribalismus beschränkt den individuellen Horizont auf den Stamm und grenzt sich gern über die Entwicklung allgemeiner Vorurteile von »den anderen« ab; das führt schnell zu Intoleranz und in Extremsituationen zu Akten des Terrors.

Können uns unsere politischen Führer überhaupt eine Orientierung bieten und uns Gesetze und Regeln an die Hand geben, die uns helfen, die Herausforderungen, vor denen wir stehen, zu bewältigen? Die historischen Befunde aus der Politik erwecken leider nicht besonders viel Vertrauen. Werden wir neue Formen politischer Führung erleben? Oder werden wir uns zukünftig auf autoritäre Herrschaftsformen beschränken? Wie kommen wir mit der Bedrohung durch Gewalt und Krieg klar? Welche Ursachen liegen den Konflikten zugrunde? Traurigerweise wissen wir selbst nach all den grausamen Kriegen des 20. Jahrhunderts immer noch nicht, wie sich die Waffenkonflikte lösen lassen. Ist das der Preis, den wir nun für unseren Drang nach Herrschaft und Kontrolle zu zahlen haben?

Für das Zeitalter des Wandels, in das wir jetzt eintreten und das alles mitreißen wird, braucht es eine neue politische, religiöse und ökonomische Führung mit transformierender, visionärer und spiritueller Kraft. Nur wenn unsere Führungsriegen verstehen, welche Kräfte den Wandel antreiben, und imstande sind, die notwendigen Anpassungen und Veränderungen vorzunehmen, wird es ihnen möglich sein, sich den außerordentlichen Herausforderungen an sich selbst, das moderne Management, adäquat zu stellen. Kein Mensch hat die Kontrolle über den gigantischen Wandel, der sich gerade vollzieht und sich wie eine Riesenwelle fortbewegt. Die einzige Chance, die wir haben, besteht darin, ihn zu überholen. Deshalb ändern sich auch die grundlegenden Qualitäten, die es in Zukunft braucht, um Unternehmen zu leiten. Auch die Spielregeln ändern sich. So stellt sich die Frage, ob Führungspersonen in der Vergangenheit verharren oder lieber damit beginnen, existierende Strukturen und Arbeitsweisen infrage zu stellen und neue Wege zu erkunden – das wäre dringend nötig. Eine Anpassung an die neuen Realitäten hat höchste Priorität, denn das Überleben der Spezies steht auf dem Spiel.

In dieser Zeit der Transformation müssen Führungen einen Sinneswandel zu einer neuen Weltsicht und einer neuen Seinsart vollziehen, die sich wiederum in einer Änderung des Verhaltens niederschlagen sollte. Dass ein Mensch Persönlichkeit hat und welche Werte er vertritt, sollte weitaus bedeutender sein als die formale Macht, über die er/sie verfügt.

Wir werden unsere Vorstellungen von Macht und Hierarchie überdenken müssen. Die neue visionäre und transformierende Führerschaft wird die komplexen und miteinander verwobenen Fragen ansprechen und eine Zukunft für die Menschheit schaffen, in der die Ökosysteme mit mehr Respekt behandelt und allgemeine spirituelle Werte geteilt werden. Die neuen Topmanager werden die Grenzen der traditionellen Rollen und Regeln immer wieder sprengen müssen – zum Wohl der Gesellschaft. Dabei geht es nicht mehr um Macht oder Kontrolle, sondern um Kooperation und Miteinander. Die neuen Führer müssen Meister der Partnerschaft sein. Heutzutage gibt es noch nicht genügend Führungskräfte, die eine langfristige Vision verfolgen, das große Ganze sehen und eine vernetzten Blick auf das ganze System haben. »Visionäre Führer regen zur Veränderung von Denkmodellen und Paradigmen an«[56], betonen Gordon Davidson und Corinne McGlaughlin. Unseres Erachtens sollte ihnen das das Rüstzeug an die Hand geben, den Mut aufzubringen, die eingefahrenen, traditionellen Wege zu verlassen. Ein hervorragendes Beispiel für einen transformierenden, charismatischen Führer mit Visionen ist Nelson Mandela, ein Mensch, der das gesellschaftliche Wohlergehen trotz äußerst widriger Umstände[57] über seine eigenen Interessen gestellt hat.

David Rooke und William R. Torbert gehen von sieben Führungsarten aus.[58] Darunter findet sich der Führungsstil des Strategen, der einen »Wandel auf der Ebene der Organisation und des Personals herbeiführt« und als »transformie-

---

56 Davidson, G., McGlaughlin, C. Visionary Leadership for a Sustainable Age. http://www. ceres.ca.gov/tcsf/pathways/chapter13.html
57 Nelson Mandela saß 27 Jahre seines Lebens in einem Gefängnis in Südafrika.
58 Rooke, D., Torbert, W.R. (2005). Seven transformations of leadership. Harvard Business Review, April, 66–78.

rende Kraft effizient handelt«, und den des Alchemisten, der »soziale Veränderungen hervorbringt« und »es versteht, gesellschaftsübergreifende Transformationen einzuleiten«. Dieser kommt der »transformierenden Führerschaft« besonders nahe, die in diesen Zeiten des dramatischen Wandels benötigt wird. Von diesem Typus gibt es allerdings nur wenige: Unter den Teilnehmern einer Stichprobenstudie waren nur 4 % Strategen und verschwindende 1 % Alchemisten.

Das Kernthema neu betrachtet

Alles weist darauf hin, dass gewaltfreie Konfliktlösungen grundlegende Veränderungen der Denk- und Verhaltensmuster voraussetzen. Vielleicht wird es uns irgendwann möglich sein, eher partnerschaftlich als beherrschend miteinander umzugehen, wie Riane Eisler es schon 1987 in ihrem Buch »The Chalice and the Blade« beschreibt.[59] Nichtsdestotrotz brauchen wir einen neuen Typus von visionären, transformierenden Führungspersönlichkeiten. Wir brauchen Meister der Partnerschaftlichkeit. Deshalb ist Herrschaft das Kernthema des politischen Bereichs, das eines neuen Blickwinkels bedarf.

Jeder nachhaltigen Veränderung geht ein Sinneswandel voraus. Den nächsten Abschnitt wollen wir deshalb den zentralen Themen Weltbild und Religion widmen. Die Art, wie wir die Welt um uns herum wahrnehmen, wie wir das Leben meistern und Quellen für einen Sinn im Leben suchen, wird unser Schicksal bestimmen.

DENKER VON MORGEN

Fabio C. Barbosa, Geschäftsführer Banco Real/ABN AMRO und Präsident der Brazilian Federation of Banks (Febraban)

Die Welt der Zusammenarbeit

Angesichts der Geschwindigkeit, mit der sich Veränderungen in der heutigen Gesellschaft ereignen, lässt sich schwer genauer prognostizieren, wie sich die Wirtschaft im Laufe der nächsten 20 Jahre entwickeln wird. Wenn wir bedenken, dass Rechner erst in den 1980ern zu PCs, also »personal computers«, wurden und wir heute Handcomputer in der Größe eines Handys haben, die über eine weitaus höhere Kapazität verfügen

59 Eisler, R. (1987). The Chalice and the Blade: Our History, our Future. New York: Harper & Row. Auf Deutsch: Eisler, R. (1993). Kelch und Schwert: von der Herrschaft zur Partnerschaft. Weibliches und männliches Prinzip in der Geschichte. Goldmann: München.

als ein PC damals, können wir davon ausgehen, dass noch viele weitere großartige Veränderungen anstehen. Die Vorboten dessen, was künftig zu erwarten ist, sind allseits präsent und zahlreich.

Wir leben in einer Zeit des konstanten Wandels. Ohne eine historische Perspektive lässt sich kaum genauer vorhersagen, wie sich die Veränderungen des Jahrtausends und der Wissensrevolution, die die Industrielle Revolution längst überholt hat, auf die Zukunft der Menschheit auswirken werden. Die bereits eingetretenen Veränderungen können wir aber schon bewerten. Die Geschäftswelt wird zunehmend davon beeinflusst, wie sich die Gesellschaft weiterentwickelt. Hier wären vor allem bessere Bildungsmöglichkeiten, exponentiell ansteigender Wissensaustausch und -fortschritt zu nennen. Um Ihnen eine Vorstellung zu geben: Das kostenlose Online-Lexikon Wikipedia, an dem jeder mitschreiben kann, verfügt über zehn Mal mehr Inhalt als die brasilianische Barsa-Enzyklopädie und ist bereits in 200 Sprachen verfügbar, 13 davon umfassen jeweils mindestens 100.000 Artikel.

In Lichtgeschwindigkeit werden heutzutage Informationen übertragen und ausgetauscht und über Breitband, Funk oder Glasfaser hat mittlerweile fast jeder Zugang zur virtuellen Welt des Internets. Alles, was an einer Ecke der Welt irgendwie von Belang ist, wird an einer anderen aufgegriffen. Für Konsumenten ist das sehr wichtig, denn heute erhalten sie Informationen, die früher erst von Journalisten »bearbeitet« wurden. Diese entschieden darüber, welche Information die Gesellschaft wirklich brauchte oder was sie wissen sollte (und was nicht). Einer der reichsten Männer der Welt, George Soros, verlor in der russischen Finanzkrise 1998 knapp zwei Milliarden Dollar. Eine seiner ersten Reaktionen war, dass er um die Einführung von Mechanismen zur Kontrolle des globalen Kapitalflusses bat. Soros hatte bei seinen Spekulationen mit Fremdwährungen stets von der Informationskontrolle in Russland profitiert. Nun, da Information weltweit verfügbar ist, kann keiner mehr garantieren, dass Information kontrolliert und gegebenenfalls zurückgehalten wird. Zentralisierte Machtgefüge verlieren an Einfluss. An ihrer Stelle entsteht eine eng vernetzte Gesellschaft, die selbst entscheidet, was sie für wichtig hält, und die Einfluss auf wichtige politische Entscheidungen hat.

Die wechselseitige Abhängigkeit von Gesellschaft und Politik wird sich eines Tages möglicherweise deutlicher in Staatsordnungen niederschlagen. Wenn der wirtschaftliche Radius die Ländergrenzen längst sprengt, sollte man dann überhaupt noch über Grenzen und Mauern nachdenken? Aktuelle weltpolitische Modelle werden die Zukunftsfragen der Umwelt und der Zuwanderungsströme nicht lösen können. 2003 verkündete die uruguayische Regierung zum Beispiel den Bau zweier Papier- und Zellstofffabriken am Ufer des Uruguay-Flusses, der auch Argentinien passiert. Die Argentinier riefen zu Umweltprotesten gegen den Bau der Fabriken auf, da sie befürchteten, dass Umwelt und Tourismus in Argentinien darunter leiden könnten. Der Konflikt ist bis heute nich gelöst. Ein anderes Beispiel: Während in den USA die Kaufkraft begrenzt anwächst, kann die mexikanische Bevölkerung davon nicht profitieren. Das Errichten von Mauern zur Abgrenzung beider Länder wird als Strategie langfristig versagen, wie die Geschichte gezeigt hat. Europa dagegen setzt hier Maßstäbe. Die

EU-Länder knüpfen trotz aller Widrigkeiten Partnerschaften, um Skaleneffekte, Arbeit-nehmer- und Kapitalmobilität gemeinsam nutzen zu können.

Regionen werden immer stärker Kooperationen untereinander eingehen; auch die Schranken des allgemeinen Informationsflusses werden immer weiter fallen. Das führt dazu, dass sich der Alltag der meisten Menschen immer mehr von den Zentren der Macht entfernt. Dass Information heutzutage überall und ständig verfügbar ist, kann die Macht von Regierungen bedeutend schwächen und zu einer Dezentralisierung führen. Die bislang als Kontrollmechanismen wirkungsvollen Werkzeuge der Wirt-schaft wie Wechselkurse, Zinserhöhungen und Einfuhrzölle werden verstärkt die Funk-tion treibender Stimuli für den Kapitalfluss einnehmen. Der Markt wird die Regeln und Gesetze bestimmen und die Grundausrichtung neu festlegen.

Man wird in Zukunft weniger staatliche Gesetze und Vorschriften in den Vorder-grund stellen und sich stärker auf die eigenen Wurzeln konzentrieren. Viele Menschen werden sich wieder mehr dem Glauben zuwenden und bei Entscheidungen stärker darauf achten, was ihnen persönlich wichtig ist. Unternehmensidentität und Marken, schon heute bedeutende Faktoren im Marketing, werden Dreh- und Angelpunkt der Kundenpflege sein. Über verschiedene Netzwerke werden die Menschen ihre Identi-täten und Rollen weiterentwickeln, sowohl im ökonomischen, persönlichen als auch im kulturellen Bereich. Wer wir sind, wird sich nicht mehr nur über unsere Stadt, unser Land oder unser Hobby zeigen. In naher Zukunft wird der Wegfall der Grenzen zu allen möglichen Arten von Beziehungen, Kooperationen und Austauschmöglichkeiten füh-ren, was wiederum Auswirkungen auf das allgemeine Machtgefüge haben wird.

Organisierte Communitys können sich aufgrund ihrer Größe und Massenwirkung leichter Gehör verschaffen und von Firmen und Einzelpersonen mehr Verantwortung einfordern. Durch den technologischen Fortschritt fällt immer mehr Licht auf unbe-kannte Gebiete. Das macht es immer schwieriger und unattraktiver, isoliert zu arbei-ten. Gefragt sind Zusammenarbeit und Teamgeist. Unternehmen, die ihre Geschäfts-modelle nur auf Profit ausrichten und die Folgen ihres Handelns unberücksichtigt lassen, werden in Ungnade fallen. Anliegen wie der Kampf gegen Korruption und der Umweltschutz werden wesentliche Komponenten zukünftiger Unternehmensstrate-gien sein und nicht bloß unter »Verschiedenes« auf der Tagesordnung erscheinen.

Die neue Wirtschaftssituation orientiert sich an zwei Parametern: breitere Bildung und Technik, die schnellere und günstigere Kommunikation ermöglicht. Der Einzelne verfügt damit über mehr Wahlmöglichkeiten und Autonomie – und damit auch über mehr Macht. Unternehmen wird es möglich sein – und das hat es noch nie gegeben –, Wertschöpfung über Wissen aufzubauen. Ein zentrales Beispiel in diesem Zusammen-hang ist Goldcorp, ein Bergbauunternehmen, auf das Don Tapscott und Anthony D. Williams in ihrem Buch »Wikinomics« verweisen. Im März 2000 startete Goldcorp sei-nen visionären »Goldcorp Challenge« im Internet, ein Gemeinschaftsversuch mit Geld-preisen für denjenigen, der die besten Methoden und Initiativen zur Erschließung der Goldvorkommen entwickeln würde. Wichtiger noch als das »Preisausschreiben« war, dass die Firma, indem sie Informationen zu ihren Goldvorkommen offenlegte und eine Karte der Mine preisgab, eine grundlegende Regel der Bergbauindustrie brach. Es scheint sich aber gelohnt zu haben: Goldcorps Einnahmen stiegen von bescheidenen 100 Millionen Dollar auf neun Milliarden Dollar. Der Challenge verwandelte die unbedeutende Mine in eines der innovativsten und profitabelsten Unternehmen der Branche.

Dieses Beispiel demonstriert, was uns in Zukunft erwartet. Es ist Teil der Zukunft, aber auch Teil dessen, was wir heute schon erleben. In dieser neuen Wirtschaftsdemokratie wird jeder zum Leistungsträger. Die Wirtschaft wird sich der Kontrolle durch politische Kräfte zunehmend entziehen. Die Folgen zeichnen sich schon jetzt ab und werden mit der Zeit immer deutlicher. Heute sind es die billigen Arbeitskräfte, die die wenigen immer reicher und die Armen immer ärmer werden lassen. In naher Zukunft aber werden sie von Wissen und Bildung abgelöst – Faktoren, die nicht nur dem Einzelnen, sondern auch Unternehmen neue, exzellente Chancen bieten. Während in Ländern wie China, Indien und großen Teilen Afrikas noch ein Billigarbeitsmarkt existiert, wird sich dieses Modell als Wettbewerbsvorteil nicht halten. Im Laufe der Zeit werden billige Arbeitskräfte immer seltener und damit immer teurer werden.

Wenn es schließlich keine billigen Arbeitskräfte mehr gibt, wird Bildung und Informationsverbreitung den Unterschied machen. Entsprechende Arbeitsmodelle werden die heutigen um Längen schlagen. Es wird nicht mehr möglich sein, als Standard durchzusetzen, dass die reichen Länder belohnt und die Produzenten (die armen Ländern) ignoriert werden.

Wie das Beispiel von Goldcorp zeigt, werden sich Entwicklungen immer stärker weltweit ausrichten. Verfügbare Information wird zu Wissen, das Unternehmen, Projekte, Wert und Einkommen unabhängig vom jeweiligen geografischen Standort entstehen lässt. Immer mehr Menschen werden an Projekten beteiligt sein, die informell organisiert sind. Das könnte teilweise zu paradoxen Situationen führen, denn während die virtuelle Welt immer präsenter wird und uns manche Aufgabe im Alltag abnimmt, werden Menschen weiterhin das Bedürfnis haben, körperlich miteinander in Kontakt zu treten. Unternehmen müssen also darauf achten, die physischen Bindungen zu stärken und sich gleichzeitig auf die virtuellen Arbeitsprozesse zu konzentrieren. Zunächst werden wir erleben, dass Programme entstehen (wie jetzt schon Second Life, MySpace und Facebook), die soziales Networking bis zum Äußersten treiben.

Anfänglich werden die Menschen versuchen, sich Anerkennung zu verschaffen, weil sie Facetten an sich selbst entdecken, die sich nur im Cyberspace frei ausleben lassen. Jedoch ist der Preis für die Utopie der virtuellen Welt – wie so oft bei verheißungsvoll erscheinenden Drogen –, in der jeder über Nacht zum »Star« werden kann, der Realitätsverlust. Menschen mit einer besonderen Internetpersönlichkeit werden aus allen Wolken fallen, wenn sie erleben müssen, dass das wahre Leben ganz anders ist. Letzten Endes wird niemand exklusiv im virtuellen Leben zuhause sein können. Anzustreben wäre also ein Gleichgewicht zwischen der virtuellen, vermeintlich leichtlebigen Welt und dem »echten« Leben mit all seinen Verpflichtungen und Anforderungen.

Im Streben nach Akzeptanz wird die Vorstellung vom Glück weiter fortbestehen. Die Mittel (vor allem das Internet), die uns helfen, unser persönliches Glück zu finden, werden sich verändern. Informationen lassen sich besser verbreiten, sind allgemein verfügbar; die Wahlmöglichkeiten nahezu grenzenlos. Sicherlich wird die »Qual der Wahl« auch allerlei Verwirrung stiften, aber es wird Mittel geben, die uns die Suche nach uns selbst erleichtern und die uns erkennen lassen, welche Kreativität und was für Wünsche in uns stecken. Schließlich werden wir in einer Welt ohne Grenzen leben, mit unendlich vielen Möglichkeiten, Wissen zu erweitern, Ideen aufzunehmen und diese weiterzuentwickeln. So wird es 2020 in der Wirtschaft aussehen. Wenn wir das heute verstehen und daran arbeiten, die richtigen Fäden zu ziehen, wird das in den kommenden Jahren den entscheidenden Durchbruch in der Wirtschaftswelt zur Folge haben.

Weltbild und Religion

Was ist Wirklichkeit?

Von je her wird darüber philosophiert, ob es außerhalb unseres Gehirns eine reale Welt gibt oder ob alles reine Illusion ist. Was in unseren Köpfen ankommt, ist lediglich das, was wir von der Welt in uns selbst und um uns herum wahrnehmen.

Dass wir eine Sprache sprechen, die aus Wörtern besteht, um die Welt zu beschreiben, macht es nicht leichter. Wörter sind lediglich Vehikel, die unser Verständnis dessen übermitteln, was wir sehen und denken.

 DENKER VON MORGEN

Henry Mintzberg

Was ich unter Wahrheit verstehe

Ich bin ein großer Fan von der Vorstellung, dass die Erde eine flache Scheibe ist. Obwohl die Menschen schon vor Jahrhunderten dachten, sie hätten *die Wahrheit* entdeckt, als sie herausfanden, dass die Erde nicht flach, sondern rund war, sind wir der Wahrheit nicht unbedingt näher gekommen. Für die Entdeckung der Erdkugel musste Kolumbus einmal um die Welt segeln. Berücksichtigten seine Schiffsbauer oder die der Folgegenerationen aber die Wölbung der See? Ich vermute nein; und so eignet sich die Flacherdtheorie zum Schiffsbau besser.

Nicht jedoch zum Segeln, wo die Theorie von der Erde als einer Kugel passender scheint. Sonst hätten wir von Kolumbus wohl nie wieder gehört. Die Theorie von der Erde als Kugel ist aber im Grunde auch nicht ganz richtig, wie beispielsweise eine Reise in die Schweiz schnell zeigen sollte. Die Schweiz ist das Land der »holprigen Erdtheorie«. Das passt – zumindest dort. Selbst, wenn man die Erde von einem Satelliten aus betrachtet, ist sie nicht wirklich rund; sie wölbt sich am Äquator (was das impliziert, ist mir auch nicht ganz klar). Wenn die Erde also weder rund noch flach noch eben ist, wie können wir dann davon ausgehen, dass überhaupt eine Theorie wahr ist? Die Theorie selbst mag neutral sein, aber das Festhalten an einer einzigen Theorie unter dem Vorwand, diese sei die Wahrheit, ist mir zu dogmatisch. Ein Dogma behindert weiteres Denken und öffnet die Tür für Indoktrination.

Quelle: Auszug mit Erlaubnis von Auerbach, A., Dolan, S. L. (1997). Fundamentals of Organizational Behaviour. Scarborough, Ontario: ITB Nelson. Eine ausführlichere Darstellung zu diesem Thema findet sich in Mintzberg, H. (2002). Researching the researching of walking. Journal of Management Inquiry, 11, 426–428.

Wir haben alle unsere eigene Vorstellung von der Welt; unsere Wirklichkeit teilen wir nicht automatisch mit anderen Menschen. Sprache ist ein wunderbares, aber auch sehr begrenztes Kommunikationsmittel. Das merken wir jedes Mal, wenn wir versuchen, unseren Gefühlen Ausdruck zu verleihen.

Manchmal ist die Informationsvermittlung zwischen Menschen ein sehr schwieriges, zuweilen unmögliches Unterfangen, denn Informationen werden nicht nur in unserem Gehirn wie in einem Computer gespeichert, sondern sind eng damit verbunden, wo der Einzelne herkommt, in welchen Zusammenhängen er lebt etc. Je nach Wahrnehmung und Speicherkapazität wird Information im Kopf scheinbar stets neu generiert. Auf ähnliche Weise wird Wissen, das nicht übermittelt wurde, in unserem Gehirn gespeichert. Dabei wird fast ausschließlich auf das zurückgegriffen, was schon bekannt und bereits abgespeichert ist.

Realität kommt von »real«, »wirklich«, »wahr« und bildet den Gegensatz zu Fiktion, Fantasie, Träumerei und dem »Falschen«. Heutzutage kennt jeder den Begriff der »virtuellen Realität«. Fraglich ist, wie sich die virtuelle von der physischen bzw. mentalen Realität unterscheidet und was sie von Erdachtem und Fantasien abgrenzt. Die virtuelle Realität ist digitalisiertes, interaktives Wissen und Fiktion. Wie unterscheiden sich aber die Daten und Informationen im Netz von einem Buch? Das Buch wird gedruckt und erscheint in körperlicher Form; die Netzdaten sind digitalisiert und existieren lediglich in elektronischer Form. Das Netz zeichnet sich durch hohe Verfügbarkeit, einfache Übermittlungsmodi, enorme Speicherkapazität und seine nichtkörperliche Form aus. Existiert denn die fiktive Welt, die in einem Buch beschrieben wird, außerhalb des Gehirns des Autors oder des Lesers überhaupt? Gibt es die virtuelle Welt, wenn sie keiner betritt, wenn keiner in ihr lebt?

Die »virtuelle Welt« beeinflusst und bereichert unser Leben stärker, als wir denken mögen. Sie ist Teil der Wissensgesellschaft und der Informationsökonomie, die unser Umfeld und unser Verständnis von der Welt prägen. Diese neue Prägung wirkt sich auf unsere Wahrnehmung der Zukunft aus, die sich ständig, wie die Welt um uns herum, verändert.

Unser Weltbild wird immer organischer und holistischer; eine lineare und hierarchische Wahrnehmung der Welt streifen wir sukzessive ab.

Unser konzeptionelles Denken schränkt uns jedoch so ein, dass wir die Welt immer nur stückweise erkennen. Uns fällt auf, was wir schon kennen, wonach wir suchen, was uns interessiert. Alles, was nicht in unser Schema passt, wird heruntergespielt oder ignoriert. Es erfordert eine Menge Kreativität, Mut und Beharrlichkeit, das von unserer Weltanschauung Abweichende, Unpassende wahrzunehmen und zu erkennen. Wir scheinen so damit beschäftigt zu sein, unsere Wahrnehmungen mit unserer Vorstellung von der Welt in Einklang zu bringen, dass wir alles verwerfen, was nicht in dieses »Puzzlebild« passt. Der Mensch an sich ist nicht besonders gut ausgestattet, das Andere, das Unpassende, die Ausnahme zu akzeptieren.

Was wäre das wohl für eine Welt, in der die Ausnahme die Regel wäre? Unser Begreifen und Verstehen ist begrenzt. Jeder von uns hat seine eigene Vorstellung von der Welt und sein eigenes Verständnis der Realität. Es überschneiden sich jeweils nur einzelne Bereiche. Gemeinsam ist uns der von der Wissenschaft, unserer Kultur und Gesellschaft bekundete Teil. Und genau dieser wird sich deutlich verändern.

»Offenes Denken« scheint der beste Weg zu sein, konstruktiv mit dem Entstehen einer »neuen Realität« umzugehen. Da wir uns unsere eigene Wirklichkeit schaffen, sollten wir uns immer wieder bewusst machen, dass wir aus unserer eigenen »Realitätsbox« kaum herauskommen und meinen, dass das die echte Welt sei und alle anderen die Welt genauso wahrnehmen. Manche Leute zwängen ihre Wirklichkeit anderen Menschen auf. Einige der schlimmsten Albträume in der Geschichte der Menschheit haben so ihren Anfang genommen. Man braucht nur an all die Verbrechen und Kriege zu denken, die aus religiösen Motiven geführt wurden. Man denke auch an den Schrecken des Nationalsozialismus und des Kommunismus.

Auch wenn die Wirklichkeit nie genau so ist, wie wir es erwarten, haben wir die großartige Chance, aus den Fehlern der Menschheitsgeschichte zu lernen und es besser zu machen. Die Welt ist weitaus komplexer, als es sich das menschliche Gehirn überhaupt vorstellen kann.

Weltanschauungen

Jeder Mensch entwickelt im Laufe seines Lebens einen ganz persönlichen Blick auf die Welt. Meistens lässt er sich dabei von dem in seiner Gesellschaft vorherrschenden Weltbild beeinflussen; es ist aber auch möglich, einem vollkommen anderen Weltbild anzuhängen. Einer bestimmten Weltanschauung anzuhängen, ist wichtig, weil sie Menschen eine Orientierung und Perspektive bietet; sie ist die Grundlage für Werte und hilft, die Welt und das, was um einen herum geschieht, in einen sinnvollen Zusammenhang zu rücken.

Wir müssen uns bewusst machen, dass Kultur immer von Geschichte und Tradition geprägt ist. Neben der sogenannten »westlichen« Kultur (inklusive der US-amerikanischen, die noch immer großen Einfluss auf alle anderen Kulturen ausübt) gibt es viele andere »Leitkulturen« in der Welt. Die USA selbst beherbergt wohl die größte Vielfalt an Weltanschauungen, gleichzeitig ist aber auch ein erschreckendes Erstarken verschiedener fundamentalistischer Strömungen zu verzeichnen.

Unsere Grundwerte und Vorstellungen von der Welt werden uns über unsere Muttersprache vermittelt. Wir ergänzen das Gelernte und die eigenen Erkenntnisse, darunter auch Vorurteile und Vereinfachungen. Es ist wichtig zu berücksichtigen, dass diese Weltanschauung unsere Wahrnehmung und unser Verhalten stark beeinflusst. Auch wenn wir uns dieser Eingrenzung bewusst sind, lässt sich die eigene Weltanschauung nicht so leicht abstreifen. Sich eine neutrale, objektive Wahrnehmung der Dinge anzueignen, ist schwieriger, als man denkt (wenn nicht gar unmöglich). Nur in der Wissenschaft nähern wir uns dem Ideal der Objektivität, und dort bedarf es einer besonderen Schulung in wissenschaftlichem Denken und entsprechenden Arbeitsmethoden, bei denen unsere Beobachtungen durch unabhängige Experimente verifiziert oder falsifiziert werden.

Unsere Vorstellungen von Welt und Weltall sind in gewissem Maße stets eingeschränkt, weil unsere Wahrnehmung begrenzt und uns nur ein winziger Teil des Universums intellektuell zugänglich ist. Eine weitere Begrenzung erfahren wir durch das in unserer Kultur vorherrschende Weltbild. Stellen Sie sich vor, vor Ihnen lägen ein paar vereinzelte Teile eines gigantischen Puzzles und Sie betrachteten es mit getönten Brillengläsern. Wie konkret, wie realistisch wäre Ihre Vorstellung vom Gesamtpuzzle?

In der unendlichen Weite des Universums kommt unser Planet einem Sandkorn gleich, im Angesicht der Ewigkeit dauert die gesamte Menschheitsgeschichte gerade mal einen Bruchteil einer Sekunde. Unsere Anliegen und Sorgen, unsere Hoffnungen und Träume sind nur uns wichtig. Dem Universum kommt die Menschheitsgeschichte einer Sternschnuppe gleich. Wir müssen der Unendlichkeit des Universums und den Wundern der Natur mit mehr Respekt begegnen. Wir Menschen machen nur einen verschwindend geringen Teil dieses Universums aus. Wie klein dieser Anteil wirklich ist, wissen wir noch nicht einmal. Wäre es uns überhaupt möglich, das ganze Weltall zu erfassen und zu verstehen? Ist unser Wissen mehr als eine Fragmentsammlung? Je mehr wir über das Universum in Erfahrung bringen, desto klarer wird, wie wenig wir darüber wissen. Wird es uns jemals möglich sein, alles zu verstehen, was existiert, selbst wenn sich erhärtet, dass die Zahl der Universen unendlich ist? Blicken wir auf die Geschichte des Menschen zurück, erkennen wir, dass jede Zivilisation ihre eigene, stets vereinfachte Vorstellung vom Universum hatte. Wenn zukünftige Generationen eines Tages herausfinden, wie wir uns das Universum vorgestellt haben, werden sie vielleicht lachen und das für sehr einfach halten.

Deshalb sollten wir mit unseren Behauptungen über das Universum und unsere Welt vorsichtig sein. Die meisten Wissenschaftler haben diese Lektion bereits gelernt. Besonders in der Kosmologie und der Astrophysik aktualisiert sich das Wissen so schnell, dass es Laien schwer fällt, mitzuhalten. Vielleicht sollten wir uns damit abfinden, dass wir uns der Wahrheit immer nur annähern können und sie nie ganz verstehen werden. Da unser Weltbild wohl lückenhaft bleiben muss, sollten wir auch Menschen mit einer anderen Weltanschauung toleranter begegnen.

Ein Weltbild, das bereits viele Menschen teilen, kann oft schneller missionarische Kraft entfalten. Damit eine bestimmte Ansicht zur Weltanschauung wird, müssen viele Anhänger gefunden und überzeugt werden. Je weiter sie verbreitet ist, desto dogmatischer ist oft ihre Ausrichtung, was in Intoleranz und Anmaßung ausarten kann. Andere Weltbilder erscheinen den Menschen dann plötzlich als bedrohlich und bekämpfenswürdig. Das kann so weit gehen, dass Menschen mit einer von der eigenen Ideologie abweichenden Weltanschauung getötet werden. Die Geschichte hat dies leider vielfach belegt; das vergangene Jahrhundert hat jedoch alles überschattet. Wenn wir nicht aufpassen, laufen wir Gefahr, dass das 21. die Schrecken des 20. Jahrhunderts noch übertrifft, denn die von Wissenschaft und Technik geschaffenen Waffen können eine unermessliche Wirkung entfalten.

In einer Welt des Wandels bleiben viele Werte und traditionelle Verbundenheiten auf der Strecke. Einzelne Menschen verlieren sich auf dem Weg und öffnen sich fundamentalistischen Ideen. In dieser Welt, in der der finanzielle Gewinn vielen als höchstes erstrebenswertes Ziel gilt, lässt sich ein Erstarken des Fundamentalismus beobachten. An diesem Zustand wird sich vermutlich nichts ändern, bis neue Werte gefunden, entwickelt und akzeptiert sind, die besser zu unserer Situation heute passen.

Haben wir denn alle unsere großen Träume und Ideale verloren? Alle Welt jagt dem Geld hinterher. Wenn unser einziger Traum im Besitzen von Dingen besteht, wird diese Welt ein sehr kalter, von Selbstsüchtigen und Egomanen bewohnter Ort werden. Wir brauchen Träume und Visionen, die weit über die materialistischen Aspekte des Lebens zu einer idealen Welt blicken lassen, auch im Sinne der allgemeinen Weiterentwicklung. Wir brauchen ein »Shangri-La«, das zwar unerreichbar bleibt, uns aber wie ein Leitstern den Weg weist. Wir brauchen einen Traum von einer Welt, in der alle ein angenehmes Leben führen können, in der jeder jeden respektvoll behandelt und die Chance hat, sich seinen Talenten gemäß zu entwickeln. Es gilt, den Mut zu Denkbenteuern und die Leidenschaft für das Leben wiederzuentdecken.

Religion

Die Menschen haben schon immer an etwas geglaubt, das sich *jenseits* der sichtbaren, körperlichen Welt befindet. Sie haben sich nie mit dem Leben, wie es ist und war, zufrieden gegeben, sondern waren immer schon davon überzeugt, dass es außerhalb der sinnlichen Fassungsmöglichkeiten noch etwas geben müsse. Deshalb glauben wir, dass das Phänomen Religion so alt wie die Menschheit selbst ist. Religion lässt sich als spezielles Glaubenssystem an etwas Heiliges definieren, das *jenseits* dieser Welt liegt. Meistens impliziert Religion den Glauben an eine Gottheit oder an ein anderes übernatürliches Wesen. Religionen haben Rituale und Werte und prägen eine bestimmte Weltanschauung, die ihre Anhänger miteinander verbindet.

Die Vorstellung, dass sich die Zivilisation linear und vorwärtsgerichtet entwickelt, ist ein jüngeres Konzept. Angestoßen wurde diese Annahme vor allem von der Evolutionstheorie im 19. Jahrhundert. Dass es Epochen in der Geschichte gegeben hat, in denen die Menschen weitaus spiritueller waren als heute, lässt sich kaum leugnen. Unser Materialismus ist so stark ausgeprägt, dass wir uns eher zurück- als fortentwickeln. Die Konkurrenz zwischen den Weltreligionen hat mehr mit dem menschlichen Beherrschungswahn als mit den Inhalten und Werten der einzelnen Religionen zu tun. Das passt zu dem Motto: »Der Glaube kommt von Gott, die Religion ist Menschenwerk.« Selbst in der Gemeinschaft mit anderen sind Glaube und Religion letztlich sehr individuelle und persönliche Aspekte des Lebens. Keiner kann für einen anderen oder wegen eines anderen glauben. Ein aufgedrängter Glaube ist ein falscher Glaube.

Ist es möglich, zu einer intensiveren Spiritualität zurückzufinden? Können wir Spiritualität entwickeln, indem wir *die Grenzen des religiösen Glaubens sprengen*? Das ist vielleicht eine der kontroversesten Fragen unserer Zeit, denn die Antwort sagt viel aus über die Werte, die unser Leben bestimmen. In der heutigen Welt klaffen unsere Vorliebe für materielle Güter und das Bedürfnis nach einer Spiritualität jenseits der etablierten Religionen stark auseinander.

Alle Weltreligionen sind vor vielen Jahrhunderten entstanden. Während nicht die Rede davon sein kann, die spirituellen Werte der Religionen pauschal in Frage zu stellen, muss konstatiert werden, dass ihre säkularen Werte und Richtlinien veraltet sind und nicht mehr in diese Welt passen. Ihr ursprünglicher Sinn, Menschen eine spirituelle Orientierung zu geben, ist schon oft für weltliche Zwecke instrumentalisiert worden. Nicht vergessen sollte man außerdem, dass die jeweilige Weltanschauung, die vorherrschte, als die einzelnen Religionen gegründet wurden, längst überholt ist. Die große Frage ist also, ob wir einerseits mehr Vertrauen und mehr Glauben entwickeln können, andererseits aber mit einer geringeren Dosis an Religion. Wird es den Religionen möglich sein, zu einer reinen Spiritualität zurückzukehren und das Streben nach Macht und Besitz aufzugeben?

Hintergründe

Selbst wenn sich das 21. Jahrhundert als spirituelles Zeitalter entpuppte und damit das Wissenszeitalter ablöste, würde sich das nicht notwendigerweise günstig auf die etablierten Religionen auswirken. Die Menschen suchen zunehmend authentische Spiritualität und scheinen diese eher in kleineren, teilweise sogar neuen Religionen zu finden. Selbst eine Renaissance des Gnostizismus, der uns den Weg zu einer neuen Spiritualität bahnen könnte, wäre nicht ausgeschlossen. Die neuen Gnostiker würden die wissenschaftlichen Theorien, vor allem aus der Mikrophysik und der Kosmologie, aufnehmen, in ihre Denkmodelle integrieren und Antworten auf viele brennende Fragen haben, unter anderem auf die Frage nach dem Bösen in der Welt.

JENSEITS DER KOMFORTZONE

Das Neue Gnostische Manifest

Es gibt weder Anfang noch Ende, nur das ewige, unendliche »Multiversum« – unendlich in Zeit, Raum und Dimension. Das Multiversum besteht aus einer unendlichen Vielzahl an Paralleluniversen. Parallelität bedeutet jedoch nicht unbedingt Gleichheit.

Unsere Vorstellung vom Multiversum gründet auf der uns im 21. Jahrhundert verfügbaren Erkenntnis vom »Universum«, dessen Zusammenhänge wir Menschen vermutlich niemals völlig begreifen werden. Unsere Darstellung der Realität heute kann vermutlich nur ein schwaches Abbild dessen sein, was wirklich ist.

Den Endpunkt einer absoluten Wahrheit werden wir wohl nie erreichen, aber annähern können wir uns. Je näher wir der Wahrheit jedoch kommen, desto weiter bewegt sie sich weg. Es scheint, als könnten unsere Wahrnehmung und unsere Vorstellungskraft die komplexe Realität der »Multiversen« nicht verstehen.

Unser Leben ist die Suche nach uns selbst. Als Pilger im unendlichen Universum sind wir auf der Suche nach dem Sinn des Lebens. Unsere Pilgerfahrt kann uns an jeden Ort und in jede Dimension des Multiversums bringen, sei sie stofflich oder nichtstofflich.

Weil wir ein Teil des ewigen Kampfes des Lichts gegen die Dunkelheit sind, ist unser Leben durchzogen von den Gegensätzen hell und dunkel, gut und böse, männlich und weiblich. Nur ein Gleichgewicht zwischen Licht und Dunkelheit erlaubt ein Leben in Fülle; der Kampf des Guten gegen das Böse prägt die menschliche Geschichte; und nur die Balance zwischen männlich und weiblich macht den Aufbau einer zukunftsfähigen Gesellschaft möglich.

Der stärkste positive Pol ist die Liebe. Wenn Menschen aber nicht in Beziehungen zu anderen Menschen leben, kann Liebe schnell in Hass umschlagen, der stärkste negative Pol. Manche Menschen erleben unendliche Liebe, die sie in den Stand versetzt, ihr Leben für andere zu opfern. Manche empfinden jedoch so starken Hass, der sie so weit gehen lässt, Menschenleben zu vernichten.

Alle Menschen tragen beides in sich, das Gute und das Böse. Jeder kann selbst entscheiden, welchen Weg er/sie einschlagen möchte. Für unsere Gedanken und unsere Taten sind wir selbst verantwortlich.

Die neuen Gnostiker wollen keine neue Religion gründen. Ihr Ansatz geht viel weiter: Sie zeigen einen Weg auf, wie Menschen für ihren eigenen Seelenfrieden und das Wohl der Menschheit das Beste aus ihrem eigenen Glauben ziehen können.

Albert Einstein hat einmal zu erläutern versucht, wie eng Wissenschaft und Glaube zusammenhängen, mit dem Ergebnis, dass man ihn fortan für einen Atheisten hielt. Er meinte, dass die Wissenschaft nicht entstanden wäre, wenn das Interesse nicht so groß gewesen wäre, die unsichtbaren Gesetze des Universums zu ergründen. Ob es ein höchstes Wesen gibt oder nicht, stand in diesem Zusammenhang gar nicht zur Debatte. Einsteins These, der menschliche Wille habe das Universum und seine Ereignisse unter Kontrolle, entfachte eine heftige Diskussion. »Der primäre Grund für die aktuellen Konflikte zwischen Glaube und Wissenschaft liegt in der Vorstellung eines persönlichen Gottes«, behauptete er. »Wissenschaftler beabsichtigen, die unbeweglichen Gesetze aufzudecken, die die Realität regieren. Dabei müssen sie sich von der Vorstellung trennen, dass der göttliche Wille (oder auch der menschliche) eine Rolle spielt, die die kosmische Kausalität außer Kraft setzt.«

JENSEITS DER KOMFORTZONE

Der Streit zwischen Wissenschaft und Glaube:
Die Albert-Einstein-Geschichte

Als Einstein um die 50 Jahre alt war, begann er, seinen tiefen Glauben an Gott (wenn auch an einen eher unpersönlichen Gott) im Rahmen von Aufsätzen, Interviews und Briefen deutlicher zu artikulieren.

Ein besonderer Abend im Jahre 1929, das Jahr, in dem er 50 wurde, mag Einsteins deistischen Glauben gut einfangen. Seine Frau und er waren bei einem Abendessen in Berlin eingeladen, als ein Gast seinen Glauben an die Astrologie kundtat. Einstein verspottete diesen als puren Aberglauben. Ein anderer Gast stand auf und äußerte sich ähnlich abfällig über Religion. Der Glaube an Gott, so der Gast, sei genauso Aberglaube. Darauf versuchte der Gastgeber, ihn zu beruhigen, indem er einwarf, dass selbst Einstein religiös sei. »Das ist nicht möglich«, empörte sich der skeptische Gast und wandte sich zu Einstein, um ihn selbst zu fragen. »Ja, so kann man das nennen«, erwiderte dieser gelassen.

»Versuche mit deinen begrenzten Mitteln die Geheimnisse der Natur zu durchdringen und du wirst erkennen, dass hinter all den fassbaren Gesetzmäßigkeiten und Verbindungen etwas Subtiles, Unantastbares und Unerklärliches bleibt. Die Verehrung dieser Kraft jenseits aller Dinge, die wir verstehen können, ist meine Religion. In diesem Sinne bin ich tatsächlich religiös.«

Quelle: Isaacson, W. (2007). Einstein and Faith. http://www.mindhacks.org/2007/04/16/einstein-and-spirituality-is-attracting-wellbeing-into-your-life-against-religion/

Letztlich ist es immer der Mensch und sein Verhalten, der das Geschick der Kultur bestimmt. Der Lauf der Dinge lässt sich von ganz gewöhnlichen Menschen beeinflussen, solange sie eine ungewöhnliche Vision haben. Wir können unser Schicksal in Teilen mitbestimmen. Auch wenn die Welt die Menschen nicht braucht; wir Menschen brauchen sie. Unsere intrinsische Motivation sorgt dafür, dass wir Dinge angehen und Ideen umsetzen. All diese zusammengenommen, machen schließlich Gesellschaft und Kultur aus. In Abbildung 6 stellen wir ein vereinfachtes Modell der intrinsischen Motivation mit vier möglichen Schlüsselanreizen vor:

- Wir suchen nach Anerkennung, Respekt und Liebe. Jeder möchte dafür anerkannt werden, wer er ist und was er tut. Wir erwarten Anerkennung, Liebe und Gegenliebe. Das Bedürfnis und die Kraft, für jemanden zu sorgen, entspringt der Liebe.
- Wir streben nach Macht und Status. Wir wollen verantwortlich sein, Entscheidungen treffen. Wir suchen nach Schutz und Sicherheit, einem Sinn und einer Richtung für unser Leben.
- Wir streben nach Besitz. Etwas zu besitzen und dafür verantwortlich zu sein, ist das Ziel. Eine Extremform davon ist Habgier.
- Wir streben nach Erfolg. Wir wollen etwas schaffen, Spuren als Zeugnis unseres Lebens in dieser Welt hinterlassen, ein Erbe hinterlassen.

Es gibt unterschiedliche Ebenen intrinsischer Motivation, die von Mensch zu Mensch unterschiedlich stark ausgeprägt sein können. Je höher die intrinsische Motivation, desto größer ist zum Beispiel der Wunsch, Führungsverantwortung zu übernehmen und Dinge verändern zu wollen. Die Gier nach Macht, Status und Besitz ist aber heute unter vielen Führern so stark ausgeprägt, dass eine Gesellschaft entstanden ist, die allein von dem Wunsch, so viel wie möglich zu besitzen, geleitet zu werden scheint. Profit ist der Sinn des Lebens, Erfolg liest sich am Kontoauszug und an Grundbucheinträgen ab. Etwas darzustellen und etwas

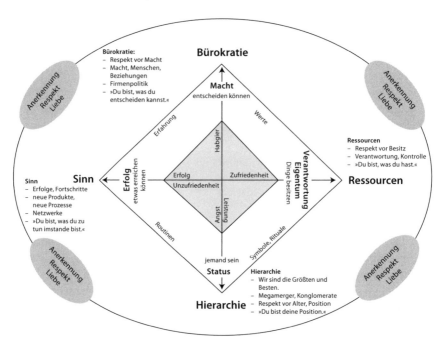

Abbildung 6: Systemischer Blick auf die intrinsische Motivation

zu haben, scheint wichtiger zu sein, als eine reife, respektierte Persönlichkeit zu entwickeln.

Heutzutage verfehlt die Religion oft ihren Hauptzweck, nämlich dem Leben spirituelle Führung, einen Sinn, eine Richtung zu geben. Zu oft wird Religion instrumentalisiert, um Macht-, Status- und Besitzbedürfnisse zu befriedigen. Der freie Markt veranschaulicht, wie die Wirtschaft funktioniert, jedoch nur so lange, wie die Prinzipien von Angebot und Nachfrage gelten. Wenn die Nachfrage aber der Gier oder der Angst weicht, gerät das System aus den Fugen und braucht eine ganze Weile, bis es sich wieder eingerenkt hat.

Es mag kaum überraschen, dass sich Menschen in einer Atmosphäre der Habgier und der Korruption nach anderen Werten umsehen. Nachdem sie erlebt haben, was passiert, wenn alles auf Wirtschaftlichkeit ausgerichtet ist und wie es sich in einem Unternehmen arbeitet, in dem ethische und emotionale Werte fehlen, werden sie sich verstärkt an spirituellen Werten orientieren. Zusammen mit einer nachhaltigen Wirtschaft (bei der auf den Schutz der Ökosysteme, auf die Etablierung von sinnvollen, ressourcenschonenden Produktionskreisläufen und einem ebensolchen Verbraucherverhalten geachtet und auf die Herstellung von nutzlosen Produkten verzichtet wird) werden neue Werte und ein neuer Lebensstil entstehen, in dem der Einzelne Verantwortung für das eigene Handeln übernimmt, ehrliche Partnerschaften pflegt und anderen mit Respekt und Toleranz begegnet. Auch wird es mit der Metamorphose der Welt neue wirtschaftliche Rahmenbedingungen geben, in denen nicht nur die Transformation ein bedeutendes Moment darstellt, sondern auch zivilgesellschaftliches Engagement. Die Vielfalt auf der Welt, der Respekt vor dem Leben und der Natur, vor anderen Kulturen und Weltanschauungen werden in einem neuen Licht erstrahlen und sich einer neuen Popularität erfreuen. Einflüsse aus der chinesischen und der indischen Kultur (Konfuzius, Lao Tse, Hinduismus, Buddhismus) und dem Islam werden stärker sein als bislang angenommen. Man wird die alten Weisheiten neu entdecken und sie den modernen Verhältnissen entsprechend auslegen. Tendenziell werden sich die Menschen auf die Wurzeln ihrer Religion zurückbesinnen und die etablierten Formen und Institutionen ablehnen oder sich fundamentalistischen Kreisen zuwenden.

Neue Antworten wird es auf die Frage geben, wie sich die Natur schützen lässt und wie anderen Menschen, anderen Weltanschauungen, Kulturen und Religionen mit Respekt, Toleranz und Liebe begegnet werden kann. Der Glaube wird sich tendenziell von der Religion lösen. Das Kernziel wird sein, *ethische und spirituelle Werte* zu entwickeln, die von allen Menschen akzeptiert sind. Der Beginn eines goldenen Zeitalters geht vielleicht sogar einher mit einem explosionsartigen Emporschießen neuer religiöser Bewegungen und philosophischer Schulen wie einst zwischen 800 und 300 vor Christus.[60]

DENKER VON MORGEN

Belmiro de Azevedo, Vorstandsvorsitzender, SONAE Corporation

Ethik in der Wirtschaft

Wirtschaftsethik [...] hat mit dem Verhältnis zwischen Wirtschaft und Gesellschaft zu tun. [...] Heute können es sich Unternehmen nicht mehr leisten, losgelöst von der Gesellschaft zu agieren. Im Gegenteil, sie müssen sich eine Art Handlungserlaubnis von der Gesellschaft einholen. Anders ausgedrückt: Unternehmen müssen sich heute den Respekt der Gesellschaft verschaffen, um überhaupt agieren zu können.

Selbst in Ländern, bei denen wir wissen, dass unsere Wettbewerber die lokale Art der Geschäftspraktiken zum Beispiel durch Schmiergeldzahlungen ausnutzen, sollten wir ethisch korrekt sein und uns von einer solchen Praxis distanzieren, keine Kompromisse eingehen und uns an Werte wie Integrität und Transparenz halten. Selbst wenn

---

60 Armstrong, K. (2006). The Great Transformation: The World in the Time of Buddha, Socrates, Confucius and Jeremiah. New York: Knopf.

wir den Zuschlag dann nicht erhalten oder einen Kunden/ein Land als Geschäftspartner verlieren, zahlt sich ein solches Verhalten langfristig aus.

Wir haben es nicht nötig, Geschäfte zu machen, die nicht der Gruppenphilosophie entsprechen. Je mehr »krumme Geschäfte« wir verweigern, desto schneller erlangen wir ein transparenteres Verhältnis zu Wettbewerbern, Ämtern und Kunden.

Quelle: Ansprache beim IV. Top Managers' Meeting, Sonae Sierra, Dezember 2004.

Das Kernthema neu betrachtet

Eine Gesellschaft fußt auf den Werten der einzelnen Menschen. Angesichts des aktuellen Zustandes der Welt muss sich die Menschheit wohl auf die Suche nach universellen Werten machen und sich um ein Gleichgewicht der vier Kernwerte – ökonomisch, ethisch, emotional und spirituell – bemühen. Heute beobachten wir vor allem einen Mangel an spirituellen Werten. Diesen Mangel sollten wir beheben, wie es spirituelle Führer wie der Dalai Lama[61] und viele Organisationen[62] bereits fordern. Im nächsten Kapitel werden wir uns eingängiger damit beschäftigen.

 DENKER VON MORGEN

Ramnath Narayanswamy, Professor für Wirtschafts- und Sozialwissenschaften am Indian Institute of Management, Bangalore

Erforsche dich selbst und finde das Göttliche in dir: Sich selbst zu entfalten und in sich zu ruhen, ist das spirituelle Ziel jeder Religion, unabhängig vom Weg, der dorthin führt

Was ist Spiritualität? Vielleicht ein unsichtbarer, tiefer Sinn für eine Ordnung, die das Universum, in dem wir leben, (ver)bindet und lenkt. Da wir Menschen dazu neigen, uns von den Dingen des alltäglichen Lebens vollständig absorbieren zu lassen, werden wir seiner Existenz selten gewahr. Oft bedarf es einer Krise, dass wir überhaupt auf die Idee kommen, den Blick über den Tellerrand des menschlichen Verstandes zu

---

61 Dalai Lama (2002). Das Buch der Menschlichkeit. Die neue Ethik für unsere Zeit. Bergisch Gladbach: Lübbe.

62 Zum Beispiel Gardner, G. T. (2002). Invoking the spirit: religion and spirituality in the quest for a sustainable world. Worldwatch Papers, 164, December. The Earth Charter: http://www.earthcharterinaction.org/content/. Parliament of the World's Religions (1993). Declaration Toward a Global Ethic, 4th September, http://www.weltethos.org

wagen und uns dem Unendlichen hinzugeben. Das Gespür für eine göttliche Ordnung inmitten der weltlichen Unordnung ist der Anfang der Spiritualität. Den spirituellen Weg leiten wir meist selbst dadurch ein, dass wir beginnen, in uns selbst zu schauen und uns zu fragen, wer wir sind. Der Initialimpuls für die Selbsterkundung entspringt oft der Wahrnehmung eines Schmerzes oder einer allgemeinen Leiderfahrung. In der Weisheitsliteratur fast aller Traditionen tritt immer wieder die gleiche Frage auf: Warum lässt der Unendliche so viel Schmerz und Leid in seiner Schöpfung zu? Und die Antwort ist auch immer die gleiche. Sie hat einen sehr tiefen Sinn: Gott ist. Er lässt sich von menschlichem Handeln nicht berühren. Unsere Sinne signalisieren uns Schmerzempfinden – dieses Signal, eine Projektion, verwechseln wir jedoch gern mit der Realität. Was sich verändert, kann aber nicht real sein. Da wir nicht imstande sind, diese Wahrheit zu erfahren, beschuldigen wir Gott, anstatt Zuflucht bei ihm zu suchen.

Bedeutung von Religion: Auf der spirituellen Ebene liegt der Sinn von Religion in der Wiedervereinigung des Menschen seinem göttlichen Kern. Darin liegt der Sinn der menschlichen Existenz. Der Suchende versucht seine eigene Göttlichkeit zu erkennen, die aber von der Illusion, die die vergängliche Welt für die Realität hält (»maya«), benebelt ist. Wie der Herr in der Bhagavad-Gita erklärt:»Ich bin im Herzen eines jeden Lebewesens und wer diese Wahrheit nicht versteht, missachtet meine Anwesenheit in seinem Leben.« Das Selbst zu entfalten, sich selbst treu zu bleiben und in sich zu ruhen, ist das erklärte Ziel aller Schriften. Dieses Ziel liegt nicht irgendwo außerhalb, sondern befindet sich in uns selbst. Deshalb werden die Menschen, die auf der Suche sind, immer wieder aufgefordert, den Blick nach innen zu richten. Die einzige formlose, transzendente und absolute Realität ist das Selbst, welches unterschiedlich beschrieben wird, unter anderem als Brahman, Atma, Fana oder Heiliger Geist. »Ich bin der Weg, die Wahrheit und das Leben; keiner kommt zum Vater außer durch mich«, sagt Jesus in einer der schönsten Zeilen des Neuen Testaments (Johannes 14,6). Erkennt er das an, wird sich der Pilger auch seiner eigenen spirituellen Reise gewahr. »Denn ich bin der Herr, ich wandle mich nicht« schreibt Maleachi im Alten Testament (3,6). Und Kabir: »Er ist der wahrer Meister (sadguru), der dich das Höchste Selbst (paramatman) erkennen lässt, woran sich der Geist auch immer hängen möge.« Adi Shankara formuliert: »Das Selbst ist Brahma, das Selbst ist Vishnu, das Selbst ist Indra, das Selbst ist Shiva; das Selbst ist dieses ganze Universum. Außer dem Selbst existiert nichts.« Menschen neigen dazu, nach etwas Vorgefertigtem zu suchen, aber das gibt es nicht. Die spirituelle Reise ist eine extrem persönliche und individuelle Reise. Die Schriften können nur Wegweiser sein. Wege aber gibt es so viele, wie es Menschen gibt. Das Ziel ist immer das gleiche, aber die Wege dorthin sind unterschiedlich. Sich auf den Weg zu machen, ist das Herzstück unserer Berufung. Allein im Bedürfnis, ihn zu gehen, schlägt sich Gnade nieder. Wie sich eine Mutter des Schreiens ihres Kindes nicht verschließen kann, ignoriert Gott nicht den Durst, das Verlangen seines Anbeters, wenn sich dieser nicht auf weltliche Güter, sondern auf Gott allein ausrichtet. »Er könnte die höchsten Höhen erklimmen – aber er muss lernbereit sein«, sagt Gautama Buddha. Im Koran steht geschrieben: »Wir haben keinen Gesandten gesandt, außer in der Sprache seines Volkes, damit er ihnen (die Botschaft) klar macht« (Sure 14,4).

Das Herz der Spiritualität: Im Kern der Spiritualität geht es also darum, auf die innere Stimme zu hören, die dem Pilger den Weg zur Selbstentfaltung weist. Ramana Maharishi hat einmal gesagt: »Wer Gott liebt und glaubt, dass seine eigenen Taten nichts ausrichten können, sondern dass alles von Gott allein ausgehen muss, den leitet Gott stets auf dem Weg zur Wahrheit.« Auf dem Weg spürt der Pilger die Herrlichkeit der göttlichen Allgegenwart. »Mein Herz«, erklärt Ibn Arabi, der Heilige der Sufis, »nimmt jegliche Gestalt an. Es ist eine Weide für Gazellen, ein Kloster für christliche Mönche, ein Tempel für Götzenbilder, die Kaba des Pilgers, die Tafeln der Torah und das Buch des Koran. Ich praktiziere die Religion der Liebe. Wo immer auch die Karawane hinziehen mag, die Religion der Liebe wird meine Religion und mein Glaube sein.« Schließlich versteht und praktiziert der spirituell Suchende die Wahrheit, die sich in allen Schriften wiederfindet, nämlich dass der beste Dienst, den er der Welt erweisen kann, nicht darin besteht, die Welt zu verändern, sondern sich selbst zu verändern. Es gibt keinen besseren Dienst, als dass ein Suchender sein Selbst erforscht und darin ruht.

Umwelt

Mittlerweile hat die menschliche Zivilisation überall ihre Spuren hinterlassen. Worauf wir einst stolz waren, beunruhigt heute. Es sollte uns nachdenklich stimmen, wie sich unser Verhalten auf die Natur auswirkt. Zu viele ernste Probleme rühren von unserem eigenen Lebenswandel her. Der beschleunigte Verbrauch der natürlichen Ressourcen seit Beginn des industriellen Zeitalters, die der gestiegene westliche Lebensstandard und das Weltbevölkerungswachstum erforderlich machten, haben die Umwelt stark verschmutzt und zu großen Teilen zerstört. Davon können wir uns nicht mehr lossprechen. Es gibt nur wenige Phänomene, die gründlicher untersucht worden sind als der Klimawandel. Heute ist man sich weitgehend einig, dass der Mensch Hauptverursacher der Zerstörung ist. Laut Erik Assadourian, Projektleiter von »Worldwatch«, wird die Zeitspanne, innerhalb der sich die Klimakatastrophe noch abwenden lässt, immer kürzer.[63] Auf dem von der indonesischen Regierung ausgerichteten Klimagipfel der Vereinten Nationen im Dezember 2007 auf Bali versammelten sich 11.000 Teilnehmer/-innen, darunter Repräsentanten aus über 180 Ländern und Beobachter internationaler Organisationen sowie NGOs und der Medien. Die Konferenz kulminierte in der Verabschiedung einer »Bali Roadmap«, die den Kurs für einen neuen Verhandlungsprozess vorgab. Sein Abschluss 2009 soll schließlich zu einem internationalen Abkommen zum Klimawandel nach 2012 führen.

---

63 http://biopact.com/2007/09/worldwatch-institute-window-to-prevent.html

Bahnbrechende Entscheidungen betrafen unter anderem die Einführung eines globalen Anpassungsfonds, den Technologietransfer und die Emissionsreduktion bei Abholzungen.

Die Kopenhagener Konferenz von 2009 wird weitgehend als gescheiterter Versuch angesehen, sich weltweit auf verbindliche Richtlinien für die Begrenzung des CO_2-Ausstoßes zu einigen. Die Delegierten kamen lediglich zu einem »Minimalkonsens«. In einem »zur Kenntnis genommenen« und völkerrechtlich nicht bindenden politischen Papier, dem »Copenhagen Accord«, ist das Ziel erwähnt, die Erderwärmung auf weniger als zwei Grad Celsius im Vergleich zum vorindustriellen Niveau zu begrenzen. Konkrete Zielvorgaben zur Verringerung der Treibhausgasemissionen wurden leider nicht beschlossen.[64]

Nachdem ein Nachfolgeabkommen für das 2012 auslaufende Kyoto-Protokoll in Kopenhagen nicht beschlossen werden konnte, soll dies nun auf der 16. Vertragsstaatenkonferenz in Mexiko-Stadt vom 29. November bis 10. Dezember 2010 nachgeholt werden.

Entdeckungen, Erfindungen und Innovationen und die noch komplexere Technologie vermitteln uns das Gefühl, die physische Welt unter Kontrolle zu haben. Eine Vielzahl von Naturkatastrophen demonstriert uns allerdings deutlich, dass wir auch heute noch von der Gnade der Mutter Natur abhängen. Die begrenzten natürlichen Ressourcen und ihr erhöhter Ver- und Missbrauch durch Länder wie China und Indien führen zu Spannungen und Konflikten. Wenn wir hier keine passenden Lösungen finden, laufen wir Gefahr, dass immer mehr Menschen auswandern oder Kriege miteinander führen.

Die sogenannten Wohlstandsgesellschaften versuchen ihren Lebensstil zu erhalten und sind nicht bereit, ihn zugunsten der Entwicklungsländer aufzugeben. Einige fragwürdige Maßnahmen wie die Agrarsubventionen entspringen dieser Denkweise. Es wird darauf hinauslaufen, dass immer mehr Menschen aus Ländern mit weitaus besseren natürlichen Voraussetzungen für die Landwirtschaft in die Wohlstandsgesellschaften auswandern, da sie in ihrer Heimat nicht mehr von ihr leben können.

Entscheidend ist die Frage, wie lange dieses Ungleichgewicht hält. Wird die Kluft zwischen Arm und Reich zu einer wachsenden globalen Instabilität führen? Werden Entwicklungen wie der Klimawandel, Lebens- und Wasserknappheit zu einer Massenmigration führen? Wie wird sich das auf die politische und ökonomische Stabilität auswirken, wenn Hunderte Millionen Menschen gezwungen sind, ihre Heimat zu verlassen? Ist die Weltgemeinschaft imstande, mit einer derart großen Zahl an Migranten umzugehen? Es gibt viele weitere Kernthemen, die mit der Umwelt zusammenhängen (siehe die Zusammenstellung in Tabelle 3).

---

64 Siehe dazu: http://www.spiegel.de/thema/uno_klimakonferenz_2009/

Tabelle 3: Die Kernthemen im Bereich Umwelt

Cluster → Kernthemen	Anmerkungen
Klima saurer Regen Luftverschmutzung Klimawandel und Erderwärmung Zerstörung der Ozonschicht	
Land und Boden Entwaldung Wüstenbildung Dürre Fruchtbarkeitseinbußen industrielle Landwirtschaft Landverödung Pestizide Giftstoffe von Bergbau, Transportwesen und Industrie	
Versalzung	➤ Darunter versteht man die übermäßige Anhäufung freier Salze, die zu einer Verödung von Böden und Vegetation führt.
Bodenerosion	
Ökosysteme ökologischer Zusammenbruch	➤ Dazu kommt es, wenn ein Ökosystem nicht mehr genügend Kapazität für alle Organismen hat; häufige Begleiterscheinung: Massensterben.
gefährdete Ökosysteme bedrohte Arten Genmanipulation, gentechnisch hergestellte Lebensmittel	➤ Es gibt Lebensmittel, die aus Organismen hergestellt werden, deren Erbgut durch Genmanipulation verändert wurde.
Biodiversitätsverluste	➤ Niedergang der Artenvielfalt: unterschiedliche Pflanzen, Tiere und Mikroorganismen, ihre Gene und Ökosysteme, zu denen sie gehören
Überfischung	➤ Fischbestände werden so schnell aus dem Wasser gezogen, dass der »Nachschub« durch Züchtung nicht gesichert werden kann.
gesunkene fotosynthetische Kapazität	➤ Die Fotosynthese ist ein Prozess, bei dem die Lichtenergie von grünen Blättern (von Früchten, Gräsern, Bäumen) aufgefangen und in biochemische Energie verwandelt wird. Dadurch wird der Atmosphäre CO_2 entzogen und Sauerstoff produziert.

Cluster → Kernthemen	Anmerkungen
Energie und Rohstoffe	
jenseits des Peak Oil	➤ Das ist der Zeitpunkt, an dem die maximale Erdölproduktion weltweit erreicht ist.
Energiemangel	
wachsender Energiebedarf	
wachsender Bedarf an Rohstoffen	
Massenproduktion und Wegwerfmentalität	
Erschöpfung der Ressourcen	
Emissionen und Abfälle	
wachsende Müllberge	
radioaktiver Abfall	
giftige Chemikalien in der Umwelt	
Bevölkerung	
Auswirkungen der Megastädte auf die Umwelt	
Auswirkungen der Überbevölkerung auf die Umwelt	
Einstellung des Menschen zur Umwelt	
Antibiotika-Resistenz	
Umweltbelastung und Ressourcenverknappung durch Bevölkerungswachstum	
Barackenstädte und Slums	
Bedrohung für Sicherheit und Nachhaltigkeit	
Wasser und Nahrung für neun Milliarden Menschen	
Wasser	
zunehmende Wasserknappheit	
drohende Kriege um Wasser	
Gifteintrag aus Bergbau, Transportwesen und Industrie	
Anstieg der Meeresspiegel	
Wasserkrise	

All diese Aspekte wirken sich auf unsere Ökosysteme aus. Die Studie »Millennium Ecosystem Assessment«[65] aus dem Jahr 2005 definiert ein Ökosystem als einen dynamischen Komplex von Pflanzen, Tieren, mikroorganischen Verbindungen und lebloser Umwelt, die als funktionelle Einheit interagieren. Über 1.300 Experten haben weltweit untersucht, welche Folgen die Veränderung der Ökosysteme für das Wohlbefinden der Menschen hat.

In naher Zukunft werden sich die Menschen um die Basics kümmern müssen: um Luft, Wasser, Lebensmittel und Strom. Die Zeit des wachsenden Wohlstands scheint vorbei zu sein. Klimawandel, Luftverschmutzung, Wasserknappheit[66],

65 http://www.millenniumassessment.org/en/index.aspx
66 Besonders die Wasserknappheit wird Folgen für die Lebensqualität haben und vermehrt zu Spannungen führen. Siehe Pearce, F. (2006). When the Rivers Run Dry: Water the Defining

der Rückgang kulturfähigen Bodens und die überfischten Weltmeere werden eine wachsende Anzahl von Menschen vor ernsthafte Probleme mit der Lebensmittelversorgung stellen. Dass sich die Weltbevölkerung in den Städten und Megastädten konzentriert, ist in diesem Kontext eine besondere Herausforderung, da es vor allem dort immer schwieriger wird, auch nur die Grundbedürfnisse der Bevölkerung zu stillen. Schon heute finanziert sich die entsprechende Infrastruktur nur über unglaublich hohe Zuschüsse für Modernisierung und Unterhaltung. Die Lebensmittel- und Wasserversorgung aber sicherzustellen[67] und Gesundheitsrisiken abzuwenden[68], wird in Zukunft noch viel größere Finanzspritzen erforderlich machen. Der Verkehr in den meisten Städten hängt noch viel zu sehr von einzelnen Fahrzeugen (Autos und Motorrädern) ab und führt zu einer gravierenden Verschmutzung der Luft.

Hintergründe

Ökosysteme versorgen uns mit allem, was wir zum Leben brauchen. Sie liefern Trinkwasser, Nahrung, eine geschützte, sichere und gesunde Umgebung und dem Menschen ein Zuhause.

Das Wohlbefinden der Menschen hängt entscheidend von den Ökosystemen ab, in denen sie leben. Diese Ökosysteme versorgen Millionen von Menschen mit Ressourcen, damit sie nicht in Armut leben, sondern ein einigermaßen vernünftiges Leben führen können. Wenn aber die Nutzung der natürlichen Ressourcen die Kapazitäten der Natur zur Reproduktion übersteigt, hat das negative Folgen und wird schließlich die Ökosysteme zerstören. Ein zusätzliches Problem ist der Abfall. Die Ressourcen werden so stark beansprucht, dass die Ökosysteme nicht mehr in der Lage sind, die Reste wiederzuverwerten. Diese Situation führt zur Verarmung und einer gesteigerten Abhängigkeit von den Ökosystemen. Das wiederum erhöht den Druck auf die Ökosysteme – eine Spirale von Armut und Zerstörung. Expertenaussagen zufolge könnte sich die Zerstörung der Ökosysteme schon bald erheblich verschlimmern, da die Weltbevölkerung innerhalb der nächsten 50 Jahre um drei Milliarden Menschen wachsen wird. Schon heute müssen 2,8 Milliarden Menschen mit weniger als zwei Dollar am Tag auskommen; fast alle von ihnen leben in Entwicklungsländern. Obwohl diese Menschen von ihren Ökosystemen abhängig sind, wird das Bevölkerungswachstum ihre Zerstörung weiter beschleunigen. Ein begleitendes Problem,

---

Crisis of the Twenty-First Century. Uckfield: Beacon. Auf Deutsch: Pearce, F. (2007). Wenn die Flüsse versiegen. München: Antje Kunstmann Verlag.

67 http://www.wbcsd.org/templates/TemplateWBCSD5/layout.asp?type=p&Menuld=ODI& doOpen=1&ClickMenu=LeftMenu

68 http://www.unisdr.org

so ein Bericht der Welternährungsorganisation der Vereinten Nationen, ist die Viehwirtschaft, die, gemessen an den CO_2-Emissionen, mehr Treibhausgase produziert als das gesamte Transportwesen. Bei der Viehzucht entstehen außerdem große Mengen des besonders klimabelastenden Methans. Während dieser Wirtschaftszweig wächst und wächst, belastet er die Umwelt und trägt zur Verödung von Land und zur Verknappung des Wassers bei.[69]

Besonders seit der zweiten Hälfte des letzten Jahrhunderts nimmt der Einfluss des Menschen auf die Umwelt rasant zu. Menschliches (Fehl-)Verhalten hat stärker zum Aussterben der Arten beigetragen als jeder natürliche Prozess es vermocht hätte. Das wiederum hat zu Biodiversitätsverlusten geführt, mit dessen Folgen die Menschheit eines Tages zu kämpfen haben wird. Manche Ökosysteme, zum Beispiel die Ozeane, haben bereits wertvolle Schätze verloren. In einigen Gebieten wurde die Fischerei komplett eingestellt, weil es keine Fische mehr gibt.[70] Es zeigt sich immer wieder: Schon jetzt leben wir über unsere Verhältnisse. Nur wenn wir bereit sind, unsere Einstellung zur Natur radikal zu verändern, ließe sich der Zug vielleicht noch stoppen. Wir müssten uns um unsere Ökosysteme genauso kümmern wie um uns selbst, um unsere Familie und unser Haus. Auch bedürfte es eines anderen wirtschaftlichen Rahmens.

Das »Global Footprint Network«[71] hat den sogenannten Ökologischen Fußabdruck entwickelt, um zu zeigen, dass eine ökologische Bilanz genauso wichtig ist wie die klassische ökonomische. Der Fußabdruck dient der Messung der Beanspruchung der Natur durch den Menschen. Innerhalb der neuen Rahmenbedingungen der Wirtschaft wird der Ökologische Fußabdruck zur primären Messlatte für die Berechnung der »Gesamtkosten« von Produktion und Dienstleistungen. Ein wichtiger Begriff in diesem Zusammenhang ist der Overshoot (Überbelastung). Es kommt zum Overshoot, wenn die Grenzen der langfristigen Belastbarkeit der Umwelt überschritten sind, das heißt, wenn Konsum und Abfallproduktion einer Population die Kapazität des Ökosystems, sich zu regenerieren, neue Ressourcen bereitzustellen und den Abfall zu resorbieren, ausgereizt haben und die Kraft zur Unterstützung zukünftigen Lebens bereits abnimmt. Schon heute ist der menschliche Fußabdruck größer als die regenerativen Möglichkeiten der Erde. Wie aber wird es erst sein, wenn bald doppelt so viele Menschen die Erde bevölkern?

Es gibt schon heute mysteriöse Ereignisse, die den Overshoot andeuten, wie beispielsweise das »Colony Collapse Disorder«, von dem schon die Rede war. Wir beobachten aber auch, wie Amphibien und Vogelarten auf eigentümliche Weise

69 Livestock's Long Shadow: Environmental Issues and Options. http://www.virtualcentre. org/en/library/key_pub/longshad/A0701E00.pdf. Livestock a Major Threat to the Environment, http://www.fao.org/newsroom/en/news/2006/1000448/index.htm

70 http://www.greenfacts.org/en/global-biodiversity-outlook/

71 http://www.footprintnetwork.org

einfach aussterben. Alle möglichen Fischarten sterben in den Great Lakes zwischen den USA und Kanada. Aktuell wissen wir noch nicht, ob das Sterben der Vergiftung der Umwelt, Veränderungen im Magnetfeld der Erde oder dem Klimawandel geschuldet ist. Schließlich hängt auch die Vogelgrippe wie ein Damoklesschwert über uns allen, denn sie könnte sich jederzeit zu einer Pandemie entwickeln.

Wie soll die Welt mit globalen Bedrohungen wie dem Klimawandel, der Wasserknappheit, mit Hungersnot und Völkerwanderungen umgehen? Hilfe könnte uns vielleicht die Technik bieten. Doch auch sie hat potenziell ungewollte »Nebenwirkungen«. Der Schutz unseres Biokapitals durch Gemeinden, Regierungen, lokale und internationale Unternehmen könnte helfen; das vom kontinuierlichen Wachstumsstreben getriebene Wirtschaftssystem würde jedoch möglicherweise alle Maßnahmen unterlaufen. Echte Lösungen würden sich auf der spirituellen Ebene finden lassen, wenn wir an weltweit akzeptierten Werten festhielten und sich ein neues Wirtschaftssystems entwickelte – das könnte uns zu einem neuen Lebensstil verhelfen.

 JENSEITS DER KOMFORTZONE

Ist »No Catch« das Zukunftsmodell für die Meeresfischerei?

Die Shetland-Inseln gehören zu Schottland und liegen nördlich von Großbritannien, zwischen den Orkney- und den Faröer-Inseln. Dort gibt es eine Firma namens No Catch[72], die Bio-Kabeljau züchtet – die weltweit größte ihrer Art. Bis 2010 will sie vier Millionen Kabeljau produzieren. No Catch stimmt uns optimistisch, dass auch unsere Kinder noch in den Genuss von Meeresfischen kommen, selbst wenn die Meeresfischerei bis dahin eingegangen sein wird.[73]

Kompensationsmaßnahmen für CO_2-Emissionen

Wenn es sich auch als Privatperson oder Unternehmen kaum vermeiden lässt, CO_2 auszustoßen, so ist doch eine Unterstützung von CO_2-Kompensationsprogrammen durch Firmen wie »myclimate« jederzeit möglich (und sinnvoll).[74] Lufthansa oder Swiss Air bieten ihren Kunden beispielsweise an, ihre Flüge durch eine Kompensationsmaßnahme von »myclimate« CO_2-neutral zu machen.

---

72 http://www.nocatch.co.uk
73 Weitere Informationen zu »No Catch« finden sich in dem Artikel »A Consumers' Guide to Retail Carbon Offset Providers«, http://www.cleanair-coolplanet.org/ConsumersGuideto CarbonOffsets.pdf
74 http://www.myclimate.org

Mittlerweile gibt es viele Firmen, die ähnliche Ziele verfolgen, zum Beispiel »carbonfund.org«.[75] Carbonfund und Volkswagen kooperieren zum Beispiel in einem groß angelegten CO_2-Ausgleichsprogramm. Jeweils für vier Monate innerhalb des ersten Jahres nach dem Kauf eines Neuwagens in den USA bezahlte VW 2007/2008 den CO_2-Ausgleich. Die Beiträge zum »Carbon Neutral Project« werden für die Aufforstung des Alluvial Valleys am unteren Mississippi verwendet.[76]

Das Kernthema neu betrachtet

Das Kernthema, das es in einem neuen Kontext zu betrachten gilt, ist die Zerstörung der Ökosysteme. Intakte Ökosysteme sind ein wichtiger Bestandteil eines gesunden Lebens und einer gesunden Gesellschaft. Leider könnte sich ihr fortschreitender Abbau ernsthaft auf unsere Gesundheit, unser Wohlbefinden und sogar den Weltfrieden auswirken. Der Fortschritt, den wir im Laufe des letzten Jahrhunderts in den Bereichen Gesundheit, Wohlergehen und wirtschaftliche Entwicklung erreicht haben, kommt längst nicht allen Regionen und Menschen zugute und droht in den nächsten Jahrzehnten wieder zerstört zu werden. Unser Lebenswandel hat seine ungesunden Schattenseiten, die aus unserer Konsumhaltung und dem gedankenlosen Luststreben resultieren. Einem Bericht der Weltgesundheitsorganisation[77] zufolge ist das Rauchen die zweithäufigste Todesursache (verantwortlich für 10 % aller Todesfälle unter Erwachsenen weltweit). Die Hälfte der regelmäßigen Raucher (rund 650 Millionen Menschen) tötet der Tabakkonsum schließlich. Es ist unglaublich, aber wahr: Fast die Hälfte aller Kinder auf der Welt atmet den Rauch passiv ein – mit den entsprechenden Konsequenzen für die Lunge und den entstehenden Krankheitsrisiken. Außerdem sterben jährlich Hunderttausende am Passivrauchen. Milliarden Dollar werden jährlich ausgegeben, um AIDS in Schach zu halten. Geschätzte 33,4 Millionen Menschen lebten 2008 mit dem HI-Virus.[78] Rund drei Millionen Menschenleben sind der Immunschwächekrankheit schon zum Opfer gefallen. Die größte Last der AIDS-Epidemie haben die Regionen südlich der Sahara zu tragen. Bis 2020 wird die Epidemie 20 % oder mehr Arbeitskräfte in der Landwirtschaft in den südlichsten afrikanischen Ländern gefordert haben.[79] Viele weitere Beispiele ließen sich aufzählen, darunter auch SARS und die Vogelgrippe.

Ein letztes besonders beschämendes Beispiel sei genannt: Fettleibigkeit und Hunger. Mehr als eine Milliarde Erwachsene sind übergewichtig, bereits 300

75 http://www.carbonfund.org.
76 http://www.carbonfund.org/vw
77 Weltgesundheitsorganisation, http://www.who.int
78 http://www.who.int/hiv/data/global_data/en/index.html
79 UNAIDS, das Aidsbekämpfungsprogramm der Vereinten Nationen, http://www.unaids.org

Millionen Menschen leben mit der klinischen Diagnose der Fettleibigkeit (Adipositas). Sie nimmt bereits epidemische Proportionen an. Gleichzeitig leiden 800 Millionen Menschen auf der Welt Hunger: 13 % der Weltbevölkerung haben nicht genug zu essen, um ein gesundes und aktives Leben zu führen. Hunger und Mangelernährung gefährden die globale Gesundheit in besonderem Maße (die ungenutzten Potenziale im Hinblick auf Talente, die sich nicht entfalten können, gar nicht eingerechnet). Jedes Jahr sterben über sechs Millionen Kinder unter fünf Jahren an Fehlernährung. Von Unterernährung sind rund 350–400 Millionen Kindern unter 18 Jahren betroffen.[80]

Das ist nur ein weiteres Beispiel für die Gegensätze des 21. Jahrhunderts, wo enormer Fortschritt und menschliches Wohlergehen mit extremem Mangel koexistiert.

Wissenschaft und Technik

Im Durcheinander, das die sozialen Fragen und Umweltthemen verursachen, schwankt die Gesellschaft des 21. Jahrhunderts zwischen der Hoffnung, dass Wissenschaft und Technik ihre Versprechen einlösen, und der Angst vor ihrem Versagen und Missbrauch. Dies ist im Wesentlichen dem Fehlen eines universell verfügbaren Ethos und dem drohenden Energienotstand geschuldet.

Vereinfacht betrachtet, ist die Wissenschaft eine organisierte Form, die Welt besser zu verstehen. Ihre besondere Stärke liegt in der Objektivität, Wiederholbarkeit und der Überprüfung der Daten durch Experten. Technik ist die Anwendung unseres Wissens von der Welt auf der Grundlage wissenschaftlicher Forschung, aber auch anderer Wissensquellen wie der Erfahrung und dem allgemeinen Know-how. Dazu kommen die Ingenieurwissenschaften. Sie machen sich die Erkenntnisse aus Wissenschaft und Technik zu eigen, um die Umwelt auf für den Menschen nützliche Weise zu verändern. Wissenschaft und Technik werden also in den Dienst des Menschen gestellt.

In Wirklichkeit sind die Grenzen zwischen Wissenschaft, Technologie und Ingenieurwesen fließend, sodass eine Abgrenzung schwerfällt. Selbst die Objektivität von Wissenschaft, Technologie und Ingenieurwesen ist relativ. Wir entscheiden, auf welche Bereiche der Realität wir uns konzentrieren und wofür wir unsere Ressourcen einsetzen wollen. Wir entscheiden, wie und für was wir die Ergebnisse der wissenschaftlichen Forschung, der Technologie und des Ingenieurwesens nutzen wollen. Wie wir in der Geschichte immer wieder erlebt haben,

---

80 http://www.fao.org/sd/dim_en3/en3_040101_en.htm, http://povertymap.net/mapsgraphics, http://sedac.ciesin.org/povmap. Welternährungsprogramm, http://www.wfp.org

lassen sie sich für das Wohlergehen der Menschheit einsetzen, aber auch für kriminelle und destruktive Zwecke.

Wissenschaft, Technologie und Ingenieurwesen werden stets von Gesellschaft, Wirtschaft, Unternehmen und Politik, oft auch von der Religion beeinflusst. Es ist noch gar nicht so lange her, dass die Kirche glaubte, die Erde sei das Zentrum des Universums. Selbst heute noch versucht die Religion ihren Einfluss auf die Wissenschaft geltend zu machen, indem manche religiöse Gruppen zum Beispiel eine wörtliche Interpretation der Bibel zur Richtschnur erklären, wenn es darum geht, den Ursprung des Universums und die Evolution zu erklären. Das ist gefährlich, denn es öffnet falschen Propheten Tor und Tür, die die Wissenschaft exklusiv in den Dienst religiöser Ziele gestellt sehen wollen.[81] Andererseits kann die Scientific Community, so sehr sie auch um Objektivität bemüht sein mag, eine ethische Diskussion (bis hin zum Handlungsverbot) nicht verhindern, wie es zum Beispiel bei der Stammzellforschung der Fall ist.

Im Folgenden und in Abbildung 7 gehen wir nun näher auf die vier vorherrschenden Einstellungen zu Wissenschaft und Technik in der Gesellschaft ein.

Die Wahrnehmung von Wissenschaft und Technik in der Gesellschaft

Technikbegeisterte Menschen sind der Meinung, dass sich mit Wissenschaft und Technik alle brennenden Fragen und ernsthaften Probleme lösen lassen. Sie neigen dazu, viel in Forschung und Entwicklung und in Technologie zu investieren, und sehen in der Welt ein globales Informations- und Kommunikationsnetz – stets online, jederzeit verfügbar, überall erreichbar. Die Regierungen versuchen teilweise schon jetzt, dieses Netz für permanente Überwachungszwecke (aus-) zu nutzen. Der Technikbegeisterte hat zu jedem Problem eine technische Lösung.

Wir erleben den Bau mitdenkender Häuser, die Entwicklung selbstfahrender Autos, Telepräsenz (eine Kombination aus Videokonferenz und virtueller Realität) und einer eigenen digitalen Identität, die sich über GPS orten lässt. Im Verhältnis zu Freizeit, Arbeit, Bildung etc. spielt die virtuelle Welt im Leben der Technikfreaks eine zu große Rolle. Sie bevorzugen eine 24/7-Gesellschaft (24 Stunden, 7 Tage die Woche im Einsatz) mit einer hohen Wertschätzung für materielle Werte.

---

81 Beispielhaft ist in diesem Zusammenhang die Scientology-Bewegung. Scientology ist ein von dem amerikanischen Schriftsteller L. Ron Hubbard entwickeltes, pseudowissenschaftliches Glaubenssystem, das sich mittlerweile ein riesiges internationales Netzwerk aufgebaut hat, darunter das »Office of Special Affairs«, der weltweit größte private Geheimdienst. Scientology hat seinen Hauptsitz in Kalifornien, ist aber inzwischen in den meisten größeren Städten in Großbritannien und anderen Ländern vertreten.

hoch entwickelte Produktion
alternative Energien
Biotechnologie, Lebenswissenschaften
Körper- und Geisteswissenschaften
Bildungstechnologie
Informatik
Nanotechnologie
Neurotechnologie
Robotik
Telemedizin
virtuelle Realität

Abbildung 7: Verschiedene Einstellungen zu Technologie

Menschen mit »grüner Einstellung« befürworten maximalen Einfluss von Umweltschutz und »green power« auf die Ökosysteme bei möglichst geringer Belastung durch den Menschen. Sie kämpfen für eine Ausweitung des öffentlichen Nahverkehrs und die Produktion ultraleichter Personenfahrzeuge, die mit umweltneutraler Energie betrieben werden. Sauber und grün soll es sein. Sie leben gern im Umfeld ihres Arbeitsplatzes, kaufen lokale Produkte, beteiligen sich an Cradle-to-Cradle-Produktionsketten (C2C) und Recyclingangeboten. Obwohl sie bevorzugt in der Stadt leben, würden sie die Lebensqualität dort gern durch Hydrokulturen und Gärten erhöhen, die auch eine Versorgung mit frischen Früchten, Gemüse und Algen sicherstellten. Grüne unterstützen die Entwicklung lokaler Stromversorger und Systeme wie Microgrid, bei denen sich viele kleine Stromerzeuger zugunsten einer erhöhten Netzsicherheit zusammenschließen. Sie befürworten die Rückkehr zu einem einfacheren Lebensstil. Da sie für eine nachhaltige Wirtschaftsform sind, sind sie bereit, wirtschaftliche Erwägungen ökologischen Erwägungen unterzuordnen.

»Technologiebesorgte« sehen die Welt kurz vor einer riesigen Energiekrise und folglich einer dramatischen Finanzkrise mit fatalen Auswirkungen stehen. Sie prognostizieren einen herben Vertrauensverlust gegenüber Wissenschaft und Technik, den rapiden Rückgang zentralisierter Machtstrukturen, nachlassenden Einfluss internationaler Firmen und soziale Unruhen, die zur Entstehung lokaler

Regierungen mit ausgewählten Städten als High-Tech-Inseln führen. Sie warnen vor einer dramatischen Zerstörung der Ökosysteme, einem hohen Ausmaß an sozialer Instabilität und dem Aufbrechen vieler neuer Konflikte. Besorgte befürchten allgemein, dass die Zivilisation einen herben Rückschlag erleiden und die Religionen verstärkt an Einfluss gewinnen werden.

Menschen diesen Typs genießen das Leben entweder so lange wie möglich oder sind Fatalisten, die davon ausgehen, dass sich die Dinge sowieso nicht ändern lassen.

Menschen mit Hang zur »Techniktranszendenz« kann man nichts vormachen, sie akzeptieren schon lange keine »heiligen Kühe« mehr, sondern sind bereit, *jenseits* des Bekannten und Existierenden nach Lösungen zu suchen. Für das soziale Gut und das Leben zukünftiger Generationen würden sie sogar ihre persönliche Freiheit opfern. Nichts ist selbstverständlich, alles wird hinterfragt. Offene Menschen lassen sich dazu ermutigen, ihre Komfortzone zu verlassen und in neue Territorien aufzubrechen. Die virtuelle Welt betrachten sie als große Chance zur Entdeckung neuer Wege und neuer Lebensformen.

Chancen und Risiken von Wissenschaft und Technik

Viele Projekte in Wissenschaft und Technik sind aktuell im Entwicklungsprozess und werden sich in bedeutendem Maße auf die Gesellschaft auswirken. Die Fortschritte der Projekte vollziehen sich in Wellenbewegungen, bei denen sich sämtliches Kapital und sämtliche Intelligenz jeweils über einen bestimmten Zeitraum gesammelt mit einem Thema beschäftigt und entsprechend Ergebnisse erzielt. Wir haben die Internetblase erlebt, den Boom der Biotechnologie, den Nanotechboom, schließlich den Solarenergieboom. Diese »Spitzen« werden hauptsächlich von Leuten ausgelöst, die die entsprechenden Dienstleistungen anbieten und einen ungeheuerlichen Gewinn damit machen. Solange wir den Prinzipien des steten Wachstums folgen, wird das auch immer so weitergehen. Jedes Mal entsteht ein unglaublicher Hype, wenn die Leute (mal wieder) meinen, das Allheilmittel für alle Probleme und Fragen gefunden zu haben. Vermutlich weil Wissenschaft und Technik in unserer Gesellschaft auf eine stolze Erfolgsbilanz zurückblicken können, sind die Erwartungen entsprechend hoch. Da die beiden Bereiche jedoch den Kräften der Wirtschaft unterliegen, greifen auch hier Habgier und Angst um sich. Die erfolgreichsten Technologien des 21. Jahrhunderts – Robotik, Bio- (Gentechnik) und Nanotechnologie – sind Segen und Fluch zugleich. Die menschliche Spezies könnte von ihnen ausgelöscht oder zumindest bedroht werden, befürchtet Bill Joy, Wissenschaftsdirektor bei Sun Microsystems.[82]

---

82 Joy, B., Why the Future Does not Need Us, http://www.wired.com/wired/archive/8.04/joy_pr.html

Er nennt das eine »Massenzerstörung, die durch Wissen möglich wird«. Laut Philosoph John Leslie besteht ein dreißigprozentiges Risiko, dass der Mensch eines Tages tatsächlich ausgelöscht werde.[83]

Hauptantriebsfaktoren für Wissenschaft und Technik heute sind:
- gesicherte Finanzierung und Hype,
- Nutzen für den militärischen Bereich,
- Konvergenz,
- Neugierde,
- Eigendynamik aufgrund von Bedeutung und weltweiter Verfügbarkeit.

Mit Blick auf Wissenschaft und Technik ergeben sich folgende Herausforderungen:
- verstärkte Förderung von Grundlagenforschung statt angewandter – oft unternehmensfinanzierter – Forschung;
- technikethische Erwägungen, in deren Zentrum das gesellschaftliche Wohl steht;
- Verhinderung von Missbrauch von Wissenschaft und Technik für zerstörerische Zwecke;
- Verhinderung des Kontrollverlusts über den technologischen Fortschritt.

Heute wird um alles ein unheimlicher Rummel gemacht. Dieser geht oft primär von der Wirtschaft aus. Können Wissenschaft und Technik den Anforderungen gerecht werden? Viele Anzeichen stimmen hoffnungsvoll. Die Geschichte belegt, dass viel »Unmögliches« möglich gemacht wurde – Fliegen, Omnipräsenz der Kommunikation etc. Unterschwellig greift aber auch eine tiefliegende Angst um sich, die von schlechten Erfahrungen in der Vergangenheit herrührt. Was kann schief gehen? Können wir die Folgen und den Schaden unter Kontrolle halten? Beispiele für Versagen sind Netzwerkzusammenbrüche, Computerviren oder der Umgang mit Katastrophen wie Tschernobyl oder Three Mile Island.

Angetrieben von den Kräften des Wirtschaftskapitalismus erleben wir heute, wie eng Wissenschaft, Technologie, Ingenieurwesen und Unternehmen zusammenarbeiten: freie Märkte und kontinuierliches Wachstum, Angebot und Nachfrage. Wenn wir an den Herausforderungen scheitern, könnte das vor uns liegende Dunkle Zeitalter weitaus dunkler werden als bereits vergangene, denn dann kann es sein, dass die Welt tatsächlich in die Knie geht und zusammenbricht.

Zu beobachten ist die Tendenz, dass die Grenzen zwischen Wissenschaft und Technik immer mehr verschwimmen und zahlreiche der neuen Technologien ineinandergreifen (siehe Abbildung 8).

---

83 Leslie, J. (1996). The End of the World: The Science and Ethics of Human Extinction. London: Routledge.

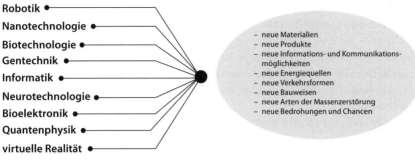

Robotik
Nanotechnologie
Biotechnologie
Gentechnik
Informatik
Neurotechnologie
Bioelektronik
Quantenphysik
virtuelle Realität

– neue Materialien
– neue Produkte
– neue Informations- und Kommunikations-
  möglichkeiten
– neue Energiequellen
– neue Verkehrsformen
– neue Bauweisen
– neue Arten der Massenzerstörung
– neue Bedrohungen und Chancen

Abbildung 8: Die neuen Technologien und ihre Folgen

Die meisten halten es für selbstverständlich, dass der Fortschritt der Menschheit von Wissenschaft und Technik ausgeht. Sie reflektieren die eigene Rolle und die eigene Verantwortung kaum noch und sind fast verliebt in den Glauben an eine Wunderwaffe gegen alles Böse. Es wäre nun jedoch an der Zeit, intensiver über die Auswirkungen der Entwicklungen in Wissenschaft und Forschung auf unser Leben nachzudenken. Erhalten wir befriedigende Antworten auf die großen Fragen unseres Lebens? Wie sehen die Technologien von morgen aus? Womit ließe sich beispielsweise die Ölabhängigkeit unserer Zivilisation ersetzen?

JENSEITS DER KOMFORTZONE

Sasol[84] – ein Vorbild in Sachen nachhaltiger Entwicklung

Sasol, ein internationales südafrikanisches Unternehmen mit Geschäftsbeziehungen in 20 Ländern, ist nicht nur Weltmarktführer in der Produktion synthetischer flüssiger Treibstoffe aus Kohle oder Gas[85], sondern unterstützt als Firma auch die Partizipation benachteiligter Bevölkerungsgruppen an der südafrikanischen Wirtschaft und andere Initiativen des sozioökonomischen Wandels und der Entwicklung.

Mit einer Kapazität von 150.000 Barrel pro Tag betreibt Sasol in Secunda die weltweit einzige kohlebasierte Fabrik zur Produktion synthetischer Energieträger.[86] Die

---

84 http://www.sasol.com.
85 Sasol liefert 38 % der flüssigen Brennstoffe in Südafrika.
86 In den USA hat gerade eine kleine Firma namens Rentech die erste amerikanische, gewerbliche Fabrik aufgebaut, in der Kohle in Flüssigkeit umgewandelt wird. http://www.npr.org/templates/story/story.php?storyID=12314966

Technologie basiert auf dem Fischer-Tropsch-Prozess[87] und stellt Treibstoffe, Pipeline-Gas und andere Chemikalien her.

Während die Welt verzweifelt nach sauberen Energiealternativen zum Öl sucht, könnte die Fischer-Tropsch-Methode das Zukunftsmodell für die Umwandlung von Kohle in Gas und synthetische Kraftstoffe werden. In vielen Ländern ist Kohle zwar noch immer im Überfluss vorhanden, aber aufgrund der hohen CO_2-Emissionen nicht unproblematisch.

Aktuell verfügen wir über Kohlereserven in einem Umfang von 847 Milliarden Tonnen. Damit ist die Nachfrage, gemessen am heutigen Verbrauchsniveau, noch für circa 150 Jahre gedeckt.[88] Im Hinblick auf die Energie ist dieses Volumen sogar mehr als die Summe aller Öl- und Gasreserven. Die fünf größten kohlefördernden Länder sind China, die USA, Indien, Australien und Südafrika.[89] Aussagen des Weltenergierats zufolge könnte die Entwicklung von Anlagen zur Umwandlung von Kohle in Liquide den Marktvorteil der Kohle gegenüber anderen fossilen Brennstoffen zukünftig noch stärken.[90] Ein ungelöstes Problem ist jedoch weiterhin die Verschmutzung, die diese Technologie verursachen könnte.

Europa als Wegweiser zu den alternativen Energien?

Europa könnte in der Reduktion von CO_2-Emissionen und der Nutzung alternativer Energien weltweit führend werden. Bis 2020 soll 20 % der Primärenergie in Europa aus erneuerbaren Energiequellen gewonnen werden.[91] Mehrere Länder machen schon jetzt große Fortschritte in Sachen »grüner Energie«. Mit geothermischer Energie und der Vision, die erste Wasserstoffökonomie zu werden, plant Island, bis 2050 vollkommen unabhängig von fossilen Brennstoffen zu werden.[92] Während Spanien anstrebt, Weltmarktführer für Sonnenkraftwerke zu werden[93], ist Deutschland nach wie vor einer der wichtigsten Industriestandorte für Fotovoltaik weltweit[94] und liegt damit weit vor Japan und den USA.[95] Und

87 Der Fischer-Tropsch-Prozess ist eine katalysierte chemische Reaktion, bei der aus Kohlenmonoxid und Wasserstoff flüssiger Kohlenwasserstoff verschiedenster Art hergestellt wird. Siehe auch http://www.fischer-tropsch.org
88 http://www.worldenergy.org/documents/ser2007_executive_summary.pdf
89 http://www.worldofenergy.com.au/factsheet_coal/07_fact_coal_worldtoday.html
90 http://www.worldenergy.org/documents/ser2007_executive_summary.pdf
91 http://energy.eu
92 Iceland Phasing Out Fossil Fuels for Clean Energy, http://edition.cnn.com/2007/TECH/science/09/18/driving.iceland/index.html
93 Alejo, E. (2007). Solar energy in Spain. Technology Review, September/Oktober 2007. http://www.technologyreview.com/microsites/spain/solar/docs/TR_Spain_solar.pdf
94 http://ec.europa.eu/energy/res/sectors/photovoltaic_en.htm, http://www.energy.eu, http://www.solarportal24.de/lexikon_Photovoltaik.php
95 http://ec.europa.eu/energy/res/sectors/photovoltaic_en.htm, http://www.energy.eu

während Dänemark als beispielhaft für die Nutzung von Windenergie gilt, produziert Deutschland weltweit am meisten Windenergie.[96] Die größten Windparks auf dem Festland aber baut Schottland.[97] Biogas, das aus organischen Abfallprodukten erzeugt wird, stellt unter anderem Kompogas in der Schweiz her.[98] Manche Experten glauben, dass Biogas künftig alle natürlichen Gasimporte der EU aus Russland ersetzen könnte.[99] Der Trend setzt sich fort: Immer mehr europäische Firmen setzen auf grüne Energie, um die Emission von Treibhausgasen zu reduzieren und sich breiter aufzustellen. Indem Betriebe auf unterschiedliche Energiequellen setzen, schützen sie sich vor den ständig fluktuierenden Preisen für fossile Brennstoffe und stärken ihre Kundenbeziehungen.[100]

Technologische Singularität

Einige Autoren erwarten, dass die Technik in der ersten Hälfte des 21. Jahrhunderts so weit sein könnte, über eine Verstandeskraft zu verfügen, die das menschliche Denkvermögen weit übertrifft. Das könnte zur Folge haben, dass Intelligenz verstärkt nichtbiologisch und leistungsstärker als bisher sein wird. Ray Kurzweil geht davon aus, dass wir bis 2045 eine »Singularität« erreicht haben werden und dass dann die nichtbiologische Intelligenz eine Milliarde Mal leistungsfähiger sein wird als die menschliche Intelligenz heute.[101] Künstliche Seinsarten werden den Menschen davon zu überzeugen verstehen, so Kurzweil, dass sie Lebewesen mit voll ausgereiftem Bewusstsein sind.[102] Wenn das so sein sollte, können wir davon ausgehen, dass sich diese Wesen auch selbständig, ohne menschliches Zutun, weiterentwickeln.

Die Frage ist, ob wir, wie Kurzweil, die Lösung aller unserer Probleme von diesem Potenzial erwarten wollen, das die menschliche Intelligenz um Längen schlägt. Wenn ja, sollten wir einfach so weitermachen wie bisher und auf das Eintreffen der Lösungen warten. Da sich aber selbst Ray Kurzweil der Gefahren der Technologie bewusst ist, plädiert er schon jetzt für die Entwicklung eines Abwehrsystems (z. B. ein auf Nanotechnologie basierendes Immunsystem).

96 http://ec.europa.eu/energy/renewables/wind_energy/wind_energy_en.htm
97 Whitlee Wind Project, http://www.reuk.co.uk/print.php?article=Whitelee-Wind-Project.htm, http://www.scottishpower.com/InvestorNews2_1275.htm
98 http://www.kompogas.ch
99 http://biopact.com/2007/04/schmack-may-invest-in-turkeys-biogas.html
100 http://www.theclimategroup.org/our-news/news/2007/9/14/more-european-companies-switch-to-green-power/
101 Kurzweil, R. (2005). The Singularity Is Near: When Humans Transcend Biology. New York: Viking Penguin, S. 136.
102 Kurzweil, 2005, S. 278–379.

Es gibt Fragen zur Singularität, in denen sich die Probleme, die mit ihrem Eintreten zusammenhängen, bereits niederschlagen. Kann zum Beispiel ein Computer die menschliche Intelligenz vollkommen ersetzen?

Intelligenz definiert sich als Fähigkeit, komplexe Sachverhalte und Ideen zu verstehen, sich adäquat an die Umwelt anzupassen, aus Erfahrung zu lernen, sich in verschiedene Formen der Argumentation hineinzudenken und Hindernisse jeglicher Art mit Hilfe des Verstands zu überwinden.[103] Der Psychologe Howard Gardner identifiziert sieben verschiedene Typen von Intelligenz[104]:

- linguistische Intelligenz: Wörter und Sprache;
- logisch-mathematische Intelligenz: Logik und Zahlen;
- musikalische Intelligenz: Musik, Klang, Rhythmus;
- körperlich-kinästhetische Intelligenz: Kontrolle über Körperbewegung;
- räumlich-visuelle Intelligenz: Bilder und Räume;
- interpersonale Intelligenz: Gefühle der anderen;
- intrapersonale Intelligenz: Selbstbewusstsein.[105]

Hinzu kommt die von Daniel Goleman und Kollegen beschriebene emotionale Intelligenz.[106] Emotionale Intelligenz bedeutet, dass ein Mensch es versteht, die eigenen Gefühle, aber auch die anderer Menschen und Gruppen wahrzunehmen, zu beurteilen und angemessen damit umzugehen.

Was ist mit menschlichen Eigenschaften und Fähigkeiten wie Führungsstärke, Unternehmergeist, Management- und Geschäftssinn? Was mit Intuition, Initiative und Humor? Was mit Kunst und Ästhetik? Was ist mit Gefühlen wie Hass und Liebe oder Freundschaft? Was mit Meditation und mystischen Erfahrungen? Ray Kurzweil ist überzeugt, dass die »nichtbiologischen Daseinsformen behaupten werden, emotionale und spirituelle Erfahrungen zu haben, so wie wir heute« (Goleman, 1996, S. 377). Werden sich die superintelligenten Computer auch selbst fortpflanzen können? Werden sich menschliche und künstliche Intelligenz vermischen und »Cyberorganismen« mit Fähigkeiten hervorbringen, die unser Vorstellungsvermögen übersteigen?

---

103 Intelligence: Knowns and Unknowns. Report of a Task Force Established by the Board of Scientific Affairs of the American Psychological Association. Veröffentlicht am 7. August 1995: http://www.lrainc.com/swtaboo/taboos/apa_01.html

104 Mittlerweile berücksichtigt Gardner auch die sogenannte naturalistische und die spirituelle Intelligenz (Anm. d. Ü.).

105 http://www.professorlamp.com/ed/TAG/7_Intelligences.html, http://www.businessballs. com/howardgardnermultipleintelligences.htm

106 Goleman, D. (1996). Emotional Intelligence: Why It Can Matter More Than IQ. New York: Bantam. Auf Deutsch: Goleman, D. (1997). EQ. Emotionale Intelligenz. München: dtv.

Hintergründe

Mit der virtuellen Realität[107] verfügen wir über ein technisches Instrument, mit dessen Hilfe wir in einer computersimulierten bzw. -generierten Umwelt mit anderen Menschen interagieren können. Diese Umwelt ist der »echten Welt« oft sehr ähnlich (z. B. bei Flug- oder Geschäftssimulationen), basiert teilweise auf Fiktion (z. B. bei Second Life) oder stellt eine vollkommen neue Welt *jenseits* unserer Vorstellungskraft dar. Die virtuelle Realität wird selbstverständlich ihre eigene Dynamik entwickeln und unsere Erwartungen weit übertreffen. Vorstellbar, dass manche Menschen die echte Welt nur noch zum Erhalt ihrer physischen Existenz, die virtuelle Welt aber für alles andere nutzen. Außenstehende werden diese Menschen allerdings vermutlich für Zombies halten.

Die virtuelle Realität ist eine der wichtigsten Technologien, die uns zur Verfügung steht, aber oft unterschätzt wird, da sie bislang primär dem Spiel und der Unterhaltung diente. Ihr Einfluss auf andere Bereiche wie Wirtschaft, Bildung, Design, Marketing, Forschung und Entwicklung, Ingenieurwesen, Medizin, Kommunikation, Kultur etc. zeichnet sich aber schon jetzt ab.

Die virtuelle Realität bietet uns die Möglichkeit, mit Hilfe des Computers Umwelten zu erzeugen, die so realistisch oder fantastisch sind, wie wir wollen. Wir können Erfahrungen mit ihnen machen, sie speichern und mit anderen teilen. Die virtuelle Realität ist ein perfektes Testgelände für neue Ideen: Wir können ausprobieren, was für Folgen sie in all ihrer Komplexität für die wirkliche Umwelt hätten, jedoch ohne mit den Begleiterscheinungen leben zu müssen. Dazu bedarf es nur einer gewissen Computerkapazität.

Sobald wir allein mit Hilfe unserer Gehirnströme durch's Netz surfen und die virtuelle Realität betreten können, wird es fast unmöglich sein, zwischen »echt« und »virtuell« zu unterscheiden. Das wird uns viele interessante Möglichkeiten bieten, aber auch ernsthafte Probleme mit sich bringen. Die Menschen werden nicht mehr wissen, in welcher Welt sie was gemacht haben. Die beiden Welten werden in einer großen »verbesserten Realität« verschmelzen, im »Metaversum«[108].

Heutzutage haben die Menschen zwei Leben. Ein jeder, der sich eine »zweite Existenz« aufbauen möchte, schafft sich einfach selbst ein neues Leben. Es gibt

---

107 Der Begriff der »virtuellen Realität« wurde von Jaron Lanier in den 1980er Jahren populär gemacht. In den 1990er veranstalteten die Medien einen Riesenhype darum. Heute sprechen Entwickler auf diesem Gebiet bevorzugt von der »virtuellen Umwelt«. Andere Termini, die zur Beschreibung der virtuellen Realität verwendet werden, sind »Cyberspace«, »künstliche Realität« und »Telepräsenz«.

108 Der Begriff »Metaversum« stammt ursprünglich aus dem Roman »Snow Crash« von Neal Stephenson (1992), wird aber heutzutage allgemein verwendet, um die Vision zu beschreiben, die hinter der aktuellen Arbeit an vollkommen immersiven virtuellen 3D-Räumen steht. http://en.wikipedia.org/wiki/Metaverse

virtuelle Spiele, bei denen tausende Teilnehmer endlos lange in fiktiven Welten miteinander spielen, rangeln und kämpfen. Ein ganzer Industriezweig hat sich entwickelt, der schon jetzt bedeutender als die Filmindustrie geworden ist. Über 20 Millionen Menschen spielen diese Spiele weltweit, so der Ökonomieprofessor Edward Castronova von der Indiana University, der über dieses Phänomen ein Buch geschrieben hat. Er glaubt, dass die Spieler jährlich über 200 Millionen Dollar für virtuelle Produkte ausgeben. Durch die immer beliebter werdenden Multiplayer-Computerspiele ist eine regelrechte Schattenwirtschaft entstanden, in der Spieler das, was sie in der virtuellen Welt eingenommen haben, für »echtes« Geld verkaufen können.[109]

Das Projekt, das Second Life und andere Plattformen in virtuelle Marketing- und Vertriebsplattformen echter Firmen verwandeln will, steckt zwar noch in den Kinderschuhen; sobald die Technologie aber ausgereift ist, wird sich die virtuelle Welt nur noch schwer von der echten Welt trennen lassen. Es wird neue Arten von Kunst geben und neue Formen der Wahrnehmung. Bücher werden zu virtuellen Erfahrungen, bei denen es dem Leser überlassen bleibt, ob er die Rolle des passiven Beobachters einnimmt oder sich in Ereignisse aktiv einmischt. Er wird aus verschiedenen Szenarien auswählen und selbst den Ausgang einer Handlung bestimmen können. Auch Bildung und Erziehung werden sich radikal verändern, Forschung und Entwicklung werden sich hauptsächlich in der virtuellen Realität abspielen, und selbst die Arbeit könnte größtenteils in die Virtualität »abdriften«. Schon sehr bald wird es »virtuelle« Büros geben, die die physischen Gebäude ersetzen.

Diese Situation beobachten wir nicht nur in der Welt der Computerspiele, sondern auch beim verstärkten Einsatz von computerbasierten Simulationen (z. B. im Falle von Flugsimulatoren, aber auch in der kaufmännischen Ausbildung).

Die virtuelle Welt wird der Ort für virtuelle Begegnungen sein, wo virtuelle Makler Führungs- und Vermittlungsrollen übernehmen und das Zusammentreffen virtueller und realer Menschen organisieren. Sicher fragen Sie sich bereits, wie wir uns und unsere Kinder auf diese hybride Welt vorbereiten können. Was für einen Einfluss wird diese Welt auf Einzelpersonen, auf Organisationen und auf die Gesellschaft im Allgemeinen haben?

Die virtuelle Realität wird uns vor viele Herausforderungen stellen. Zu erwarten ist beispielsweise, dass das am schnellsten wachsende und lukrativste Geschäft der »Cybersex« sein könnte. Ist das nun gut oder schlecht? Gelten in der virtuellen Welt die gleichen moralischen Regeln wie in der realen? Wäre denn Cybersex eine Sünde? Hätte Fremdgehen gegenüber einem virtuellen Partner dieselbe Bedeutung wie in der realen Welt?

---

109 Castronova, E. (2005). Synthetic Worlds: The Business and Culture of Online Games. Chicago: Chicago University Press.

Werden wir mit der virtuellen Realität und den multiplen Persönlichkeiten umzugehen lernen? Die Cybermanipulation wird uns sicher stark bewegen. Es wird Menschen geben, die im Cyberspace verloren gehen. Wird es denn ein Grundrecht auf Zugang zur virtuellen Welt geben?

Singularität II führt zu folgenden Schlüsselfragen: Ist es möglich, dass die virtuelle Realität eines Tages unabhängig vom Computer, das heißt ihrer physischen Grundlage, existiert? Könnten virtuelle Daseinsformen, die ihr eigenes Bewusstsein geschaffen haben, eines Tages auf ihre eigene Programmbasis zugreifen und sich selbst verändern? Sie könnten vollkommen unabhängig vom Menschen werden und ihr eigenes Universum schaffen oder unseres erobern.

Das Kernthema neu betrachtet

Die virtuelle Welt ist das größte Abenteuer seit der menschlichen Sprachentwicklung und wird die größten Auswirkungen auf unseren Lebenswandel seither haben. Deshalb ist die neue Perspektive auf das Kernthema der Umgang mit dem »Metaversum«.

Arbeit und Unternehmertum

Die Arbeit ist zur Hauptantriebskraft unseres Lebens geworden. Der Kapitalismus beherrscht die Welt. Man könnte manchmal meinen, wir lebten nur, um Profit zu machen und den Gewinn zu maximieren. Wird das auch in Zukunft so sein oder wird sich das Verhältnis zwischen Unternehmen und Gesellschaft verändern? Welche Bedeutung kommt dem Wissenszeitalter zu? Wie gehen wir mit den Herausforderungen um, die aus dem Bedarf an sauberer Luft, an Wasser und Energie für eine wachsende Weltbevölkerung entstehen?

Wird Chinesisch die künftige Lingua franca sein? Was passiert, wenn Jahrtausende alte Traditionen mit der Zukunft zusammentreffen? Welchen Einfluss werden die asiatischen Traditionen – speziell die chinesische, indische und iranische – auf unser zukünftiges Weltbild und unsere Geschäftspraktiken haben? Dass China, Indien und die Golfstaaten aktuell die Länder mit dem stärksten Wirtschaftswachstum auf der Welt sind, müssen Politik und Unternehmen zukünftig stärker denn je berücksichtigen.

In den Industrienationen dreht sich viel um den Einzelnen. Egozentrismus tritt gern in Kombination mit dem Verlangen nach unbegrenztem Wachstum auf. Die Entwicklungsländer scheinen das nachzumachen, manchmal umso radikaler.

Kernthemen

In diesem Bereich gibt es viele Kernthemen. Tabelle 4 zeigt, welche Cluster wir identifizieren konnten.

Tabelle 4: Die Kernthemen im Bereich Arbeit und Unternehmertum

Cluster → **Kernthemen**	**Anmerkungen**
Wirtschaft(smodelle) »Biomasse-Wirtschaft«	➤ Produktion von Ethanol ➤ Gewinnung von Wasserstoff und anderen Brennstoffen und Chemikalien aus erneuerbarem Glycerin und zuckerbasierten Einsatzstoffen ➤ Einsatz der Biomasse für die Stromgewinnung
kapitalistische Wirtschaft Wirtschaft gründet auf Habgier und kontinuierlichem Wachstum	➤ auf Privatkapital gründende Wirtschaft
Treuhandkapitalismus	➤ Anteilseigner, besonders große institutionelle Anteilseigner wie Renten- und Anlagefonds, übernehmen die Gesellschaften, in die sie investiert haben.
Der wirtschaftliche Rahmen ist den Herausforderungen des 21. Jahrhunderts nicht gewachsen. globaler Kapitalismus	➤ weltweites System von Produktion für Profit
unzulängliche und irreführende wirtschaftliche Messmethoden, z. B. BIP	➤ BIP = Bruttoinlandsprodukt
unvollständige Kostenrechnung	➤ Verschiedene Kostenfaktoren werden nicht berücksichtigt, beispielsweise die Auswirkungen auf die Umwelt.
philanthropischer Kapitalismus	➤ Vielverdiener spenden ihr Geld für gemeinnützige Zwecke.
soziale Marktwirtschaft	➤ Vorstellung, dass starke Netzwerke zur Unterstützung der Armen die Kapitalproduktivität erhöht Rückgang der Armut soll die Kapitalmarktpartizipation erhöhen
solidarische Wirtschaft	➤ Konzept, jenseits des Kapitalismus eine Ökonomie und Kultur der Solidarität aufzubauen
nachhaltige Wirtschaft	➤ weniger ist mehr: bessere Nutzung der Ressourcen, Bedarf einer langfristigen Perspektive der Ökonomie
einseitige Wertschöpfung (soziale Werte nicht eingeschlossen)	➤ Wertschöpfung, die sich auf wirtschaftliche Werte konzentriert
unhaltbare Geschäftsmodelle	➤ Geschäftsmodelle für kurzfristigen Gewinn

Cluster → Kernthemen	Anmerkungen
Finanzsysteme	
Finanzmarkt abgekoppelt von der Wirtschaft	► Der Finanzhandel hat sich zu einem eigenständigen System entwickelt.
Finanzsysteme außer Kontrolle	
Der Wert des Finanzhandels übersteigt den Wert eines echten Handels um Längen.	
Mikrofinanzierung	► Angebot finanzieller Dienstleistungen wie Mikrokredite, Mikrosparprogramme oder Mikroversicherungen für Arme
Triple-Bottom-Line	► Grundkriterien: ökonomisch, ökologisch und sozial
Globalisierung	
verstärkte Ungleichheit zwischen Mann und Frau	
globaler Wettkampf um Rohstoffe, Märkte, Kunden und Talente	
zunehmende Kluft zwischen reichen und armen Ländern	
Globalisierung der Kriminalität	
Auswirkungen auf die kulturelle Diversität	
Kontrolle und Regulierung der Globalisierung	
Mentalität und Lebensstil	
unangemessene Mentalität und verschwenderischer Lebensstil	
rücksichtsloser Kapitalismus	► Laisser-faire-Kapitalismus (= trifft oft auf die amerikanische Form des Kapitalismus zu)
Ökonomismus	► Dominanz ökonomischer Werte
falsches Anerkennungs- und Belohnungssystem (»incentives«) für Topführungskräfte	
Polarisierung: einige sehr Wohlhabende, viele sehr Arme	
Werteverfall	
soziale Denkweise	
soziales Unternehmertum	► Unternehmertum, das sich auf soziale Probleme konzentriert
soziale Innovation	► Innovation innerhalb der Gesellschaft
die Organisation des 21. Jahrhunderts	
neue Unternehmensformen	
neue Organisationsformen	
neue Managementformen	
andere Prioritäten	
Megastädte	► üblicherweise eine Metropole mit einer Gesamtbevölkerung von deutlich über zehn Millionen
Umbau der Infrastruktur	
umweltschonende Konsumgüterindustrie	
umweltfreundliches Transportwesen	
nachhaltige Produktion	

Cluster → Kernthemen	Anmerkungen
Menschen (Human Resources)	
aktive Konsumenten	
vielseitige Arbeitnehmer	
Bildung im 21. Jahrhundert	
von der Abwanderung zur Zirkulation der Hoch- qualifizierten	➤ Braindrain und das Gegenteil: Rückkehr der klugen Köpfe und Wissenszirkulation
unabhängige Vertragsarbeitskräfte	
geistiges Eigentum	➤ Patente, Urheberrecht etc.
Manager und Führungskräfte in der neuen Realität	
Multiaktionär	➤ Anteilseigner in mehreren Organisationen gleichzeitig
Talente-Krieg	➤ globaler Wettbewerb um die Begabtesten
Arbeit im 21. Jahrhundert (real und virtuell)	
Verlagerung vom Atlantik zum Pazifik	
BRIC-Länder	➤ BRIC = Brasilien, Russland, Indien, China
neue Global Player	
BRIC-Diaspora, z. B. Auslandschinesen (ca. 35 Mil- lionen), Auslandsinder (ca. 20 Millionen)	
vorrangige Prioritäten	
Energie und Strom	
Düngemittel	
Lebensmittel	
nachhaltige Entwicklung am untersten Rand	➤ vier Milliarden Menschen müssen mit weniger als zwei Dollar am Tag auskommen
Wasser	

Hintergründe

Es liegt auf der Hand, dass das wichtigste Thema der Wirtschaft heute die *Energie* ist. Dabei geht es nicht mehr nur um das reibungslose Funktionieren der Wirtschaft, sondern um das Überleben unserer Zivilisation, wie Thomas Homer-Dixon es 2006 genauestens beschrieben hat.[110]

Bis 2050 könnte sich der Energiebedarf aufgrund des Bevölkerungswachstums und dem wirtschaftlichen Aufschwung der Entwicklungsländer verdoppeln oder sogar verdreifachen.[111] Aus diesem Grund ist es kaum verwunderlich, dass eine er-bitterte Debatte darüber geführt wird, wie lang wir mit den Ölreserven, der wich-

---

110 Homer-Dixon, T. (2006). The Upside of Down: Catastrophe, Creativity and the Renewal of Civilization. London: Souvenir.
111 World Business Council for Sustainable Development (2004). Energy and Climate Change: Facts and Trends to 2050. http://www.wbcsd.org/DocRoot/juCBrdwIQLnI5bIo6TdI/Basic-Facts-Trends-2050.pdf

tigsten Energiequelle unserer Zivilisation, auskommen. In dieser Debatte dreht sich alles um das sogenannte Peak Oil. Das ist der Zeitpunkt, an dem die globale Rohölproduktion ihren Höhepunkt erreicht hat. Wenn danach die Produktionsrate steil abfällt, verknappt sich das Öl. Es könnte passieren, dass der Rückgang der Produktion zeitlich mit einem steilen Verbrauchsanstieg zusammenfällt. Je größer die Schere zwischen weltweiter Ölproduktion und Nachfrage, desto teurer wird das Öl. Das bedeutet, dass die Zeit des billigen Öls für immer vorbei wäre!

Aktuell steigt der Ölbedarf jährlich um 1,3 %. Über 70 % dieses Anstiegs gehen auf die Entwicklungsländer zurück.[112] Obwohl das bedeutet, dass der Bedarf in naher Zukunft noch stärker wachsen wird, variieren die Prognosen, wann der Zeitpunkt des Peak Oil erreicht sein wird. Es kommt immer darauf an, wer hinter den Prognosen steht: die Ölindustrie, unabhängige Organisationen, Befürworter alternativer Energien oder Gruppen, die sich für eine allgemeine Verringerung des Energieverbrauchs einsetzen. Mit großer Wahrscheinlichkeit wird der Zeitpunkt des Peak Oil in der ersten Hälfte des 21. Jahrhunderts erreicht sein, vielleicht sogar früher.[113] Manche gehen davon aus, dass es schon im Laufe der nächsten fünf bis zehn Jahre so weit sein könnte. Brisanterweise befinden sich die größten bekannten Ölfelder in politisch tendenziell instabilen Ländern. Ferner ist ein Umdenken in der Ölproduktion zu beobachten: Die produzierenden Länder scheinen nicht mehr bereit zu sein, ihre Produktion ausschließlich am wachsenden Bedarf der Industrienationen auszurichten, und investieren kräftig in ihre Downstream-Kapazitäten: Raffination und petrochemische Produktion. Denn damit lässt sich zurzeit viel Geld machen.[114]

Es ist nicht so sehr Peak Oil selber, das uns am meisten beunruhigen sollte, sondern die Kombination von politischer Instabilität (einschließlich der Bedrohung durch Terrorismus), wachsender Nachfrage und sinkendem Angebot und dem Ende des günstigen Öls, die eine schwere Krise auslösen könnte. Wir sind so abhängig vom Öl, dass sich Störungen in der Versorgungskette sofort schwerwiegend auf die Weltwirtschaft niederschlagen würden.

Das könnte ernsthaft Folgen haben, denn Öl ist nicht nur unsere wichtigste Energiequelle, vor allem für das Verkehrs- und Transportwesen, sondern auch Bereiche der Lebensmittel- und Wärmeerzeugung, Chemie, Medizin und Bekleidungsindustrie sind vom Öl abhängig.[115] Der Einsatz von Getreide und Ölpflanzen

112 International Energy Agency 2006. World Energy Outlook 2006. http://www.iea.org
113 Association of the Study of Peak Oil & Gas (ASPO), http://www.peakoil.net.
114 Cohen, D. (2007). A Paradigm Shift. ASPO-USA, http://www.aspo-usa.com/index.php? option=com_content&task=view&id=155&Itemid=76
115 Aus Petrochemikalien lassen sich Kunstfasern wie Polyester, Nylon, Acryl herstellen, die beispielsweise für Teppiche, Kleidung und Möbeln verwendet werden. Auch viele Färbe- und Lösungsmittel, Kunststofflacke und Farbzusätze entstehen aus Erdöl, ebenso Dünger, Pestizide und Kunstgummi. Ölbasierte Kunststoffe finden sich in Produkten wie Fernsehgeräten und Stereoanlagen, Mobiltelefonen und Wegwerfwindeln sowie Laminat.

für die Gewinnung von Ethanol schlägt sich schon jetzt in den Lebensmittelpreisen nieder. Der Preis für Reis steigt weltweit; auch der Preis für Getreide hat sich in den letzten 12 Monaten verdoppelt. Lebensmittelpreise orientieren sich an den Ölpreisen; im Fall von Zucker ist das zum Beispiel schon passiert.[116] Wenn wir das mit dem Bedarfszuwachs kombinieren, der durch den gestiegenen Wohlstand in den Entwicklungsländern entstanden ist, und der Möglichkeit von Ernteausfällen aufgrund des Klimawandels, der drohenden Dürren und der Wasserknappheit etc. ergibt sich eine weitere ernsthafte Bedrohung für die Zivilisation, die potenziell radikale Folgen haben könnte. Bis das eintritt, werden wir wahrscheinlich noch keine haltbaren Energielösungen gefunden haben. Es könnte also sein, dass die Welt zunächst in eine beispiellose Wirtschaftskrise mit immensen sozialen und politischen Auswirkungen stürzt. Einige Wissenschaftler befürchten den Anbruch des »postindustriellen Steinzeitalters«.

Schweden plant, bis 2020 das weltweit erste ölunabhängige Land zu sein.[117] Island will sich bis 2050 vom Öl trennen[118] und auf Erdwärme zur Energiegewinnung und auf Wasserstoff für Autos, Busse, LKW und Schiffe zurückgreifen.

JENSEITS DER KOMFORTZONE

General Electric (GE) – ein Erfolgskonzept für die Nutzung alternativer Energien?

GE geht davon aus, dass es wirtschaftlich durchaus sinnvoll ist, umweltfreundlich zu handeln. Bei GE werden Umweltprobleme genau berücksichtigt. Im Rahmen der sogenannten Ecomaginationskampagne zeigt der Konzern, wie engagiert er seinen Kunden und der Gesellschaft dabei hilft, die dringendsten Umweltfragen zu lösen. Dahinter steckt auch das Ziel, in Zukunft über ein vielseitiges Repertoire an neuen Technologien und Forschungsinitiativen (zu Kohlenstoffbindung, geothermischer Energie, Verbesserung der Turbinen in Wasserkraftwerken, Energiegewinnung aus Wasserstoff, Hybridlokomotiven und zur Gewinnung von Sonnen- und Windenergie) weiter zu wachsen. General-Electric-Geschäftsführer Jeffrey Immelt konstatiert, dass der gestiegene Energiebedarf und die Umweltanliegen Investitionen in Energietechnologien höchst attraktiv machen. Er betont, dass die ökonomische Diskussion längst nicht

116 Howden, D. (2007). The Fight for the World's Food, http://www.independent.co.uk/in coming/article2697804.ece

117 Vidal, J. (2006). Sweden plans to be world's first oil-free economy, Guardian Unlimited, 8. Februar. http://www.guardian.co.uk/environment/2006/feb/08/frontpagenews.oiland petrol

118 Doyle, A. (2005). Iceland the First to an Oil-Free Economy? http://enviro.org.au/iceland Hydrogen.asp

mehr ohne den Einbezug ökologischen Denkens auszutragen ist. Bislang ist GE erfolgreich Teil des Booms der alternativen Energien und hat es geschafft, seine Rendite aus erneuerbaren Energien, wie erwartet, von fünf Millionen Dollar im Jahre 2002 auf sieben Milliarden Dollar 2007 zu erhöhen.[119]

Mit seinen Bemühungen, innovative Technologien zu entwickeln, um energetisch effizienter zu werden und Kosten und Emissionen zu senken[120], will der industrielle Koloss General Electric die wachsenden Marktfelder erschließen und bis 2010 jährlich mindestens 20 Milliarden Dollar Umsatz mit Ecomaginationsprodukten machen. Schon 2006 erzielte Ecomagination 12 Milliarden Dollar Umsatz und die Auftragsbücher waren mit Bestellungen und verbindlichen Zusagen über fast 50 Milliarden Dollar gefüllt.[121]

Loremo – der widerstandsarme Wagen

Die Idee ist ganz einfach: Gewicht und aerodynamischer Widerstand bestimmen den Kraftstoffverbrauch eines Wagens maßgeblich. Durch die Reduktion dieser Faktoren lässt sich auch der Verbrauch verringern. Beim Motorsport, wo alles auf Gewichtsreduktion abzielt, weiß man das schon lange. Deshalb liegt Loremos Geheimnis in der Konzentration auf das Wesentliche: Sicherheit, sparsamer Verbrauch und trotzdem Fahrvergnügen und schickes Design.

Ab 2011 soll es ein Auto geben, das bei einer Maximalgeschwindigkeit von 170 km/h weniger als zwei Liter auf 100 km verbraucht und ungefähr 17.000 Euro kostet, ohne Kompromisse bei Fahrvergnügen und Design eingehen zu müssen. Das Modell wird Loremo LS heißen. Sein großer Bruder, der Loremo GT, wird bis zu 220 km/h fahren und in 10–12 Sekunden von 0 auf 100 km/h beschleunigen können. Er verbraucht drei Liter auf 100 Kilometer und dürfte um die 25.000 Euro kosten.[122]

Tatas 2000-Dollar-Auto

Mit dem Ziel, ein erschwingliches Massenprodukt herzustellen, ist Tata 2008 mit einem Modell auf den Markt gekommen, das knapp 2000 Dollar kostet. Der Geschäftsführer der Tata Group Ratan Tata verspricht sich von der Einführung des neuen Wagens ein Umdenken in der Industrie in Richtung niedrigpreisiger Personentransport.[123]

119 LaMonica, M. (2007). GE chief: All engines go for alternative energy. http://www.news. com/GE-chief_All-engines-go-for-alternative-energy/2100–11392_3–6166353.html

120 GE Ecomagination Revenues Cross $10 Billion. http://www.greenbiz.com/news/news_ third.cfm?NewsID=31053

121 Delivering on ECOmagination. http://www.genewscenter.com/imagelibrary/detail.asp? MediaDetailsID=508

122 http://www.loremo.com/index.htm

123 Tata promises Rs 1 lakh car by 2008. http://www.nextbillion.net/news/an-automobile-for-the-bop

Elektrisches Auto für 700 Dollar

Der pensionierte Schweizer Professor Walter Janach hat ein elektrisches Auto entwickelt, das nur 55 kg wiegt. Geplante Herstellkosten 700 Dollar. Damit will er den chinesischen Markt erobern.[124]

Diese Beispiele zeigen, in welche Richtung sich die Automobilindustrie in Zukunft entwickeln wird. Denk- und Verhaltensmuster in Transport- und Verkehrswesen werden sich verändern.

Wie bereits erwähnt, ist Kohle der noch am längsten verfügbare fossile Brennstoff. Problematischer Knackpunkt beim Kohleabbau ist allerdings der hohe CO_2-Ausstoß. Mit großer Wahrscheinlichkeit werden die größten Ölkonsumenten wie die USA und China zur Kohle wechseln, wenn sich die ersten Folgen von Peak Oil in der Industrie abzeichnen. Deshalb müssen dringend Wege gefunden werden, den CO_2-Ausstoß der Kohle zu reduzieren. Kohleverflüssigung könnte den Anfang machen.

Peak Oil ist nicht das einzige größere Problem im Kontext der Energieversorgung. Strom ist für unsere Zivilisation mindestens genauso wichtig, wenn nicht sogar wichtiger. Die Abhängigkeit des Stroms vom Öl ist relativ gering; nur 6,7 % der Ölproduktion wird zur Stromerzeugung verwendet.[125] Die Infrastruktur für Erzeugung, Übertragung und Verteilung von Strom ist jedoch teuer und labil. Es könnte sein, dass wir in den nächsten Jahren aufgrund der infrastrukturellen Probleme mit mehr Stromausfällen als bisher rechnen müssen. Solange die Mittel für die Erneuerung und Entwicklung des Netzes fehlen, wird selbst ein Komplettzusammenbruch der Infrastruktur nicht mehr ausgeschlossen.[126] Auch vor Angriffen aus dem Internet lässt sich das Elektrizitätsnetz nicht schützen. Experten befürchten, dass ein erfolgreich lancierter Angriff aus dem Cyberspace zu dramatischen wirtschaftlichen Einbrüchen führen könnte, deren Ausmaß weit über alle Finanzkrisen hinausgingen, die wir je erlebt haben.[127]

Laut eines Berichts der »International Energy Agency« (IEA) von 2006 benötigte die Energieversorgungsinfrastruktur insgesamt über 20 Milliarden Dollar. Damit wären aber nur 56 % der notwendigen Investitionen abgedeckt. Die Hälfte der Investitionen fließt in Entwicklungsländer. Wenn wir noch 40 Mil-

124 Mayer, R. (2007). Chinesischer Botschafter testet Stanser Wunderauto. http://www.zisch. ch/navigation/top_main_nav/nachrichten/zentralschweiz/nidwalden/detail.htm?client_ request_className=NewsItem&client_request_contentOID=239956

125 IEA (2006). Key World Energy Statistics 2006. http://www.iea.org/textbase/nppdf/free/ 2006/key2006.pdf

126 Duncan, R.C. (2005). The Olduvai Theory. The Social World, Winter. http://www. hubbertpeak.com/duncan/OlduvaiTheory/Social/Contract.pdf

127 Vgl. Staged Cyber Attack Reveals Vulnerability in Power Grid, http://edition.cnn.com/ 2007/US/09/26/power.at.risk/index.html

liarden Dollar hinzurechnen, die für die Sanierung der städtischen Infrastruktur weltweit benötigt werden, kämen wir auf atemberaubende 60 Milliarden Dollar Investitionsbedarf bis zum Jahre 2030. Das wäre fast so viel wie das Weltsozialprodukt 2006, das 67 Milliarden Dollar betrug, und bedeutete einen jährlichen Investitionsbedarf von rund 5 % des Weltsozialprodukts (im Vergleich zu 2 %, die 2005 in den Rüstungs- und Militärbereich investiert wurden).[128] Es ist fraglich, ob all diese Investitionen am Ende tatsächlich getätigt werden können.

Ein Wechsel zu dezentralen und erneuerbaren alternativen Energiequellen – Biogas, Windkraft, Wasser- und Gezeitenkraft, Sonnenkraft – ist aktuell das Wichtigste, was wir im Hinblick auf die drohenden Probleme tun können. Es wird jedoch einiges kosten und noch eine Weile dauern, bis diese das Öl komplett ersetzen können.

Die günstigste und schnellste Art, Zeit zu gewinnen, ist der »fünfte Brennstoff«: Energie erhalten und den Verbrauch verringern. Richard C. Duncan behauptet in seiner umstrittenen Olduvai-Theorie, dass die Lebenserwartung der industriellen Zivilisation rund 100 Jahre betragen werde (1930–2030). Seine Theorie basiert auf dem berechneten Energiebedarf pro Kopf. Laut seiner Schätzung endete der exponentielle Anstieg der Energieproduktion 1970; nach 2008 werde die Frequenzkurve der Energieproduktion pro Kopf steil abfallen, was wiederum zu einem starken Rückgang der Weltbevölkerung auf etwa zwei Milliarden bis 2050 führen werde.[129]

(Energie-)Faktor Mensch

Neben der physikalischen Energie müssen wir auch die Kraft und Energie der Menschen berücksichtigen. Heutzutage beschränkt sich das Konzept der *Human Resources* nicht mehr nur auf die Angestellten einer Firma, sondern schließt auch die wichtigsten Interessenvertreter und das Talentemanagement ein.[130] Das wirkt sich auf die Art unseres Umgangs mit den »Humanressourcen« aus. Nichtwestliche Ideen und Modelle zur Managementkunst gewinnen zunehmend an Einfluss. Schon jetzt beobachten wir eine neue Art der Personalführung und neue Mittel in der Personalentwicklung, besonders auf dem Gebiet der Führungskräfteentwicklung.

Mit Hilfe des *Managing-by-Value-Modells*, das Simon Dolan und Kollegen in Barcelona entwickelt haben, kann man sich ein Bild davon machen, wie Management im 21. Jahrhundert aussehen könnte. In diesem Modell gibt es drei Wert-

---

128 The World Factbook, https://www.cia.gov/library/publications/the-world-factbook/
129 Siehe Anm. 127 und Duncan, R. C. (2007). The Olduvai Theory: The Terminal Decline Imminent, http://www.warsocialism.com/duncan_tscq_07.pdf
130 Mit hoher Wahrscheinlichkeit werden die »Einsteine« des 21. Jahrhunderts Asiaten sein.

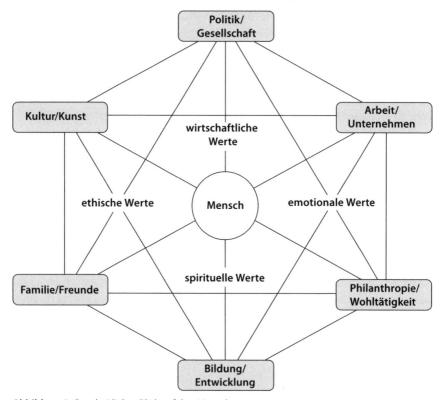

Abbildung 9: Ganzheitlicher Blick auf den Menschen

gruppen, die von Organisationen geschaffen werden und eng aufeinander bezogen sind: wirtschaftliche, ethische und emotionale Werte.[131]

Heute richten sich die meisten Unternehmen primär an wirtschaftlichen Werten aus. Ein holistischer (ganzheitlicher) Blick auf den Menschen kann jedoch zur Entfaltung neuer Beziehungsformen führen (siehe Abbildung 9) und andere Werte relevant werden lassen. Ohne die Situation der wichtigsten Interessenvertreter einer Organisation ganzheitlich zu betrachten, wird man ihre Anforderungen, Bedürfnisse und Wünsche nicht verstehen. Diese hängen stark von der Lebensphase ab, in der sie sich befinden, von ihrem Lebensstil, ihren persönlichen Vorlieben, der Erfahrung, ihrer Risikobereitschaft, dem Umgang mit Chancen und schließlich dem spezifischen Kontext, in dem sie sich im Moment einer Entscheidung befinden. Angesichts der zunehmenden Komplexität

---

131 Dolan, S.L., García, S., Richley, B. (2006). Managing by Values: A Corporate Guide to Living, Being Alive and Making a Living in the 21st Century. Basingstoke u. New York: Palgrave Macmillan.

des Wissenszeitalters müssen ihnen ganzheitliche, systemische, genau auf ihre Situation zugeschnittene Szenarien vor Augen geführt werden, die sie befähigen, sinnvolle Entscheidungen zu treffen. Das Unternehmen, das im 21. Jahrhundert mit Menschen zu tun hat, braucht ein adäquates Wertesystem und entsprechende Arbeitsabläufe, um mit der zunehmend fordernden und schnell veränderlichen Umwelt zufriedenstellend zurechtzukommen. Von den Wertvorstellungen aus gilt es dann einen entsprechenden Verhaltenskodex für Angestellte und Gesellschafter zu entwickeln. Kunden sind so stark wie möglich in den Prozess der Produktentwicklung einzubeziehen.

Äußerst wichtig ist es, die Situation und die Probleme der Menschen zu erkennen und zu verstehen. Außerdem sollte man sich in der wirtschaftlichen, politischen und sozialen Situation heute und in naher Zukunft gut zurechtfinden können. Dabei reicht es nicht aus, individuelle Risiken und Chancen zu betrachten, sondern es bedarf eines ganzheitlichen Blicks, um zu verstehen, welche unterschwelligen Dynamiken und Kräfte wirken. Wir leben in einer Welt dynamischer Unsicherheit. Die Menschen brauchen mehr Bildung, denn sie sind in einer Welt aufgewachsen, deren Denkprinzipien heute nicht mehr haltbar sind: Sie suchen nach alleinigen Ursachen für bestimmte Ereignisse, orientieren sich an linear-kausalen Zusammenhängen und versuchen, Komplexität zu reduzieren. Es wird nicht mehr ausreichen, nach Pauschallösungen zu suchen – wir brauchen kreative und umfassende Lösungen.

Wie Abbildung 9 zeigt, stehen die Menschen im Zentrum eines Rasters, das sich aus Politik und Gesellschaft, dem Geschäft und der Arbeit zusammensetzt und in dem Kultur, Kunst, Familie und Freunde entscheidende Einflussfaktoren sind. Die Bildungs- und Entwicklungsmöglichkeiten, die sich uns eröffnen, sind vielleicht die wichtigsten Faktoren. Schließlich ist das »soziale Sicherheitsnetz«, unabhängig davon, ob es durch Sozialsysteme, Nächstenliebe oder Wohltätigkeit entsteht, ein Überlebensgarant für den Fall, dass alles andere nicht funktioniert hat.

Wir brauchen ein System, das uns ganzheitliche und systemische Zukunftsszenarien liefert. Wir müssen wertebasiertes Management mit dem Nachdenken über wertebasierte Unternehmen, mit dem Einfluss von Werten auf Organisationen, mit Wertschöpfungsmodellen, systemischen und holistischen Szenarien und mit Marktforschung verbinden, um neue Prozesse im Produktmanagement einführen zu können. Das wird neue Organisationsformen mit adäquaten Strukturen und dem richtigen Personal erforderlich machen. Letztlich wird auch die Entwicklung neuer umfassender Managementlösungen erforderlich sein.

Es genügt nicht mehr, nur Führungskompetenzen aufzubauen. Die klassische fallbeispielbasierte Ausbildung in Vorlesungen scheint als Vorbereitung auf die schnelllebige Welt von heute mit ihren neuen Herausforderungen und beunruhigenden Veränderungen wenig adäquat. Vielmehr sollte ein kernthemenorientiertes Modell zum Einsatz kommen, wie es Henry Mintzberg erfolgreich ein-

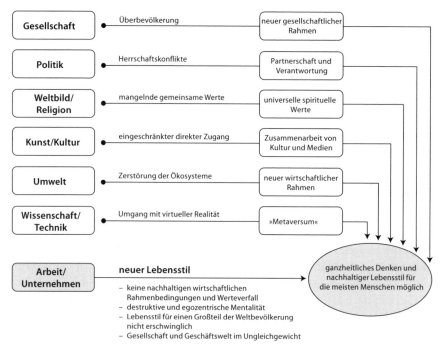

Abbildung 10: Gesamtüberblick aller mit dem neuen Lebensstil verbundenen Kernthemen

geführt hat. Dieses müsste nur um die Techniken der kreativen Problemlösung und der Erneuerung erweitert werden. Neben der Förderung der Entwicklung von Organisationen dürfen wir die Förderung von Einzelpersonen nicht aus dem Blick verlieren.

Werden die »Humanressourcen« eines Tages tatsächlich »unser größter Schatz« sein? Oder werden Roboter die neuen Lieblinge der Investoren und Topmanager sein? Der Einsatz von Robotern bedarf anfänglich größerer Investitionen; dann jedoch sind die Betriebskosten gering und die Einsatzmöglichkeiten nahezu grenzenlos. Der Bereich »Humanressourcen« (HR) wird sich zu einem ganzen HR-Unternehmenszweig verwandeln.

Das Kernthema neu betrachtet

Das Kernthema, das wir in neuem Licht betrachten wollen, ist das einer ganzheitlichen Denkweise und eines nachhaltigen Lebensstils (der sog. »neue Lebensstil«). Zu lösen ist das Problem nicht nachhaltiger wirtschaftlicher Rahmenbedingungen, die zwar Wertschöpfung für die Wirtschaft unterstützen, damit jedoch nicht zum gesamtgesellschaftlichen Wohl beitragen. Ferner gilt es, das in der entwickelten Welt vorherrschende destruktive und selbstzentrierte Streben nach Wohlstand zu überwinden, denn die Entwicklungsländer tun es uns schon nach. Da unser Lebenswandel für einen Großteil der Weltbevölkerung nicht erschwinglich ist, sollten wir ihn ändern. Und wir sollten eine Möglichkeit finden, gesellschaftliche Belange in die Entwicklung neuer unternehmerischer Rahmenbedingungen einzubeziehen.

Wie Abbildung 10 zeigt, ist der neue Lebensstil eng mit den Schlüsselthemen aller anderen Problemfelder verbunden.

DENKER VON MORGEN

Henry Mintzberg

Wir müssen unseren Egoismus überwinden

Nachdem die Internetblase geplatzt war und die Rezession eingesetzt hatte, verfasste Henry Mintzberg zusammen mit seinen Kollegen Robert Simons und Kunal Basu einen äußerst provokanten Aufsatz, der in »Fast Company« (2002)[132] erschien. Ein ausführlicherer Artikel zum selben Thema erschien in der »Sloan Management Review«.[133] Obwohl der Aufsatz schon ein paar Jahre alt ist, behauptet Mintzberg, dass er hinsichtlich der Art, wie Unternehmen heutzutage Geschäfte machen, noch immer aktuell ist. Als der Artikel zu Beginn des 21. Jahrhunderts veröffentlicht wurde, konstatierten die Autoren, dass wir immer noch nichts dazugelernt hätten. Das trifft wohl weiterhin zu, denn wir scheinen eher Rück- als Fortschritte zu machen.

Laut Mintzberg und Kollegen »befindet sich das Geschäftsleben am Scheideweg. Der Kapitalismus steht kurz vor einer Krise, und wir alle, die an das Geschäft glauben – von Geschäftsführern bis Business-School-Professoren – müssen zugeben, dass wir eine Mitschuld an dieser Krise tragen. Das Problem ist relativ einfach, geht jedoch tief: Wir hängen alle an fünf Halbwahrheiten, die unser Denken über die Wirtschaft und das Geschäftemachen prägen. Es könnte sein, dass wir am Ende gerade das, was wir so lieb gewonnen haben, zerstören.« Am Beispiel von Enron, Andersen, Global Crossing und anderen zeigen Mintzberg und Kollegen, dass »diese Unternehmenskatastrophen nur die Spitze des Eisbergs sind. Unter der Oberfläche schwelt eine zunehmend egoistische Kultur. Zu einem gewissen Grad ist das natürlich: Wir wollen alle erfolgreich sein, nach etwas streben, etwas erreichen. In übertriebenem Maße führt die Glorifizierung

132 Simons, R.,Mintzberg, H., Basu, K. (2002). Memo to: CEOs, Fast Company Online, 59, 31. Mai, http://www.fastcompany.com/magazine/59/ceo.html

133 Mintzberg, H., Simons, R., Basu, K. (2002). Beyond Selfishness, Sloan Management Review, 44, 1, 67–74.

der Habgier jedoch dazu, dass die Interessen einiger weniger und das Wohlergehen vieler nicht zusammengehen. Das erschüttert wiederum das Vertrauen der Öffentlichkeit in Unternehmen und Konzerne.«[134]

Mintzberg und Kollegen identifizieren folgende fünf Halbwahrheiten:

- Jeder von uns ist im Kern ein Homo oeconomicus.
- Gesellschaften dienen primär dem Zweck der Wertmaximierung von Unternehmen.
- Unternehmensgesellschaften brauchen heroische Führungskräfte.
- Eine effektive Organisation ist schlank.
- Eine wirtschaftliche Erfolgswelle führt zum Aufschwung für alle.[135]

Der Aufsatz endet mit einem fulminanten Appell an Geschäftsführer und Vorstände, das Vertrauen wiederherzustellen, das in der Zeit der Gier verloren gegangen ist: »Unternehmen – und der Kapitalismus – stehen an einem Scheideweg. Die Zeitungen warnen vor einer sich anbahnenden Krise, bei der es um Leistungsvermögen, Werte und Vertrauen geht. Es ist an der Zeit, dass sich Geschäftsführer und Vorstände für neue Unternehmenswahrheiten einsetzen und überlegen, wie der Glaube an die Wirtschaft, das Vertrauen in die Unternehmensspitzen und die Hoffnung auf die Zukunft wiederhergestellt werden kann.«[136]

Was sich heutzutage in der Geschäftswelt ereignet, erscheint wie ein noch lauterer Widerhall der Gedanken, die Mintzberg und seine Kollegen zur Jahrhundertwende geäußert haben. In einem Interview in den »McGill News« erinnerte uns Mintzberg kürzlich noch daran, dass Unternehmen dafür da sind, »der Gesellschaft zu dienen, nicht andersherum. Wenn sie nicht der Gesellschaft dienen, verlieren sie ihre Daseinsberechtigung. Ein beliebtes, jedoch abwegiges Argument lautet, dass Firmen jeden bereichern, wenn sie nur den Interessenvertretern und Aktionären dienen. In den USA ist die Wohlstandsverteilung komplett in eine Richtung gekippt, sodass es dem normalen Bürger nicht besser geht und die Armen immer ärmer werden. Die USA sind das reichste Land und zugleich das Land mit der höchsten Armutsrate unter den Industrienationen.«[137]

Schließlich weist Mintzberg darauf hin, dass soziale Entscheidungen ökonomische Konsequenzen, ökonomische Entscheidungen aber auch soziale Konsequenzen nach sich ziehen: »Früher mussten sich die Unternehmen über solche Themen keine Gedanken machen, denn sie folgten dem Dogma, dass alles in Ordnung sei, solange sie Profit machten. Jahrzehntelang wurde ihnen das von Ökonomen wie Milton Friedman und anderen so eingetrichtert. Sie mussten keine soziale Verantwortung übernehmen, denn indem sie Geld machten, glaubten sie, sozial verantwortlich zu handeln. [...] Das

---

134 Simons et al., 2002.
135 Mintzberg et al., 2002.
136 Simons et al., 2002.
137 Comeau, S. (2008). Henry Mintzberg in the news, McGill News, 31. Januar. http://www.mcgill.ca/news/2002/fall/mintzberg/#tpt_anchor_content

war natürlich total falsch, denn ökonomische und soziale Folgen lassen sich nicht von getroffenen Entscheidungen trennen. Es gibt keinen Ökonomen – oder eine Person mit ein bisschen Sachverstand –, der glaubt, dass sich Entscheidungen im sozialen Bereich nicht auch im wirtschaftlichen Bereich niederschlagen. Wie können Ökonomen dann behaupten, dass in der Wirtschaft gefällte Entscheidungen keine sozialen Folgen haben? Die Entscheidungen ziehen alle möglichen Konsequenzen nach sich, aber bislang war es für die Wirtschaft bequemer, dem alten Dogma zu folgen und die Folgen zu ignorieren.«[138]

Kunst

Der Bereich der Kunst umfasst eine beeindruckende Bandbreite an menschlichen Aktivitäten und Artefakten: die bildende Kunst (Malerei und Grafik, Bildhauerei, Architektur, Fotografie etc.), die darstellende Kunst (Theater, Tanz- und Filmkunst etc.), Musik und Literatur, den ganzen Bereich der neuen Medien (Radio, Fernsehen, Internet), in jüngster Zeit den Bereich der digitalen, virtuellen Kunst.

Kunst ist die artifizielle Reproduktion der natürlichen Schönheit bzw. die Schöpfung einer natürlichen Schönheit zur Anregung des Betrachters, zur Vermittlung von Gefühlen, Gedanken, Erfahrungen, Botschaften oder zum Ausdruck der Gefühle und Erfahrungen des Künstlers. Die Schönheit liegt im Auge des Betrachters. Oft übermittelt Kunst Gedanken, Konzepte und Botschaften an spätere Generationen, auch wenn diese sie anders wahrnehmen oder vollkommen neue Aspekte an ihr entdecken.

Zu den bedeutenden Eigenschaften der Kunst gehört das Maß und die Intensität der Gefühle, ihre Wirkung auf Menschen, wie viele Menschen auf sie reagieren, in welcher Form die Kunst geschätzt wird, ihre Einmaligkeit und ihren Einfluss auf Menschen im Laufe der Geschichte.

Die Kunst ist stets eingebettet in Kultur und Geschichte und hat, wie Abbildung 11 zeigt, fünf Dimensionen, die sich an ihrer Wirkung auf Menschen orientieren: Ausdruck, Kommunikation, Status, Unterhaltung und Bildung.

- *Ausdruck*: Kunst ist eine wichtige Form des Ausdrucks von Gefühlen, Einsichten, Gedanken und Erfahrungen.
- *Kommunikation*: Kunst hat (oft) eine Intention oder einen Auftrag.
- *Status*: Für gut Betuchte ist Kunst oft ein Statussymbol. Das kann zuweilen dazu führen, dass sich etwas zu einer Mode entwickelt oder eine bestimmte Richtung vorgibt, das sich vornehmlich an den Vorlieben von Förderern und Auftraggebern orientiert.

138 Simons et al., 2002.

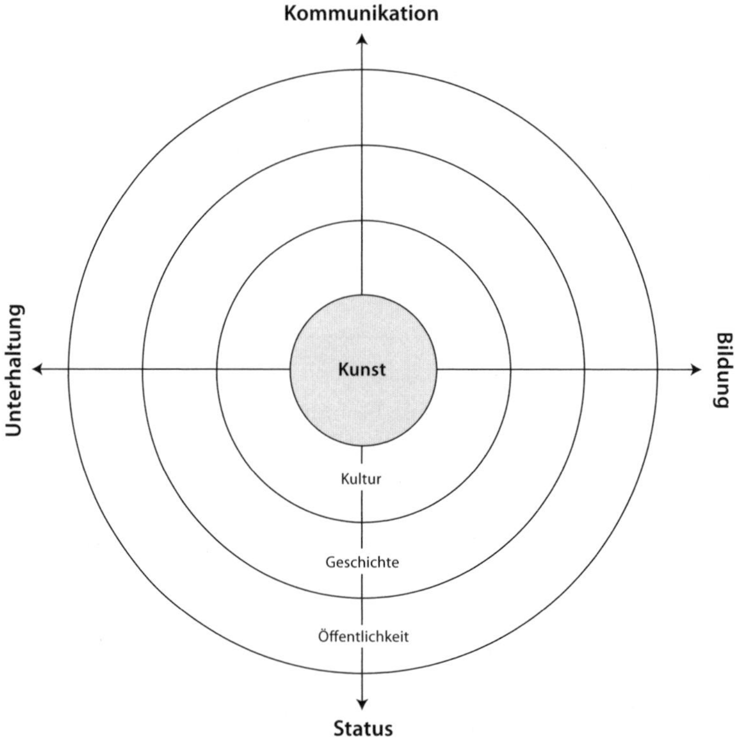

Abbildung 11: Dimensionen der Kunst

- *Unterhaltung*: Viele Menschen versprechen sich Freude oder Unterhaltung von der Kunst oder erhoffen sich eine Flucht aus der unbequemen Realität.
- *Bildung*: Die Kunst ist ein wirkmächtiges Instrument in der Bildung; sie vermittelt Weisheiten, einzigartige Erfahrungen und Einsichten und erlaubt Versenkung und mystisches Erleben.

Kernthemen

Die folgende Aufzählung gibt einen Überblick über die Kernthemen der Kunst:
- Akzeptanz durch die Öffentlichkeit,
- Zugang für die Öffentlichkeit,
- Vertriebswege,
- posthume Prominenz,
- Kunst und Geschäft,
- Kunst und Macht,
- Kunst und das Internet,

- Kunst und der Zeitgeist,
- künstlerische Kreativität,
- das Kunstgewerbe,
- Zensur,
- Finanzierung,
- Kunst als Lebensunterhalt,
- Missverständnisse und Fehlinterpretationen,
- Pionierrolle der Kunst,
- Provokation durch Kunst,
- monopolartige Stellung von Herstellern und Vertreibern,
- Sponsoren,
- die Öffentlichkeit und moderne Kunst,
- Kunst verstehen,
- Wertschöpfung und Distribution der geschaffenen Werte.

Die meisten dieser Themen hängen mit der Art zusammen, wie Kunst hergestellt und vertrieben wird. Die Wertschöpfung von Kunstwerken vollzieht sich über sechs Stufen: Idee (der Künstler), Umsetzung/Herstellung, Marketing und Vertrieb (Firmen), Konsum und Evaluierung (die Öffentlichkeit bzw. »Konsumenten«). Manchmal sind Herstellung und Vertrieb das Gleiche, wie zum Beispiel bei einem Live-Konzert.

Kunst heute

Künstler empfinden die Zusammenarbeit mit den verfügbaren Marketingkanälen oft als sehr frustrierend. Der Markt wird heute weitgehend vom Vertrieb dominiert. Dieser bestimmt, was sich zu veröffentlichen lohnt, und erhält den Löwenanteil der Erlöse aus den Kunstwerken.

Die aktuelle Situation macht es neuen Talenten nicht leicht, da die Abhängigkeit von mächtigen Akteuren fast immer gegeben ist:
- Schriftsteller → Verlage,
- Maler → Galerien,
- Musiker → Produzenten (Plattenfirmen).

Das hat meist zur Folge, dass talentierte Neueinsteiger mit viel Potenzial nicht immer ihr Publikum finden, und das Publikum nicht immer dankbar ist für die Vorauswahl, die Producer und Distributoren getroffen haben.

Ein Neueinsteiger muss lange verschiedenste Wege ausprobieren, bis er/sie schließlich sein/ihr Publikum erreicht. Und oft machen die Künstler die Erfahrung, dass die Öffentlichkeit einen Großteil der Kunstwerke nicht adäquat würdigt.

Es stellen sich verschiedene Fragen zur Kunst und zur Rolle des Künstlers in einer sich wandelnden Welt. Die Problemfelder, mit denen wir zu kämpfen haben, manifestieren sich schließlich auch in der zeitgenössischen Kunst. Viele Themen werden aufgenommen. Aus manchen Kunstwerken könnten sich Lösungsansätze ableiten, aus anderen ließe sich ein Eindruck davon gewinnen, wie eine andere Welt aussehen könnte. Den größten Einfluss auf die Kunst können wir wohl von der virtuellen Realität erwarten, denn dort erlebt der Künstler neue Dimensionen von Freiheit, hier kann er sich künstlerisch austoben. Daraus könnten viele neue Kunstformen entstehen.

Im Entstehen begriffen sind Plattformen wie »Google Kunst« oder »Kunst Amazon«, die sowohl kostenlose Downloads vereinfachter Versionen als auch kostenpflichtige Upgradeversionen anbieten. Hinzu kommt das »eBay für Kunstwerke«, das für Künstler, Produzenten und Vertriebler auch als Testfeld nutzen.

Schon heute gibt es eine ganze Reihe an Webseiten, die uns einen Vorgeschmack darauf geben, wie die Zukunft aussehen könnte. Die Seite deviant-Art (www.deviantart.com) behauptet von sich, die größte virtuelle Künstlercommunity zu sein. Daneben gibt es Online-Communitys wie MySpace (www.myspace.com), Bebo (www.bebo.com) und Facebook (www.facebook.com). Es gibt Doppelganger (www.doppelganger.net), ein virtueller Verein für Teenager, in dem sie mit Gleichaltrigen in Kontakt treten und gemeinsam ihre Lieblingsmusik anhören können, und Zing für weitere Musik (www.zing.net). Es gibt YouTube (www.youtube.com) und Metacafe (www.metacafe.com), primär für Videos. Diese Seiten überschneiden sich zunehmend. Überall gibt es Blogs, Fotos, Videos etc. Gaia Online (www.gaiaonline.com) ist ein Mix aus sozialem Netzwerk und Online-Rollenspiel, an dem hunderte bis tausende Spieler teilnehmen können (sog. MMORPGs: Massive Multiplayer Online Role-Playing Games). Club Penguin (www.clubpenguin.com) ist ein solches Spiel mit Zeichentrickpinguinen für Kinder. Habbo Hotel (www.habbo.com) ist eine virtuelle Community für Teenager, in der sie sich in jeweils eigenen »Räumen« mit ihren Freunden treffen und sich gemeinsam neue Spiele und Wettkämpfe ausdenken können. Bei Neopets (www.neopets.com) können sich User bis zu vier virtuelle Tiere anschaffen und für sie sorgen.

Es gibt sagenhaft viele Start-ups in diesem Bereich wie www.absolutearts.com für zeitgenössische Kunst oder Critical Metrics (www.criticalmetrics.com), eine Art medienübergreifende Plattform, die Empfehlungen und Playlists zusammenstellt und es dem Kunden dadurch erleichtert, neue Musik zu finden, auszuprobieren und zu kaufen.

Alle diese Internetdienste werden zunehmend an die neuesten Entwicklungen in der Kommunikationstechnologie wie dem iPhone von Apple gekoppelt. Vermutlich wird es verstärkt auch bald soziale Firmennetzwerke geben, die dabei helfen sollen, dass sich Verbindungen und Beziehungen unter den Angestellten aufbauen und bestimmte Gruppen von Angestellten Kontakt halten.

SelectMinds (www.selectminds.com) bietet zum Beispiel Netzwerke wie Women Connect und Employee Connect.

Neue Internetdienste entstehen: Mit BitTorrent (www.bittorrent.com), einem Peer-to-Peer-Kommunikationsprotokoll, lassen sich Dateien von Filmen und Fernsehsendungen austauschen. Mit Technorati (www.technorati.com) gibt es eine neue Suchmaschine für Blogs. Wenn wir diese Seiten mit Virtuellen-Welt-Seiten wie Second Life verbinden, wo unbegrenzte Neuerfindung dargeboten wird, wo sich alles, wovon man bisher nur geträumt hat, verändern lässt, dann kommen wir der dualen Welt, wo Realität und Virtualität im »Metaversum« verschmelzen, einen Schritt näher.

Über eJamming (www.ejamming.com) kommen Musiker unabhängig von ihrem Wirkungsort zusammen und veranstalten Jamsessions. Das ist ein bedeutender Schritt in Richtung virtuellen Kunstschaffens. Die e-Plattform nimmt hier die gleiche Rolle wie ein Dirigent ein. Im Internet können die Künstler einander begegnen und zusammenarbeiten.

Werfen wir einen Blick auf die Zukunft des Romans im Zeitalter der Virtualisierung. Sicher wird es weiterhin Schriftsteller geben, die sich eine »Geschichte« ausdenken, aber sie wird wohl in anderer Form geschrieben, möglicherweise über interaktive Computer in Form eines Drehbuchs. Das »Lesen« der Geschichte kann dann ganz unterschiedlich verlaufen. Wer keinen Internetzugang hat, wird sich mit Hilfe einer automatischen Druckmaschine eine Art Buch ausdrucken können. Wer über einen Internetzugang verfügt, kann den Roman in verschiedener Form zu unterschiedlichen Preisen »konsumieren«. Das Basisangebot wird ein Film zum Anschauen sein. Das nächsthöhere wird die Möglichkeit eröffnen, eine der Rollen in der Geschichte zu spielen, damit Teil der Handlung zu werden und den Ausgang aktiv mitbestimmen zu können. Schließlich könnte die Geschichte auch nur der Ausgangspunkt für eine neue Geschichte sein, die der »Leser« mit virtueller Hilfe selbst weiterschreibt. Es wird auch möglich sein, dass Leser/-innen miteinander in Kontakt treten, die sich für eine komplett virtuelle Geschichte interessieren.

Diese Beschreibung basiert auf dem, was wir heute von der virtuellen Welt wissen. Die Realität wird diese Beschreibung vermutlich um Längen übertreffen und Aspekte beinhalten, von denen wir heute noch nicht einmal zu träumen wagen.

Ähnliche Veränderungen werden sich auch in allen anderen Bereichen der Kunst einstellen.

Hintergründe

Die größte Herausforderung für die Kunst scheint heute von den Bereichen *Herstellung und Vertrieb* auszugehen. Da auf einen Agenten so unverhältnismäßig viele Künstler kommen, wird längst nicht jeder angemessen betreut. Das ist ein echtes Dilemma. Erschwerend kommt hinzu, dass ein Großteil der Künstler fernab der Schlüsselmärkte lebt. Die Chance, von selektierenden Agenten entdeckt zu werden, ist sehr gering. Auch dieser Umstand führt zu einem Verlust an künstlerischen Talenten.

Die Situation hängt direkt mit der generellen Rolle von Künstlern und Kunst in unserer schnelllebigen Gesellschaft zusammen, in der wir permanent herausgefordert werden. Dabei könnte gerade die Kunst auf die Situation und die Verantwortung jedes Einzelnen aufmerksam machen. Sie könnte Bilder und Symbole schaffen, die die notwendigen Veränderungen begleiten. Nur die Kunst ist so frei, sich aller Mittel zu bedienen, um die Botschaft über den Zustand unserer Welt zu übermitteln. Literatur, Film, Musik und Theater haben einen starken Einfluss auf unsere Gedanken und Gefühle. Die Kunst ist der beste Wegweiser zur virtuellen Welt, weil sie es gewöhnt ist, mit Ausgedachtem zu arbeiten und radikal neue Welten zu schaffen.

Das ist erst der Anfang der tiefgreifenden Veränderungen, die sich durch das Hereinbrechen der virtuellen Realität in die Welt der Künste ereignen und die ganze Kunstbranche auf den Kopf stellen werden.

Das Kernthema neu betrachtet

Das brisante Kernthema in der Kunst scheint der Zugang durch die Öffentlichkeit zu sein. Dieser Zugang ist aus verschiedenen Gründen zentral: Er ist Marketinginstrument, er gibt der Öffentlichkeit die Chance, Teil des Selektionsprozesses zu sein, und er bezieht die Öffentlichkeit in den Prozess des Kunstschaffens ein. Interessant wird es sein zu sehen, wie Internet und virtuelle Welt zusammenwirken, denn von ihnen wird die Veränderung des künstlerischen Wertschöpfungsrahmens ausgehen.

Die Kunst hat dann die Chance, die Rolle eines Katalysators für sozialen Wandel zu übernehmen. Kunst übt Kritik am Zustand der aktuellen Welt und einer Vorstellung dessen, wie die Welt in Zukunft aussehen könnte. Kunst kann Menschen ermutigen, ihre Welt neu zu erfinden. Kunst kann dabei helfen, die Weltgesellschaft ins Gespräch über die Zukunft und ihre Herausforderungen zu bringen.

Ein ganzheitlicher Blick

Wir leben in einer auseinanderdriftenden Welt und brauchen dringend verbindende und verbindliche Lösungen. Unsere Welt wird von divergenten Interessen, divergenten Weltbildern, divergenten Religionen, divergenten Gesellschaften und einer divergenten Politik auseinandergerissen. Es ist eine Welt, die in linear-kausalen Zusammenhängen denkt, aber aus vielen Ebenen besteht.

Die meisten Menschen nehmen die Welt als Summe vieler Einzelteile wahr. Sie verstehen nicht, dass alle Dinge auf unserem Planeten miteinander verbunden, systematisch miteinander verknüpft sind. Obwohl jede menschliche Handlung das System als Ganzes berührt, suchen wir immer noch nach Lösungen für Einzelprobleme wie den Klimawandel, Armut, Überbevölkerung etc. Wir scheinen immer noch nicht begriffen zu haben, dass die Einzelprobleme alle zusammenhängen. Das gilt auch für ihre Lösungen. Wir müssen die zugrundeliegenden Ursachen identifizieren, um uns erfolgreich den Herausforderungen zu stellen, die uns konfrontieren.

Unmöglich ließe sich die Lebensqualität, die ein Großteil der Industrienationen genießt, auf die ganze Welt übertragen, weil das schon heute unhaltbar ist. Angesichts der rasanten Zerstörung der Ökosysteme werden wir gezwungen sein, entweder das hohe Konsumniveau zu senken oder die Anzahl der Personen, die viel konsumieren, zu reduzieren. Die wachsende globale Kluft scheint anzudeuten, dass eine Reduktion der Vielkonsumenten angebracht wäre. Selbst wenn wir es schafften, neue Wege zu finden, den hohen Lebensstandard mit weniger natürlichen Ressourcen aufrechtzuerhalten, ist zweifelhaft, ob sich dieser auf den Rest der wachsenden Weltbevölkerung ausweiten ließe. Um nur einen Aspekt, den des Wohnungsbaus, genauer zu betrachten: Einem Bericht des »Institute without Boundaries« zufolge müssen wir bis 2030 täglich 100.000 Häuser bauen, um alle, die eine Unterkunft benötigen, unterzubringen.[139] Dass die Milliarden Bewohner in den Entwicklungsländern denselben Lebensstil wie in der westlichen Welt erreichen, muss ein Traum bleiben. Die einzige andere Möglichkeit wäre die Auswanderung hunderter Millionen von Menschen auf einen anderen Planeten; aber auch das scheint im Moment eher ausgeschossen.

Wir könnten so lange warten, bis eine geniale Technologie alle unsere Probleme löst. Eine derartige Technologie ist aber nicht in Sicht. Wir könnten beten und auf ein Wunder hoffen, oder wir können aufgeben und uns damit abfinden, dass wir uns dem Schicksal der Menschheit hingeben müssen. Aber wir können auch beginnen, unser Schicksal in die Hand zu nehmen und etwas zu tun! Die oberste Priorität muss die Stabilisierung der Bevölkerungsrate auf unserem

---

139 http://www.institutewithoutboundaries.com/join_worldhouse.html

Planeten haben. Wenn das erreicht ist und einem Großteil der Erdbevölkerung ein erhöhter Lebensstandard möglich ist, wird die Bevölkerung auf natürliche Weise schrumpfen. Zunächst müssen wir jedoch gewährleisten, dass alle mit reiner Luft, Wasser und Lebensmitteln versorgt sind, dass die Zerstörung der Ökosysteme gestoppt und der CO_2- und Methan-Ausstoß in die Atmosphäre gesenkt worden ist und wir gleichzeitig die bestehenden Negativfolgen des Klimawandels bekämpfen. Wir werden auch das Problem einer potenziellen Bedrohung durch Massenvernichtungswaffen, insbesondere der Biotech- und Nanotechwaffen, zu lösen haben und die Gefahren des weltweiten Terrorismus; ferner müssen wir die Möglichkeit eines Krieges um Ressourcen eindämmen und mit der immer wichtiger werdenden virtuellen Welt, der Massenzuwanderung und der stetig weiter auseinanderklaffenden globalen Schere zurechtkommen. Schließlich gilt es, ein neues Wirtschaftsmodell zu entwerfen, das weder unserer Umwelt noch unserer Gesellschaft schadet. Dafür werden wir viele neue Technologien entwickeln und einführen, jedoch mit der entsprechenden Vorsicht vor dem Bumerangeffekt, der einträte, wenn die Technologien das Gegenteil von dem bewirkten, wofür sie eingesetzt wurden. Ein klassisches Beispiel ist in diesem Zusammenhang die Einführung des »papierlosen Büros«, das sogar zu einem Anstieg des Papierverbrauchs geführt hat. Hinter dem Begriff »papierlos« stand die Vision einer neuen Art, wie Menschen arbeiten und Geschäfte machen würden. Das Gleiche zeichnet sich heute beim Biogas und dem Hype um die »grüne Energie« ab. Laut einer Studie der OECD von 2007 wird sich die Produktion von Biogas bedeutend auf den Landwirtschaftssektor und die Lebensmittelversorgung auswirken. Die Studie prognostiziert Preiserhöhungen zwischen 20–50 % im Laufe der nächsten zehn Jahre.[140]

Wir brauchen definitiv eine neue Wirtschaftsordnung und einen neuen Lebensstil!

Hintergründe

Betrachtet man die ausgewählten Kernthemen aus einer ganzheitlichen Perspektive (vgl. Abbildung 12), ist zu erkennen, dass einige Themen mit allen oder mehreren eng verknüpft sind. Es mag kaum überraschen, dass die meisten untereinander verbundenen Themenfelder im gesellschaftlichen Bereich zu finden sind. Bei näherer Betrachtung sehen wir eine *globale Spaltung*, die jeden Tag zunimmt und bald zu einer unüberwindbaren Kluft werden könnte.

---

140 Biofuels »to push farm prices up«. 04. Juli, 2007, http://news.bbc.co.uk/2/hi/business/6270892.stm

Gesellschaft

Die Welt lässt sich demografisch folgendermaßen beschreiben: Fast alle Länder mit einem starken Bevölkerungszuwachs gehören zu den am wenigsten entwickelten Ländern und erzielen das geringste Pro-Kopf-Einkommen.

Der Reichtum verteilt sich auf immer weniger Köpfe. Das gilt auf internationaler, aber auch auf nationaler und lokaler Ebene. Wo man auch hinschaut: 20 % der Menschen besitzt 80 % des Vermögens. Mit Ausnahme der USA verzeichnen alle entwickelten Staaten sehr niedrige Geburtenraten. Das wird zu einem Bevölkerungsrückgang führen.

Im Vergleich zu der (relativ kleinen) Anzahl an entwickelten Staaten fällt die Vielzahl an Entwicklungsländern auf, auch wenn einige in ihrer Entwicklung schon weit fortgeschritten sind, insbesondere die BRIC-Länder: Brasilien, Russland, Indien und China.[141]

Für problematisch halten wir:
- das Ungleichgewicht bei den Bildungschancen;
- das Leben in Luxus auf der einen und ein Leben ohne das Nötigste – saubere Luft, Wasser, Nahrung, Obdach – auf der anderen Seite;
- Übergewichtige einerseits und verhungernde Menschen andererseits;
- das Ungleichgewicht bei der medizinischen Versorgung;
- das sichere Leben hinter Stacheldraht auf der einen, Leben in ständiger Angst auf der anderen Seite;
- hohe Mobilität wider stark eingeschränkte Mobilität;
- fortschrittliche Megastädte mit reichen Gegenden und Slums und dörflichen Gegenden im Hinterland;
- Menschen, die sich auf ihr eigenes Wohl konzentrieren, und Menschen, die für ihre Familien und die Gemeinschaft Opfer bringen.

Weltbild und Religion

Hier haben wir es mit folgenden Themenfeldern zu tun:
- »normale« Gläubige und Anhänger einer Religion einerseits, Fanatiker und Fundamentalisten andererseits – landesintern und weltweit;
- Agnostiker, Gläubige und die, die die Religion instrumentalisieren, zum Beispiel Terroristen, die im Namen Gottes kämpfen;
- moderne versus traditionelle Werte;
- spirituelle versus materielle Werte.

---

141 In diesen Ländern ist die Kluft zwischen Arm und Reich besonders ausgeprägt.

Umwelt

Folgende Themen fallen ins Gewicht:
- relative Stabilität mancher Ökosysteme bei gleichzeitigem Voranschreiten der Zerstörung der Ökosysteme insgesamt;
- Bevölkerungsrückgang, vor allem in den entwickelten Nationen, und Bevölkerungswachstum, vor allem in den Entwicklungsländern;
- Haushalte mit über 500.000 und Haushalte mit 500 Konsumgütern;
- starke Verschmutzung durch Staaten wie USA und China einerseits und relativ »saubere« Länder andererseits.

Wissenschaft und Technik

Hier beschäftigen uns:
- die »digitale Kluft«;
- Industriestaaten mit hohem Wissensstand einerseits und vornehmlich land- und subsistenzwirtschaftlich geprägte Länder andererseits;
- einerseits Menschen, die sich eine Zukunft im eigenen Land vorstellen können, und andererseits solche, die nur in der Abwanderung Hoffnung für ein besseres Leben sehen;
- Abwanderung der klugen Köpfe (Braindrain) aus den Entwicklungsländern;
- ökologische Nachhaltigkeit, ökologische Solidarität und fairer Handel versus Ausnutzung, Profit um jeden Preis und kurzfristiger Gewinn;
- ehrliche Geschäfte versus Korruption;
- ethisch verantwortlich versus unmoralisch handelndes Führungspersonal;
- neue versus traditionelle Wirtschaftsordnung;
- systemisch-ganzheitliches versus eindimensionales Verständnis von der Welt.

Politik

Hier sind folgende Themen relevant:
- staatlich finanzierte soziale Sicherheit in den Industrienationen, kinderreiche Familien als soziales Sicherheitsnetz in den Entwicklungsländern;
- auf Zusammenarbeit und gemeinsame Interessen angelegte Politik versus eine von Macht- und Kontrollstreben getriebene Politik;
- Politiker und Beamte einerseits, die im Sinne des gesellschaftlichen Wohls agieren, und andererseits solche, die nur in ihrem eigenen Interesse handeln.

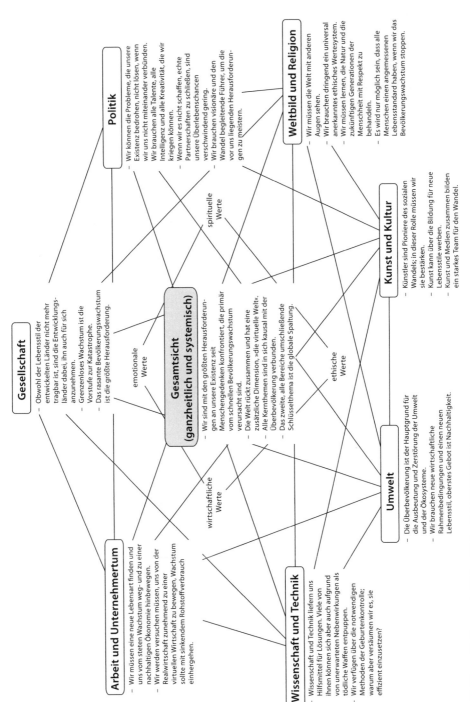

Gesellschaft

- Obwohl der Lebensstil der entwickelten Länder nicht mehr tragbar ist, sind die Entwicklungsländer dabei, ihn auch für sich anzunehmen.
- Grenzenloses Wachstum ist die Vorstufe zur Katastrophe.
- Das rasante Bevölkerungswachstum ist die größte Herausforderung.

Politik

- Wir können die Probleme, die unsere Existenz bedrohen, nicht lösen, wenn wir uns nicht miteinander verbunden. Wir brauchen alle Talente, alle Intelligenz und alle Kreativität, die wir kriegen können.
- Wenn wir es nicht schaffen, echte Partnerschaften zu schließen, sind unsere Überlebenschancen verschwindend gering.
- Wir brauchen visionäre und den Wandel begleitende Führer, um die vor uns liegenden Herausforderungen zu meistern.

Weltbild und Religion

- Wir müssen die Welt mit anderen Augen sehen.
- Wir brauchen dringend ein universal anerkanntes ethisches Wertesystem.
- Wir müssen lernen, die Natur und die zukünftigen Generationen der Menschheit mit Respekt zu behandeln.
- Es wird nur möglich sein, dass alle Menschen einen angemessenen Lebensstandard haben, wenn wir das Bevölkerungswachstum stoppen.

Kunst und Kultur

- Künstler sind Pioniere des sozialen Wandels; in dieser Rolle müssen wir sie bestärken.
- Kunst kann über die Bildung für neue Lebensstile werben.
- Kunst und Medien zusammen bilden ein starkes Team für den Wandel.

Arbeit und Unternehmertum

- Wir müssen eine neue Lebensart finden und uns vom steten Wachstum weg- und zu einer nachhaltigen Ökonomie hinbewegen.
- Wir werden versuchen müssen, uns von der Realwirtschaft zunehmend zu einer virtuellen Wirtschaft zu bewegen, Wachstum sollte mit sinkendem Rohstoffverbrauch einhergehen.

Gesamtsicht (ganzheitlich und systemisch)

- Wir sind mit den größten Herausforderungen an unsere Existenz seit Menschengedenken konfrontiert, die primär vom schnellen Bevölkerungswachstum verursacht sind.
- Die Welt rückt zusammen und hat eine zusätzliche Dimension, »die virtuelle Welt«.
- Alle Kernthemen sind in sich kausal mit der Überbevölkerung verbunden.
- Das zweite, alle Bereiche umschließende Schlüsselthema ist die globale Spaltung.

Wissenschaft und Technik

- Wissenschaft und Technik liefern uns Hilfsmittel für Lösungen. Viele von ihnen können sich aber auch aufgrund von unerwarteten Nebenwirkungen als tödliche Waffen entpuppen.
- Wir verfügen über die notwendigen Methoden der Geburtenkontrolle; warum aber versäumen wir es, sie effizient einzusetzen?

Umwelt

- Die Überbevölkerung ist der Hauptgrund für die Ausbeutung und Zerstörung der Umwelt und der Ökosysteme.
- Wir brauchen neue wirtschaftliche Rahmenbedingungen und einen neuen Lebensstil, oberstes Gebot ist Nachhaltigkeit.

spirituelle Werte

emotionale Werte

wirtschaftliche Werte

ethische Werte

Abbildung 12: Ein ganzheitlicher Blick auf die Kernthemen

Kunst

In diesem Bereich sind besonders wichtig:
- Zugang für die Öffentlichkeit;
- Kunsterziehung;
- breite Akzeptanz, zum Beispiel unabhängig von Entstehungsland.

Das Kernthema neu betrachtet

Das Kernthema, das es aus einer ganzheitlichen Perspektive zu betrachten gilt, ist das der zunehmenden globalen Spaltung, die die Gegensätze und Spannungen zwischen den wenigen Privilegierten und vielen Armen zementiert. Deshalb ist global orientierte Erziehung und Bildung unsere einzige Chance, die Mentalität der Menschen zu verändern, die Herzen gegenüber einer neuen Ökonomie zu öffnen und allen die Möglichkeit eines angenehmen Lebens zu gewähren.

3 Lösungsansätze

Vorbemerkungen

Viele Menschen und Organisationen meinen die Lösung zu den Kernproblemen unserer Zivilisation zu haben. Die meisten richten ihr Augenmerk aber nur auf einzelne Probleme. Unter normalen Umständen wäre das sicher auch sinnvoll, aber in unserem Fall sprechen zwei bedeutende Gründe dagegen: das Zusammenhängen der Probleme und die Zeit, die uns zu ihrer Lösung bleibt. Zum Glück tendieren immer mehr Organisationen wie die UNO mit ihren »Millennium Development Goals«[142], der »Club of Rome«[143], der Weltzukunftsrat[144] und der »Global Marshall Plan«[145] dazu, mehrere Kernprobleme gleichzeitig zu lösen. Da jedoch die innere Verknüpfung der Probleme selten berücksichtigt wird, gehen die vorgeschlagenen Lösungen meist nicht weit genug über das ohnehin Selbstverständliche hinaus. Die umfassendste Maßnahme in diesem Zusammenhang ist das Millenniumprojekt[146], eine Initiative des Weltverbands der UN-Gesellschaften (WFUNA). Dieses globale Netzwerk von über hunderttausend Menschen in mehr als 100 Ländern bildet einen partizipatorischen Think Tank, der aus Zukunftsforschern, Wissenschaftlern, Unternehmern und Politikern besteht. Der jährliche »State-of-the-Future«-Report, der in den letzten elf Jahren konstant vorgelegt wurde, skizziert die Ideen der über 2.000 führenden Denker/-innen in konzentrierter Form. Im Zentrum der Publikation stehen 15 globale Herausforderungen[147] und entsprechende Lösungsansätze.

Problematisch ist vielleicht, dass sich die Suche nach Lösungen auf einen Raum innerhalb der bereits bestehenden Strukturen von Gesellschaft und Wirt-

142 http://www.un.org/millenniumgoals
143 http://www.clubofrome.org
144 http://www.worldfuturecouncil.org/deutsch.html
145 Die Global-Marshall-Plan-Initiative arbeitet an der Entwicklung einer weltweiten öko-sozialen Marktwirtschaft. http://www.globalmarshallplan.org/index_ger.html
146 http://www.millennium-project.org
147 Die 15 globalen Herausforderungen sind: nachhaltige Entwicklung, Trinkwasser, Bevölkerungsentwicklung und Ressourcen, Demokratisierung, Entwicklung langfristiger Perspektiven, Globalisierung von Informationstechnologien, Armuts- und Wohlstandsschere, Gesundheit, Entscheidungskompetenzen, Frieden und Konflikt, Stellung der Frau, transnationale organisierte Kriminalität, Energie, Wissenschaft und Technik und globale Ethik.

schaft beschränkt. Das liegt natürlich nahe und scheint vielen der realistische Weg zum Fortschritt zu sein. Leider reicht es aber angesichts der Bedrohungen unserer Existenz nicht aus, sich auf nur einen Weg zu konzentrieren. Echte Lösungen werden wir im Rahmen der bereits bestehenden Strukturen kaum gewinnbringend umsetzen können. Wenn wir uns eine echte Zukunft aufbauen wollen, müssen wir die Grenzen der bereits bestehenden Denk- und Verhaltensmuster sprengen, denn auf sie gehen die meisten Probleme zurück, mit denen wir heute zu kämpfen haben. Vor uns liegt eine Zeit bedeutender und weitgreifender Veränderungen, die *weit über das hinausgehen*, was wir je in der Geschichte erlebt haben. Der Wandel wird sich aus verschiedenen Veränderungen zusammensetzen, die Teil einer globalen, alles umwälzenden Großen Transformation sind. Er wird alle Grundlagen der menschlichen Gesellschaft auf den Kopf stellen und neu erfinden. Von uns allein hängt es ab, ob wir uns ins Steinzeitalter zurück bewegen wollen oder uns vorwärts treiben lassen in die Richtung einer neuen, schwierigen und herausfordernden, aber sehr viel gerechteren Gesellschaft. Es gilt, überall, selbst an den abwegigsten Orten, nach Lösungen zu suchen. Dabei bleibt leider nicht mehr viel Zeit, verschiedene Optionen erst auszuprobieren. Schnelles Handeln ist angesagt.

Um Lösungen jenseits der existierenden Strukturen zu finden, müssen wir uns von den verengten, nach innen gewandten Ansätzen verabschieden und uns auf offene Ansätze konzentrieren (siehe Abbildung 13).

Nur mit der Hilfe starker Kräfte und der entsprechenden Förderung wird es möglich sein, uns von den Fesseln der bereits bestehenden analytischen Strukturen zu lösen. Wir sollten damit anfangen, uns und unser Umfeld für die aktuelle Situation zu sensibilisieren, und darauf aufmerksam machen, dass wir kurz vor dem Kollaps stehen. Dann gilt es die besten Talente, die uns zur Verfügung stehen, und alle Kreativität zu mobilisieren. Zur Unterstützung dieser Transformation bedarf es eines engen Schulterschlusses der Kunst mit den Massenmedien.

Insgesamt bedarf es neuer Strukturen, um die einseitige Konzentration der Wirtschaft auf Wachstum abzulösen und neu auszurichten. Ein Blick auf die sozialen Aspekte des Unternehmertums vermag einem einen Eindruck davon vermitteln, welche Früchte eine Umorientierung tragen kann. Dafür sollten die Mechanismen der sozialen und wirtschaftlichen Wertschöpfung neu definiert werden. Am besten ließe sich die Dominanz der ökonomischen Werte von einer Gleichgewichtung der wirtschaftlichen, ethischen, emotionalen und spirituellen Werte unter Einsatz des Managing-by-Value-Konzepts (siehe S. 254–261) ablösen. Schließlich bedarf es einer Veränderung der sozialen und ökonomischen Strukturen, um neue Lösungen jenseits der bestehenden augenscheinlichen zu finden und zu implementieren (siehe Tabelle 5).

Allgemeine Ziele:
– Sicherstellung des Überlebens der menschlichen Spezies,
– nachhaltige Entwicklung unserer Zivilisation,

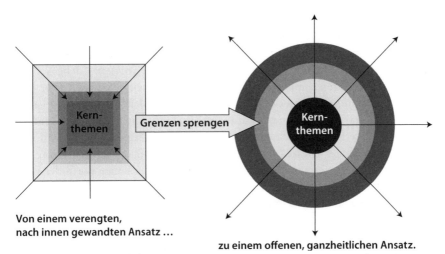

**Von einem verengten,
nach innen gewandten Ansatz ...**

zu einem offenen, ganzheitlichen Ansatz.

Abbildung 13: Jenseits der Grenzen eines eng fokussierten, nach innen gewandten Ansatzes

- menschenwürdiges Leben[148] für einen Großteil der Bevölkerung,
- eine intakte Umwelt für heutige und zukünftige Generationen,
- weniger bewaffnete Konflikte und mehr Toleranz.

Wir wünschen uns eine Welt, in der die meisten Menschen ein angemessenes Leben führen können und die Zivilisation blüht, jedoch die Umwelt nicht über Gebühr belastet, damit auch noch zukünftige Generationen ihr Leben auf dieser Erde genießen können.

Tabelle 5: Bestehende Strukturen und Lösungsansätze

Aspekt	bestehende Struktur	neue, bahnbrechende Struktur
soziale Struktur	Herrschaft	Partnerschaft und Verantwortung
wirtschaftliche Struktur	stetes Wachstum	multidimensionaler Wandel
Wertschöpfung	Konzentration auf wirtschaftliche Werte	dynamisches Gleichgewicht von wirtschaftlichen, ethischen, emotionalen und spirituellen Werten
zugrundeliegende Prinzipien	Glaube an Fortschritt	Glaube an Neufindung, Kreativität und Unternehmertum

148 Unter einem »menschenwürdigen« Leben verstehen wir den Zugang zu sauberer Luft, Wasser und gesunder Ernährung sowie ein Leben in Frieden und Sicherheit; es schließt Möglichkeiten zu Bildung und persönlicher Entwicklung, den Zugang zur virtuellen Realität, die Entfaltung von Kreativität und des Unternehmertums und die Wahrung der Menschenrechte ein.

Joker-Ereignisse

Neben den bekannten Problemen und zu erwartenden Lösungen haben wir es mit Phänomenen zu tun, die den »Schwarzschwanereignissen« (siehe S. 59 f.) sehr ähneln. Sie treten mit geringer Wahrscheinlichkeit ein, haben aber eine enorme Wirksamkeit, wenn sie eintreten. Sogenannte »Joker-Ereignisse« passieren zufällig, sind ein bisschen wie ein Sechser im Lotto und können den Lauf der Welt radikal verändern. Joker-Ereignisse sind zum Beispiel wissenschaftliche oder technologische Entdeckungen wie die der kontrollierten Kernfusion, der Energie aus Antimaterie oder der Gravitation oder einer neuen Form der Fortbewegung oder gar die Entdeckung eines Zugangs zu einem Paralleluniversum. Joker-Ereignisse können auch gesellschaftliche Ereignisse sein wie die Inauguration einer Weltregierung, das In-Erscheinung-Treten eines charismatischen Führers, eine neue Weltreligion oder die Landung auf einem anderen Planeten. Derartige Ereignisse würden mit Sicherheit einen Richtungswechsel unserer Zivilisation auslösen.

Lösungs- und Veränderungsvorschläge

Alle Lösungen sind in einem großen Netzwerk, der »Edu-World«[149], miteinander verknüpft. Die notwendigen Lösungen und Veränderungen der Denk- und Handlungsmuster lassen sich in vier Blöcke unterteilen:

– Im ersten Block finden sich Lösungen für die Bereiche Gesellschaft und Politik. Er baut auf der neuen Struktur »Partnerschaft und Verantwortung« auf (und verlässt die Struktur »Herrschaft«).
– Der zweite betrifft die Bereiche Weltbild und Religion und stützt sich auf die neue Struktur der Akzeptanz und des Respektierens der Menschenrechte (weg von der Dominanz der ökonomischen Werte).
– Im dritten Block versammeln sich drei Kernbereiche: Umwelt, Wissenschaft und Technik sowie Arbeit und Unternehmertum. Ihre neue Basis sind ein zukunftsfähiger Wandel, das Zuhausesein in vielen Welten und neue Lebensstile.
– Der vierte Block beherbergt die Kunst, deren neue Struktur sie zum Motor des Wandels macht und mit der Edu-World verknüpft.

Wir betrachten die möglichen Lösungsansätze zunächst aus der Perspektive dieser vier Blöcke und versuchen am Ende, die Lösungen von einem ganzheitlichen Standpunkt, dem der Edu-World, aus zu bewerten.

---

149 Als »Edu-World« bezeichnen wir in Folge die globale elektronische Aus- und Weiterbildung.

DENKER VON MORGEN

Riane Eisler, Präsidentin des Centers for Partnership Studies

Dr. Eisler hat Bahnbrechendes in der Wissenschaft der komplexen Systeme erreicht und ist dafür vielfach ausgezeichnet worden, unter anderem mit dem »Humanist Pioneer Award« und der Mitgliedschaft in der »World Commission on Global Consciousness and Spirituality«.

Die Revolution der Verantwortung und Fürsorge

Schon Gandhi hat davor gewarnt, das Gewohnte mit dem Normalen zu verwechseln. Ungesunde Gewohnheiten sind uns nicht angeboren, wir haben sie uns angeeignet. Wir können sie also auch wieder ablegen und andere ermutigen, das Gleiche zu tun.

Viele Gepflogenheiten in der Wirtschaft sind aus einer verzerrten Wahrnehmung des menschlichen Wesens heraus entstanden und haben zu einer Doppelmoral geführt, die mit Mitgefühl und Verantwortung wenig anzufangen weiß. Die üblichen Maßstäbe für Produktivität erfassen unternehmerisches Handeln, das unsere Umwelt und unsere Gesundheit schädigt und der Natur und umweltschonendem Verhalten keinen Wert beimisst. Das Geld, das die Zentralbanken drucken und in Umlauf bringen, hat kaum mehr etwas mit echten, greifbaren Werten zu tun. In Quartalsberichten sucht man vergeblich nach der Berücksichtigung der gesundheitlichen Schäden und der Umweltbelastung, die die Produkte und Praktiken eines Unternehmens verursachen. Auch die Regierungspolitik gründet oft eher auf vagen Fantasien als auf konkreten Realitäten, wie es sich zum Beispiel dramatisch unter George W. Bush abzeichnete, als dieser den dringenden Aufruf, der konkreten Bedrohung durch die Erderwärmung durch handfeste Maßnahmen zu begegnen, schlicht überhörte und den Appell der Welt aussaß.

Wir haben die Wahl. Wir können uns weiter über Gier, Korruption und mafiöse Geschäftspraktiken beklagen. Wir können uns mit dem täglichen Stress abfinden, der den Versuch, Arbeit und Familie in Einklang zu bringen, oft scheitern lässt. Wir können resignieren und uns einreden, dass sich an der Politik, die unsere Natur zerstört, die die Kluft zwischen Arm und Reich immer größer werden lässt und unsägliches Leid verursacht, sowieso nichts ändern lässt. Wir können uns aber auch miteinander verbünden und eine vernünftigere, gesündere, fürsorglichere Wirtschaft und Kultur entwickeln.

Von der Entwicklung eines Problembewusstseins zum Handeln

Das bewusste Wahrnehmen von – potenziell besseren – Alternativen ist der erste Schritt zur Veränderung unseres Denkens, unserer Gefühle und unserer Handlungen. Wenn nur genügend Menschen ihre Einstellungen und ihr Verhalten verändern, verändert sich auch unsere Kultur. Mit der Gründung partnerschaftsorientierter Familien,

Arbeitsplätze und Gemeinden schaffen wir neue Regeln des täglichen Zusammenlebens. Diese neuen Regeln fördern wiederum das Zustandekommen partnerschaftsorientierter Beziehungen; und so können wir auch im wirtschaftlichen und politischen Umfeld damit anfangen, Beziehungsnetze neu zu spinnen. Dadurch werden sich unser Denken, Fühlen und Handeln, unsere mentalen Strukturen und Einstellungen zu verändern beginnen.

Dass das funktioniert, kann ich aus eigener Erfahrung bestätigen. Wie viele Leute dachte auch ich, dass ich persönlich zur Verbesserung der Welt nicht viel beizutragen hätte. Ich hatte sogar das Gefühl, dass sich noch nicht einmal an den unglücklichen Begebenheiten meines eigenen Alltags viel ändern ließ. Eines Tages stellte ich jedoch fest, wie unrecht ich in beiden Fällen hatte.

Sobald ich mich von dem Gefühl des Fremdbestimmtseins befreit hatte, von den Geschichten, die mir einst über die natürliche Ordnung der Dinge und meinen Platz als Frau in der Welt erzählt wurden, gab das meinem Selbstbewusstsein, meiner Energie und meinem ganzen Leben einen solchen Schub, wie ich es mir nie hätte vorstellen können. Anders als zuvor fühlte ich mich nicht mehr hilflos und überwältigt, sondern strotzte vor Energie und wollte gleich aktiv werden, politisch und sozial.

Überzeugt davon, dass die Ungleichbehandlung der Geschlechter mein Leben und das vieler Frauen bisher entscheidend eingeschränkt hatte, tat ich mich mit anderen zusammen, um mich für grundlegende Veränderungen zu engagieren. Wir hatten das Ziel, uns für die Abschaffung der damals üblichen Unterscheidung von Stellenanzeigen für Männer und Frauen (mit allerhand lukrativen Jobs für Männer und weitaus weniger attraktiven für Frauen) einzusetzen. Ich gründete das »Los Angeles Women's Legal Program«, das erste amerikanische Programm für Frauen in Fragen der Rechtsprechung. Wir boten Vorträge zur (damals legalen) Diskriminierung von Frauen und kostenlose Rechtsberatung für Geringverdienerinnen und arme Frauen an. Ich konnte auf die Rechtskenntnisse zurückgreifen, die ich im Laufe meiner Ausbildung erworben hatte, und verfasste einen Brief an das Oberste Bundesgericht der USA. Meine Forderung lautete: Frauen sind gemäß des »Equal Protection Clause«, des 14. Zusatzartikels der Verfassung, als gleichberechtigte Staatsbürger anzusehen. Ferner sind Gesetze abzuschaffen, die eine Diskriminierung aufgrund des Geschlechts einer Person zulassen.

Zusammen mit den Bemühungen anderer Frauen und Männer, die sich für eine bessere Gesellschaft einsetzten, zeigte mein Einsatz Erfolg: Jobanzeigen galten fortan für beide Geschlechter. Kurse in Rechtsberatung für Arme wurden eingerichtet, und die Gerichte begannen, ein diskriminierendes Gesetz nach dem anderen abzuschaffen.

Langsam wurde mir allerdings klar, dass Gesetzesänderungen zwar erheblich zur Weiterentwicklung von Bürgerrechten, Frauenrechten, wirtschaftlicher Gerechtigkeit und dem Umweltschutz beitragen konnten, jedoch nicht ausreichten, um die Welt wirklich zu verbessern. Als von uns hart erkämpfte Zugeständnisse kaum berücksichtigt wurden oder wieder verloren gingen, erkannte ich, dass wir weiter gehen mussten: in die Richtung eines fundamentalen kulturellen und strukturellen Wandels.

Die Frage, die mich damals umtrieb, lautete: Veränderung von wo nach wo? Kategorien wie Kapitalismus/Sozialismus, religiös/säkular, rechts/links und industriell/vor- oder nachindustriell würden meine Frage nicht beantworten können, denn sie täuschen unserem Bewusstsein etwas vor, da sie die soziale Bedeutung primärer menschlicher Beziehungen nicht berücksichtigen, obwohl diese genau der Ort sind, wo Menschen von klein auf lernen, Menschenrechte zu *achten* oder wo sie auch lernen, dass es normal ist, Menschenrechte zu *missachten*.

Als ich die Beziehungsgefüge zwischen Frauen und Männern sowie zwischen Eltern und Kindern in meine interkulturellen und historischen Studien einband, traten die Grundstrukturen von Partnerschafts- und Dominanzbestreben deutlich hervor. Ich entdeckte, dass diese beiden Konfigurationen unsere Denk-, Gefühls- und Handlungsgewohnheiten entscheidend beeinflussten und Familien, Religionen, Wirtschaft und Politik nachhaltig prägten. Ich merkte, wie sie die Geschichten, mit denen wir leben und sterben, berührten, und entdeckte, dass sie sogar die Entwicklung unseres Gehirns beeinflussten.

Schließlich fand ich heraus, dass eine von einem Ethos der Beherrschung und der Vereinnahmung geleitete Hochtechnologie unser Leben und das unserer Kinder ernsthaft bedroht. So begann ich, nach Eingriffsmöglichkeiten in unseren potenziell tödlichen Kurs zu suchen, und erkannte, dass einer der entscheidendsten Eingriffe eine fundamentale Neuordnung des Wirtschaftssystems bedeuten würde.

Die dringende Notwendigkeit einer ökonomischen Restrukturierung

Ich bin selbstverständlich nicht die Einzige, die eine grundlegende Restrukturierung des ökonomischen Systems für dringend erforderlich erachtet. Wie der »Earth-Policy«-Gründer Lester Brown betont, ist der aktuelle ökonomische Kurs nicht zu halten. Brown hat nachgewiesen, dass Wälder sterben, Wüsten sich ausbreiten, Wasserstände sinken, Boden erodiert, der Fischfang kollabiert und das arktische Eis schmilzt. Der Verbrauch grundlegender Güter wie Lebensmittel und Wasser steigt exponentiell an. China hat die USA in seinem Getreide-, Fleisch- und Stahlkonsum schon überholt. Dies trifft auch auf den Energieverbrauch zu. Wenn sich die Wachstumsrate der chinesischen Wirtschaft weiter, wie aktuell, bei 8 % hält, wird allein China im Jahre 2031 schätzungsweise 99 Milliarden Barrel pro Tag verbrauchen – 20 Millionen Barrel pro Tag mehr als die ganze Welt heute verbraucht. Ähnliche Nachfragen werden von Indien ausgehen, eine Ökonomie, von der erwartet wird, dass sie China 2030 wirtschaftlich überholt.

Um aber einen ökonomischen und ökologischen Zusammenbruch zu verhindern, warnt Brown, müssen wir die Weltwirtschaft neu strukturieren, ein umfassendes Armutsbekämpfungsprogramm entwickeln und bereits beschädigte ökologische Systeme wiederherstellen. Er drängt uns, unsere Konsummuster zu überdenken, auf Wind-, Solar- und andere alternative Energietechnologien umzusteigen und das weltweite Bevölkerungswachstum zu verlangsamen. »Plan A, business as usual, kommt nicht mehr in Frage«, schreibt er. »Wir müssen uns rasch um Plan B kümmern, bevor die Geopolitk der Öl-, Getreide- und Rohstoffknappheit zu ökonomischer Instabilität, politischem Konflikt und einer Zerstörung der Sozialgefüge führt, von denen der wirtschaftliche Fortschritt entscheidend abhängt.«

Brown hat natürlich recht. Vieles von dem, was er beschreibt, sind jedoch nur Symptome tiefer liegender Probleme, die die auf Marktbeherrschung ausgerichtete Wirtschaftspolitik und die damit verbundenen kulturellen Normen verursacht haben. Die ökonomische Umstrukturierung muss mehr verändern als das allgemeine Ressourcenverbrauchsverhalten. Neue Technologien müssen eingeführt und das Bevölkerungswachstum entschleunigt werden. Selbst wenn diese grundlegenden Veränderungen effektiv umgesetzt sind – was mit den aktuellen Normen und Regulierungen schwierig sein dürfte –, werden neue Krisen entstehen.

Die Veränderungen müssen noch weiter gehen. Wirtschaftssysteme sind vom Menschen geschaffen. Jede wirtschaftliche Institution und jedes Programm, ob es sich um eine Bank oder ein Unternehmen, eine Arbeitslosenversicherung oder die soziale Sicherheit handelt, ist eine menschliche Erfindung. Auch die Regeln der Wirtschaft, die wir für selbstverständlich halten, sind menschgemacht. Wir müssen entscheiden, welche ökonomischen Regeln wir aufrechterhalten wollen und welche wir entbehren können, und entsprechend neue Regeln für die Wirtschaft aufstellen, die den menschlichen Bedürfnissen tatsächlich gerecht werden. Wenn wir zusammenhalten und diese neuen Regeln einfordern, können wir alle zur Etablierung eines verantwortungsvolleren Wirtschaftssystems und einer gerechteren Welt beitragen.

Eine Veränderung der wirtschaftlichen, den Markt bestimmenden Regeln ist dringend geboten. Aktuell müssen Konsumenten und Steuerzahler zu oft für das Versagen skrupelloser Geschäftspraktiken herhalten. Leider gibt es noch viel zu wenige Anreize für Unternehmen, verantwortungsvoller zu handeln. Steuergutschriften für umweltfreundliche und sozial verantwortungsbewusste Firmen könnten etwas bewirken.

Auch die Erhebung hoher Steuern auf umwelt- und gesundheitsschädliches Verhalten könnte zu einer sozialeren Regierungspolitik gehören und Anreize schaffen.

Eine weitere Option, eine Politik für das Allgemeinwohl und zugleich eine Umstrukturierung der Marktwirtschaft zu ermöglichen, stellte die Besteuerung von Spekulationen auf dem Börsenmarkt dar. Die Besteuerung sehr kurzfristiger Transaktionen würde Spekulanten von diesen abhalten und Einnahmen für das Gesundheitssystem, die Kinderbetreuung, Bildung und andere Programme zur Förderung des Wohlergehens der Menschen weltweit generieren.

Ferner brauchen wir eine Wirtschaftspolitik, die die lokale Erzeugung von Lebensmitteln und anderen grundlegenden Gütern fördert. Die Kontrolle über grundlegende Ressourcen wie Wasser sollten Unternehmen vor Ort haben, damit sich ein Fall wie der in Bolivien, wo Bechtel (das größte Bau- und Anlagenbau-Unternehmen der USA) einen lokalen Wasseranbieter übernahm und die Preise unerhört in die Höhe trieb, nicht wiederholen kann.

Während die Wirtschaft kleine, lokale Unternehmen weiterhin unbedingt schützen sollte, sollte allen bewusst sein, dass klein nicht immer mit »schön und gut« einhergeht.

Auch kleine Unternehmen sind schon durch ungerechtes und ausbeuterisches Gebaren aufgefallen.

Wir brauchen universale Standards, die Arbeitnehmer, Konsumenten und die Natur in regionalen, nationalen und internationalen Unternehmen, unabhängig von ihrer Größe, schützen. Die Globalisierung des Handels könnte die Gelegenheit bieten, solche allgemein gültigen Standards durchzusetzen.

Mit Transporttechnologien, mit deren Hilfe der Globus binnen Stunden umrundet werden kann, und Kommunikationsmitteln, die dieses in Sekunden vermögen, steht der Globalisierung des Handels nichts mehr im Weg. Deshalb bedarf es einer Umstrukturierung des bestehenden Wirtschaftssystems, damit dieses gerechter und zukunftsfähiger wird.

Wir müssen ökonomische Strukturen schaffen, Regeln, Grundsätze und Verhaltensweisen einführen, die es uns ermöglichen, für uns selbst, für andere und die Natur zu sorgen, vom Privathaushalt bis zum Naturhaushalt. Gleichzeitig gilt es, den Wechsel zu partnerschaftlichen Kulturen und Strukturen weltweit zu beschleunigen, damit die Sorge füreinander höhere Wertschätzung erfährt.

Wenn wir eine allgemeinwohlorientierte Sozial- und Wirtschaftspolitik wollen, sollten gegenseitige Hilfe, Fürsorge und Verantwortung aufgewertet werden. Wenn wir eine saubere und gesündere Umwelt haben wollen, sollten wir uns besser um sie kümmern. Wenn wir menschenwürdigere Arbeitsplätze wollen, wenn wir für unsere Kinder die Erziehung und Bildung wollen, die sie für ein gutes Leben rüstet, wenn wir sicherere Straßen und ein liebevolleres Zuhause haben wollen, wenn wir in einer friedlicheren Welt leben wollen, dann sollten wir die Fürsorge für andere und ein allgemein sozialeres Verhalten in allen Lebensbereichen stärker unterstützen und wertschätzen.

Gesellschaft und Politik

To Do's:
- Anhebung der Lebensqualität für die Mehrheit der Menschen;
- Stabilisierung der Weltbevölkerung;
- langfristiger Rückgang der Geburtenrate auf ein niedrigeres, haltbares Niveau;
- Eindämmung der Gefahren, die vom globalen Terrorismus und den möglichen Kriegen um Ressourcen ausgehen;
- Bewältigung der Massenmigration und der breiter werdenden globalen Kluft.

Eine neue Gesellschaftsordnung etablieren

Um die vielen Herausforderungen unserer Gesellschaft bewältigen, die brennenden Fragen klären und der Welt über die Gefahren hinweg zu einer neuen Existenz verhelfen zu können, benötigen wir neue gesellschaftliche Rahmenbedingungen. Diese müssen mit einem allgemeinen weltumspannenden Wertesystem und der Idee einer multidimensionalen Transformation vereinbar sein (dazu genauer in dem Abschnitt zu Lösungen für den Bereich »Arbeit und Unternehmertum«). Die neue Ordnung müsste auch das aus den realen und virtuellen Dimensionen hervorgegangene »Metaversum« einschließen und den Künsten neue Spielräume eröffnen. Uns muss bewusst sein, dass die neue gesellschaftliche Ordnung auch die ökonomischen Rahmenbedingungen signifikant beeinflussen wird.

Eine solche strukturelle Veränderung bedarf der Weiterentwicklung von Denk- und Verhaltensmustern, weg von Herrschaft, hin zu Partnerschaft und Verantwortung, wie es Riane Eisler formuliert.[150] Herrschaft, so Eisler, gehe mit autoritären Strukturen, strengen Rangordnungen und Hierarchien und mit einem hohen Grad an Angst und Gewalt einher. Ihren speziellen Ausdruck finde sie in der Dominanz des Mannes über die Frau. Partnerschaft hingegen sei eine egalitäre Struktur der Vernetzung. Sie basiere auf den Prinzipien der Selbstverwirklichung, des gegenseitigen Vertrauens, einem niedrigen Grad an sozialer Gewalt und der Gleichberechtigung von Mann und Frau.[151] Während die »Herrschermacht« eine Macht über andere sei, gehe es bei der »Partnerschaftsmacht« um Macht mit anderen.[152]

Eisler konstatiert, dass ein Wirtschaftssystem, das dem Wohlbefinden und der Weiterentwicklung der Menschen dient und unser Ökosystem im Sinne des Wohls unserer Kinder und zukünftiger Generationen schützt, auf den Prinzipien der Verantwortung, der Lebenserhaltung und des Schutzes basieren müsse.[153] In ihrem Buch »The Real Wealth of Nations« fordert Eisler eine neue Wirtschaftstheorie für eine »allgemeinwohlorientiertere Wirtschaft«, die auf dem Partnerschaftsmodell basiert. Zweifelsohne würde sich ein Wechsel von einem »Herrschafts-« zu einem »Partnerschaftsmodell« bedeutend auf unser Leben auswirken. In Bezug auf die in diesem Buch adressierten Zukunftsfragen würde ein Wandel unsere Fähigkeiten enorm steigern, neue Lösungen zu finden und

---

150 Eisler, R. (1987). The Chalice and the Blade: Our History, Our Future. San Francisco: Harper & Row. Eisler, R. (2002). The Power of Partnership: Seven Relationships That Will Change Your Life. Novato: New World Library. Eisler, R. (2007). The Real Wealth of Nations. San Francisco: Berrett-Koehler.
151 Eisler, 2002, S. 212 f.
152 Montouri, A., Conti, I. (1993). From Power to Partnership. San Francisco: Harper & Row, S. 20.
153 Eisler, 2007, S. 28.

umzusetzen. Er würde das ganze »Setting« verändern und damit möglicherweise zum wichtigsten Motor der Transformation und des Anpassungsprozesses werden, den es zu durchlaufen gilt.

Ein gesellschaftlicher Rahmen, der auf den Prinzipien der Partnerschaft und Verantwortung basierte, würde eine neue Gesellschaft entstehen lassen, in der das Motiv der Herrschaft (und damit verbunden der Zerstörung) an Bedeutung verlöre. Trotzdem müssen wir uns wohl an den Gedanken gewöhnen, dass sich die Welt nach dem Zusammenbruch gravierend von der Welt heute unterscheiden wird. Die Welt, wie wir sie heute kennen, wird es nicht mehr geben.

Auch wenn ein Zusammenbruch das Problem der Überbevölkerung sicher lösen würde, wären danach nicht mehr allzu viele Menschen da, die ihr Leben genießen könnten. Deshalb ist es zum Beispiel wichtig, den Klimawandel zu stoppen, bevor es zu spät ist. Und wenn wir die tödliche Bedrohung, die von den neuen Massenvernichtungswaffen ausgeht, nicht in Griff bekommen, müssen wir uns wegen der Überbevölkerung sowieso keine Sorgen mehr machen. Andere Probleme wie der Zeitpunkt des Peak Oil, eine Reihe von Stromausfällen aufgrund schlechter Infrastruktur, Wasser- und Lebensmittelknappheit oder ein »Schwarzschwanereignis« könnten sich aber genauso verheerend auswirken. Ferner wissen wir nicht, wie lange die Ökosysteme, von denen wir abhängen, weiter funktionieren. Außerdem haben wir mit einer wachsenden globalen Polarisierung zu kämpfen. All das zu einer Zeit, in der wirtschaftliche Werte überwiegen und sich die Selbstsucht breit macht. Eine spirituelle Erneuerung könnte nun entscheidend sein.

Wir müssen die Textur der sozialen Wertschöpfung neu erfinden, damit die materiellen Werte ihr dramatisches Übergewicht verlieren. Die vier Kernwerte – der materielle, der ethische, der emotionale und der spirituelle – müssen ein Gleichgewicht bilden. Spirituelle Werte sind jedoch grundlegend. Es ist an der Zeit, den Sinn von Gesellschaft und Wirtschaft neu zu definieren. Dafür gilt es, einige wichtige Fragen zu beantworten: Wollen wir der Mehrheit der Weltbevölkerung ein angemessenes, menschenwürdiges Leben ermöglichen oder soll dies nur einer kleinen Minderheit vorbehalten bleiben? Was ließe sich in Anbetracht dessen, dass selbst der Lebenswandel der entwickelten Länder für eine kleine Minderheit unhaltbar ist, als angemessenes Leben definieren? Es liegt auf der Hand, dass die Konzentration auf materielle Werte die Ökosysteme gefährlich belastet und die globale Schere zwischen Arm und Reich weiter auseinandertreibt.

Wir brauchen eine Gesellschaft, in der der Wunsch nach Beherrschung nur noch marginal vorhanden ist. Die Kernthemen der Zukunft lassen sich nur gemeinsam und partnerschaftlich lösen. Die Lebensqualität der Menschen zu erhöhen, ohne gleichzeitig Abstriche angesichts der rasant wachsenden Bevölkerung zu machen, ist fast unmöglich.

Wenn der Sinn einer Gesellschaft darin liegt, die Grundlagen für unser Wohlbefinden zu schaffen, und das betrifft auch die Weltgesellschaft, dann muss sich der Stellenwert von Wirtschaft und Politik verändern. Wie sollte die Wirtschaft beschaffen sein, wenn ihr Sinn darin liegt, die für ein anständiges Leben erforderlichen Güter und Leistungen bereitzustellen, ohne die Umwelt zu schädigen oder die globale Kluft weiter zu verbreitern? Wie lässt sich Veränderung herbeiführen, ohne in die Utopie des Sozialismus abzugleiten? Welche Art von Weltführung brauchen wir?

Soziale Wertschöpfung neu definieren

Wenn wir möglichst vielen Menschen ein angemessenes Leben ermöglichen und dabei globale Verantwortung für ihre Zukunft übernehmen wollen, bedarf es einer Neudefinition der Art, wie soziale Werte geschaffen werden. Zunächst gilt es, die Werte neu zu definieren, die wir als Ergebnis der sozialen Wertschöpfung erzielen wollen (siehe Abbildung 14).

Folgende Werte gilt es zu erhalten: Sicherheit, Schutz, Frieden und Freiheit; Vielfalt, Vertrauen und Toleranz; Lebensqualität; weltweite Bildungsmöglichkeiten, Unterhaltung und Edutainment (unterhaltsames Lernen); kulturelle Vielfalt; Religionsfreiheit; Verantwortung.

Bevölkerungswachstum stoppen

Während wir uns bei der durchgeplanten Zucht von Pflanzen und Tieren wie die Götter aufführen, verhalten wir uns bei der ungeplanten Zucht unserer selbst wie Karnickel.

Arnold J. Toynbee[154]

Mit der neuen gesellschaftlichen Ordnung, die auf Partnerschaft und Verantwortung beruht, lassen sich leichter Antworten auf die brennenden Fragen der Überbevölkerung und der kriegerischen Auseinandersetzungen finden.

Da die Erde mit Ausnahme der Sonnenenergie ein geschlossenes System ist, müssen wir einerseits geschlossene Kreisläufe für den Verbrauch lebenswichtigen Ressourcen (Luft, Wasser, Lebensmittel) und für die Produktion von Gütern und Dienstleistungen etablieren, die die Sonnenenergie nutzen. Andererseits müssen wir das Bevölkerungswachstum eindämmen, indem wir die Menschen über die Folgen des weiteren Wachstums informieren und Hilfestellungen zur Familienplanung geben. In einer partnerschaftsorientierten Gesellschaft verfügten Frauen bei der Familienplanung über die gleiche Entscheidungsgewalt wie Männer. In einer solchen Gesellschaft würden die entwickelten Staaten, Regio-

---

154 http://www.brainyquote.com/quotes/authors/a/arnold_j_toynbee.html

Definition	Sozialmodelle und -prinzipien	Hauptmotoren	Gesellschafts- ordnung
– Welche Werte wollen wir verwirklichen? – Welche Werte sind realistisch abrufbar?	– von stetem Wachstum zu einer multidimensio- nalen Transformation – Wertegleichgewicht	– Bewegung weg von Gier und Angst, hin zu Unternehmertum und Innovation – weg von Macht und Kontrolle, hin zu Verantwortung und erfüllender Leistung	– von Herrschaft zu Partnerschaft und Verantwortung – von der Anhäufung von Reichtum einiger weniger zu Lebensqualität für eine große Mehrheit

Abbildung 14: Strukturen für eine soziale Wertschöpfung

nen und Städte Partnerschaften mit Entwicklungsländern, -regionen und -städten eingehen, um ihnen zu helfen, sich schneller zu entwickeln und das Bevölkerungswachstum zu verringern. Aus der Erfahrung wissen wir, dass sich die Lebensqualität umgekehrt proportional zu der Anzahl der Kinder pro Familie verhält. Das würde langfristig zu einer stabilen und damit haltbaren Bevölkerungsrate führen.

JENSEITS DER KOMFORTZONE

Transformationsprojekt: Überbevölkerung stoppen

Das Prinzip der Kindergeldzahlung umkehrend, würden verheiratete Paare in Entwicklungsländern eine erhebliche Zahlung für die Ausbildung ihrer Kinder erhalten, so lange sie nur zwei hätten. Ab dem dritten Kind gäbe es kein Geld mehr. Das Geld würde bis zum 20. Lebensjahr der Kinder gezahlt, solange sie unverheiratet wären und sich in einer Ausbildung befänden. Sobald die Kinder eine Arbeit annähmen und selber Geld verdienten, würde die Zahlung eingestellt.

Für eine oder zwei Generationen wird es vielleicht nötig sein, sich auf ein Kind zu beschränken, um eine Verringerung der Weltbevölkerung zu erreichen.

Zusätzlich würden Familien in diesem Projekt Zugang zu Familienplanungszentren haben. Frauen, die an dem Programm teilnähmen, würden des Weiteren zu speziellen Frauenbildungskursen eingeladen. Das Projekt würde von der Weltbank und dem Internationalen Währungsfonds getragen und jeweils von den Industrienationen gefördert, die wiederum ihre Entwicklungshilfe auf humanitäre Unterstützungsprogramme für Katastrophenfälle beschränken würde.

Dieses Projekt würde die Armut verringern und sich sowohl positiv auf die Wirtschaft als auch auf die Lebensqualität auswirken. Wohl am wichtigsten aber wäre sein Einfluss auf das Bevölkerungswachstum.

Nach Partnerschaft und Verantwortung streben

Je stärker der Wunsch nach Dominanz und Kontrolle in Schach gehalten wird, desto geringer ist die Gefahr gewalttätiger Konflikte; und die Konflikte, die dennoch entstünden, würden weitaus seltener unter Einsatz von Gewalt gelöst werden müssen. Eine Weltgesellschaft, die auf Partnerschaft und Verantwortung beruhte, würde sich aus Staaten zusammensetzen, die gar nicht das Bedürfnis hätten, in andere Länder einzufallen oder sie zu beherrschen. Ein gutes Beispiel ist hier die bewaffnete Neutralität der Schweizer Eidgenossenschaft, die sich nicht aktiv an internationalen bewaffneten Konflikten beteiligt, den Einsatz von Waffen zur Verteidigung des eigenen Landes im Falle eines Angriffs von außen jedoch erlaubt. Neutralität gilt nicht nur als Heilmittel gegen Konflikte mit fremden Mächten; sie trägt auch zu innerer Stabilität und innerem Frieden bei.[155]

Zur Gewährleistung des Friedens bedürfte es vielleicht einer starken, von der UNO geführten Armee. Auch ein internationales Tribunal, vor dem Kriegsführer zur Verantwortung gezogen würden, könnte helfen. Des Weiteren sollten Länder, die unter den Folgen von Kriegen zu leiden haben, die Länder anzeigen dürfen, die die Konfliktparteien mit Waffen versorgt haben.

Bürgerbewegungen weltweit, die auf den Prinzipien des Multikulturalismus, der Toleranz, des politischen Pluralismus und der Demokratie gründen, werden sich in Zukunft besser organisieren und eine größere Rolle in der internationalen Politik spielen. Ihre Anzahl wird womöglich ins Unendliche schießen, wenn den Menschen erst das Ausmaß der drohenden Krise bewusst wird. Das »Metaversum« wird es ihnen erlauben, eine Art globale Bürgerschaft mit lokalen Wurzeln anzutreten.

JENSEITS DER KOMFORTZONE

Transformationsprojekt: Partnerschaft fördern

Es ist höchste Zeit, das Dominanz- und Kontrollprinzip der Gesellschaft durch etwas anderes zu ersetzen. Weg von dem Wunsch nach Herrschaft, hin zu Partnerschaft und Verantwortung müssen wir uns bewegen. Jeder weiß, dass es besser ist, zusammen für etwas einzustehen, anstatt allein kämpfen zu müssen. Deshalb fallen die Vokabeln Zusammenarbeit und Teamwork so oft im politischen Diskurs. Die Wirklichkeit sieht jedoch häufig anders aus. Viele Menschen haben ihr Vertrauen in die politische und wirtschaftliche Führung verloren. Obwohl Partnerschaft die Grundlage für Glück und Zufriedenheit in unseren privaten Beziehungen, für unternehmerischen Erfolg und für

---

155 http://www.eda.admin.ch/eda/de/home.html

das Wohlbefinden der Gesellschaft ist, wissen die meisten Leute gar nicht, wie sich Kooperation, Teamwork und Partnerschaft realisieren lässt.

Partnerschaft ist ein beiderseitig vorteilhaftes Verhältnis zwischen Menschen, Organisationen oder Staaten, das auf Respekt, Toleranz und Sympathie beruht. Weiter gefasst spricht man auch von Partnerschaften zwischen »Wesen«, zum Beispiel von Tieren oder mit der Natur. Partnerschaft ist eine Form der Zusammenarbeit und des Zusammenlebens, die auf einer gemeinsamen Basis (GB), auf offener Kommunikation (OK) und gegenseitigem Vertrauen (GV) beruht:

Kooperation = (GB x OK x GV)

Diese Formel verdeutlicht, dass alle drei Faktoren gleichermaßen vorhanden sein müssen. Partnerschaften müssen aufgebaut, entwickelt und gepflegt werden. Alle Beteiligten sollten ein gemeinsames Verständnis der Gemeinschaftsaktivitäten und eine gemeinsame Vision ihres Ziels haben. Darauf baut alles Weitere auf. Ferner bedarf es der offenen Kommunikation und der Gewährleistung, dass die relevanten Informationen fließen, unabhängig davon, ob sie objektiv oder subjektiv, gut oder schlecht sind. Schließlich sollten die Beteiligten wissen, was sie von den Hauptinteressenvertretern der jeweiligen Initiative bzw. des Projekts erwarten können. Sie müssen wissen, welche Erfahrungen und Fähigkeiten vorhanden sind und was jedes Teammitglied einbringen möchte und kann. Andere Kulturen und Traditionen sind zu respektieren. Das verstehen wir unter gegenseitigem Vertrauen.

Es bedarf eines gehörigen Maßes an Anstrengung und Reife, eine Beziehung aufzubauen, die auf einer echten Partnerschaft basiert. Wir müssen uns Zeit nehmen, um sowohl unsere eigenen Erwartungen und Wünsche als auch die des Partners zu erkennen und einen gemeinsamen Verhaltenskodex zu entwickeln. Die Partner müssen imstande und bereit sein, sich zu verändern und an der Partnerschaft zu arbeiten. Das schließt auch die Fähigkeit und Bereitschaft ein, offen über die Beziehung zu sprechen und möglichen Änderungsbedarf zu artikulieren. Ohne gegenseitige Akzeptanz und Respekt ist das allerdings nicht möglich. Die Schwierigkeiten bei Aufbau und Pflege einer Partnerschaft steigen mit der Anzahl der Teilnehmer exponentiell an. Die stärkste Partnerschaftsform ist für gewöhnlich die Liebesbeziehung.

Die Todsünden der Partnerschaft
- Dominanzstreben – das tödlichste Gift einer Partnerschaft!,
- Fehlen des gegenseitigen Respekts,
- Fehlen einer gemeinsamen Basis,
- unzureichende offene Kommunikation,
- zu geringes gegenseitiges Vertrauen,
- Missbrauch der Beziehung.

Riane Eisler weist darauf hin, dass die Sorge umeinander und die Verantwortung füreinander die wichtigsten Faktoren für das Überleben und die Entwicklung eines Menschen sind. Eine fürsorgliche Orientierung schließe das Interesse am Wohlbefinden, an unserer eigenen Entwicklung sowie der der Menschen um uns herum und den Schutz unserer Umwelt ein.[156]

Die Suche nach den Antworten auf die größten Fragen, die uns Menschen bewegen, ist ein hervorragender Ausgangspunkt für die Erprobung von Partnerschaft und Verantwortung. Der Schulterschluss von Kunst, Medien und Edu-World, den wir später genauer beleuchten, könnte weltweite Partnerschaftsprojekte optimal anstoßen und fördern.

Das »Metaversum« würde es den Menschen erlauben, virtuell schon jetzt das zu erleben, was in Zukunft Realität sein wird.

Weltbild und Religion

To Do's:
– Entwicklung und Einführung weltweit geltender Werte,
– Eindämmung des religiösen Eifers.

Die Suche nach universellen Werten und deren Einhaltung

Die Welt scheint heutzutage zwischen zwei Gegensätzen hin- und hergerissen zu sein. Auf der einen Seite beobachten wir einen Hang zum Fundamentalismus, der in Terrorismus mündet, und auf der anderen einen Säkularismus, der zu einseitigem Materialismus führt. Die eine Seite setzt die Welt wegen religiöser Prinzipien bereitwillig aufs Spiel, die andere zerstört sie aus Profitgier und auf Kosten der Umwelt.

Fundamentalismus und Säkularismus sind beides »Entweder-oder«-Einstellungen, deren Anhänger andere Vorstellungen und Glaubensrichtungen nur schwer akzeptieren. Fundamentalismus bedeutet, dass sich Menschen auf die Wurzeln ihrer Religion zurückbesinnen und diese als allgemein- und letztgültige Wahrheiten ansehen, es handelt sich um ultrakonservative oder gar militante Bewegungen. Heute taucht die Bezeichnung »Fundamentalist« meist im Kontext des Islam auf. Ursprünglich wurde er jedoch im nordamerikanischen Protestantismus des frühen 20. Jahrhunderts geprägt, wo er noch immer präsent ist. Heutzutage lassen sich fundamentalistische Strömungen in allen Religionen beobachten. Fundamentalisten wollen, dass ihre Religion zur Grundlage eines jeden Staats wird (wie z. B. die Sharia, die sich unter anderem aus den Lehren des Korans und der Sunna zusammensetzt).

156 Eisler, 2007, S. 16.

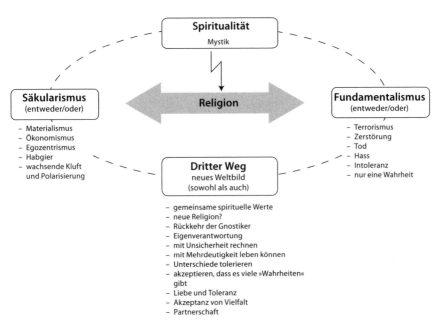

Abbildung 15: Säkularismus, Religion und Fundamentalismus:
Die Suche nach einem dritten Weg

Der Säkularismus fordert radikale Religionsfreiheit und eine scharfe Trennung von Religion und Staat. Er steht in einem engen Zusammenhang mit der Modernisierung der Gesellschaft. In diesem Kontext stellt die Türkei einen interessanten Fall dar. Obwohl die Türkei ein islamisches Land ist, verfolgt sie eine der strengsten Separationen von Religion und Staat. Unter den entwickelteren Ländern trennt nur Frankreich ähnlich scharf.

Die Frage ist, ob es nicht einen »dritten Weg« geben könnte, der weder zu dem einen Extrem (Fundamentalismus) noch zu dem anderen (Säkularismus) führt (siehe Abbildung 15).

Auf dem Weg zu einem universellen Wertekanon

Die vier Wertekategorien (wirtschaftlich, ethisch, emotional und spirituell), die tief im Menschen verwurzelt sind, müssen ins Gleichgewicht miteinander kommen. Wir werden im Folgenden von einem »universellen Wertekanon« reden. Dieser sollte mehrheitlich akzeptiert sein und die Funktion eines Wegweisers in eine neue, »nachapokalyptische« Welt haben. Er sollte auch für das »Metaversum« gelten. Aus dem Inhalt dieses und des vorangehenden Kapitels lassen sich bereits einige Werte extrahieren, die gut in das vorgeschlagene Schema passen:

Zusammenarbeit und Partnerschaft, Toleranz der Vielfalt, Respekt vor dem Leben, Respekt vor der Natur und ein würdiges Leben für die Mehrheit der Weltbevölkerung (siehe Abbildung 16).

Der Versuch, die Werte, die allen Gesellschaften auf der Welt gemein sind, zu ermitteln und zu verbreiten, ist ein relativ neues Forschungsgebiet, mit dem sich mittlerweile auch verschiedene Initiativen und Projekte befassen. Die wichtigste ist wohl die »Earth-Charter«-Initiative.[157] In einer Prinzipienerklärung für eine gerechte, nachhaltige und friedliche Welt ruft sie dazu auf, gemeinsam Verantwortung für die Menschheit und alle Lebewesen zu übernehmen. Sie ist in einem zehnjährigen Prozess entstanden, der von der Basis ausging und in den Tausende von Menschen aus vielen verschiedenen Ländern einbezogen wurden. Die »Earth Charter« ist eine weit anerkannte, globale Konsenserklärung zu Ethik und Werten für eine nachhaltige Zukunft. Sie wird bereits von über 2.000 Organisationen, darunter auch Weltorganisationen wie die UNESCO, formal anerkannt.

Die »Earth Charter«[158] basiert auf 16 Prinzipien, die sich in vier Unterkategorien einteilen lassen:

– Respekt vor und Verantwortung für alle Lebewesen,
– ökologische Ganzheit,
– soziale und wirtschaftliche Gerechtigkeit,
– Demokratie, Gewaltfreiheit und Frieden.

Ein weiteres bedeutendes Dokument in diesem Zusammenhang ist die »Declaration Toward a Global Ethic« (Erklärung zum Weltethos)[159], die 1993 vom Parlament der Weltreligionen in Chicago verabschiedet wurde. Die Erklärung propagiert den Respekt vor dem Leben an sich, ökonomische Gerechtigkeit und Solidarität, Toleranz und Wahrhaftigkeit sowie die Gleichberechtigung von Mann und Frau. Sie stellt den Versuch dar, religiöse und spirituelle Antworten auf die kritischen Fragen zu finden, die uns alle umtreiben. Der Rat der Weltreligionen befasst sich weiter mit diesem Thema.[160]

Die »International Association for Human Values« (IAHV)[161] ist eine internationale humanitäre und pädagogische Nichtregierungsorganisation, die sich auf eine Wiederbelebung der menschlichen Werte in allen Bereichen des Lebens weltweit einsetzt. Laut IAHV bedarf es als Wertegrundlage nur eini-

---

157 http://www.earthcharter.org. Siehe auch http://www.erdcharta.de/oi-cms/text-erdcharta_intro.html

158 Eine Informationsbroschüre über die Earth Charter ist als Download unter http://www.earthcharter.org verfügbar.

159 Declaration Toward a Global Ethic. http://www.parlamentofreligions.org/_includes/FCKcontent/File/TowardsAGlobalEthic.pdf

160 http://www.cpwr.org

161 http://www.iahv.org/home.asp

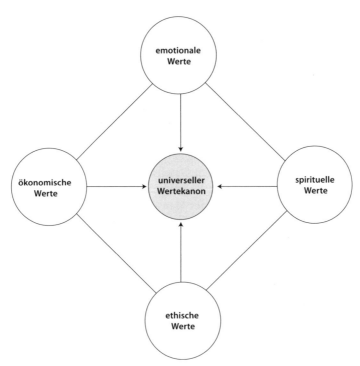

Abbildung 16: Auf dem Weg zu einem universellen Wertekanon

ger Schlüsselprinzipien. Darunter fallen: Integrität, Partnerschaft und Gewaltlosigkeit, die Achtung der Würde des Menschen, das Streben nach Frieden und Glück; das Bedürfnis, das Beste in jedem Menschen hervorzubringen, und der Respekt vor der Umwelt.

Neben den religiösen Organisationen setzen sich vor allem die »International Humanist and Ethical Union« (IHEU), ein weltweiter Zusammenschluss von über 100 humanistischen, säkularen, ethischen, atheistischen und freidenkerischen Organisationen in über 40 Ländern (1952 gegründet), für einen Wertekanon für die globale Welt ein. Gerald Larue meint, dass humanistische Werte im 21. Jahrhundert global sein, auf einer familiären Ethik basieren und eine Überlebensethik einschließen müssten. Humanistische globale Überlebenswerte für das 21. Jahrhundert erfordern, dass wir einander wie Familienmitglieder behandeln und uns um die Gesundheit und das Wohlergehen aller Mitglieder der Menschenfamilie kümmern. Schließlich bedarf es der direkten Vermittlung der humanistischen Werte.[162]

162 Larue, G. A. (1998). Human Values for the 21st century. http://www.humanismtoday.org/
     vol12/larue.html

Wissenschaftliche Studien belegen, dass die Moral auf Empathie beruht und dass viele Aspekte der Moral in unserem Gehirn zusammenlaufen. Des Weiteren sind Gefühle zentral für moralisches Denken.[163] Hier können wir von indigenen Völkern, vor allem denen, die tausende oder sogar zehntausende Jahre alt sind, eine Menge lernen. Sie haben es geschafft, länger als alle bestehenden Zivilisationen zu überleben. Viele haben existenziell bedrohliche Krisen bewältigt.[164] Ihre Erfahrungen und Einsichten können für uns in diesem Kontext von unschätzbarem Wert sein.

Wir haben einen dringenden Bedarf an gemeinsamen ethischen Verhaltensregeln, die den vielen verschiedenen Gesellschaften der Welt bereits zugrunde liegen und sich zu einem globalen Verhaltenskodex entwickeln lassen. Eine Ermittlung allgemeingültiger Werte des Menschen kann ein hilfreicher Schritt in diese Richtung sein. Einer dieser Kodizes ist schon niedergelegt und angenommen. Seine Implementierung wird aktuell vom UN-geleiteten »Global Compliance Committee« begleitet. Ein guter Ausgangspunkt könnte aber zunächst die Allgemeine Erklärung der Menschenrechte sein.[165]

DENKER VON MORGEN

Sue Howard und Yochanan Altman

Spiritualität in Organisationen

Hinter dem Ausdruck »Spiritualität in Organisationen« verbirgt sich eine Vielzahl von Konzepten. Im Zentrum steht die Vorstellung, dass der Geist (lat. »spiritus«) die Realität ist, auf der alles aufbaut. Einige Naturwissenschaftler (Russell, Davies, Sheldrake), Philosophen (Wilber) und Psychologen (Grof) vertreten eine holistische Vorstellung von der Realität, die unter anderem zu einem »neuen Paradigma« über das Leben, das Universum und alles andere geführt hat. Das ist insofern bedeutend, als die Art, wie wir die Dinge in der Welt betrachten (unsere Weltanschauung), unser Bewusstsein beeinflusst, während unser Denken wiederum unser Verhalten prägt. Das neue Paradigma postuliert, dass Wissen nicht nur in unseren Sinnen und im Gehirn verankert ist, sondern im Grunde der Seele entspringt.

163 Vedantam, S. (2007). It Feels Good to Be Good, It Might Be Only Natural. http://www.washingtonpost.com/wp-dyn/content/article/2007/05/27/AR2007052701056.html

164 Jared Diamond berichtet von unterschiedlichen Erfolgsgeschichten in »Collapse: How Societies Choose to Fall or to Survive« (Penguin: Harmondsworth, 2005, S. 277–308). Auf Deutsch: Diamond, J. (2006). Kollaps: Warum Gesellschaften überleben oder untergehen. Frankfurt a. M.: Fischer.

165 http://www.amnesty.de/alle-30-artikel-der-allgemeinen-erklaerung-der-menschenrechte

Das neue Paradigma begann langsam auch das Denken im Management zu beeinflussen. Im Folgenden stellen wir das alte und das neue Paradigma des Managements im Vergleich dar (in Anlehnung an Howard u. Welbourn, 2004, S. 32).

altes Paradigma	neues Paradigma
cartesianische/reduktionistische/mechanistische Vorstellung von Realität	holistische/ökologische/systemische Vorstellung von Realität
Die Welt setzt sich aus einzelnen, definierten Elementen zusammen und ist endlich.	Die Welt ist ein komplexes, intern vernetztes, unendliches, ökologisch-sozial-psychologisch-ökonomisches System.
Schwarz-Weiß-Blick auf die Realität; es gibt eine überschaubare Anzahl einander ähnelnder Gesetze, die für alles gelten.	Verschiedene Gesetzmäßigkeiten gelten für verschiedene Realitätsebenen.
Die Welt ist zu manipulieren und zu kontrollieren.	Wir müssen uns der Welt überlassen und sie genießen.
Konzentration auf Form und Funktion	Konzentration auf Energie und Bewegung
Die Vernunft ist die einzig verlässliche Richtschnur.	Sowohl die Intuition als auch die Vernunft sind von Bedeutung.
Veränderungen verlaufen geradlinig und schrittweise, sie sind beeinfluss- und vorhersagbar.	Veränderungen sind multikausal, das heißt, sie haben eine Vielzahl von Ursachen, können plötzlich eintreten und sind unvorhersehbar.
Ereignisse und Situationen werden kategorisiert und ihre Auswirkungen über die Anwendung bekannter Gesetze kontrolliert.	Jede Situation und jedes Ereignis ist einmalig. Ihre Auswirkungen lassen sich nicht einfach durch die Anwendung allgemeiner Gesetze kontrollieren.
Zum Erledigen einer Aufgabe ist es nicht von Bedeutung, was ein Mensch denkt und fühlt.	Vertrauen, Erwartungen und Liebe sind besonders wichtig, um Dinge umzusetzen.
Wahres Wissen ist leidenschaftslos, gleichgültig.	Alles Wissen ist »interessiertes Wissen«.
Menschen sind Angestellte. Ihr Privatleben hat am Arbeitsplatz nichts verloren.	Menschen sind multidimensionale Wesen, die ein Leben außerhalb ihrer Arbeitsstelle haben, das für ihren Job bedeutend ist.
Materielle, aufgabenbezogene Belohnungen steigern die Motivation.	Suche nach Erfüllung durch die Chance, hohe (sogar kosmische) Ziele zu verfolgen, die mit den tiefsten spirituellen Werten der Menschen in Einklang stehen.
Menschen lassen sich mit Gesetzen und Vorschriften gefügig machen.	Anpassung und Harmonisierung durch Engagement für eine gemeinsame Vision
Der Vorgesetzte kontrolliert die Arbeit.	Die Aufgabe des Vorgesetzten ist es, seine Mitarbeiter zu inspirieren und ihnen Dinge beizubringen.
Probleme werden von oben gelöst.	Probleme werden unter Beteiligung aller gelöst.
Es gibt einen Königsweg, einen besten Führungsstil.	Führung ist eine Kunst.

Die Betrachtung von Organisationen (Unternehmen, Betriebe, Institutionen) durch die Brille des neuen Paradigmas geht mit einer neuen Offenheit gegenüber den Dingen des Geistes einher. Seit der Mitte der 1980er Jahre ist zu beobachten, dass die Spiritualität zunehmend in den Fokus der Frage rückt, welche Bedeutung sie für Organisationen haben könnte. John D. Adams war einer der ersten Autoren, die sich mit diesem Thema beschäftigten. Er meinte, dass die Spiritualität ein entscheidender Bestandteil der »fortgeschrittenen Alternative« zum alten Paradigma sei. In den späten 1990ern wurde die »Academy of Management« gegründet, eine Gesellschaft für Management, Spiritualität und Religion, die heute mehr als 700 Mitglieder zählt. Die erste Zeitschrift, die sich auf dieses Thema spezialisierte, war das »Journal of Management, Spirituality & Religion«, das 2004 zum ersten Mal erschien (www.jmsr.com). Das »International Centre for Spirit at Work« (www.spiritatwork.org) zeichnet jedes Jahr Organisationen aus, die sich besonderes im Bereich der Förderung und Bildung des menschlichen Geistes engagieren. Die Vielzahl der publizierten Artikel und Bücher, Webseiten und Diskussionsforen bestätigt die wachsende Anziehungskraft und Popularität dieses Themas.

Jedoch ist »Spiritualität« auch Gegenstand vieler Diskussionen, da jeder etwas anderes darunter versteht. Längst nicht alle sind davon überzeugt, dass Spiritualität Sinn stiftet, dass Spiritualität Menschen miteinander verbindet und die Welt verbessert. Vor kurzem berichtete die BBC von einer Umfrage, die die christliche Entwicklungshilfeorganisation »Tearfund« durchgeführt hatte. Die Umfrage zeigte, dass von 1.000 zufällig ausgewählten Personen (über 16 Jahre) eine(r) von sechs täglich und eine(r) von vier mindestens einmal pro Woche betete(n). Selbst Menschen ohne religiösen Hintergrund gaben an, regelmäßig zu beten, 12 % manchmal. Nach dem Gebet, berichteten 38 %, fühlten sie sich »ruhiger und zufrieden«, und 57 % sagten, dass das Beten ihr Leben verändert habe. Die »National Secular Society« konterte, dass die Umfrage nur die sinkende Popularität des Gebets und der Religiosität im Allgemeinen verschleiern wolle, und behauptete: »Von denen, die beten, haben 62 % nicht den Eindruck, ruhiger und zufriedener zu sein, 70 % fühlen sich nicht gestärkt, 79 % fühlen sich auch nicht ermutigt und 81 % sind nicht glücklicher.«

Aus unternehmerischer Sicht müsste man fragen: Wie beeinflusst Spiritualität die Arbeitsleistung eines Angestellten? Viele Autoren (siehe Jurkiewicz u. Giacalone, 2004) kommen zu dem Schluss, dass Angestellte größere Erfüllung in Unternehmen erführen, die sie dabei unterstützten, in enger Beziehung zu stehen 1. zu sich selbst – durch persönliche Weiterentwicklung im Arbeitskontext, 2. zu anderen – über ein authentischeres Gemeinschaftsgefühl bei der Arbeit und 3. zu einem Sinn, jenseits ihrer persönlichen Interessen. Spiritualität kann ein integraler Bestandteil der Unternehmensphilosophie sein, es gibt zahlreiche Belege für eine enge Korrelation zwischen Arbeitskultur und Arbeitsleistung. Autoren wie Mitroff und Denton behaupten, dass die »Spiritualität zum entscheidenden Konkurrenzvorteil werden könnte« (1999, xviii).

Ist es aber legitim, die Spiritualität für die Gewinnsteigerung eines Unternehmens zu instrumentalisieren? Stellt sich die Spiritualität nicht vielmehr als etwas dar, das gerade *jenseits* von Gewinn und Profit liegt? Benefiel (2003, S. 384) fragt: »Wenn es bei der Spiritualität primär um Ideelles geht, ist es dann überhaupt angebracht, den materiellen Gewinn ins Visier zu nehmen, der Ergebnis einer Integration der Spiritualität in das Leben eines Unternehmens ist?« Laut Marjo Lips-Wiersma (2007, S. 10) besteht das grundlegende Paradoxon der Unternehmensspiritualität darin, dass »diejenigen, die eine bestimmte Spiritualität praktizieren, um bessere Unternehmensergebnisse zu erzielen, sowohl ihre Praxis als auch ihre letztendlichen Vorteile unterminieren«. Zyniker würden sagen, dass die Spiritualität ein Weg ist, die Herzen und Seelen der Menschen für finanziellen Gewinn zu erobern.

Literatur

Adams, J. (1996). Transforming Work. Alexandria, VA: Miles River.

BBC News (http://news.bbc.co.uk/go/pr/fr/-/1/hi/uk/7089139.stm), gesendet am 11.11. 2007 um 15.07 Uhr WEZ.

Benefiel, M. (2003). Irreconcilable foes? The discourse of spirituality and the discourse of organizational science. Organization, 10, 2, 383–91.

Davies, P. (1990). God and the New Physics. Harmondsworth: Penguin.

Grof, S. (2000). Psychology of the Future: Lessons from Modern Consciousness. New York: SUNY Press.

Howard, S., Welbourn, D. (2004). The Spirit at Work Phenomenon. London: Azure.

Jurkiewicz, C. L., Giacalone, R. A. (2004). A values framework for measuring the impact of workplace spirituality on organizational performance. Journal of Business Ethics, 49, 2, 129–42.

Lips-Wiersma, M. (2007). Practical compassion: towards a critical spiritual foundation for corporate responsibility. Vortrag bei der Academy of Management, gehalten im Juni 2007.

Mitroff, I., Denton, E. (1999). A Spiritual Audit of Corporate America: A Hard Look at Spirituality, Religion and Values. San Francisco: Jossey-Bass.

Russell, P. (2000). From Science to God. Novato: New World Library.

Sheldrake, R. (1985). A New Science of Life: The Hypothesis of Formative Causation. London: Paladin.

Wilber, K. (1996). A Brief History of Everything. Boston: Shambhala.

Umwelt, Wissenschaft und Technik, Arbeit und Unternehmertum

To Do's:
- saubere Luft, genug Wasser und Nahrung für alle sicherstellen;
- der Zerstörung der Ökosysteme Einhalt gebieten;
- Reduktion von CO_2 und Methan in der Atmosphäre;
- die Auswirkungen des Klimawandels bewältigen;
- Lösung des Problems der Bedrohung durch Massenvernichtungswaffen, insbesondere Biotech und Nanotech;
- neue Technologien entwickeln und einführen;
- alternative Energiequellen fördern: Wasser, Erdwärme, Wind etc. und maximale Ausnutzung der Sonnenenergie;
- sich auf die Ankunft des »Metaversums« vorbereiten;
- eine neue Wirtschaftsordnung einführen, die die Umwelt nicht belastet;
- neue Lebensstile finden, entwickeln und einführen.

Die neue Wirtschaftsordnung sowie das »Metaversum« mit den Bürgern vieler Welten hängen mit allen drei Kernthemen zusammen: der Zerstörung der Ökosysteme, der virtuellen Realität und den neuen Lebensstilen.

Eine zukunftsorientierte Wirtschaftsordnung

Das Transformationsprinzip der neuen Wirtschaftsstruktur wird das Wachstumsprinzip ablösen. Das bedeutet, dass alles, was sich ändern lässt, geändert und permanent neu erfunden wird, bis ein dynamisches Gleichgewicht der Werte erreicht ist. Da diese Verwandlungen auch das »Metaversum« betreffen, sprechen wir von einer multidimensionalen Transformation.

Das Bruttoinlandsprodukt (BIP) sollte durch einen Index für das Gleichgewicht der vier Kernwerte, eine Art Bruttowertschöpfung (BWS), ersetzt werden. Dabei wird selbst das Umsatteln von der »klassischen Wirtschaft« auf die »zukunftsorientierte Wirtschaft« ein bedeutender Wandlungsprozess sein. Wir nennen die neue Wirtschaftsstruktur »zukunftsorientierte Volkswirtschaft«, um sie von der »klassischen Wirtschaft«, die heute noch aktuell ist, zu unterscheiden. In der zukunftsorientierten Volkswirtschaft gelten als Schlüsselprinzipien das Gleichgewicht der Werte, die Einhaltung eines allgemeingültigen Wertekanons und das Modell von Partnerschaft und Verantwortung. Stetes Wachstum soll nicht länger die Grundlage der Ökonomie sein, sondern vom »multidimensionalen Wandel« ersetzt werden, der sich sowohl in der »realen« als auch in der »virtuellen« Welt vollzieht. Die Hauptmotoren der klassischen Ökonomie, Gier und Angst, werden von den Antriebsfaktoren Nachhaltigkeit und

Innovation abgelöst. Das Partnerschaftsprinzip wird ferner dazu führen, dass wir uns stärker an Verantwortung und Erfolg und weniger an Status, Macht und Eigentum orientieren. An die Stelle der Konzentration auf den Marktanteil tritt eine mit der multidimensionalen Transformation verbundene dynamische Zukunftsfähigkeit. Gesellschaft und Wirtschaft werden nicht mehr von ökonomischen Werten, von Macht, Status und Eigentum getrieben, sondern von universellen Werten und dem Wunsch, so vielen Menschen wie möglich ein würdiges Leben zu bieten. Das Gleichgewicht der vier Kernwerte wird auch den Ökonomismus, das heißt die Dominanz der materiellen Werte, ablösen. Die Rohstoffe der zukunftsorientierten Volkswirtschaft sind Ideen, Kreativität, Netzwerke, Beziehungen und Wissen. Und weitaus bedeutender als die militärische Macht wird die Kraft von Servern und Prozessoren sein (siehe Tabelle 6).

Tabelle 6: Klassische und zukunftsorientierte Ökonomie im Vergleich

klassische Ökonomie	zukunftsorientierte Ökonomie
freier Markt	regulierter Markt (gesetzlich geregelt)
stetes Wachstum	multidimensionale Transformation
Gier und Angst	Nachhaltigkeit und Innovation
Orientierung an Status, Macht und Eigentum	Verantwortung und Erfolg
Herrschaftsmodell mit Konzentration auf Macht und Kontrolle (Vorbild: Militär) führt zu Wettbewerb, Konflikt und Zerstörung	Partnerschaftsmodell: Teilen, Verantwortung, Zusammenarbeit
Marktanteile, Größe	dynamische Zukunftsfähigkeit
Kernwerte: Macht, Eigentum, materielle Werte	Kernwerte: Selbstentwicklung, Glück, immaterielle Werte
Mentalität und Philosophie: Ökonomismus	Mentalität und Philosophie: Gleichgewicht der Kernwerte
Rohstoffe: Boden, Arbeitskraft, Kapital	Rohstoffe: Ideen, Kreativität, Netzwerke, Beziehungen und Wissen

Nachhaltigkeit

Der Begriff»Nachhaltigkeit« ist mit den meisten Kernthemen verbunden, die wir bisher bestimmt haben, wird aber heute hauptsächlich im Kontext der Umwelt verwendet. Googelt man den Begriff, erhält man 40 Millionen Treffer, bei »nachhaltige Entwicklung« 90 Millionen Einträge.

Eine Vielzahl an Publikationen und Organisationen[166] widmet sich der Nachhaltigkeit und der nachhaltigen Entwicklung. Zehntausende »Nachhaltigkeitsgruppen« engagieren sich weltweit – eine imposante Bewegung, die bedeutende Ausmaße angenommen hat![167] Ihnen geht es nicht nur um ökologische, sondern auch um ökonomische und soziale Nachhaltigkeit. Dementsprechend finden sich hier Organisationen mit den verschiedensten Zielen, von der Antiglobalisierung über die Bekämpfung des Klimawandels bis hin zu ökologischer Landwirtschaft und der Stärkung der Rechte der Frau. Es ist eine Bewegung von unten, die die tiefe Verunsicherung der Menschen und den Wunsch nach Veränderung und Bewegung aufnimmt. Selbst große Unternehmen haben die nachhaltige Entwicklung für sich entdeckt. Knapp 160 internationale Firmen beteiligen sich schon am Weltwirtschaftsrat für Nachhaltige Entwicklung (WBSCD)[168], dessen Engagement für nachhaltige Entwicklung auf ökonomischem Wachstum, einem ökologischen Gleichgewicht und sozialem Fortschritt basiert. Da sich dieses Engagement jedoch innerhalb der bereits bestehenden gesellschaftlichen und wirtschaftlichen Strukturen bewegt, wird es zur Lösung der Kernprobleme nur begrenzt beitragen können.

Nach einer Definition des Brundtland-Reports von 1987 (»Our Common Future«)[169] spricht man von einer nachhaltigen Entwicklung, wenn »sie den Bedürfnissen der heutigen Generation entspricht, ohne die Entfaltungsmöglichkeiten zukünftiger Generationen einzugrenzen«. Seitdem haben zahlreiche Gipfel, Konferenzen, Arbeitsgruppen und andere Zusammenkünfte zur nachhaltigen Entwicklung stattgefunden. Zu den wichtigsten zählen wohl der Erdgipfel in Rio 1992 und der Weltgipfel für nachhaltige Entwicklung 2002; beide wurden von den Vereinten Nationen ausgerichtet. Am Weltsozialforum in brasilianischen Belém 2009 nahmen über 130.000 Aktivisten aus 142 Ländern teil. Obwohl die Nachhaltigkeitsdebatte breit und öffentlich geführt wird, lassen handfeste Resultate in Politik und Unternehmen weitgehend auf sich warten. Einer der Gründe mag sicherlich sein, dass derartige Themen gern schnell in der Schublade »ausgeflippte Umweltaktivisten« landen. Des Weiteren befürchten die Industrienationen, dass sie einiges zu verlieren hätten und die Entwicklungsländer die Konferenzen nur dafür nutzten, ihre eigenen politischen Ziele gegenüber den Industrie-

---

166 In »The Sustainability Revolution« von R. E. Andrews (London: New Society Publishers, 2005) findet sich eine detaillierte Liste der entsprechenden Organisationen und ein kommentiertes Literaturverzeichnis mit den wichtigsten Büchern zu dem Thema.

167 Laut Paul Hawken sind es mittlerweile über 30.000 Nichtregierungsorganisationen in den USA und über 100.000 weltweit. Hawken, P. (2000). The resurgence of citizen's movements. Utne Reader, November/Dezember, http://www.utne.com/issues/2000_102/features/1690–1.html

168 http://www.wbcsd.org

169 The World Commission on Environment and Development (1987). Our Common Future. Oxford: Oxford University Press, ix.

nationen durchzusetzen. Ferner ist der Begriff der Nachhaltigkeit nicht scharf umrissen, was zu zusätzlicher Verwirrung und potenzieller Passivität beiträgt.

Wie üblich ist es die Einstellung zur Welt und zu den Zukunftsthemen, die darüber entscheidet, wie Konzepte und Vorstellungen interpretiert und umgesetzt werden. Deshalb ist es umso wichtiger, sich zuerst um die Einstellung der Menschen zu kümmern, wenn wir in unserer Suche nach adäquaten Lösungen tatsächlich einen Durchbruch erreichen wollen.

Innovation

Als Innovation lässt sich jeder Wandel begreifen, der neue Werte für ein Unternehmen oder eine Gesellschaft entstehen lässt. Dabei sollte man nicht vergessen, dass es letztendlich die Interessenvertreter sind, die bestimmen, was von Wert ist. Die Bandbreite der unternehmerischen Innovationen reicht von Ideen und Konzepten für neue Produkte und Dienstleistungen, neue Prozesse, Strukturen, Arbeitsfelder und Geschäftsmodelle bis zu neuen Unternehmensprojekten, neuen Betriebs- und Wirtschaftszweigen. Auch ein Überdenken der Umweltfreundlichkeit eines Unternehmens fällt in diesen Bereich. Soziale Innovation kann alles verändern, was eine Gesellschaft ausmacht.

Innovation lässt sich als mathematische Funktion darstellen, die aus den Faktoren Unzufriedenheit bzw. Neugier (U), alternative Ideen, Konzepte oder Visionen (A) und Implementierung (I) besteht:

$$I = f(U, A, I)$$

Unzufriedenheit und Neugierde sind der Ausgangspunkt für die Suche nach Alternativen in Form von Ideen, Konzepten oder Visionen. Wenn wir diese aber nicht umsetzen, wird außer Frust nichts dabei herauskommen.

Zwei verschiedene Innovationstypen lassen sich bestimmen:
- operative Innovationen, die sich stufenweise vollziehen, das heißt eine kontinuierliche Verbesserung herbeiführen;
- strategische Innovationen, die äußerst kreativ sind und grundlegend verändern.

Operative Innovationen sind im Allgemeinen auf Entwicklungen in den Produktbereichen, auf Dienstleistungen bzw. Prozesse ausgerichtet und verfolgen das Ziel der Beschleunigung, Vereinfachung, Verbesserung und Kosteneindämmung. Operative Innovationen erfordern klar strukturiertes »Geradeausdenken«. Im Falle eines Produkts, das seine Bedeutung am Markt verloren hat, kann es allerdings auch passieren, dass Innovationen der beschriebenen Art völlig ins Leere laufen.

Strategische Innovationen bringen das stabile politische Gleichgewicht ins Wanken, verändern verankerte Kompetenzen, Kulturen und organisatorische Prozesse. Die Durchführung strategischer Innovationen schließt sowohl den Umgang mit der Veränderung als auch mit der Technologie ein. Im Zentrum der strategischen Innovationen stehen meist couragierte Visionäre mit Unternehmergeist. Um strategisch zu erneuern, müssen wir von der Zukunft lernen, denn strategische Innovation liefert die Strukturen für langfristiges Wachstum.

Das trifft auch auf die sozialen Innovationen zu. Für die Umsetzung einer Innovationsstrategie ist die dreistufige Formel von Bedeutung, die wir bereits besprochen haben.[170]

Ausgangspunkt für eine Erneuerung können verschiedene Konzepte sein:
- Innovation innerhalb bestehender Strukturen,
- Innovation innerhalb der »weißen Flecken« zwischen bestehenden Strukturen,
- Innovation außerhalb des aktuellen strategischen Kontexts.

Im ersten Fall überwiegt das konvergente Denken; hier bedarf es des »Heranzoomens« und des stärkeren Rückgriffs auf schon Bestehendes. Im Rahmen des zweiten und dritten Konzepts herrscht divergentes Denken vor; hier bedarf es des »Herauszoomens« ins Unbekannte, was häufig zu einer Neuerfindung der Kernkonzepte führt. Nur divergentes Denken kann zum Durchbruch führen.

Transformationen sind irreversible Veränderungen, die etwas Neues hervorbringen. Sie können Werte entstehen lassen, aber auch wertneutral sein oder Werte zerstören. Die potenziell reversiblen *Transmutationen* sind Veränderungen zu etwas anderem, aber mit bekannten Folgen. Abbildung 17 illustriert die Grenzen, die den Übergang von einer schlichten Veränderung zu einer umfassenden Transformation erkennen lassen.

Stufenweise Veränderungen mit bekannten Folgen führen zu partieller Transformation, das heißt, nur ein Teil der vorgeschlagenen Lösungen wird umgesetzt. Plötzliche Veränderungen mit unbekannten Folgen führen zu einer totalen Transformation, die die radikalste aller Veränderungsformen ist. Sie verlangt Führungspersonen viel Mut ab und macht bedeutende Investitionen und ein innovatives Management erforderlich; sie bedeutet die Inblicknahme eines neuen Ziels, die Bewältigung diskontinuierlicher Veränderungen und solcher, die sich gleichzeitig und interaktiv vollziehen. Die totale Transformation erfordert revolutionäres Denken, eine neuartige Organisation und radikal neuartige Geschäftspraktiken. Sie bricht mit der Vergangenheit und schlägt dezidiert neue Wege ein.

Transformationen ereignen sich überall und zu allen Zeiten. Ihnen gehen lang vorbereitete, stufenweise oder unerwartete, überraschende Veränderungen voraus. Transformationen können wie »Schwarze Schwäne« oder »Joker-Ereignisse« ganz plötzlich eintreten und alles umwerfen. Sie können auch wie ein

---

170 Siehe Abschnitt »Transformationsprojekt: Partnerschaft fördern«, S. 164 f.

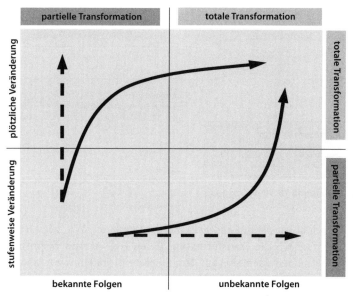

partielle Transformation | totale Transformation

plötzliche Veränderung

stufenweise Veränderung

totale Transformation

partielle Transformation

bekannte Folgen | unbekannte Folgen

Abbildung 17: Transformation

Unfall sein, der die Gesundheit eines Menschen von einem Moment zum anderen zerstört. Oft wird die Transformation nicht erkannt, da die Veränderung, die sie hervorbringt, so stetig und langsam vor sich geht, wie es zum Beispiel bei der normalen Alterung des Menschen der Fall ist. Wenn wir aber die beiden Stadien, den jungen und den alten Menschen, miteinander vergleichen, ist der Unterschied eindeutig.

Unser Leben ist voller transformativer Erfahrungen. Die Geburt ist eine plötzliche Transformation, der Tod ebenso. Durch Heirat verändert sich meist nur der Status, aber wenn wir Eltern werden, verändert sich unser Leben für immer. Je nach Wertesystem erleben wir die vielen Transformationen in unserem Leben als positiv oder negativ. Anhaltendes wirtschaftliches Wachstum wird erst als überwiegend positive Transformation wahrgenommen, langfristig erweist sie sich jedoch aufgrund der Folgen für die Umwelt oft als negativ.

Die Transformation, die wir hier beschreiben, ist Teil des grundlegenden Wandels unserer Kultur und wird sich in bedeutendem Maße auf uns alle auswirken. Mit unserem Buch wollen wir die transformative Wende in Richtung einer neuen und anderen Welt jenseits unserer Vorstellungskraft einläuten.

Wir sollten im Hinterkopf behalten, dass eine Vielzahl von Veränderungen, die um uns herum geschehen, stufenweise ablaufen und uns allen erst bewusst werden, wenn ein Wendepunkt erreicht ist. Dann kann sich alles extrem abrupt und in einem Moment wandeln, wie bei einem Vulkanausbruch oder einem Erdbeben. Aktuell scheint nichts Dramatisches zu passieren, sobald aber der Wen-

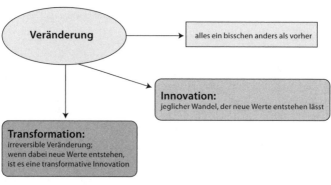

Abbildung 18: Veränderung

depunkt erreicht ist, bleibt kein Stein auf dem anderen. Wir wissen noch nicht einmal, wie stark wir die Transformation, deren Teil wir sind, beeinflussen können. In Anbetracht dessen, was auf dem Spiel steht, sollten wir es aber auf jeden Fall versuchen (siehe Abbildung 18).

Fairer Handel

Vom fairen Handel ist die Rede, wenn Kunden bereit sind, sich auf Fair Play einzulassen, weil sie die tatsächlichen Hersteller der Produkte entlohnen wollen und nicht die, die lediglich den Vertrieb organisieren und dabei meistens das größte Stück vom Kuchen erhalten. Fairer Handel lässt die vom Verkauf profitieren, die es am nötigsten haben. Verbunden mit ökologischer Produktion wird der faire Handel zu einem starken Transformationsmotor. 2008 bestätigte »Fairtrade Labeling Organizations International« (FLO)[171] Verkäufe um die 2,9 Milliarden Euro; in den letzten fünf Jahren war ein imposanter durchschnittlicher Zuwachs von jährlich 40 % zu verzeichnen.[172] Aufgrund der gesteigerten Sensibilität gegenüber den zunehmenden Umweltproblemen werden sich zukünftig hoffentlich immer mehr Menschen von der Bedeutung des fairen Handels überzeugen lassen.

Bei der Informationsvermittlung spielen die Medien eine große Rolle. Sie erfahren durch die Kommunikation der Basis im Internet zusätzliche Unterstützung. Das Dilemma ist, dass stets verschiedene Interessen betroffen sind. »Wir können nicht alles verändern, aber wir alle können etwas verändern«, so Riane Eisler. Diese Mentalität hat immerhin das Potenzial, einen sozialen Tsunami auszulösen.

---

171 FLO ist ein Dachverband, der 20 Zertifizierungsstellen aus 21 Ländern weltweit sowie Herstellernetzwerke der »Fairtrade Certified Producer Organizations« in Lateinamerika, Afrika und Asien umfasst. http://www.fairtrade.net./home.html
172 http://www.fairtrade.net/facts_and_figures.html

JENSEITS DER KOMFORTZONE

Transformationsprojekt: Grüne Sahara

Die Sahara ist die größte Wüste der Welt. Vom Atlantik im Westen bis zum Roten Meer im Osten, vom Atlasgebirge und dem Mittelmeer im Norden bis zum 16. Breitengrad im Süden erstreckt sie sich über 8,2 Millionen Quadratkilometer. Die Sahara ist fast so groß wie die USA und bekannt für extreme Trockenheit und starke Winde. Regen fällt selten. Wenn es ab und zu in den südlichen Regionen regnet, dann oft mit einer Stärke, die gleich flutartige Überschwemmungen verursacht. Sandstürme fegen regelmäßig über das Land und bewegen dabei viele Tonnen Sand über den Kontinent. Die Wüste breitet sich immer weiter aus.

Wir wissen aus historischen Quellen, dass es einmal eine grüne Sahara gegeben hat. Eine grüne Sahara könnte vielen Menschen einen Lebensraum bieten. Zum Vergleich: Die USA hat eine Bevölkerung von 300 Millionen. Laut dem Weltentwicklungsbericht der Weltbank werden im Mittleren Osten und im ganzen nordafrikanischen Raum bis 2020 um die 100 Millionen neue Jobs für junge Menschen benötigt.[173]

Die Sahara bietet eine Menge Platz und viel Sonne. Was jedoch fehlt, ist Wasser. Die Sonne der Sahara würde sich vorzüglich zur Stromerzeugung und zur Erzeugung und Sammlung von Frischwasser aus gewandeltem Salzwasser eignen. Das könnte zur Entwicklung eines florierenden Landwirtschaftsstandortes führen, die die Welt mit Getreide, Obst und Gemüse versorgte. Der überschüssige Strom könnte nach Europa exportiert oder für die Herstellung von Wasserstoff genutzt werden. Die Sahara könnte zu einem der Hauptumschlagplätze für Solarenergie werden.

Das Desertec-Projekt

Die »Desertec Foundation« (ehemals Trans-Mediterranean Renewable Energy Cooperation, TREC) ist eine Initiative, die sich für die Übertragung von in Wüstenregionen erzeugtem Solar- und Windstrom nach Europa einsetzt. TREC wurde 2003 vom Club of Rome, dem Hamburger Klimaschutz-Fonds und dem Jordanischen Nationalen Energieforschungszentrum (NERC) gegründet und hat das Desertec-Konzept entwickelt.

Das Desertec-Konzept beschreibt die Perspektiven einer nachhaltigen Stromversorgung für Europa (EU), den Nahen Osten (Middle East, ME) und Nordafrika (NA) bis zum Jahr 2050. Es zeigt, dass der Übergang zu einer wettbewerbsfähigen, sicheren und kompatiblen Versorgung durch die Nutzung regenerativer Energiequellen und aufgrund von Effizienzgewinnen möglich ist.[174]

---

173 Bericht der BBC, World Bank urges boost for young, 16. September 2009. http://news.bbc.co.uk/2/hi/business/5351524.stm
174 http://www.desertec.org/de/konzept/zusammenfassung/

In sechs Stunden sammelt sich in den Wüsten mehr Energie, als die gesamte Menschheit in einem Jahr verbraucht. Noch ungelöst ist allerdings die Frage, wie sich diese Strahlungsenergie in wirtschaftlich nutzbare Energie umwandeln und zu den Verbrauchern transportieren lässt.

Das Desertec-Konzept bietet hierfür eine Lösung und begegnet nebenbei auch allen zuvor genannten globalen Herausforderungen der kommenden Jahrzehnte: Energiemangel, Wassermangel, Nahrungsmittelknappheit und drastische Überproduktion von CO_2. Gleichzeitig bietet das Konzept neue Wohlstands- und Entwicklungsperspektiven für wirtschaftlich bisher wenig entwickelte Regionen und vielversprechende Wachstumsbereiche für die wirtschaftlich führenden Länder. Studien des Deutschen Zentrums für Luft- und Raumfahrt (DLR) belegen, dass vor allem solarthermische Kraftwerke in Wüstengebieten in spätestens 40 Jahren mehr als die Hälfte des dann benötigten Stroms in der EUMENA-Region (Europe, the Middle East, North Africa) auf ökonomische Weise erzeugen können. Um den heutigen globalen Strombedarf von 18.000 TWh/Jahr zu decken, würde es reichen, drei Tausendstel der weltweit circa 40 Millionen Kilometer an Wüstenflächen mit Spiegel- oder Kollektorfeldern solarthermischer Kraftwerke auszustatten. Pro Mensch würden somit etwa 20 m² Wüste genügen, um den eigenen Strombedarf Tag und Nacht CO_2-frei zu decken.

Quelle: Redpaper der Desertec Foundation. http://www.desertec.org/fileadmin/downloads/desertec-foundation_redpaper_3rd-edition_deutsch.pdf

Weltweit sind bereits 70 % der 5,2 Milliarden Hektar trockenen Landes, das landwirtschaftlich genutzt wird, zerstört und durch Wüstenbildung bedroht.[175] Die grüne Sahara könnte weltweit zum Vorzeigemodell werden.

Dieses Projekt könnte auch die Jugend aus dem Mittleren Osten und den afrikanischen Regionen südlich der Sahara einbinden und somit die Probleme, die der Jugendüberschuss mit sich bringt (siehe S. 75), eindämmen. Jugendliche hätten dadurch vielleicht wieder Träume und Ziele, die sie motivierten, sich von der Zerstörung ab- und dem Aufbau einer »neuen Welt« zuzuwenden, auf die sie stolz sein könnten.

Unsere Einstellung zur Natur

Auch unsere Einstellung zur Natur wird sich ändern müssen. Die Natur gehört uns nicht und steht auch nicht exklusiv in unserem Dienst. Zu allererst müssen wir uns darüber klar werden, dass *wir* ein integraler Bestandteil der Natur und weitestgehend von ihr abhängig sind. Bis wir von künstlicher Fotosynthese le-

---

175 Forestry Department (FAO). Arial Land Forest of the World: Global Environmental Perspectives. ftp://ftp.fao.org/docrep/fao/010/ah836e/ah836e00.pdf

ben können, hängt unsere Existenz weiter von der natürlichen Fotosynthese und ihren Erzeugnissen ab. Wir brauchen die Ökosysteme der Natur zum Überleben, und wir verfügen auch noch nicht über substantielle künstliche Ökosysteme. Selbst die Systeme, die von Astronauten genutzt werden, basieren letztendlich auf der natürlichen Fotosynthese.

Auf diesem Hintergrund sollte sich auch unsere Einstellung zum Eigentum verändern. Grundbesitz sollten wir vielleicht eher als Recht auf temporären Gebrauch ansehen oder als zeitlich begrenztes Leihgut, das mit der Verpflichtung einhergeht, Grund und Boden in einem ähnlichen Zustand zurückzugeben, wie wir ihn erhalten haben. Es wäre fabelhaft, Naturschutzgebiete einrichten zu dürfen, zu denen hundert Jahre lang keiner Zutritt hätte, damit sich die Natur regenerieren könnte. Der Respekt vor der Natur sollte einer der allgemeingültigen Werte sein.

Lassen Sie uns einmal überlegen, wie die Welt in hundert Jahren aussähe, wenn alle Menschen verschwänden. Das könnte uns demütig stimmen, denn die Natur war nicht nur lange vor uns Menschen bereits da, sondern wird mit Sicherheit auch noch da sein, wenn schon alle Spuren des Menschen auf der Erde verwischt sind. Wir sind nur Gäste auf diesem Planeten.

JENSEITS DER KOMFORTZONE

Transformationsprojekt: Solarenergie fördern

Die Zivilisationen des Altertums, unter anderem die Azteken und Ägypter, verehrten die Sonne, weil sie ihnen Licht und Wärme brachte und für das Wachstum der Pflanzen sorgte. Sonnenlicht, das Symbol des Lebens, scheint in der Tat die perfekte Energiequelle zu sein. Die Natur macht sie sich seit Millionen von Jahren zunutze; Sonnenenergie ist kostenlos und im Überfluss vorhanden. Vielleicht ist sie genau die Lösung, nach der wir für unsere Probleme mit Umwelt und Atmosphäre suchen. Mittlerweile arbeiten zum Glück immer mehr Firmen an Konzepten und Methoden der Nutzung dieser wertvollen Ressource.

Eine neue Industrie ist entstanden, die die natürlichste aller Energieformen verfügbar macht: Solarenergie. Sie ist laut »Worldwatch Institute« die am meisten genutzte Energiequelle.[176]

Mit Hilfe von Solarenergie, Katalysatoren, Wasser und Luft ließe sich eine Menge bewegen:

176 Atkins, W. (2007). Solar power brightens its future, but can it keep up with the sunny demand? http://www.itwire.com/science-news/energy/12364-solar-power-brightens-its-future-but-can-it-keep-up-with-the-sunny-demand

- Künstliche Fotosynthese: Ähnlich der Art, wie es die Pflanzen tun, könnten wir aus der Atmosphäre Kohlenstoff als Brennstoffquelle gewinnen.[177]
- Herstellung von Wasserstoff aus Wasser: Spezielle Titanoxidkeramik speichert das Sonnenlicht und spaltet das Wasser, um Wasserstoff, nutzbar als Brennstoff, herzustellen.[178] Über das Sonnenlicht spaltet eine Powerzelle das Wasser und produziert so Wasserstoff.[179]
- Umwandlung von CO_2 in Kohlenstoff (C) und Sauerstoff (O).
- Umwandlung von CO_2 in organische Substanzen, zum Beispiel Kohlenwasserstoff: Chemiker hoffen, mit Hilfe der Sonne eines Tages Kohlenstoffdioxid in einen nützlichen Brennstoff verwandeln zu können.[180]

Wir haben noch mehr Ideen:
- Umwandlung von Meerwasser in Frischwasser,
- Herstellung von Düngemitteln aus der Luft,
- Wärme- und Stromerzeugung[181].
- Jedes Dach kann ein Solarzellendach werden. Eine günstige, einfache Methode zur Produktion von Sonnenkollektoren ist schon in der Entwicklung.[182]
- Straßen könnten die Sonnenstrahlen sammeln und in Strom zur Betreibung von Autos (beispielsweise) verwandeln.[183]
- Die USA fördert Programme zur Speicherung von Sonnenstrahlen im Weltall und zur Rücksendung der Energie zur Erde.[184]

177 Catalyst could help turn CO_2 into fuel. http://www.newscientist.com/article/dn11390. Seethaler, S. (2007). Devise uses solar energy to convert carbon dioxide into fuel, http://ucsdnews.ucsd.edu/newsrel/science/04–07CO2split.asp

178 Solar hydrogen process produces energy from water, 2004. http://www.pureenergysystems.com/news/2004/08/27/6900038_SolarHydrogen/index.html

179 Fitzpatrick, T. (2007). Cheap source of energy: Cell splits water via sunlight to produce hydrogen, http://www.physorg.com/news97255464.html

180 Edwards, R. (2006). Solar alchemy turns fumes back into fuels, http://www.newscientist.com/article/mg19125696.300-solar-alchemy-turns-fumes-back-into-fuels.html

181 »Ein neuer Zusammenschluss von 13 führenden Forschungseinrichtungen und Weltrauminteressengruppen, die ›Space Solar Alliance for Future Energy‹ (SSAFE) setzt sich für Investitionen in weltraumgestützte Solarkrafttechnologien ein. Sie unterstreicht die Ergebnisse der vom ›National Security Space Office‹ durchgeführten Studie, die für die Förderung weltraumgestützter Solarenergie durch erhebliche staatliche Investitionen plädiert, um Amerika einen Weg zu eröffnen, wie es seinen zukünftigen Energiebedarf über eine erneuerbare Energiequelle ohne Kohlenstoffemissionen oder gefährliche Abfallprodukte gestalten kann.« http://www.nss.org/news/releases/pr20071010.html

182 Researchers develop inexpensive, easy process to produce solar panels, 2007. http://www.physorg.com/news103997338.html

183 Siehe http://www.solarroadways.com und Energy producing roads made from solar cells and glass. http://www.azonano.com/Details.asp?ArticleID=1969

184 Cho, D. (2007). Pentagon backs plan to beam solar power from space. http://environment.newscientist.com/article/dn12774-pentagon-backs-plan-to-beam-solar-power-from-space.html

– Immer mehr Firmen planen die erneuerbaren Energien ein. Google hatte die kühne Idee, innerhalb weniger Jahre die Kapazität zur Generierung eines Gigawatts erneuerbarer Energie zu entwickeln. Diese Energie wird billiger sein als Kohleenergie. Diesem Ziel widmet sich Googles philanthropischer Zweig google.org.[185]

DENKER VON MORGEN

Bertrand Piccard, Psychiater, Abenteurer und Botschafter
für erneuerbare Energien

Grüne Energie

Die Öffentlichkeit lässt sich immer wieder von großen Abenteuern, neuen Entdeckungen und einem gewissen Pioniergeist begeistern. »Solar Impulse«, die geplante Weltumrundung mit einem Solarflugzeug, möchte diesen Enthusiasmus für die Förderung neuer Technologien, die eine nachhaltige Entwicklung ermöglichen, nutzen und auf erneuerbare Energien aufmerksam machen. Es ist wichtig, die Öffentlichkeit auf die Veränderungen aufmerksam zu machen, die notwendig sind, um unseren Planeten zu erhalten. Der Umweltschutz sollte bei den Menschen positive, anregende Assoziationen hervorrufen. Es muss deutlich werden, dass die alternativen Energiequellen, die mit den neuen Technologien zu erschließen sind, erreichen können, was viele bis vor Kurzem noch für unmöglich gehalten haben (oder dies weiterhin tun).

Das Problem unserer Gesellschaft ist, dass wir trotz allen großen Redens über nachhaltige Entwicklung noch weit davon entfernt sind, automatisch an Nachhaltigkeit zu denken. Jede Stunde verbraucht unsere Welt über eine Millionen Tonnen Benzin und andere fossile Brennstoffe. Wir pusten so viele Schmutz und Schadstoffe in die Atmosphäre, dass wir das Klima zerstören und die Hälfte der Bevölkerung unter nicht hinnehmbaren Lebensbedingungen verwahrlosen lassen.

Dass sich nachhaltige Entwicklung nicht so selbstverständlich in unsere Wirklichkeit einfügt, liegt sicher daran, dass sie noch mit hohen Kosten und Abstrichen bei Komfort und Mobilität in Verbindung gebracht wird. Diese Vorstellung muss korrigiert werden. Selbst wenn unser Verhalten die Welt zu zerstören droht, möchte natürlich keiner seinen Lebensstandard senken. Unsere Enkel werden sicher eines Tages ohne Benzin auskommen müssen und uns die Plünderung der wertvollen Ressourcen vorwerfen. Unsere persönlichen, kurzfristigen Interessen motivieren uns im Allgemeinen mehr als das langfristige Mitgefühl mit unseren Mitmenschen oder/und unserer Umwelt.

Wenn wir den Charakter der menschlichen Spezies schon nicht ändern können, sollten wir wenigstens versuchen, die Art zu verändern, wie der Mensch tickt. Wir müssen

185 http://www.google.org

sein persönliches Interesse an nachhaltiger Entwicklung wecken. Wir müssen zeigen, dass sich für den, der es versteht, langfristig auf nachhaltige Entwicklung zu setzen, neue und vielversprechende Märkte mit allen möglichen wirtschaftlichen und politischen Nischen auftun. Für viele Wissenschaftler ist das ein faszinierendes Feld, um das es sich zu kümmern lohnt. Lassen Sie uns im positiven Sinne eine neue Mode einführen, die bewirkt, dass Nutzer erneuerbarer Energien mit Bewunderung und Hochachtung behandelt werden. Wir müssen nicht gleich versuchen, die Bevölkerung in die von Rio oder Kyoto vorgegebene Richtung zu drängen, aber wenigstens sollten diejenigen unterstützt werden, die neue Technologien erfinden oder nutzen und dabei die Umwelt schützen. Es könnte ziemlich schnell out, vielleicht sogar verpönt sein, zu viel Benzin zu verbrauchen, private oder auch öffentliche Räume ohne Grund zu heizen oder zu kühlen oder nicht recyclebare Produkte zu konsumieren. Bislang fehlte es den erneuerbaren Energien, meist eher Programmpunkt von politischen und sozialen Randgruppen, an dynamischer Werbe- und Marketingunterstützung. Umweltschützer werden sich nur Gehör verschaffen, wenn sie dieselbe Sprache sprechen wie die, die es noch zu überzeugen gilt. Dringend ist die Kluft zu schließen, die sich seit vierzig Jahren nicht verkleinert, um Wirtschafts- und Finanzwelt, die Öffentlichkeit und die Politik für den Umweltschutz zu gewinnen.[186]

Das »Metaversum« und die Bürgerschaft in vielen Welten

Das »Metaversum« setzt sich heute aus drei sehr unterschiedlichen Welten zusammen: dem »Multiversum« (unser Universum), der »virtuellen Welt« (die rasant expandierende Welt der digitalen Darstellung unseres Universums) und der »Fantasiewelt« (die Welt, die nur in den Köpfen der Menschen existiert). Es wird nicht lange dauern, bis die virtuelle Welt auch die spirituelle Welt umfasst und vielleicht sogar eine eigene Spiritualität entwickelt. Die Menschen werden zu Bürgern vieler Welten!

Auch wenn die virtuelle Welt erst an ihrem Anfang steht, entwickelt sich das Konzept des »Multiversums« immer weiter. Durch die Digitalisierung von Kunstwerken, die Vernetzung mit virtueller Kunst und die wachsende Fähigkeit von Computerprogrammen, eigene Kunstwerke herzustellen, ergeben sich enorme Möglichkeiten.

Das mag sich heute wie Science Fiction anhören, aber schon jetzt schlagen wir mutig Schneisen in die virtuelle Welt.

Bald wird es auch »Singularität II« geben, der Moment, an dem die »Programme« in der virtuellen Welt Autonomie erlangen. Es ist nicht ausgeschlossen, dass sie eines Tages selbst eine Art »virtuelles Bewusstsein« entwickeln.

---

186 Mehr zum neuesten Projekt von Bertrand Piccard unter http://www.solarimpulse.com/index.php?lang=de

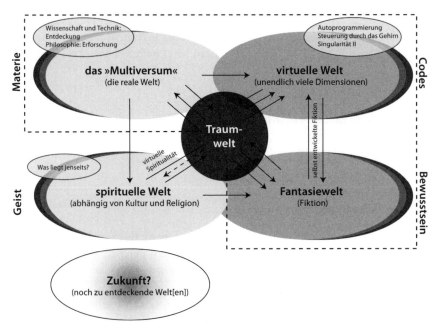

Abbildung 19: Das »Metaversum«

Mit Hilfe von Mikroprozessoren, die in alles eingebaut sind, und der Vernetzung vieler Objekte um uns herum, lässt sich die Infrastruktur für allgegenwärtige digitale Kommunikation mit der virtuellen Realität verbinden, sodass sich diese einmal mehr erweitert. Vernor Vinge beschwört schon das Bild einer »digitalen Gaia«[187] herauf.[188]

Es ist überaus wichtig, die virtuelle Realität auf der Grundlage eines allgemeingültigen Wertesystems aufzubauen; andernfalls wird die »alte Art« zu denken und sich zu verhalten die virtuelle Realität bestimmen und einen Machtkampf zwischen »unserer Welt« und der virtuellen Welt entfachen. Der Kampf um Macht und Kontrolle würde in der virtuellen Welt fortbestehen, mit denselben negativen Auswirkungen wie heute. Das Fehlen von Partnerschaft und Verantwortung wird die Albträume, die wir bereits in unserer Welt erleben, noch verstärken.

Wir müssen uns bewusst machen, dass die virtuelle Realität nur noch durch Serverkapazität, Stromversorgung, Programmierung und Übertragungsgeschwindigkeit eine Begrenzung erfährt. Virtuelle Wesen könnten diese »Probleme«

---

187 In der griechischen Mythologie ist Gaia (oder auch Ge) die personifizierte Erde und eine der ersten Götter (Anm. d. Ü.).

188 Takahashi, D. (2007). A future of embedded chips, networks. http://ultimateindividual. blogspot.com/2007/08/takahashi-future-of-embedded-chips.html

möglicherweise auf unerwartete Weise schon bei Anbruch der »Singularität II« gelöst haben. Nach diesem Wandel wird die virtuelle Realität potenziell unendlich sein und unbegrenzt viele Möglichkeiten bereithalten (siehe Abbildung 19).

DENKER VON MORGEN

Howard Jones, Leiter für Organisationsentwicklung beim Eden Project, Cornwall

Das Internet verändert sich

Unser Verständnis vom Internet wandelt sich permanent. Auch wenn es schwer ist, diese Dinge vorherzusagen, und wir sicher mit einigen überraschenden Bewegungen zu rechnen haben, lässt sich folgendermaßen zusammenfassen, wie es sich verändern wird:

1. *Web 2.0 (oder das Mitarbeiterprinzip)* verändert die Art, wie wir arbeiten, lernen und miteinander kommunizieren. Einprägsame Beispiele sind soziale Netzwerke und Wikis. Google und anderen Suchmaschinen kommt eine Schlüsselrolle in diesem Wandel zu, der von persönlichen Profilen, dem kollektiven Willen und offenen Märkten lebt. Dies wird sich fundamental auf unsere persönliche Freiheit, die Demokratie, das Eigentum, die Kreativität, Forschung und Gestaltung und auf aktuelle Konzepte des Kapitalmanagements auswirken.

2. *Web 3.0 (oder die Semantik)* versorgt die künstliche Intelligenz über eine unendliche Vielzahl von Empfindungsassoziationen mit Energie. Ein fachkundiges, verstandesbegabtes Netzwerk unterlegt und taggt die Metadaten und bereitet so die Grundlage für Wissen vor. Vorreiter in diesem bereits aktiven Bereich ist Tim Berners-Lee. Die Veränderungen könnten enorme Folgen für unser Weltverständnis und unser gegenseitiges Verständnis voneinander haben, für individuelle und kollektive Entscheidungen, Vorhersagen und Verhaltensmuster.

3. *Dreidimensionales Web.* Die physische Internetseite (visuell) wird in Zukunft dreidimensional sein und das »flache Web« ablösen, das nur noch für sehr simple Anwendungen bereit stehen wird. Manche Experten gehen davon aus, dass die meisten Benutzerseiten und visuellen Darstellungen in fünf Jahren in 3D erscheinen werden. Der zukünftige Internetbesuch lässt sich vielleicht am besten wie eine Second-Life-Erkundung vorstellen. Er wird nur noch schneller, genauer und informativer sein und ein echtes Ziel verfolgen und echte Inhalte liefern.

4. *Flexible Benutzeroberflächen.* Der Tag wird kommen, an dem es keiner individuellen PCs mehr bedarf, um im Internet zu surfen oder Arbeitsunterlagen einzusehen. Das hat zwei Gründe. Die physikalische Technologie wird PCs (vielleicht auch Macs) für obsolet erklären, da wir imstande sein werden, fast jedes Material und jede Ober-

fläche zu benutzen, die der Kommunikation dienen und Bilder anzeigen könnte – eine Tischdecke, eine Wand, eine Serviette, ein Armaturenbrett, ein Fenster, ein Flur. Dies wird durch die Wahrscheinlichkeit der virtuellen Verfügbarkeit von Profilen, Unterlagen und Applikationen ermöglicht. Der PC wird keine Betriebssoftware mehr brauchen, da es ihn so, wie er heute funktioniert, nicht mehr geben wird. Vielmehr wird sich eine virtuelle Software um die Befriedigung unserer individuellen Bedürfnisse kümmern. Wenn Sie nur an Google und Amazon und die persönlichen Profile denken, bekommen Sie einen recht guten Eindruck. Es ist diese Vision, die Microsoft extrem nervös macht und Unternehmen wie Cisco dazu bringt, ihre »kollaborativen Tools« auszuweiten.

Das sind alles sehr spannende Aussichten, wenn wir ferner davon ausgehen können, dass zukünftige Unternehmen (für das eigene »Wachstum« und als Überlebensmaßnahme) an öffentlicher Bildung und Erkenntnisgewinn, an Mitarbeit, an der Entwicklung von Ideen, der Unterhaltung und Kommunikation, der Suche nach Lösungen und dem Aufbau von Communitys interessiert sind. Noch besser wäre es, wenn wir in die Zukunft gucken könnten und auf das Ziel einer gesünderen Welt hin forschen, testen und Dinge erfinden könnten. Dafür bedarf es keines technischen Propheten, der daran glaubt, dass sich die »Revolution uploaden« lässt. Glauben Sie einfach daran, dass wir am Anfang einer sozialen Revolution stehen, die sich folgenreicher auf die Zukunft auswirken wird als jede andere Revolution zuvor. Lassen Sie uns alle dazu beitragen, dass die Folgen positiv sind!

Technisch versierte, kreative und gut organisierte Köpfe sollten sich in der neuen Medienwelt und der Gesellschaft engagieren, die sich nicht einfach in klar abgrenzbare Stücke oder Imperien aufteilen lässt. Wir können jetzt sehen, wie sich die fantastische Mixtur physischer Dimensionen weiterentwickeln wird, mit Möglichkeiten, die unsere Menschheit nicht zerstört und unsere soziale Bedürftigkeit nicht in Frage stellt. Die Teilnahme an diesem Abenteuer würde Menschen miteinander in Kontakt bringen. Es wäre der Beginn einer Reise mit Erkenntnissen und Möglichkeiten, die sich nicht erkaufen lässt. Neue Medienunternehmen wären Teil des ganzen, vielleicht sogar die Grundlage für andere Bereiche. Das könnte ein Ort für individuelles Lernen sein, für Entscheidungen und Entdeckungen oder ein Ort der Einkehr, zum Shoppen, Beobachten, Beitreten.

Um das zu erreichen, müssen wir einen weiteren Blickwinkel einnehmen und uns gegenüber der nahen Zukunft öffnen, die mit dem »flachen Web«, einfachen Textlinks, Einkaufswagen oder Ähnlichem nichts mehr zu tun hat, sondern ein lebendiges Medium schier unendlicher Möglichkeiten darstellt. Wollen Sie Filme machen, musizieren und auftreten? Communitys, Marktideen und Produkte vernetzen? Wollen Sie Ihr klassisches Wissen mitteilen, verborgene Werte aufdecken und die Regeln des restriktiven Eigentums oder des etablierten Konsens brechen? Dann machen Sie mit, denn »die Reiche der Zukunft sind Reiche des Geistes« (Winston Churchill, 1943).

Einen neuen Lebensstil entwickeln und umsetzen

Organisationen müssen ihre Investitionsmodelle und Verbraucher ihr Konsumverhalten radikal verändern. Wenn wir selber die vollen Kosten von Produktion und Transport zu tragen hätten, die Kosten der Müllentsorgung und der Schädigung der Ökosysteme, hätte das weitreichende Konsequenzen für die Weltwirtschaft und unser Verhalten. Vermutlich würde sich dann plötzlich jeder für eine ökologische Landwirtschaft ohne künstliche Düngemittel interessieren, die Reduzierung des Verkehrsaufkommens und Reisen befürworten, Cradle-to-Cradle-Produktion unterstützen und für umweltverträglichen Wohnungsbau mit weniger Rohstoffeinsatz und stärkeren Energieeinsparungen optieren. Und plötzlich wäre all das möglich.

Die Übergangsphase wäre sicherlich mühsam, würde aber den Unternehmergeist und die Kreativität anspornen und Anreize für mehr Unternehmensgründungen auf lokaler Ebene schaffen. Viele neue, zuvor undenkbare Lösungen rückten in den Bereich des Möglichen. Anstelle von abträglichen Subventionen, die innovative Start-ups erschweren und die Entwicklungsländer benachteiligen, könnten die Industrienationen ihre Zuschüsse, die heute nach Ansicht vieler »aus dem Fenster geworfen werden«, in die Gewerbe der Zukunft stecken und so die notwendigen Transitionen unterstützen. Ähnliches gilt für die Subventionen für die Rüstungsindustrie. Schließlich ist der echte »Feind« der Menschheit nicht mit Waffen zu bekämpfen.

Die »New Economics Foundation« hat 2006 den globalen »Happy Planet Index« (HPI) eingeführt, der bedeutende Erkenntnisse vermittelt. Zunächst einmal sei es möglich, so der HPI, ein langes und glückliches Leben zu führen, ohne dabei die Umwelt so zu belasten, wie es die sogenannten entwickelten Staaten bisher getan haben. Der Wohlstand einer Nation und die Zufriedenheit der Bevölkerung scheinen nicht direkt miteinander zu korrelieren. Der Index zeigt, dass wohlhabende Menschen im Allgemeinen eher schlecht abschneiden. Die Vereinigten Staaten stehen auf Platz 150 – im untersten Viertel, nicht weit entfernt von Russland, das den 172. Platz belegt. Das wichtigste Ergebnis der Studie ist, dass Wohlergehen nicht von starkem Konsum abhängt.[189]

Es werden sich weitreichende Veränderungen für den Handel, aber auch für jeden Einzelnen ergeben. Aus der Forschung erwarten wir noch genauere Prognosen, wie die neuen Unternehmen aussehen und arbeiten sollen. Schon jetzt wissen wir aber, dass sie flexibler sein und stets das dynamische Gleichgewicht der vier Kernwerte im Blick haben müssen. Sie sollen so ausgerichtet sein, dass sie stets anpassungsfähig sind, wenn das Gleichgewicht gestört ist oder ex-

---

189 The Happy Planet Index, An index of human wellbeing and environmental impact, http://www.neweconomics.org

terne Faktoren sich verändern. Ein interessanter Fall in diesem Zusammenhang ist Salesforce.com, eine große Softwarefirma. Über die Salesforce-Stiftung[190] spendet die Firma 1 % ihres Eigenkapitals, 1 % ihres Gewinns und 1 % ihrer Produkte an gemeinnützige Organisationen. Noch bemerkenswerter ist, dass alle Angestellten gehalten sind, 1 % ihrer Arbeitszeit der Gemeinschaft zu schenken. Alles Wissenswerte über dieses erfolgreiche, integrative Konzept einer neuen Unternehmenskultur lässt sich in dem Buch des Gründers von Salesforce, Marc Benioff, nachlesen.[191] Es könnte gut sein, dass er eines Tages als Pionier der balancierten Wertschöpfung in die Geschichtsbücher eingehen wird.

Der Wandel bedarf anderer Strukturen und anderer Organisationsformen, als uns heute bekannt sind. Auch wenn das schwierig klingen mag, sollten wir im Hinterkopf behalten, dass das Gros der Zukunftsunternehmen virtuell und im gesamten »Metaversum« aktiv sein wird. Es könnte sein, dass Kernprinzipien und virtuelle Agenten einen Großteil des Managements ersetzen, die darauf zu achten haben, dass der universelle Wertekanon eingehalten und umgesetzt wird. Weitere virtuelle Agenten werden das »Metaversum« permanent nach vielversprechenden Geschäftsfeldern durchsuchen und, stets unter Wahrung des Gleichgewichts der Kernwerte, entsprechende Firmen gründen.

Es wird auch Menschen geben, die neue Betriebsschienen testen und die virtuellen Agenten kontrollieren. Wieder andere werden sich um Beziehungsmanagement und Firmenpersonal kümmern. Kreativität, Zusammenarbeit, Partnerschaft und Verantwortung werden Priorität haben. Virtuelle Agenten und Roboter werden Routinejobs ausführen. Deshalb werden Geschäftskonzepte auch flexibler sein und sich den neuen Gegebenheiten schnell anpassen müssen. Aufgaben werden sofort angegangen und genauer unter der Perspektive betrachtet, ob eine Erledigung drängt oder nicht. Diese Art zu arbeiten belastet die Umwelt sehr viel weniger und erfordert weniger Ressourcen als unser aktueller gewinn- und konsumorientierter Lebensstil. Die Menschen werden weniger reisen. Man wird seine Meetings verstärkt virtuell abhalten. Die Zunahme virtueller Reisen wird die traditionellen Reiseformen sehr teuer machen. Universelle Kommunikation, gesteuert von neuronalen Impulsen, die Nachrichten direkt vom Sender zum Empfänger schicken, wird die meisten Reisen, vor allem Geschäftsreisen, überflüssig machen. Virtuelle Reisen werden so attraktiv sein, dass sich die Menschen nicht mehr die Mühe machen, physisch zu reisen. Sie werden nicht nur die freie Wahl haben, wohin sie reisen möchten, sondern auch, wie sie dabei aussehen und was sie erleben wollen.

---

190 http://www.salesforcefoundation.org
191 Benioff, M., Southwick, K. (2004). Compassionate Capitalism: How Corporations Can Make Doing Good an Integral Part of Doing Well. Franklin Lakes: Career Press. Benioff, M., Adler, C. (2006). The Business of Changing the World. New York: McGraw-Hill.

Auch die Wahl ihrer Begleitung wird ihnen freigestellt. »Urlaubsdrehbücher« werden wie beschrieben wie virtuelle »Bücher« aussehen, wobei der Preis eines virtuellen Urlaubs vom Grad des Einflusses abhängen dürfte, den der Einzelne auf seine Reise nehmen kann.

In Zukunft werden Avatare, also virtuelle Figuren, wie lebendige Menschen aussehen.

JENSEITS DER KOMFORTZONE

Brauchen wir ein globales Ökolabel?

Unterschiedliche Organisationen befassen sich mittlerweile mit dem Ökologischen Fußabdruck[192], wie zum Beispiel das »Global Footprint Network«.[193] Anscheinend beanspruchen wir schon jetzt die ökologische regenerative Kapazität der Erde über Gebühr – ein klares Zeichen für die Unhaltbarkeit unseres Lebensstils.

Manche Firmen, wie Toyota, haben bereits begonnen, ihre Denk- und vor allem Produktionsweise entsprechend anzupassen.[194] Das Ziel von Toyota ist es, eines Tages keine Emissionen mehr zu erzeugen. Dafür hat Toyota das sogenannte Eco-VAS entwickelt (»Ecological Vehicle Assessment System«). Dieses ausgetüftelte Konzept berücksichtigt den gesamten Lebenszyklus eines Fahrzeugs – von der Produktion über die Nutzung bis zur Entsorgung – und bewertet seine Auswirkungen auf die Umwelt. Dabei setzt die Betrachtung bereits in den frühesten Entwicklungsstadien an, noch bevor das Fahrzeug tatsächlich gebaut wird.

Es gibt andere Versuche, umweltfreundliches Verhalten über Ökolabelinitiativen wie das »European Eco-Label« durchzusetzen, auch wenn diese nicht besonders effizient zu sein scheinen; seit Gründung des »European Eco-Labels« vor zehn Jahren ist kaum erkennbar, was es bewirkt haben soll.

Verbraucher fragen nach umweltfreundlichen Produkten. Welche Kriterien sollten die Umweltbewussten aber ansetzen, um zwischen umweltfreundlichen und umweltschädlichen Produkten und Leistungen zu unterscheiden?

---

192 Unter dem Ökologischen Fußabdruck wird die Fläche auf der Erde verstanden, die notwendig ist, um den Lebensstil und Lebensstandard eines Menschen (unter Fortführung heutiger Produktionsbedingungen) dauerhaft zu ermöglichen. Das schließt Flächen ein, die zur Produktion seiner Kleidung und Nahrung oder zur Bereitstellung von Energie, aber auch zum Abbau des von ihm erzeugten Mülls oder zum Binden des durch seine Aktivitäten freigesetzten Kohlendioxids benötigt werden. http://www.mein-fussabdruck.at/footprint/info?

193 http://www.footprintnetwork.org/de/index.php/GFN/

194 http://www.toyota.eu/green_technologies/Pages/our_approach.aspx

Wir brauchen ein global anerkanntes Ökolabel, das leicht erkennbar und verständlich ist und Menschen Kaufentscheidungen erleichtert. Diesem Projekt widmet sich eine Gruppe von MBA-Studierenden unter der Leitung von Arturas Bumblys vom »Baltic Management Institute« (BMI) in Vilnius (Litauen). Ihre Idee:

1. Ein Ökolabel zu entwickeln, das auf den bestehenden Messverfahren wie dem CO_2-Ausstoß, dem Wasser- und Stromverbrauch, der Recyclebarkeit, der Abfall- und Abwasserproduktion, dem Ökologischen Fußabdruck, Fairtrade, Bio-Produktion etc. aufbaut.
2. Mit Hilfe dieser neuen Marke die Kaufkraft der Verbraucher für die umweltfreundlichen Produkte und Leistungen zu mobilisieren. Konsumenten artikulieren ihren Wunsch nach umweltfreundlichen Produkten und Leistungen klar und deutlich; gebraucht wird etwas, das den Konsumenten die richtigen Entscheidungen zu treffen hilft.

Die Marke muss global akzeptiert und einfach zu identifizieren sein. Sobald es die Aufmerksamkeit und das Vertrauen der Konsumenten genießt, werden Hersteller nicht mehr darum herumkommen, so umweltfreundlich wie nur möglich zu produzieren. Das ist im Interesse eines jeden Menschen; denn es kann unseren Lebensstil langfristig wieder haltbar machen.

Kunst und Kultur

Die Kunst, die Medien und die Öffentlichkeit

Die Kunst übt eine gewisse Macht auf uns aus, weil sie uns zu berühren vermag. Zu Zeiten gravierender Veränderungen und Transformationen sind Kunst und Künstler stets präsent. Viele Menschen, besonders in stark kommerzialisierten Gesellschaften, fühlen sich vom Bereich der Kreativität jedoch ausgeschlossen. Unabhängig davon, ob das am Eigentum, an Publikationsrechten, Urheberrechtsbestimmungen oder Vorurteilen liegt, bleibt das Resultat dasselbe: Ungleichheit und das Ausbleiben einer Wahrnehmungs- und Perspektivenvielfalt in einer Zeit, in der diese besonders gefragt sind.

Eine neue Zukunft für Kunstwerke

Direkter Zugang zur Öffentlichkeit ist einer der Schlüsselaspekte des neuen Stellenwerts der Kunst. Es gibt zwei weitere zentrale Punkte: die Frage, wie das »Metaversum« für diesen Zweck instrumentalisiert werden kann, und wie sich ein Bündnis zwischen der Kunst und den Medien schließen ließe.

Wir stellen uns eine Welt vor, in der die Öffentlichkeit die Auswahl von Kunstwerken mitbestimmen kann[195] und sich sogar am Schaffensprozess beteiligt, sofern der Künstler es erlaubt. Die künstlerische Tätigkeit wird in Zukunft viel interaktiver verlaufen und die Kommunikation zwischen Künstler und Öffentlichkeit sehr viel direkter sein. Zusätzlich zu den bestehenden Kunstarten wird es eine virtuelle Kunst geben, die ein Maß an Interaktion zwischen Künstler und Publikum zulässt, das es so nie zuvor gegeben hat. In der Kunst wird sich die Wertschöpfung zur virtuellen Realität hin verlagern.

Schlüsselfragen:
- Ist es möglich, eine Art Auswahlverfahren und ein Marketinginstrument für Kunstwerke zu entwickeln, mittels derer Künstler/-innen mit großem Potenzial einen besseren Zugang zur Öffentlichkeit haben?
- Wie lässt sich die breitere Öffentlichkeit stärker in den Auswahlprozess einbinden?
- Wie können Künstler und Öffentlichkeit im Entstehen eines Kunstwerks stärker miteinander interagieren?

 ## JENSEITS DER KOMFORTZONE

Transformationsprojekt: Globaler virtueller Kunstraum

Als Plattform für »Kunstanfänger« hat sich eine Reihe engagierter Menschen zusammengefunden und das Projekt der »World Arts Space Foundation« mit weltweitem Wirkungsgrad entwickelt. Das Projekt soll hauptsächlich im Internet stattfinden, aber konkrete physische Orte nutzen, an denen Künstler mit der Öffentlichkeit in Kontakt treten können.

Die internetbasierte Plattform könnte sich im Laufe der Zeit zu einem neuen Verkaufs- und Vertriebskanal entwickeln. Arbeitsgrundlage ist das Partnerschaftsmodell (siehe Abbildung 20).

Der Sinn des globalen virtuellen Kunstraums schlägt sich in folgenden Aspekten nieder:
- einen offenen Markt (Internetplattform und echte Events) für anerkannte Künstler/-innen zu etablieren;
- als neutrale und gemeinnützige Plattform und Markt für Kunstwerke ohne Eigeninteresse anerkannt zu werden;

195 Die britische Rockband Radiohead verkaufte ihr Album »In Rainbows« in einer Auktion exklusiv über ihre Website http://www.inrainbows.com. Fans konnten selber bestimmen, was sie bezahlen wollten.

Talente   **Öffentlichkeit**

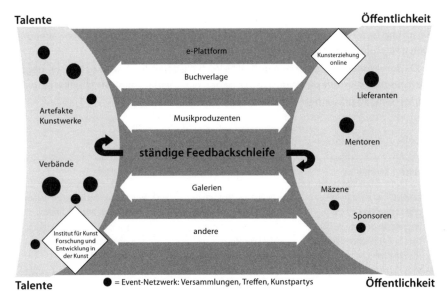

Talente   ● = Event-Netzwerk: Versammlungen, Treffen, Kunstpartys   **Öffentlichkeit**

Abbildung 20: Das Partnerschaftsmodell des globalen virtuellen Kunstraums

– die Kommunikation zwischen Talenten und Künstlern mit ihrem Publikum zu erleichtern;
– einen direkten und interaktiven Dialog zwischen Künstlern und ihren Zielgruppen in Gang zu setzen;
– der Öffentlichkeit direkte Feedbackmöglichkeiten gegenüber den Künstlern zu geben;
– weltweit internationale Verbindungen zwischen Kunstfreunden zu schaffen;
– Kunst und Bildung miteinander zu verknüpfen.

Auf diese Weise wird der Wertschöpfungsprozess der Kunst ins »Metaversum« verschoben, wo neue Kunstformen und neue Arten der Herstellung, der Distribution und des Konsums entstehen.

Um auf der e-Plattform präsent zu sein, müssen Künstler eine Art Flatrate bezahlen. Die Höhe dieser Gebühr hängt von der Art der Kunstwerke und ihrem Ursprungsland ab. Während einer Erprobungsphase wird die Öffentlichkeit eine begrenzte Anzahl an kostenlosen Downloadmöglichkeiten haben. Danach werden Downloads und der Zugriff auf Kunstwerke nur noch Mitgliedern zur Verfügung stehen oder kostenpflichtig sein. Bücher können beispielsweise über Print on Demand schnell verfügbar gemacht werden, bei Bedarf mit personalisiertem Cover.

Überdies könnten Kunstwerke auch teilweise bei eBay-Auktionen oder ähnlichen Anbietern zu ersteigern sein.

E-Plattform, Kunstnetzwerk, Kunstinstitut und Kunsterziehung online werden im Besitz und unter der Leitung einer Stiftung sein, die auch das Copyright verwaltet und Verhandlungen im Auftrag der Künstler übernimmt.

Da der »World Arts Space« ein perfektes Versuchsgelände ist, wird es Kunstverlagen auch möglich sein, erlesene Kunstwerke gegen eine »Verlagsgebühr« (ähnlich einer Lizenzgebühr) zu präsentieren (siehe Tabelle 7).

Tabelle 7: Kunst, Medien und Öffentlichkeit

Künstler → Kunstwerke	Weltkunstraum-Stiftung	Öffentlichkeit
➤ hat Zugriff auf e-Plattform gegen eine abhängig vom Ursprungsland ermittelte Flatrate ➤ kann an Kunstevents teilnehmen: »Kunstpartnerschaft« ➤ die e-Plattform ist mit eBay und ähnlichen Auktionsforen vernetzt	➤ besitzt das Recht am Kunstwerk ➤ verhandelt im Auftrag des Künstlers ➤ unterstützt das Marketing und den Vertrieb der Kunstwerke ➤ Qualitätsmanagement zur Wahrung eines Minimalstandards und der Menschenwürde ➤ schüttet Erlöse an Künstler und Kunstwelt aus ➤ schützt die Rechte am geistigen Eigentum auf der e-Plattform und bei Kunstevents	➤ erhält für eine begrenzte Zeit eine bestimmte Anzahl kostenloser Downloads von der e-Plattform; danach sind die Downloads kostenpflichtig ➤ die Suchfunktion der e-Plattform ist leicht zu verstehen, vergleichbar mit Google ➤ gibt Feedback zum heruntergeladenen Material ➤ kann an Kunstevents teilnehmen ➤ hat Einfluss auf die Auswahl der Kunstwerke

Der Zusammenschluss mit den Medien

Die Einführung des »Metaversums« wird die Medienlandschaft für immer verändern. Alles wird eindeutig auf Digitalisierung und Virtualisierung ausgerichtet sein. Die Bandbreite an Möglichkeiten wird schier unendlich sein und sich an individuellen Bedürfnissen orientieren. Ein privater Informationsassistent wird uns die Informationen heraussuchen, die wir benötigen, und sie uns in der Form präsentieren, wie wir es möchten. Was wir fordern, werden wir kriegen. Wir werden personalisiertere Angebote erhalten. Informationen werden immer mehr in Form von Geschichten vermittelt, vielleicht sogar um ein virtuelles »Lagerfeuer« herum oder in der Form eines Dialogs mit dem Informationsassistenten. Die Medien werden sich Geschichten mit einer Mischung aus Information, Unterhaltung und Bildung ausdenken. Heute lässt sich davon schon ein erster Eindruck dieser Art von Information bei Amazon gewinnen. Wir können nicht ausschließen, dass es ein »Info-Google« geben wird, das sich auf verschiedene Arten

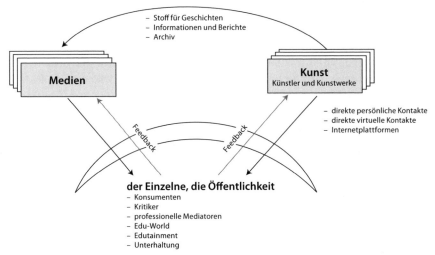

Abbildung 21: Kunst, Medien und Öffentlichkeit

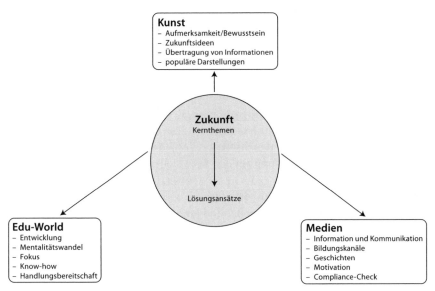

Abbildung 22: Allianz von Kunst, Medien und Edu-World

von Information (historisch, aktuell, politisch, technisch oder zufällig zusammengestellt) konzentriert.

Die Verlagerung auf Digitalisierung und Virtualisierung wird fortbestehen und lawinenartig auf uns einbrechen, sobald das »Metaversum« aktiv ist.

Die Kunstszene wird die Medien mit Material für Geschichten und Illustrationen versorgen. Auch Artefakte könnten an der Erfindung von Geschichten beteiligt sein. Die Medien haben der Kunst wiederum Folgendes zu bieten: Kunstwerke präsentieren und das interessierte Publikum darüber informieren; auf Künstler und Kunstwerke aufmerksam machen; direkte Zugriffskanäle schaffen oder/und fördern. Die Medien können außerdem dazu beitragen, dass ein bestimmter Kunststil zum neuen Trend wird. Ferner sind die Medien ein wichtiger Bildungskanal für die Kunst (siehe Abbildung 21).

Zusammenfassend ist die Dringlichkeit eines Zusammenschlusses der Kunst mit den Medien und der Bildung hervorzuheben. Die Kunst liefert den Inhalt; die Medien verschaffen der Öffentlichkeit Zugang, und Bildung und Erziehung fördern die Entwicklung, das Lernen und die Anpassung an die Welt im Wandel (siehe Abbildung 22).

Ein ganzheitlicher Blick

Die Edu-World: Bildung und Edutainment im »Metaversum«

Lernen, Wiedererlernen, Verlernen – all das wird uns unser Leben lang beschäftigen, so lange sich diese Erde dreht und sich verändert. Das »Metaversum« wird wohl den größten Anreiz zum Lernen schaffen. Jeder wird sich immer wieder in der virtuellen Realität tummeln und damit befassen müssen, sich Fähigkeiten anzueignen, andere abzulegen, wieder etwas Neues lernen. Uns muss klar werden, dass alle unsere Handlungen in naher Zukunft eine Erweiterung in der virtuellen Realität erfahren. Jeder wird einen eigenen virtuellen Lern- und Weiterentwicklungstutor haben und einen Mentor, der den tatsächlichen Fortschritt unserer Fähigkeiten und Kenntnisse begleitet. Das Bündnis zwischen Kunst und Medien wird sich in bedeutendem Maße auf Lernen und Entwicklung auswirken und die klassische (Aus-)Bildung auf den Kopf stellen. Fortgeschrittene Computerkenntnisse und Internetzugang werden unverzichtbar für dieses Bildungssystem sein, dass unter anderem virtueller Lernprogramme und Forschungsreisen anbieten wird. Diese Art virtueller und globaler »Schule« wird ein integraler Bestandteil unseres Lebens sein. Lernen wird herausfordernd, spannend, attraktiv und zeitgemäß sein und seinen akademisch-nüchternen Beigeschmack verlieren.

Der Aufbau einer virtuellen Lernumgebung, die allen zugänglich ist, wird eine der größten Transformationsprojekte sein, die es je gegeben hat, und die klügsten Köpfe des ganzen Planeten einbeziehen. Basieren wird er auf einer globalen Bildungsstiftung, der »Edu-World Foundation«.

Der erste Prototyp dieser neuen Lernumgebung sollte möglichst schnell verfügbar sein, damit wir beginnen können, die Zukunftsfragen zu beantworten und uns auf eine Lösung zubewegen können, die vornehmlich in dem beschriebenen Mentalitätswandel und der Entwicklung eines neuen Weltbildes bestehen wird. Das wird aber nur möglich sein, wenn wir die Rolle der Kunst neu erfinden und den starken Zusammenschluss, wie oben erwähnt, realisieren.

Um eine Edu-World aufzubauen, bedürfte es zu allererst billiger Computer für jeden, die mit Solarstrom angetrieben würden. Die von Computerspielen verwendete Technologie ließe sich nutzen, um attraktive Lernmodule zu entwickeln. Legt man das Wikipedia-Modell zugrunde und die Grundsätze der Cisco Academy und der Educatis-Universität, ließen sich Inhalte rasch durch die Wissenschafts- und Bildungscommunity entwickeln. Eine globale Teleakademie könnte sich um die Sicherstellung der weltweiten Kommunikation kümmern. Alles verfügbare Wissen würde digitalisiert und über eine Art »Super Google« zugänglich gemacht.

DENKER VON MORGEN

Konstantin Theile, Präsident der Educatis-Universität[196]

Educatis-Universität: Umstrukturierung der globalen Bildung

Wir müssen der Wandel sein, den wir in der Welt zu sehen wünschen.
Mahatma Gandhi

Grundvoraussetzung für fundamentale Veränderung der sozialen, kulturellen, ökologischen und ökonomischen Rahmenbedingungen ist das Erziehungs- und Bildungssystem. Die umfassende Aus- und Weiterbildung des Einzelnen und damit der Gesellschaften ist deshalb die wichtigste Voraussetzung für eine langfristige, nachhaltige Entwicklung der Menschheit und Vorbedingung für die Lösung der Probleme, die in diesem Buch erörtert werden.

Meines Erachtens bedarf das globale Bildungssystem einer grundlegenden Reform, damit es weltweit einer viel größeren Anzahl von Menschen zugänglich gemacht werden kann. Dieses Ziel ist jedoch nur durch den Einsatz neuer Technologien zu erreichen, wie ich in diesem Beitrag argumentiere.

---

196 Siehe http://foundation.educatis.org/ bzw. Universität www.educatis.org

Ausgangspunkt

Das Bildungssystem basiert grob auf drei Pfeilern, von denen die Qualität des Systems entscheidend abhängt: Lehrende, Infrastruktur und Lernende.

Ausbildung und Fachkenntnisse der Lehrenden

Bildungsinfrastruktur

Wissen und Fähigkeiten der Lernenden

Eine weltweite Analyse dieser drei Pfeiler führt, mit wenigen Ausnahmen, zu folgenden allgemeinen Schlussfolgerungen:

1. *Lehrende:* Während die Erstausbildung der Lehrenden in den meisten Ländern gut ist, lässt die lebenslange Weiterbildung zu wünschen übrig. In zu vielen Fällen ist das Gelernte nach wenigen Jahren veraltet, sodass den Schülern bzw. den Studierenden nicht das beigebracht wird, was sie lernen müssten, um den zukünftigen Aufgaben gewachsen zu sein.

2. *Bildungsinfrastruktur:* Die unzureichende oder zu geringe Allokation von Ressourcen für die Bildung durch den Staat führt häufig zu Lehrermangel und veralteten Infrastrukturen. Demzufolge können die Institutionen ihren Bildungsauftrag oft nicht adäquat erfüllen.

3. *Lernende:* Das Ziel jedes Bildungssystems ist es, Menschen zu qualifizieren, damit sie letztlich der Gesellschaft einen Nutzen stiften. Unsere Bildungssysteme bieten bisher jedoch noch zu wenig zielorientiertes Wissen und lebenslange Bildungsmöglichkeiten, um die Probleme der modernen Gesellschaft zu bewältigen.

Neugestaltung des Bildungssystems

Ich bin überzeugt, dass Kinder und Jugendliche eine persönliche, intensive und professionelle Betreuung während der Schulzeit brauchen. Damit die erwähnten Probleme jedoch kostengünstig und weltweit gelöst werden können, muss die Umgestaltung des Bildungssystems auf der Basis der Informationstechnologien erfolgen. Die Möglichkeiten der virtuellen Welt müssen erschöpfend genutzt werden.

Verschiedene Einzelinitiativen wie etwa »One Laptop Per Child«[197] oder die »OpenCourseWare«[198] des »Massachusetts Institute of Technology« (MIT) sind erste

197 http://laptop.org
198 http://ocw.mit.edu

Beispiele für punktuelle Bildungsförderung. Ich stelle mir einen umfassenderen Ansatz vor, der die drei erwähnten Pfeiler des Bildungssystems umfasst und die Möglichkeiten der Informationstechnologien in die Problemlösung einbezieht.

1. *Menschen:* Bildung wird von und für Menschen mit dem Ziel angeboten, Wissen zur Lösung von persönlichen, institutionellen und gesellschaftlichen Problemen zu vermitteln. Als Wissensmultiplikatoren beeinflussen die Lehrenden unmittelbar die Qualität des Bildungsangebotes. Aus diesem Grund hat das weltweite Bildungssystem sicherzustellen, dass die Lehrenden, unabhängig vom Ort ihres Wirkens, kontinuierlich auf dem neuesten Stand des Wissens und der Forschung bleiben.

In der virtuellen Welt des Internets sind die Menschen von der Technik abhängig, physisch isoliert und die sozialen Interaktionsmöglichkeiten eingeschränkt. Demzufolge muss die Welt so gestaltet werden, dass gegenseitiger Respekt selbstverständlich ist, gemeinsame (kulturelle) Werte aller Beteiligten berücksichtigt werden und hochwertiges Fachwissen ausgetauscht wird.

2. *Inhalte:* Lehrende und Lernende benötigen zum Lehren und Lernen die Unterstützung von Büchern, Zeitschriften, Filmen und anderem Unterrichtsmaterial. Die Informationstechnologie als kann hier adäquate Hilfsmittel liefern, wie das Beispiel des MIT eindrücklich zeigt. Eine andere, mindestens genauso wichtige Rolle spielt die individuelle Betreuung der Studierenden durch Tutorien. Nur die Kombination der beiden wird zu einem erfolgreichen Wissenstransfer führen.

3. *Infrastruktur:* Neben der regulären Infrastruktur an den Schulen und Universitäten, die in vielen Fällen verbesserungswürdig ist, ist von entscheidender Bedeutung, dass eine ausreichende Anzahl an PCs mit entsprechender Software, Druckern und sonstige benötigte technische Ausstattung zur Verfügung gestellt werden kann. Die Initiative »One Laptop Per Child« ist ein Anfang, aber in keiner Weise ausreichend. Hunderttausende von brauchbaren PCs und Druckern werden von Firmen jedes Jahr durch neue ersetzt. Würden diese kostenlos an Schulen und Universitäten in Schwellen- und Entwicklungsländern verteilt, wäre das Problem der fehlenden IT-Infrastruktur in wenigen Jahren gelöst.

In der Schweiz wurde vor ein paar Jahren eine global ausgerichtete und mehrsprachige Universität mit dem Ziel gegründet, einen Lösungsbeitrag zu den dargestellten Problemfeldern zu leisten.

Educatis-Stiftung und -Universität

Die Educatis-Universität, die Teil der Schweizer Educatis-Stiftung ist, wurde mit dem Ziel gegründet, unter weitgehendem Rückgriff auf die Informationstechnologie einen neuen globalen Bildungsansatz zu entwickeln und anzubieten. Ihr zentrales Anliegen ist die weltweite Förderung und Unterstützung einer multilingualen, erschwinglichen oder gar kostenlosen akademischen Ausbildung. Das Profil und die wissenschaftliche Forschung an der Educatis-Universität basieren auf dem Prinzip der Nachhaltigkeit.

Innerhalb weniger Jahre entstand die erste Fakultät mit einer »Graduate School of Management« und einem internationalen Netzwerk renommierter Professor/-innen und Dozent/-innen. Die Ziele der Universität sind:

- weltweites Angebot von qualitativ hochwertiger akademischer Ausbildung;
- Förderung der Weiterbildung für alle, insbesondere auch für Frauen;
- Aufbau eines globalen Netzwerkes durch Bildungspartnerschaften;
- Nutzung der kulturellen Vielfalt für Forschung und Entwicklung;
- Verbreitung des Konzepts der Nachhaltigkeit und der Verantwortung.

Mit ihrem hochmodernen e-Campus und den anspruchsvollen Programmen erreicht die Universität bereits heute ein breites internationales Publikum. Die akademischen Programme der »Graduate School of Management« werden bereits heute auf Englisch, Deutsch, Französisch und Spanisch angeboten. Ende 2009 wurde die juristische Fakultät mit einer spanischen »Escuela de Derecho Internacional Humanitario y Derechos Humanos« eröffnet, die demnächst durch eine englischsprachige »Graduate School of International Humanitarial Law and Human Rights« ergänzt wird.

Mittelfristig soll die Universität Educatis drei Kompetenzzentren umfassen und sich schwerpunktmäßig auf die Thematik der Nachhaltigkeit ausrichten. Die Kompetenzzentren sind *Wirtschaft und Gesellschaft* mit den Schwerpunkten Betriebs- und Volkswirtschaft sowie Soziologie und Kommunikationswissenschaften und *Internationale Beziehungen und Recht* sowie *Umweltsysteme und Technologie* mit dem Fokus auf Lebensräume und technische Lösungen. Die hohe Effizienz der Educatis-e-Campus-Philosophie führt dazu, dass die Kompetenzzentren mit einem deutlich geringeren zeitlichen und finanziellen Aufwand aufgebaut und betrieben werden können als konventionelle Bildungseinrichtungen. Die Umsetzung des Projektes hängt jedoch von der Unterstützung durch Sponsoren und von der Entwicklung der finanziellen Ressourcen der Universität selbst ab.

Bildung umstrukturieren – die langfristige Vision der Educatis-Universität

Die Vision der Educatis-Universität ist der Aufbau eines globalen Lernnetzwerks, das die oben erwähnten Aspekte eines globalen Bildungssystems berücksichtigt. Die Implementierung erfolgt auf zwei Ebenen:

1. *Weltweite akademische Ausbildung im Netzwerk von Educatis-Universitäten und akademischen Partnern:* Die Educatis-Stiftung hat entschieden, wenn immer möglich, in den wichtigsten Ländern weltweit mittel- und langfristig eigene Tochteruniversitäten zu gründen, um so die Qualität in Lehre und Forschung zu sichern. Durch internationale Partnerschaften zwischen Educatis und anderen Universitäten soll ein intensiver Aus-

tausch von Wissen aufgebaut werden, der nicht nur den Austausch von Studierenden und Lehrenden umfasst, sondern insbesondere auch den Transfer von Wissen für die Lehrenden. Educatis verfolgt dabei einen umfassenderen Ansatz, der auf vier Grundregeln beruht:

a) Die Austauschprogramme der Educatis-Universität sind global. Universitäten aus der ganzen Welt sind eingeladen, sich kostenlos an dem Netzwerk zu beteiligen. Üblicherweise wird eine Universität pro Land für das Netzwerk ausgewählt.

b) Die Partner sind unmittelbar an der Entwicklung der Programme und der Online-Seminare beteiligt. Ein weltweit zusammengesetztes Professorengremium entwickelt die Online-Seminare und berücksichtigt dabei im Idealfall alle Sprachen, die in dem Gremium vertreten sind. So werden Qualität und Vielfalt sichergestellt. Die Programme der Educatis-Universität können daher in verschiedenen Sprachen und mit verschiedenen Schwerpunkten angeboten werden. Die Educatis-Stiftung legt nur den Gesamtrahmen, das heißt die Ausrichtung auf die Thematik der Nachhaltigkeit und Verantwortung, fest und prüft die Qualität in Lehre und Forschung.

Jedes Programm besteht aus Online- und Präsenzveranstaltungen. Die Präsenzseminare, die in Form von Kolloquien vor Ort stattfinden, sind ein verpflichtender Teil des akademischen Programms und dienen dazu, persönliche Kontakte zu knüpfen. Educatis ist überzeugt, dass ein Ansatz der kombinierten Lehrmethoden für Fernstudiengänge der effektivste und effizienteste ist. Ferner lassen sich während der Präsenzphasen nationale und lokale Themen praktischer fokussieren als in den eher allgemein gehaltenen und theoretischen Online-Seminaren. Die Studierenden können wählen, ob sie die Kolloquien in ihrem Heimatland oder bei einem anderen Netzwerkpartner weltweit besuchen möchten. Auch steht es ihnen frei, bei welchem Netzwerkpartner sie die Abschlussarbeit schreiben möchten. Mittelfristiges Ziel ist es, dass die Absolventinnen und Absolventen einen »joint degree«, also ein Diplom aller Partnerinstitutionen, erhalten.

c) Aufgrund der unterschiedlichen wirtschaftlichen Bedingungen in den verschiedenen Ländern und der Tatsache, dass sich viele hochbegabte Studierende kein Studium leisten können, hat sich Educatis für ein flexibles Preismodell entschieden. Die Differenzierung der Studiengebühren erfolgt einerseits aufgrund der Länderklassifikation der Weltbank, das heißt, Studierende aus den Industriestaaten bezahlen höhere Studiengebühren als Studierende aus Schwellen- und Entwicklungsländern, und andererseits über ein Stipendiensystem. Alle Studierenden, die ein Stipendium erhalten, müssen es über Zeitkonten zurückzahlen, das heißt, sie müssen sich in Entwicklungsprojekten ihres Landes engagieren. Die Projekte werden mit den Partnern und den beteiligten NGOs abgestimmt.

d) Die Universität Educatis will in naher Zukunft eigene Professorinnen und Professoren berufen, welche den derzeitigen Lehrkörper von über 90 Personen ergänzen. Sie werden vornehmlich in der Forschung tätig sein. Anders als an den meisten Universitäten üblich, sind die Lehrstühle und Forschungsinstitute nicht zwingend in der Schweiz angesiedelt. Educatis funktioniert über ein dezentrales, verlinktes, weltweites Netzwerk, sodass die Lehrstühle dort aufgebaut werden sollen, wo der Nutzen optimiert ist. Mit diesem Ansatz lässt sich Wissen einfach und schnell von A nach B transportieren.

Dieses Grundkonzept könnte Educatis zu einer globalen demokratischen Bildungsinstitution werden lassen, wodurch eine Vielzahl von Studierenden weltweit anspruchsvolle Programme absolvieren könnte. Dazu bedarf es jedoch noch der Mithilfe vieler Förderer.

2. *Wissenszentrum für Weiterbildung:* Um den aktuellen und den kommenden Herausforderungen unserer Gesellschaft gerecht zu werden, ist lebenslanges Lernen für jeden Menschen unverzichtbar. Zusätzlich zu den akademischen Programmen des universitären Netzwerkes plant die Educatis-Stiftung zwei Weiterbildungsforen:

a) Weiterbildung für Lehrerinnen und Lehrer: Im weltweiten Bildungssystem fehlen oft die Möglichkeiten für eine kontinuierliche Fortbildung von Lehrerinnen und Lehrern auf allen Stufen des Bildungssystems. Das Konzept der Educatis-Stiftung sieht die Entwicklung umfassender und kostenloser Weiterbildungsprogramme für Lehrerinnen und Lehrer weltweit vor, die von Fachleuten in Abstimmung mit diesen entwickelt werden. Neben den Lernmaterialien sollen zusätzlich Tutorien angeboten werden, um den Wissenstransfer zu erleichtern. Dieses Projekt soll durch Zuwendungen Dritter und durch Überschüsse aus dem universitären Betrieb finanziert werden.

b) Weiterbildung für alle: In Analogie zu dem vorgeschlagenen Edu-World-Projekt plant Educatis langfristig den Aufbau eines umfangreichen Bildungsnetzwerks. Die dahinter stehende Vision ähnelt dem Wikipedia-Modell, bei dem jeder Inhalte generieren kann. Educatis wird das angebotene Material von Experten kontrollieren lassen, um Richtigkeit und Qualität zu gewährleisten. Das Weiterbildungsangebot soll sich nicht nur an die gebildeten, sondern insbesondere an die bildungsfernen Schichten, wie etwa Bauern in Schwellen- und Entwicklungsländern, richten. Aus diesem Grund müssen neue Formen der Wissensvermittlung, beispielsweise über den Mobilfunk, entwickelt werden.

Auch wenn die Umsetzung unserer Vision einer globalen Universität und einer weltweiten Bildungsplattform eine große Herausforderung darstellt, sind wir sicher, dass wir es mit der Hilfe vieler Einzelner und vieler Institutionen schaffen. Die Educatis-Stiftung könnte zu einer Educatis-Welt-Stiftung werden!

JENSEITS DER KOMFORTZONE

Transformationsprojekt: Die Edu-World-Stiftung

Die Stiftung finanziert sich über Spenden von Unternehmen und wohlhabenden Privatpersonen. Sie ist auf die Unterstützung von renommierten Schulen und Universitäten angewiesen, die dem Ansatz der Edu-World in ihren Weiterbildungsprogrammen und der Entwicklung derselben folgen und eine Art Mehrwertsteuer, die »Edu-Steuer«, entwickeln, die die Stiftung finanziert. Schon heute bieten das MIT und über 100 Universitäten weltweit Wissen kostenlos an. Über »OpenCourseWave« sind zahlreiche Unterrichtsmaterialien frei erhältlich.[199]

Alle nur denkbaren Inhalte werden jedem in der Welt überall und auf unterschiedlichstem Niveau zugänglich gemacht. Den virtuellen Teil des Lernens (und Verlernens) ergänzen Programme vor Ort wie »Edu-Camps« und »Edu-Practice«. Je nach Höhe der Lebenskosten im eigenen Land zahlen die Teilnehmer nur für das Lernen vor Ort (Educatis-Prinzip).

Dieses Projekt wird fast die ganze Welt umspannen. Die Evaluierung des Fortschritts wie auch die Verwaltung werden virtuell und somit kostengünstig und effizient sein. Ein ausgesuchtes Gremium, das »Edu-Council«, das zusätzlich von virtuellen Mitarbeitern unterstützt wird, kümmert sich um die Qualität des Angebots, die Aktualisierung der Inhalte und die Weiterentwicklung. Basierend auf dem Wikipedia ähnlichen Open-Source-Prinzip kann jeder aus dem »Metaversum« Inhalte beisteuern.

Die EU könnte diesen Ansatz zunächst dafür verwenden, afrikanischen Jugendlichen in ihrer Heimat Wissen und Know-how zu vermitteln. Das wäre besonders für die Ausbildung/Lehre und die Entwicklung beruflicher Fähigkeiten wertvoll. Die europäischen Länder könnten Absolventen dieser Studienprogramme eine drei- bis fünfjährige Arbeitserlaubnis anbieten.

Interessanterweise neigen gebildete Frauen dazu, mehr Zeit und Geld in die Erziehung und die Gesundheit ihrer Kinder zu investieren als ungebildete. Die Kinder sind entsprechend gesünder, gebildeter und finden mit größerer Wahrscheinlichkeit eine Arbeit. Diese Spirale setzt sich fort.

Die Edu-World

Es ist nicht leicht, Lösungen zu den kniffeligen Problemen zu finden, die jenseits des Gewöhnlichen, Üblichen liegen; das Schwierigste ist jedoch, ganzheitliche Lösungen zu finden. Dies ließe sich vielleicht mit dem Konzept der Edu-World

199 http://www.ocw.mit.edu

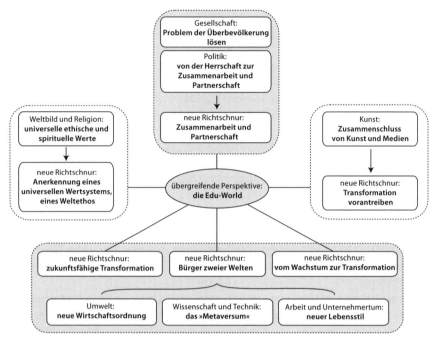

Abbildung 23: Ganzheitliche Perspektive – die Edu-World

erreichen, einer Welt des ständigen Lernens und Verlernens, einer sich permanent weiterentwickelnden Welt (siehe Abbildung 23).

Wir müssen die Jahrtausende alten Denk- und Verhaltensmuster verändern, die tief in unserer Gesellschaft und unserem Leben verankert sind. Ohne starken Gegenwind aus der Gesellschaft wird das vermutlich nicht gehen. Das schwierigste Unterfangen wird der Wechsel von einer Mentalität der Herrschaft und Kontrolle zu einem Bewusstsein von Partnerschaft und Verantwortung sein. Da in der Geschichte fast ausschließlich Unterwerfung und Kontrolle die dominierenden Prinzipien der Gesellschaften waren, war das Sozialleben von Kampf und Krieg geprägt, mit den entsprechenden Auswirkungen auf alle Generationen. Krieger und Soldaten wurden gefeiert und für die größten Helden gehalten. Daran hat sich bis heute nichts geändert. Der Schmerz, das Leid und die Tränen der unterdrückten Völker wurden als notwendiges Übel verbucht. Heute redet man zynisch von »Kollateralschäden«. In der Konsequenz haben die Konflikte, egal, wie schlimm sie waren, zur Glorifizierung der militärischen Macht und einem permanenten Rüstungswettlauf geführt. Wir haben scheinbar jeglichen Fortschritt in Wissenschaft und Technik gleich in Instrumente der Kontrolle und Unterdrückung oder in Waffen verwandelt. Dieser Einstellung ist die desaströse Lage, in der wir uns heute befinden, größtenteils ge-

Tabelle 8: Transformationsprojekte

Kernbereich → Kernprobleme	mögliche Lösungen	Transformationsprojekte
Gesellschaft → Demografie, Migration → Überbevölkerung	neue gesellschaftliche Strukturen, Neuerfindung der sozialen Wertschöpfung, Lösungen zum Problem der Überbevölkerung	Überbevölkerung stoppen, Partnerschaftsprojekt
Politik → bewaffnete Konflikte und Macht- und Kontrollstreben	Streben nach Zusammenarbeit und Partnerschaft	
Weltbild und Religion → Fehlen spiritueller Werte → allgemeingültige Werte	Suche nach einem universellen Wertesystem; dafür sorgen, dass die Werte eingehalten werden	Akzeptanz der Werte und demensprechendes Handeln gewährleisten
Umwelt → Zerstörung der Ökosysteme	zukunftsorientierte Volkswirtschaft und neue Wertschöpfung	grüne Sahara, Förderung von Solarergie
Wissenschaft und Technik → virtuelle Realität → Bewältigung des »Metaversums«	das »Metaversum« und die Bürgerschaft in vielen Welten	künstliche Fotosynthese $CO_2 \rightarrow C + O_2$ $CO_2 \rightarrow$ Brennstoff $2H_2O \rightarrow 2H_2 + O_2$ Biodiesel aus Abfallprodukten
Arbeit und Unternehmertum → Energie- und Humanressourcen	neue Lebensstile entwickeln und einführen	neuer Lebensstil
Kunst → Produktion, Vertrieb und direkter Zugang	Zusammenschluss der Kunst mit den Medien und Erziehungs-/Bildungseinrichtungen	globaler virtueller Kunstraum
ganzheitliche Perspektive → globale Kluft → zunehmende Spaltung	Edu-World: (Aus-)Bildung und Edutainment im Metaversum	Edu-World-Stiftung

schuldet. Das lässt sich besonders deutlich in der Wirtschaft beobachten, wo das Streben nach unbegrenztem Wachstum und totaler Kontrolle zum Aufbau gigantischer, multinationaler Konzerne geführt hat, die sich mit früheren Imperien vergleichen lassen. Das Prinzip des unbegrenzten Wachstums scheint die »dunkle Kraft« zu sein, hinter der die meisten Entscheidungen in der Wirtschaft stehen.

Aus diesem Grund stellt der Wechsel von Herrschaft und Kontrolle zu Partnerschaft und Verantwortung eine radikale, aber grundlegende Veränderung dar. Begleitet diesen Wechsel eine weltweite Akzeptanz der allgemeingültigen Werte, wird er der Menschheit eine neue Richtung weisen. Das »Metaversum« wird multidimensionale Transformationen erfordern, um das dynamische Gleichgewicht der vier Kernwerte (ökonomisch, ethisch, emotional und spirituell) zu erreichen und zu halten und eine stete Wertschöpfung in den verschiedenen, von uns beschriebenen Welten zu gewährleisten.

Wir werden uns von der traditionellen, einfachen Sichtweise des »einen Universums« trennen müssen und in den Dimensionen der vielen »Realitäten« im »Metaversum« zu denken lernen. In diesem Sinne ist es von zentraler Bedeutung, die spirituelle Seite in unserem Leben zu stärken und auf die Einhaltung der universellen Werte zu achten; nur so lässt sich verhindern, dass unser neues Leben im »Metaversum« zum Albtraum wird (siehe Tabelle 8).

Die Geschichte der Menschheit muss neu geschrieben werden

Vielleicht kann uns ein kurzer Blick zurück auf die Denk- und Verhaltensmuster der Menschen im Laufe der Geschichte dabei helfen, die Zukunft, auf die wir zusteuern, besser zu verstehen.

Über eine Million Jahre lang und viele tausend Generationen waren die Menschen damit beschäftigt, sich primär um ihr Überleben zu kümmern und gegen die Widrigkeiten der Umwelt anzukämpfen. Die Menschen lebten in Stämmen, wo es nicht so darauf ankam, wer das Sagen hatte, weil jeder eine eigene notwendige, wichtige und nützliche Funktion hatte. Alle begriffen sich als Teil der Natur. Das Leben war das größte Mysterium und das größte Wunder. Frauen, die neues Leben in diese Welt brachten und die Kinder umsorgten, begegnete man mit besonders hohem Respekt. Die Stämme verehrten die »Große Mutter«. Sie fühlten sich mit der Natur verbunden, und die Natur war ihr bester Lehrer. Ihr Wissen war eher intuitiv und ganzheitlich und wurde ausschließlich mündlich vermittelt. Manche Menschen waren möglicherweise sehr spirituell; wir wissen es nicht genau.

Das war die Ur-Kultur. Den Anfang dieser Kultur markierte vermutlich der Einsatz des Feuers. Der Stamm war der Mittelpunkt des sozialen Lebens. Jeder wusste, dass er/sie etwas war, weil er/sie Teil des Stammes war.[200] Die Menschen verbrachten viel Zeit miteinander. Sie waren sich ihrer Rolle als Hüter der Erde für zukünftige Generationen bewusst. Das Leben kreiste hauptsächlich um die Sorge um das Überleben. Alles wurde so lange wie möglich benutzt. Die Menschen arbeiteten, um zu überleben und das Leben zu genießen. Außer den persönlichen Habseligkeiten hatte Eigentum keine besondere Bedeutung. Die

---

200 Das traditionelle afrikanische Konzept des »ubuntu«, das beinhaltet, dass ein Mensch erst durch andere Menschen ein Mensch ist und dass eine universelle Bande existiert, die die ganze Menschheit verbindet, ist ganz ähnlich. Siehe »Ubuntu – African Philosophy«, http://www.buzzle.com/editorials/7-22-2006-103206.asp. Siehe auch Kapitel 2 (S. 62 f.).

Stämme betrieben Handel untereinander, um die Dinge, die sie brauchten, zu erhalten, oder Dinge zu erwerben, die sie nicht selber herstellen konnten.

Die Kultur dieser Menschen war durchaus hoch entwickelt; uns liegen nur nicht mehr so viele Zeugnisse davon vor. Die Megalithtempel etwa, die wahrscheinlich in der letzten Phase der Ur-Kultur entstanden, sind imposante Steinkonstruktionen und hervorragende Nachweise für ein hoch entwickeltes spirituelles Leben.

Vor ungefähr 10.000 Jahren passierte etwas Dramatisches. Wir wissen nicht genau, was der Auslöser dafür war, es hing vermutlich mit dem Ende der letzten Eiszeit vor über 10.000 Jahren zusammen. Eine große Transformation setzte ein, die sich über mehrere tausend Jahre erstrecken sollte. Sie verschob das etablierte Sozialgefüge von Partnerschaft und Verantwortung zu Herrschaft und Kontrolle. Es war die Zeit, in der man allmählich Pflanzen und Tiere domestizierte und sich an einem Ort niederließ – eine Zeit, in der sich die Lebensstile fundamental wandelten. Die Nomaden wurden sesshafte Bauern; bald entstanden die ersten Städte. Die Wanderbewegungen vieler Stämme auf der Suche nach besseren Lebensbedingungen hatten den Zusammenprall der Ur-Kultur mit der entstehenden *Kultur der Unterwerfung* zur Folge. Die neue Kultur entdeckte Metall als Rohstoff; mit ihm auch die ersten neuen, tödlichen Waffen. Könige begannen, über die Stämme zu herrschen. Sie errichteten Armeen und unterwarfen immer mehr Menschen. Die ersten Imperien entstanden. Männer begannen die Gesellschaft zu beherrschen. Auch das Verhältnis zur Natur veränderte sich. Der Menschen begann, die Natur seinem Willen zu unterwerfen. Das Konzept von Besitz und Eigentum wurde erweitert. Der Mensch konnte alles besitzen, auch andere Menschen, die ihm zu Sklaven wurden. Mit der aggressiven Weiterentwicklung von Wissenschaft und Technik wuchs auch die Macht des Menschen an. Die Kultur der Unterwerfung bedeutete permanenten Krieg und Kampf, mit viel Blutvergießen und Tränen. Die Ur-Kultur blieb den Menschen fortan als »goldenes Zeitalter« im Gedächtnis.

Manche Regenten häuften unglaublich viel religiöse, politische und technologische Macht an, die sie zum Aufbau riesiger Imperien nutzten. Eigentum, das mit Macht und Kontrolle verbunden war und von der Gier nach mehr angetrieben wurde, ließ eine Wirtschaft entstehen, die auf der Idee des grenzenlosen Wachstums fußte. Mit Anbruch der Industrialisierung wurde die Wirtschaft immer unersättlicher und begann mit der Unterwerfung des gesamten Planeten. Die Folgen sind bekannt. Wir leiden heute, weil die Werte der Ur-Kultur verloren gegangen sind, weil die Umwelt geschädigt und zerstört ist, weil überall in der Welt gekämpft und gestritten wird, weil wir nur materielle Werte im Kopf haben und uns selten mit der Frage nach dem Sinn unseres Lebens beschäftigen. Mit der Etablierung einer männerdominierten Welt haben wir es geschafft, die halbe Weltbevölkerung systematisch vom politischen und wirtschaftlichen Leben auszuschließen. So eine Bewegung bringt die ganze Menschheit in Gefahr!

Heute beobachten wir eine Schwächung des Herrschaftsmodells. Die Kernprobleme bedrohen unsere Existenz, aber das entstehende »Metaversum« verspricht uns eine neue Welt. Eine weitere *Große Transformation* steht uns bevor. Wir haben die Möglichkeit, eine nachhaltige Kultur zu schaffen, die neue Lebensstile entstehen lässt. Hoffentlich wird uns die Erfahrung der letzten 10.000 Jahre helfen, diesmal klügere Entscheidungen zu treffen. Diese *Große Transformation* wird sich sehr viel schneller ereignen und mehr Aspekte unseres Lebens tangieren als die letzte. Selbst wenn wir eine Singularität ausschließen, wird eine vollständig neue Welt entstehen, eine Welt, die wir uns heute noch gar nicht vorstellen können.

Zunächst einmal bedarf es einer Veränderung der Sozialstruktur, weg von Herrschaft, hin zu Partnerschaft und Verantwortung. Die Menschen müssen darauf vorbereitet werden, dass sie bald Bürger vieler Welten sind. Dann, bevor wir das potenziell grenzenlose »Metaversum« betreten, müssen wir ein gesundes Verhältnis zur Natur und gleichberechtigte Beziehunges zwischen Mann und Frau aufbauen. Wir brauchen eine Welt mit funktionierenden, unbelasteten Ökosystemen sowie eine Architektur, die im Einklang mit der Umwelt steht; wir brauchen einen Zugang zur virtuellen Realität für jedermann. Ohne ein universelles, allgemein akzeptiertes Wertesystem in der virtuellen Realität werden wir das Chaos der Welt heute wiederholen, diesmal jedoch womöglich bis ins Unendliche multipliziert.

Wir sind kurz davor, eine *virtuelle Kultur* zu schaffen, die auf grundlegenden Werten und einem Gleichgewicht der vier Kernwerte basiert. Das könnte der Ausgangspunkt für ein neues »goldenes Zeitalter« werden, mit quasi-unendlichen Möglichkeiten. Jeder Mensch kann, wenn er will, sein eigenes virtuelles Universum schaffen. Auch kann er Mitglied in verschiedenen virtuellen »Stämmen« sein. Unbegrenzte Vielfalt wird die Regel sein. Das soziale Geflecht kann auf Partnerschaft und Verantwortung aufbauen, wie das der Ur-Kultur. Es wird eine hybride Ökonomie mit einer Tendenz zum Virtuellen geben. Die Produktion wird weitestgehend automatisiert sein und von Robotern betrieben werden. Richtschnur für die Wirtschaft wird die multidimensionale Transformation sein, die das Gleichgewicht der vier Kernwerte stets im Blick hat. Der Wechsel zu virtuellem Eigentum wird viele Probleme lösen, vor die uns die begrenzten Ressourcen heute stellen. Auch Kämpfe und Kriege werden sich in die virtuelle Welt verlagern. Sicher wird es außerdem Auseinandersetzungen über die Kontrolle von Servern, das Herz der virtuellen Welt, geben.

Während die virtuelle Realität noch in den Kinderschuhen steckt und noch nicht für jeden zugänglich ist, erwarten wir schon jetzt eine Zeit der Veränderung. Das erste globale virtuelle Projekt wird die Edu-World sein, denn es wird uns helfen, die Kernprobleme zu lösen und das »Metaversum« zu errichten. Am Ende der virtuellen Kultur könnten »Singularität I und II« den nächsten Zyklus einläuten; vorausgesetzt, die Menschheit ist dieser Herausforderung gewachsen (siehe Tabelle 9).

Tabelle 9: Der große Transformationszyklus der menschlichen Kultur

Zyklus	Schlüsselelemente	Dauer
Ur-Kultur	Menschheit als Teil der Natur Stämme Feuer Stein	1 Million Jahre
Kultur der Unterwerfung	Menschheit als Teil der künstlichen (menschgemachten) Welt Städte Imperien Metall Öl	10.000 Jahre
virtuelle Kultur	Menschheit als Teil der künstlichen und der virtuellen Welt digitale Welt (seit Mitte des 20. Jahrhunderts) Bürger vieler Welten virtuelle Realität	100 Jahre
Alpha- und Omegapunkt (Wendepunkt der Transformationszyklen)	Menschheit erreicht nächste Entwicklungsstufe Menschheit kehrt zur Ur-Kultur zurück »Singularität I und II«	1 Jahr

Möglicherweise hängen die kulturellen Zyklen mit der Existenz der sogenannten »morphischen Felder« zusammen, ein von Rupert Sheldrake eingeführtes, durchaus umstrittenes Konzept.[201] Morphische Felder kann man als Organisationsmuster begreifen, die eine Art von kumulativem Gedächtnis enthalten und zunehmend den Charakter des Gewohnheitsmäßigen annehmen. Morphische Felder erstarken durch Wiederholung, das gleiche Muster wird wahrscheinlich wieder auftreten. So könnten vergangene Ereignisse einen direkten Einfluss auf die Gegenwart haben.

201 http://www.sheldrake.org

4 Auf dem Weg zu sozialem Unternehmertum und Innovation

Vorbemerkung

In diesem Kapitel stellen wir Ihnen drei Themen vor, die von zentraler Bedeutung für die Intention dieses Buches sind: 1. die Entwicklung über das Wissenszeitalter hinaus und der Wandel zu sozialem und virtuellem Unternehmertum und Innovation, 2. die Veränderung von Unternehmenskulturen anhand des Konzepts des »Managing by Values« und 3. drei bekannte »Denker von morgen«: Richard Boyatzis, Manfred Kets de Vries und Humberto Maturana. Sie werden ihre Ideen vorstellen und teilweise mit ihren Kollegen zusammen erläutern, wie es möglich ist, die Grenzen der herkömmlichen Unternehmensführung aufzuheben und sich darüber hinaus zu entwickeln.

Schon heute zur Zukunftsmusik zu tanzen, ist die Kunst des Überlebens in einer Zeit des ständigen Wandels, heißt es. Wir müssen jedoch dafür sorgen, dass unsere Fähigkeit zur Antizipation der Zukunft und zur Erinnerung an Vergangenes uns nicht davon abhält, im Hier und Jetzt, im Heute zu leben.

Der Übergang zum Wissenszeitalter

Das Wissenszeitalter

Lange Zeit orientierte sich die Entwicklung der Wirtschaft an der Entwicklung der Gesellschaft. Als Wirtschaft galt der spezielle Teil des Gesellschaftssystems, der sich der Herstellung und dem Vertrieb materieller Güter widmete.

So lange es um Agrarflächen und ihre Produkte ging, war das Verhältnis klar: Die Wirtschaft stand im Dienste der Gesellschaft. Mit dem Übergang von der Agrarwirtschaft zur industriellen Kapitalwirtschaft begann sich das Verhältnis zu wandeln. In der zweiten Hälfte des 20. Jahrhunderts generierten manche Großkonzerne so viel Kapitalvolumen wie ganze Staaten insgesamt zur Verfügung hatten, teilweise sogar mehr. Die Globalisierung hat die Priorität der Wirtschaft vor der Gesellschaft zusätzlich verstärkt; die New Economy bildete den Höhepunkt dieser Entwicklung.

Konzept und Definition der New Economy

Der Terminus »New Economy« wurde in den späten 1990ern von Experten geprägt, um begrifflich zu fassen, was manche für die Evolution der entwickelten Länder von einer industriellen/handwerklichen, Vermögen aufbauenden Ökonomie zu einer dienstleistungsorientierten, auf vorhandenem Vermögen basierenden Ökonomie hielten und diese als Folge von Globalisierung und Devisenmanipulation durch Regierungen und ihre Zentralbanken betrachteten. Nicht wenige Analysten gingen damals davon aus, dass dieser wirtschaftliche Strukturwandel einen Zustand permanenten nachhaltigen Wachstums, geringer Arbeitslosigkeit und einer Immunität gegenüber Konjunkturschwankungen hervorgerufen habe. Sie glaubten ferner, dass der Wandel viele traditionelle Geschäftspraktiken überflüssig machen würde. Erst als die Börsenblase platzte, wurde ihnen bewusst, wie sehr sie sich geirrt hatten. Obwohl sich viele überschwängliche Vorhersagen im Nachhinein als falsch erwiesen, wird der Begriff »New Economy« weiterhin gern zur Beschreibung aktueller Entwicklungen in Unternehmen und in der Wirtschaft verwendet.

Am Finanzmarkt wird der Begriff schnell mit dem Dotcom-Boom in Zusammenhang gebracht. Dazu zählte die Entstehung des NASDAQ als Rivale der New Yorker Börse, eine ganze Reihe von Börsengängen, der Kursanstieg der Dotcom-Aktien, die zwischenzeitlich den Wert vieler etablierter Unternehmen übertrafen, und der zunehmende Einsatz von Aktienoptionen. In anderen wirtschaftlichen Bereichen steht der Begriff der New Economy im Zusammenhang mit Praktiken wie dem Outsourcing im Allgemeinen und dem Outsourcing und der Restrukturierung von Geschäftsprozessen im Besonderen.

Die grundlegende, übergreifende Idee ist, dass sich ein Unternehmen auf die Bereiche konzentrieren sollte, die die Grundlage seines Erfolgs darstellen und ihm einen Wettbewerbsvorteil verschaffen. Andere Arbeitsbereiche sollten outgesourct werden, üblicherweise unter Einsatz von Technologie, die dem Menschen bestimmte Aufgaben abnimmt oder ihre Erledigung erleichtert. In einer entwickelten Ökonomie sind die entscheidenden Erfolgsfaktoren eines führenden Unternehmens meist in immateriellen Dingen wie Marken, besonderen Produkteigenschaften und technischen Fähigkeiten zu finden. Viele Routinejobs (z. B. in der Herstellung oder im Kundenservice) können outgesourct werden.[202]

Als die Geldsummen, mit denen täglich gehandelt wurde, den Wert aller Güter und Dienstleistungen zunehmend überstiegen, wurde klar, dass der indus-

---

202 http://www.bpb.de/popup/popup_lemmata.html?guid=95JXRC

trielle Sektor am Ende war. Mit dem Wachstum des industriellen Sektors wurden immer größere Informationsmengen generiert. Information und Wissen galten als »Schlüsselrohstoffe« der Wirtschaft, in der auch besondere Begabungen eine entscheidende Rolle zu spielen begannen. Die Intensität und das Ausmaß der Veränderungen nahmen rasant zu und führten zu strategischen Innovationen und ließen neue Werte entstehen. Außerdem änderte sich auch die Definition von Werten.

Im Laufe der nächsten Abschnitte werden wir die Evolution vom Agrarzeitalter zum Wissenszeitalter genauer beleuchten.

Das Agrarzeitalter war das Zeitalter des physischen Überlebens: Nahrung, Obdach, Sicherheit und Schutz standen im Fokus des Wirtschaftens. Das Zeitalter der Industrialisierung zeichnete sich durch seinen ausgedehnten Technologieeinsatz aus. Wachstum wurde zum Hauptziel der Wirtschaft. Schließlich brach das Wissenszeitalter an, in dem sich alles um Innovation und Neuerfindung drehte.

Tabelle 10: Die virtuelle Welt ist nah

	Agrarzeitalter	industrielles Zeitalter	Wissenszeitalter		virtuelles Zeitalter
	Boden	Rohstoffe Kapital	digitale Daten	Molekular- und Quantenebene	virtuelle Realität
Gesellschaft	patriarchalisch	männlich dominiert	Ökonomismus	von der Co-Existenz zur Partnerschaft	virtuelle Stämme
Wissenschaft	entstehend	Spezialisierung	Wachstum	konvergent	»Metaversum«, neue Dimensionen
Technologie	Mechanik	Elektrotechnik	Digitaltechnik	Biotech, Nanotech	weit entwickelte Computerroboter
Geschäftsgrundlage	Handel, Handwerk, Tauschhandel	Verkehr, Kommunikation	Globalisierung	Allgegenwart, Wissenschaft, Technologie	multidimensionale Transformation
Organisationsmodell	Religion	Militär	Wissenschaft, Forschung und Entwicklung	Natur	Kunst
Regierung	Königreich	Diktatur, Demokratie	neue Formen der Demokratie, z. B. Wahl über das Internet	Macht der Alten (Gerontokratie), Macht der Weisen (Sophokratie)	virtuelle Demokratie

Niemand, der von etwas Kenntnis hat, kann zur Ignoranz zurückkehren. Sobald wir etwas wissen, werden wir ein Teil davon. Was wir mit unserem Wissen machen, liegt natürlich an uns, aber verstecken können wir uns nicht mehr und anderen die Schuld zuschieben. Die ultimative Wahrheit wird uns vielleicht immer verborgen bleiben, aber nähern können wir uns ihr wohl. Sie ist wie ein bewegliches Ziel – sobald wir uns nähern, bewegt es sich fort. Tabelle 10 fasst die erwarteten Entwicklungen zusammen. Eine grafische Darstellung findet sich in Abbildung 24.

Wissen geht mit Verantwortung einher. Sobald wir etwas wissen, lässt sich die Verantwortung für dieses Wissen oder zumindest die Mitverantwortung nicht mehr einfach abstreifen. Deshalb ziehen es viele Menschen vor, unwissend zu bleiben.

Wir erleben, wie sich Information und Wissen explosionsartig vermehren und verbreiten, was wiederum die technologische Revolution permanent antreibt. Die entstehenden Technologien werden die nächste Entwicklungsstufe des Menschen entscheidend bestimmen. Die virtuelle Welt des Internets und seiner Nachfolger[203] ist die Welt von morgen, die Welt, die allen gehört, die Zugang zu ihr haben. Sie hat das Potenzial, zur weltweiten gemeinsamen »Realität« zu werden.

Kapital und Wissen sind per definitionem global; sie sind jedoch höchst flüchtig und neigen dazu, dort zu bleiben, wo die besten Bedingungen herrschen. Sie können sich aber auch über Nacht ins Nichts auflösen, wenn sich die Konditionen verschlechtern. Das scheint auch auf Begabungen und Talente zuzutreffen.

Wird unser Streben nach Wachstum unseren Alltag weiter so dominieren, wie es heute der Fall ist? Kriegen wir denn nie genug? Eine der Herausforderungen wird wohl darin bestehen, herauszufinden, ob es in einer Welt des permanenten Wandels überhaupt möglich ist, nachhaltige Entwicklung zu erreichen. Deshalb müssen wir uns selber fragen, was der Kern des Geschäftslebens und was das tatsächliche Geschäft am Geschäft ist. Es scheint, dass der Sinn des Geschäfts wieder zu seinem Ursprung zurückgeht: die Gesellschaft mit Gütern und Dienstleistungen zu versorgen, unser Leben so angenehm wie möglich zu machen und für Menschen über bedeutungsvolle Arbeit Sinn zu stiften.

Überall wird über Nachhaltigkeit geredet. Nachhaltigkeit ist Überlebenskunst; Nachhaltigkeit bedeutet, langfristige Lösungen zu finden, sie umzusetzen und dabei die Entfaltungs- und Lebensmöglichkeiten zukünftiger Generationen nicht aufs Spiel zu setzen. Jede Veränderung, die neue Werte hervorbringt, defi-

---

203 Die Übersicht in Tabelle 10 verspricht einen fundamentalen Wandel unseres Verständnisses von Computern und unseres Umgangs mit ihnen. Die neue Infrastruktur wird die verschiedenen regionalen und nationalen Computernetzwerke miteinander verbinden und eine Universalquelle überall vorhandener und zuverlässiger Rechenkapazität schaffen, die sämtliche neue Applikationsarten zulassen wird.

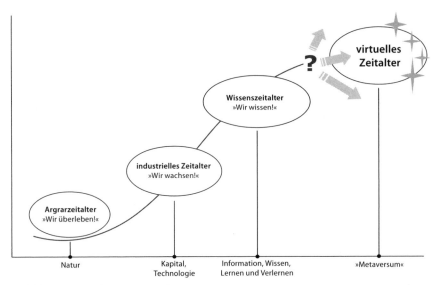

Abbildung 24: Von der Natur zum »Metaversum«

nieren wir als Innovation. Unternehmertum ist dann die Antriebskraft für die Umsetzung der Innovation. Mit dem Aufkommen hybrider Organisationen (real und virtuell) werden Unternehmertum und Innovation immer bedeutender, und immer mehr Menschen werden sich an der neuen Wertschöpfung beteiligen. In der hybriden Welt wird es neue Talente geben und neue Organisationskonzepte. Unternehmertum ist die menschliche Fähigkeit, eine Gelegenheit zu erkennen und sie zu ergreifen, die notwendigen Ressourcen zu mobilisieren und letztlich neue Dinge umzusetzen.

Der erste große Schritt wird die Verlagerung vom Shareholder (Aktionär) zum Stakeholder (Interessengruppe) sein, denn Transformation wird Priorität vor Wachstum haben. Spätestens dann ist allen klar, dass die Welt ein System ist und wir Teil dieses Systems sind. Dann werden wir uns hoffentlich auch vom rein linearen Denken und einem *methodologischen Reduktionismus* verabschiedet haben.

Die Welt ist kein lineares System, das immer weiter wächst. Die Welt ist auch keine große Kugel, anhand derer sich genau vorhersagen ließe, wie die nahe oder auch die ferne Zukunft aussehen könnte.

Wir müssen beginnen, in Optionen zu denken und einen holistischen und systemischen Blickwinkel einzunehmen und uns dabei stets bewusst machen, dass wir Teil des Systems sind, das wir betrachten. Die Kostenvorteile, die eine Produktion in Billiglohnländern mit sich bringt, sollten an die Verbraucher weitergegeben werden. Das wird zu einem stabileren wirtschaftlichen Gleichgewicht führen und, zumindest teilweise, den Verlust von Arbeitsplätzen in den entwickelten Ländern kompensieren. Wenn die Lebenshaltungskosten sinken, gleichen sich die Gehaltsniveaus weltweit an.

Wir haben bereits festgestellt, dass die vor uns liegenden Veränderungen die Bereitschaft erfordern, dass wir auf Distanz gehen zum Streben nach »immer mehr« und »kluge Fragen« stellen. Es reicht nicht aus, nach allgemeinen Lösungen zu suchen, wir brauchen clevere und kreative Lösungen.[204] Einfache Lösungen werden uns nicht weiterbringen. Statt weiter linear und reduktionistisch zu denken, sollten wir beginnen, in kreativen, systemischen und ganzheitlichen Denkmustern zu operieren. Heute denken wir noch in »Problemstrukturen«; wir müssen lernen, in »Lösungsstrukturen« zu denken.

Der Wandel vom Kapital- zum Wissenszeitalter ist weder gradlinig noch eben und beinhaltet viele Höhen und Tiefen. Er steht in engem Zusammenhang mit dem Verlust der traditionellen Werte (wie lebenslange Treue). Die neuen Werte orientieren sich an den Mitgliedern der Interessengruppe(n). Der ausschlaggebende Wettbewerbsvorteil von Unternehmen wird zunehmend von Menschen bestimmt, von ihren Emotionen und Gedanken. Mit »Menschen« meinen wir nicht nur Angestellte, sondern alle Stakeholder.

Die kommende Wirtschaftsordnung wird sich deshalb weniger um rechtskräftige Verträge drehen, sondern mehr darum, wem die Hauptinteressenvertreter ihr Vertrauen schenken. Auch das Konzept der einfachen Stakeholder wird vom Konzept der Multistakeholder abgelöst – weil Menschen gleichzeitig an verschiedenen Unternehmen beteiligt sind. Zukünftig werden wir von einem Firmenökosystem sprechen.[205]

Die Unklarheit und Unsicherheit der wirtschaftlichen Lage erfordert stärkere interne und externe Firmenkooperationen. Mehr als je zuvor kommt es jetzt auf Vertrauen, offene Kommunikation und eine gemeinsame Grundlage an.

Mit Anbrechen des Wissenszeitalters steigen wir in die internetbasierte virtuelle Welt ein. Bald schon werden wir in einer »hybriden Welt« leben, die real und virtuell zugleich ist. Mit der Weiterentwicklung der Technologie und der Ausreifung des Internets werden die Grenzen zwischen den unterschiedlichen Welten verschwimmen und sich schließlich ganz auflösen. Unsere Bürgerschaft in zwei Welten wird wiederum viele abrupte Veränderungen in Unternehmen und Gesellschaft nach sich ziehen. Verändern wird sich auch, wie wir leben und miteinander umgehen. Angesichts der schier unendlichen Möglichkeiten der virtuellen Welt werden viele neue Geschäftsideen entstehen. Es wird »Cyberreligionen« geben, und es wird möglich sein, ein neues, anderes Leben zu führen. Die ersten

---

204 Ein interessanter Ansatz zu den »klugen Fragen« findet sich bei Nadler, G., Chandon, W. (2004). Smart Questions: Learn to Ask the Right Questions for Powerful Results. San Francisco: Jossey-Bass.

205 Das Firmenökosystem schließt alle Menschen und Institutionen ein, von denen Existenz und Entwicklung eines Unternehmens abhängen.

Schritte in diese Richtung sind durch Second Life bereits gemacht.[206] Anfänglich wird es so sein, als wiederhole sich das »reale Leben« nur, später aber werden sich in der zweiten Welt viele neue Ideen umsetzen lassen, von denen wir heute noch nicht einmal zu träumen wagen.

Im Wissenszeitalter dient das Unternehmertum dem Generieren von Wissen und der Suche nach geeigneten Verbreitungs-, Verbesserungs- und Anwendungsmöglichkeiten desselben. Das könnte beispielsweise dazu führen, dass Firmen entstehen, die sich exklusiv auf »Research and Development« (R & D, deutsch: Forschung und Entwicklung, F & E) konzentrieren, oder virtuelle Labore, virtuelle F & E und neue Formen von Bildung und Erziehung. Aber auch das Unternehmertum selber wird dadurch verändert, dass wir besser verstehen, was der Kern dessen ist, was Unternehmer erfolgreich sein lässt und wie sich Unternehmer fördern lassen. Wir werden es in Zukunft besser verstehen, die unternehmerischen Fähigkeiten von Menschen wahrzunehmen und zu fördern. Neue Geschäftsmöglichkeiten werden bald in Form von Rezepten ausgegeben, die von speziellen Maschinen, den »Entrebotern«, geliefert werden. Sie werden die verschiedenen »Zutaten« vermischen, die es braucht, um ein erfolgreiches Unternehmen zu gründen. Zu den Zutaten gehören zum Beispiel die Erwartungen der Verbraucher + Technologie + Hauptakteure + verfügbare Finanzen + Situationsanalyse + Wirtschaftlichkeitsbetrachtungen für ein bestimmtes Segment. Sie könnten auch auf bestehende Lösungen zurückgreifen, diese mit neuen Technologien verlinken und damit Neues schaffen.

Auch firmenintern soll der Unternehmergeist gefördert werden. Das bedeutet, dass Manager, besonders hoch dotierte Topmanager, selbstverständlich die Verantwortung für Erfolge und Misserfolge und deren finanzielle Folgen übernehmen müssen.

Brauchen wir wirklich immer mehr?

Business Schools sind idealerweise der Ort, an dem zukünftige Entscheidungsträger zu Führungspersönlichkeiten und Managern werden. Die Realität sieht jedoch oft anders aus: Die Studierenden lernen übermäßig viel Theorie und das vor allem anhand von Fällen aus einer Best-Practice-Geschäftswelt, die sich gern an den neuesten Erkenntnissen eines gerade aktuellen Managementgurus orientiert. Viele Business Schools erwecken schnell den Eindruck riesiger »Gebetsmühlen«, die sich am Pauschalmantra von Unternehmenswachstum und -erfolg

206 Second Life ist eine dreidimensionale virtuelle Welt, die vollständig im Besitz ihrer Bewohner ist, die sie auch aufgebaut haben. Seitdem Second Life 2003 öffentlich zugänglich ist, ist es explosionsartig gewachsen und hat heute eine »Bevölkerung« von insgesamt 5.257.023 Menschen aus der ganzen Welt. Siehe http://www.secondlife.com

ausrichten. Lernen bedeutet hier hauptsächlich Auswendiglernen. Das ist kaum verwunderlich, da Dozenten »nur« auf die akademische Laufbahn und die Lehre an einer Uni vorbereitet sind. Sobald es um die reale Welt geht, nehmen die Dozenten eine eher Beraterrolle ein. Unseres Erachtens sollte mindestens die Hälfte aller Business-School-Lehrkräfte aus ehemaligen Praktikern, also erfahrenen Geschäftsleuten, bestehen. Zusätzlich sollten Gastprofessor/-innen eingeladen werden, die tatsächlich Entscheidungsträger in Unternehmen sind, um aus ihrer Praxis zu berichten. Henry Mintzberg hat Recht, wenn er behauptet, dass sich Manager nicht im Klassenzimmer ausbilden lassen.[207]

Wenn das ganze System der Business Schools darauf beruht, dass man sich auf möglichst viele Autoritäten berufen kann und dass vergangene »Heldentaten« anderer wiedergekäut werden, wird das unweigerlich eine Kultur schaffen, in der eigene Meinungen und Gedanken des Lernenden unerwünscht sind. Das ist rückwärtsgewandt und vergangenheitsorientiert. Aus der Unternehmensperspektive dreht sich hier zu viel um »Schule« und zu wenig ums »Geschäft«. Es muss einen Wechsel geben vom »Unterrichten« zu »Lernen und Entwicklung«. Sollte die »Business School XY« nicht besser »Business-Lern- und Entwicklungszentrum XY« heißen? Es wäre interessant, das für den Fall eines Auszubildenden, der Geselle und später möglicherweise Meister wird, zu durchdenken. Der Azubi lernt die Materie kennen und bekommt grundlegende Fähigkeiten vermittelt, der Geselle wendet sie an und der Meister kennt sie nicht nur in Theorie und Praxis, sondern kann sie anderen, wissbegierigen Menschen zu vermitteln.

Wir leben in einer Welt des Wandels[208] und schon jetzt zeichnen sich aufgrund des Umschwungs zum virtuellen Zeitalter viele fundamentale Veränderungen in Gesellschaft und Wirtschaft ab:

- Neue Arbeitsmodalitäten und -prozesse, weniger Routine, mehr Eigeninitiative, mehr unabhängige Mitarbeiter mit eigenem Profil. So wird die präferierte Arbeitsform der »Kopfarbeiter« aussehen. Neue Organisationen werden entstehen, die sich um die Fachkräfte kümmern und sie gegenüber Unternehmern vertreten.
- Neue Bildungsformen, weg vom Unterrichten, hin zum Lernen. Virtuelles Lernen und Lernen vor Ort (z. B. auch im Job) werden sich vermischen. Simulationen gewinnen an Bedeutung. Die virtuelle Umgebung bietet völlig neue Lernmethoden.
- Neue Finanzierungsformen, Neudefinition von Werten.

207 Mintzberg, H. (2004). Managers not MBAs: A Hard Look at the Soft Practice of Managing and Management Development. San Francisco: Berrett-Koehler. Auf Deutsch: Mintzberg, H. (2005). Manager statt MBAs: Eine Kritische Analyse. Frankfurt a. M.: Campus Verlag.

208 Obwohl wir uns noch gar nicht ganz an das Wissenszeitalter gewöhnt haben, treten wir schon in das virtuelle Zeitalter ein. Das Tempo des grundlegenden Wandels beschleunigt sich.

– Neue Gehalts- und Honorarmodelle: Geld = Haben; Status = Sein; Erfahrung = Werden.
– Neue Formen der Wertschöpfung. Neue Werte: Werden = Erfahrung und Lernen. Verschiebung von linearer zu systemischer und ganzheitlicher Wertschöpfung.

Geschlossene »Wertkreise« mit virtuellen Werteinheiten werden entstehen; echtes Wachstum wird nicht allgemein lineares Wachstum sein, sondern Wertewachstum.

Die fundamentalste Veränderung wird sich im Ersatz des »Immer-mehr-vom-selben«-Ansatzes durch das Transformationsprinzip manifestieren. Das wird das Angst- und Giermoment schwächen und die Entwicklung von Gesellschaft und Wirtschaft stabilisieren.

Die neue Kultur wird sich durch Kreativität, Unternehmertum und Initiative auszeichnen, wobei die Rolle des Unternehmertums und die unternehmerische Art an sich einen Wandel durchlaufen werden. Der nächste bedeutende Schritt wird das virtuelle Unternehmertum sein. Wir werden erleben, wie Entreboter uns dabei assistieren, unternehmerische Chancen zu wittern und die notwendigen Ressourcen dafür zu mobilisieren, sie zu ergreifen. Auf der Basis des neuen Internets werden virtuelle Plattformen die Art verändern, wie wir Ergebnisse erzielen und Werte schaffen. Unternehmertum wird explizit das werden, was es implizit immer schon war: das Herzstück der Wirtschaft.

Wir müssen die vielen Möglichkeiten des Wissenszeitalters weiter erforschen. Heutzutage haben wir mehr Fragen als Antworten. Viel ist nur vage bekannt. Diese Entdeckungsreise könnte uns zu neuen Formen und Möglichkeiten führen, den zyklischen Werteverfall zu verhindern, der durch den »Roulettekapitalismus« immer wieder entsteht, der mit den Mechanismen der Gier und der Angst operiert. Wir müssen das Rückgrat der Wirtschaft stärken, die kleinen und mittelständischen Unternehmen fördern und neue Organisationsformen schaffen.

Es ist an der Zeit, die Wirtschaft in den Dienst der Gesellschaft zu stellen. Da Wissensgesellschaft und -ökonomie nun die industrielle Gesellschaft und Ökonomie ersetzen, stehen wir vor der einzigartigen Chance eines Neuanfangs.

Jenseits profitorientierten Unternehmertums und rein wirtschaftlich motivierter Innovation

Wir leben in einer Zeit der intensiven und oft abrupten Veränderungen. Jede Firma, jede Organisation, alle Städte und Kommunen, alle Länder und die Welt als Ganzes sind ständigem Wandel unterworfen – für die meisten Menschen, die Routine und Stabilität bevorzugen, ein wahrer Albtraum! Veränderungen brin-

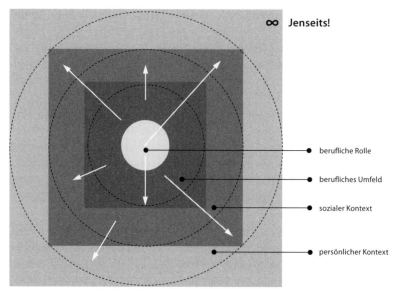

∞ Jenseits!

● berufliche Rolle

● berufliches Umfeld

● sozialer Kontext

● persönlicher Kontext

Abbildung 25: Über den Tellerrand schauen

gen Unsicherheit und Risiken mit sich. Die Folgen sind oft unbekannt. Aber Veränderung schafft auch neue Werte. Wenn nur einer/eine den neuen Wert anerkennt und (im wahrsten Sinne des Wortes) wertschätzt, hat sich eine Innovation ereignet. Obwohl der Umgang mit abrupten Veränderungen eine der schwierigeren Aufgaben darstellt, besteht auch hier enormes Potenzial für strategische Erneuerung.

Bei der Führung eines Unternehmens heute geht es deshalb nicht mehr allein um die Rendite und das Bestehen in Zeiten einer wachsenden globalen Konkurrenz, sondern auch um Erneuerungsprozesse innerhalb der Organisation und die Fähigkeit, aus der Veränderung neue Werte zu schöpfen. All das ist nur möglich, wenn alle Stakeholder, die zunehmend zu Vielfachinteressenvertretern werden, auf der Basis gegenseitigen Vertrauens, einer gemeinsamen Grundlage und offener Kommunikation miteinander kooperieren. Sie müssen bereit sein, die Komfortzone zu verlassen und zu unbekanntem und unerforschtem Terrain aufzubrechen.

Menschen sind an ihre Funktion, den Unternehmenskontext und ihre sozialen Rollen gebunden. Meistens ist ihnen gar nicht bewusst, wie groß der Freiraum ist, den sie zur Entwicklung neuer Ideen hätten. Sie hätten alle das Zeug dazu, weit über ihre professionelle Rolle und ihr Unternehmensumfeld hinauszugehen. Kreativität ist der erste Schritt zur Unendlichkeit! Unter diesen Voraussetzungen können wir unsere aktuelle Weltanschauung, die unsere Wahrnehmung und unsere Kreativität einschränkt, überwinden (siehe Abbildung 25).

In unserer schnelllebigen Welt haben nur anpassungsfähige Unternehmen die Chance auf Erfolg. Sie sind imstande, sowohl kurz- als auch langfristig zu handeln, im Heute und im Morgen, auf operativem und strategischem Innovationslevel. Benötigt werden gleichzeitig Unternehmer- und Geschäftsgeist, Innovationskraft und operative Exzellenz. Ohne kreative, unternehmerisch orientierte und innovative Menschen haben wir keine Zukunft; ohne effizient und konsistent arbeitende Menschen aber gibt es keine Gegenwart. Flexible Unternehmen brauchen eine klare, emotional bindende Ausrichtung, die gleichzeitig Anhaltspunkt für das operative und das strategische, für das kurz- und langfristige, das effiziente und innovative, das zentralisierte und dezentrale Geschäft, die Gegenwart und die Zukunft ist.

Um auf diese Weise »beidhändig« agieren zu können, benötigen Unternehmen spezielles Coaching und Unterstützung. Unternehmertum und Innovation sind immer schon Schlüsselmotoren für den Handel und die Vermögensbildung gewesen. Beispiele für Unternehmen, die ihren Unternehmergeist kultivieren und sowohl auf operativem als auch strategischem Level langfristig bereits Erfolg hatten, sind Whirlpool, Corning, GE Medical Systems, Hewlett Packard, Motorola und 3M[209] oder auch General Electric mit seiner »Ecomagination«-Initiative.[210]

Was ist Innovation?

Als Innovation betrachten wir jegliche Veränderung, die neue Werte für Unternehmen oder die Gesellschaft schafft; jedoch dürfen wir nicht vergessen, dass es am Ende der Stakeholder ist, der den tatsächlichen Wert eines Wertes festlegt. Die Bandbreite an Maßnahmen der Unternehmensinnovation reicht von neuen Ideen und Konzepten über neue Produkte und Dienstleistungen, neue Prozesse, Strukturen und Organisationsformen und neuen Geschäftsmodellen bis hin zu Corporate Ventures, neuen Wirtschaftszweigen und einer neuen Wirtschaftsordnung. Sie schließt auch die Neuerfindung des Ökosystems Unternehmen ein.

Soziale Innovation kann alles verändern, was eine Gesellschaft ausmacht.

Die Implementierung strategischer Innovationen bedeutet, sowohl die Veränderungen zu begleiten als auch die entsprechende Technologie einzusetzen. Im Zentrum der strategischen Innovation stehen mutige Visionäre und Menschen mit Unternehmergeist. Strategische Innovation kann weit über das Unternehmensökosystem hinausgehen. Ein hervorragendes Beispiel für die Erwei-

---

209 Siehe Leifer, R. et al. (2000). Radical Innovation. How Mature Companies Can Outsmart Upstarts. Cambridge, MA: Harvard Business School Press, 6.

210 http://www.genewscenter.com/imagelibrary/detail.asp?MediaDetailsID=508

terung eines Unternehmensökosystems ist die Entwicklung von Ductal (siehe Tabelle 14, S. 238), einer innovativen Technologie, die eine ganze Produktfamilie von Beton mit außergewöhnlichen Eigenschaften in Bezug auf die mechanische Beständigkeit, Dauerhaftigkeit, Abnutzungsresistenz und Resistenz gegenüber chemischen Einwirkungen und Umwelteinflüssen herstellt.

Heutzutage erwarten wir strategische und abrupte Innovationen von der Synergie der vier Kernbereiche von Wissenschaft und Technik: Nanotechnologie (Material und Werkzeug in Kleinstmaßen), Biotechnologie (einschließlich Gen- und Proteinanalyse), Informationstechnologie und Kognitionswissenschaft.[211] Wir brauchen kreative und mutige Menschen, die sich trauen, die Grenzen des bereits Existierenden und Etablierten zu überwinden. Kreative Menschen, die radikale Innovationen einleiten, so Richard Leifer, haben einen anderen Blick auf die Dinge und stellen möglicherweise außergewöhnliche Verbindungen her.[212] Ähnliches lässt sich über eine Art Technologievermittlung (»technology brokering«) erreichen, wie es Andrew Hargadon in seinem Buch »How Breakthroughs Happen« beschreibt.[213] Indem man verschiedene bereits existierende Objekte, Ideen und Menschen miteinander verbindet, schafft man Potenzial für neue technologische Revolutionen.

Um strategische Erneuerung einzuleiten, müssen wir von der Zukunft lernen, indem wir sie zu antizipieren und zu beeinflussen versuchen.

Den Rahmen für langfristiges Wachstum liefert üblicherweise die strategische Innovation. Das könnte zum Beispiel Folgendes beinhalten:
- Innovation im Rahmen eines Technologie-/Marktbereichs bereits bestehender Unternehmen,
- Innovation in den »weißen Flecken« zwischen bestehenden Unternehmen,
- Innovation außerhalb eines aktuellen Strategiekonzepts einer Firma,
- Innovation jenseits der bestehenden Bereiche,
- Innovation jenseits des bestehenden Unternehmensökosystem.

Erfolgreiche Innovation resultiert dann aus zweierlei:
- der Fähigkeit, neue Ideen zu entwickeln, sie in einen in sich geschlossenen und überzeugenden Plan einzubinden und diesen Plan schließlich umzusetzen.
- der Innovationspartnerschaft, die sich auf Vertrauen, gemeinsamen Grundlagen und offener Kommunikation beruht und die notwendige Unterstützung und Ressourcen liefert.

211 Siehe Roco, M. C., Bainbridge, W. S. (Hrsg.) (2003). Converging Technologies for Improving Human Performance: Nanotechnology, Biotechnology, Information Technology and Cognitive Science. Dordrecht: Kluwer.
212 Leifer et al., 2000.
213 Hargadon, A. (2003). How Breakthroughs Happen. Cambridge, MA: Harvard Business School Press, S. 12 f.

Innovation ereignet sich stets im Bereich der vier Kernwerte. Diesen Aspekt werden wir später genauer darstellen.[214] Je nach persönlicher Präferenz der Stakeholder wird der geschaffene Nutzen näher an dem einen oder anderen Kernwert liegen.

Über einen langen Zeitraum hatte der ökonomische Nutzen die Vormachtstellung. Nach der Enron-Katastrophe und vergleichbaren Vorkommnissen begannen viele Unternehmen jedoch, ihre Aufmerksamkeit ethischen Werten zuzuwenden. Emotionale Werte werden jedoch weiterhin weitgehend vernachlässigt. Gerade in dem Bereich zwischen den ökonomischen und den emotionalen Werten steckt jedoch das größte Innovationspotenzial. Die Grundlage für Denk- und Verhaltensveränderungen entspringt jedoch meistens einer Werteverschiebung im spirituellen Bereich.

Innovationsmodelle

Fünf Typen von Unternehmensinnovation sind heute anerkannt. Einer ist die konvergente Innovation, die das Kerngeschäft betrifft. Drei Typen divergenter Innovationen lassen sich unterscheiden: Eigeninitiative, Steuerung des Einflusses der Hauptinteressenvertreter und erweiterte Kommunikation. Der fünfte Typus, die virtuelle Innovation, ist im Entstehen begriffen (siehe Tabelle 11). Auf unterschiedliche Weise wird auch versucht, Innovation selbst neu zu erfinden. Das klingt viel versprechend. Es zeigt sich auch, dass größere Budgets für Forschung und Entwicklung nicht immer die Lösung sind. Die wichtigsten strategischen Innovationen werden wir zu erwarten haben, wenn Unternehmensinnovation mit sozialer Innovation einhergeht.

Unternehmen haben viele Möglichkeiten, Neuerungen einzuführen; nicht alle gehören jedoch zum Bereich der strategischen Innovation. Wir werden ein allgemein anwendbares Modell beschreiben, das auf der Suche des Alchemisten nach dem Stein der Weisen basiert. Es deckt sich mit unserer Erfahrung, die wir mit der Entwicklung und der Implementierung strategischer Innovation gemacht haben. Das Modell beschreibt die Suche nach einer substanziellen Transformation, die auf zwei Ebenen operiert, der materiellen und der spirituellen, und das Potenzial zu umwälzenden Veränderungen hat.

Innovation bedeutet das Verlassen der Komfortzone und ein Sicheinlassen auf unbekanntes Territorium. Bei der Umsetzung von Innovationen gilt es, sowohl mit dem Misserfolgsrisiko und den Gefahren möglicher Desaster umzugehen als auch die Chancen für Wachstum und Entwicklung wahrzunehmen. Dabei dreht sich Innovation genauso um Gefühle und Leidenschaft wie um Know-how und Expertenwissen. Es geht um die wichtigen Interessenvertreter sowie um den

---

214 Vgl. auch Dolan, S. L., García, S., Richley, B. (2006). Managing by Values. Basingstoke u. New York: Palgrave Macmillan.

Tabelle 11: Innovationsmodelle

---

konvergente Innovation

Im Bereich des Kerngeschäfts:
- ➤ M&A (Mergers & Acquisition) und Unternehmensentwicklung – Cisco, Johnson & Johnson, Bank of America, Pfizer
- ➤ Forschung und Entwicklung – Novartis, Samsung
- ➤ Kontinuierliche Verbesserung und Innovation – 3M
- ➤ Profilschärfung und Engagement – Samsung
- ➤ Innovatives Geschäftsmodell – Dell

---

divergente Innovation

Eigeninitiative:	*Unterstützung des Einflusses der Key-Stakeholder:*	*Reichweite:*
➤ Neuerfindung – eBay	➤ Big Bang – Roche	➤ Opensource – Linux, Wikipedia, MySpace
➤ Antizipation und Schöpfungsprozess – Google, Amazon	➤ Innovationskraft verbessern	➤ global – InnoCentive
➤ Erneuerung durch Design – Ideo	➤ Meister der Kreativität – Apple (Steve Jobs)	➤ Auszeichnungen und Philanthropie – X-Prize, Living Labs
➤ Corporate Venturing – Audi, BASF, Novartis, DuPont, Roche, Etech	➤ innovatives Unternehmertum – Richard Branson	➤ jenseits natürlicher Materialien – Ductal
	➤ Corporate Entrepeneurship – GE	➤ Förderung akademischer Forschungsnetzwerke und globaler Netzwerke – HP
	➤ Lead-User-Innovation	➤ Corporate Venturing – Nokia
	➤ communityorientierte Innovation – Cisco	
	➤ Entwicklungs- und Lerngemeinschaften – Whirlpool	
	➤ interdisziplinärer Ansatz an der Schnittstelle von Technologie, Unternehmen und Gesellschaft, die sowohl Klienten als auch Partnern und Lieferanten hilft, Innovatoren zu sein – IBM (GIO-Initiative)	
	➤ viele verschiedene Quellen – Microsoft	

---

sich entwickelnde Innovation

- ➤ Globalisierung fördern und virtuelle Realität aufbauen, zum Beispiel in Second World

---

Prozess. Bei Innovation geht es um Meisterschaft, um Förderung und Unternehmergeist, um Kreativität, harte Arbeit und Verteidigung des eigenen Werks. Es ist auch viel Wunschdenken involviert und die Sehnsucht nach etwas Neuem und nach neuen Werten.

Das mag kaum überraschen, wenn wir bedenken, dass Innovation jeglicher Wandel ist, der neue Werte hervorbringt. Deshalb treten alle Probleme und Fragestellungen im Bereich von Veränderungen auch bei Innovationen auf. Um In-

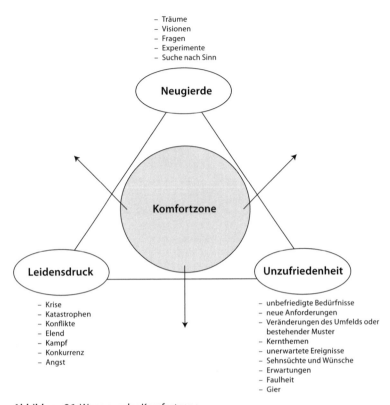

– Träume
– Visionen
– Fragen
– Experimente
– Suche nach Sinn

Neugierde

Komfortzone

Leidensdruck

Unzufriedenheit

– Krise
– Katastrophen
– Konflikte
– Elend
– Kampf
– Konkurrenz
– Angst

– unbefriedigte Bedürfnisse
– neue Anforderungen
– Veränderungen des Umfelds oder
  bestehender Muster
– Kernthemen
– unerwartete Ereignisse
– Sehnsüchte und Wünsche
– Erwartungen
– Faulheit
– Gier

Abbildung 26: Wege aus der Komfortzone

novation zu schaffen, ist es notwendig, sowohl die private als auch die berufliche Komfortzone zu verlassen; das ist nicht leicht, weil wir uns gut und sicher fühlen und uns vor den Unsicherheiten eines fremden Territoriums fürchten. Was kann uns also dazu bringen, die Komfortzone zu verlassen? Es gäbe drei Hauptmotive: Neugierde, Unzufriedenheit und Leidensdruck (siehe Abbildung 26).

Um Innovation hervorzurufen, berücksichtigt Learnitä[215], ein Institut für Innovationsmanagement in London, drei Aspekte – die Denkweise des Kreativen, des Entwicklers und des Machers – und drei Grundregeln – Anreicherung, Kommunikation, Partnerschaft und Verantwortung. Ein kreativer Mensch macht ständig neue Entdeckungen und hat Ideen. Ein anderer mit Entwicklermentalität beschäftigt sich gern mit Wirtschaftlichkeitsberechnungen und entwirft Geschäfts- und Umsetzungspläne. Jemand mit einer Handlungsmentalität setzt gern Dinge um, erzielt Ergebnisse und schafft neue Werte. Die Grundregeln haben den Lernprozess zur Folge, wie sich das meiste aus den Ideen heraus-

215 http://www.learnita.com

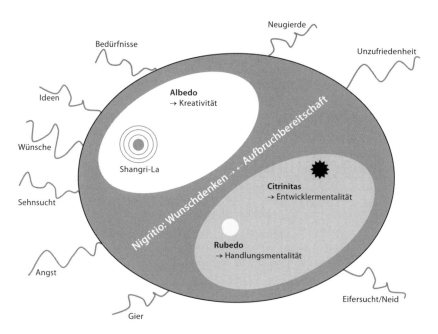

Abbildung 27: Die Alchemie der Innovation

holen lässt, wie sich noch mehr über die Inhalte herausfinden lässt und wie sich die notwendige Partnerschaft innerhalb des Innovationsteams und mit den Interessenvertretern aufbauen lässt. Auch das Bewusstsein, dass Handlungsbereitschaft erzeugt werden muss und dass der Tendenz zum Wunschdenken adäquat zu begegnen ist, wird berücksichtigt. Die Grundregeln schließen ferner das Wissen um Kreativität als notwendige Basis für neue Ideen ein, das Unternehmertum als notwendige Grundlage für Eigentümerschaft und Anteilsbesitz, für die Mobilisierung von Ressourcen und die Umsetzung dessen, was es bedarf, neue Werte zu schaffen.

Learnità kombiniert die genannten Bestandteile in der Grundstruktur der »Alchemie der Innovation«, die auf dem antiken alchemistischen Transformationsprinzip beruht.[216] Dieses besteht aus vier Elementen und vier Farben (siehe Abbildung 27):

– *Nigritio* (schwarz) steht für die Aufbruchbereitschaft und das Meer des Wunschdenkens.
– *Albedo* (weiß) bedeutet die weiße Fläche, die Tabula rasa, in der alles möglich ist.

216 Hamilton, N., The Alchemical Process Transformation. http://www.sufismus.ch/omega_ dream/alchemy_e.pdf

- *Citrinitas* (gelb) verkörpert die Energie der Sonne und der »Unternehmenswüste«, die es zu durchqueren gilt, um Dinge zu entwickeln und zu erreichen.
- *Rubedo* (rot) steht für das Herzblut, die Leidenschaft und die Freude über etwas Erreichtes. Rubedo ist die »Oase« in der Unternehmenswüste, mit aktiven Vulkanen, die jederzeit ausbrechen können, sie steckt voller Energie.

Wir betrachten die Elemente der Alchemie der Innovation genauer und fangen bei der Bereitschaft und der Tendenz zum Wunschdenken an. Die Reise der Innovation beginnt immer in der Dunkelheit und Unsicherheit. Wir wissen nicht, wohin uns die Reise führt, wir wissen nicht, welche Gefahren uns begegnen, und wir wissen nicht, was sich aus dieser Reise ergibt. Wir sitzen im Dunkeln, haben keinen Ausblick. Trotzdem gilt es, sich auf das große Abenteuer vorzubereiten. Wir müssen tief in unsere Seele vordringen und Entscheidungen fällen. Mit dem Team, das uns auf der Reise begleitet, sollten wir eine gemeinsame Basis schaffen. Gleichzeitig werden wir die ganze Zeit von den Wogen des Wunschdenkens umgeben sein, die uns leicht unsere Ideen verlieren und unser Ziel vergessen lassen. Das ist dann das große »schwarze Loch«, in dem die meisten guten Ideen und Vorhaben für immer untergehen. Das ist *Nigritio* (schwarz).

Sobald wir zum Aufbruch bereit sind, wird das Tageslicht anbrechen. Wenn wir unsere Vorbereitungen abgeschlossen haben und bereit sind, wird uns unser Gefühl sagen, dass wir alles erreichen können, was wir wollen. Nichts wird mehr unmöglich erscheinen! Das wird uns ein unendliches weißes Feld eröffnen, auf dem wir Neues entdecken und Ideen entwickeln. Diese Entdeckung wird so sein, als nähmen wir eine riesige weiße, mit frischem Schnee überzogene Fläche unter die Lupe. Es gibt noch keine Fußspuren. Es ist eine Suche, die intensive Aufklärung, intensives Suchen und Durchleuchten einschließt. Die Ausbeute sind Ideen und eine Vision der möglichen Lösung. Die Vision ist das Shangri-La, das das Team von jetzt ab durch den ganzen Prozess begleitet. Das ist *Albedo* (weiß).

Wie ein Polarstern führt die Vision das Innovationsteam über das Meer des Wunschdenkens zu einem Land, das sich *Citrinitas* nennt. Dort muss das Team gegen heftige Widerstände an Land kämpfen und braucht viel Mut, Durchhaltevermögen und Unternehmergeist, um die Unternehmenswüste zu durchqueren und den Weg zum Gelobten Land zu finden. Dieser Teil der Reise wird sehr viel Licht und Energie benötigen; da er außerdem unter der sengenden Sonne der Wüste stattfindet, trägt er die Farbe gelb. Das Team wird viel Aufmerksamkeit von oben erhalten, aber kaum Unterstützung von unten.

Schließlich wird das Team den Weg ins Gelobte Land gefunden haben, einer Oase inmitten der Wüste mit zahlreichen Vulkanen. Sind diese aktiv, könnten sie ausbrechen und zu einer direkten Publikmachung der Ergebnisse der Innovationsreise beitragen. Innovation umzusetzen erfordert *Rubedo*, eine Menge Leidenschaft und Herzblut.

Die Reise lässt sich in viele kleine Prozessschritte unterteilen. Jede Phase entspricht einem bestimmten Schritt im Unternehmertum.[217] Zu der Frage, was Unternehmertum eigentlich ist, gibt es unzählige Antworten und Definitionen. Die Definition, die wir hier zugrunde legen, ist folgende: »Unternehmertum ist die menschliche Fähigkeit, eine Chance zu erkennen, sie zu ergreifen, die dafür notwendigen Ressourcen zu mobilisieren und schließlich neue Ideen umzusetzen.«

Ein strategischer Innovationsprozess könnte zum Beispiel so aussehen wie in Tabelle 12.

Tabelle 12: Rahmen für Unternehmensinnovation

Innovationslabor: Von Ideen zu möglichen Geschäftsszenarios

Bereitschaft

1. Wunschdenken hinter sich lassen
2. Kick-off-Workshop

Entdeckung

3. Brainstorming
4. Ideenworkshop
5. Anreicherung der Ideencluster
6. Chancen-Workshop

Innovationsfabrik: Vom Business-Plan zu neuen Werten

Entwicklung

7. Analyse ausgewählter Geschäftsszenarios
8. Vobereitungsworkshops, Kosten-Nutzen-Analysen und Wirtschaftlichkeitsberechnungen
9. Vorstandspräsentation
10. Entwicklung eines Business-Plans
11. Revision des Business-Plans
12. Präsentation des Business-Plans

Umsetzung

13. Pilotprojekte und Prototypen, Machbarkeit testen
14. Entwicklung des Marketingplans
15. Markttest
16. Markteinführung
17. Marktdurchdringung
18. Ergebnisse und neu geschaffene Werte

---

217 Siehe Carton, R.B., Hofer, C.W., Meeks, M.D. (1998). The Entrepeneur and Entrepeneurship: Operational Definitions of Their Role in Society. http://www.sbaer.uca.edu/research/icsb/1998/32.pdf

Innovation und Wandel

Innovation hängt immer mit der generellen Dynamik eines Wandels zusammen. Studien haben gezeigt, dass Unternehmen etwa alle drei Jahre größere Veränderungen durchlaufen, während sich kleinere Veränderungen fast ständig ereignen. Nichts deutet darauf hin, dass sich dieses Tempo verlangsamen sollte. Im Gegenteil, die Manager müssen imstande sein, Veränderungen einzuleiten und diese zu begleiten, um zu gewährleisten, dass die Unternehmensziele des Wandels erreicht werden und sie ihre Mitarbeiter sowohl während als auch nach der Implementierung auf ihrer Seite haben.

Deshalb ist es wichtig, dass Unternehmen sich die Art des Umgangs mit Veränderungen sorgsam überlegen. Während jede Veränderungssituation einzigartig ist, gibt es eine ganze Reihe immer wieder auftretender Faktoren, die berücksichtigt werden sollten, um den Veränderungsprozess erfolgreich zu durchlaufen. Die beiden Forschungsansätze dazu stehen im engen Zusammenhang mit den wissenschaftlichen Arbeiten Kurt Lewins und Michael Beers.[218]

Das Modell von Lewin geht davon aus, dass Veränderung die Bewegung von einem statischen Zustand über einen Zustand der Aktivität zum nächsten statischen Zustand ist. Er setzt einen dreistufigen Prozess des Change-Managements voraus: auftauen, verändern und wieder einfrieren. Auf der ersten Stufe geht es darum, ein gewisses Maß an Unzufriedenheit mit dem Status quo zu erzeugen, um so eine Grundlage für die Einleitung einer Veränderung zu schaffen. Im zweiten Schritt werden die erforderlichen Ressourcen der Veränderung mobilisiert. In der dritten Phase werden die neuen Arbeitsstile in einem Unternehmen verankert. Beer und Kollegen meinen, dass Veränderungen weitaus komplexer seien und deshalb eines komplexeren, wenn auch einheitlichen Umgangs bedürften, wenn es um die Sicherstellung ihrer Effektivität geht. Sie haben einen sechsstufigen Ansatz zum effektiven Change-Management entwickelt. Dabei konzentrieren sie sich auf das Konzept des »task alignment« (klare Zuständigkeitsbereiche und Zielvorstellungen). Funktion und Verantwortung des Einzelnen sowie die Beziehungen der Mitarbeiter untereinander spielen eine zentrale Rolle, wenn es darum geht, einen Mentalitäts- und Verhaltenswandel hervorzurufen. Die Handlungsschritte des Konzepts lauten:

1. Schaffen Sie durch gemeinsames Stellen einer Diagnose Zustimmung für Veränderungen.
2. Entwickeln Sie eine gemeinsame Vision.
3. Fördern Sie Konsens, Kompetenz und Engagement für diese Vision.

218 Lewin, K. (1953). Studies in group decision. In Cartwright, D., Zander, A. (Hrsg.), Group Dynamics: Research and Theory (S. 287–301). Evanston: Row, Peterson. Beer, M., Nohria, N. (Hg.) (2000). Breaking the Code of Change. Cambridge, MA: Harvard Business School Press.

4. Machen Sie die Veränderung publik.
5. Institutionalisieren Sie die Veränderung durch formale Regeln.
6. Begleiten und korrigieren Sie bei Bedarf.

Beer und Kollegen sind davon überzeugt, dass sich Veränderungen nur einstellen, wenn die Kosten über eine Reihe von Faktoren kompensiert werden, die eine positive Einstellung gegenüber den Veränderungen bewirken. Dieses Verhältnis zwischen Kräften, die den Wandel unterstützen, und den Kosten der Veränderung lässt sich durch folgende Formel gut abbilden:[219]

Veränderung = U × M × P × K
U = Unzufriedenheit mit dem Status quo
M = neues Management- bzw. Organisationskonzept
P = geplanter Prozess für Change-Management
K = Kosten der Veränderung für Einzelne und für die Gruppe

Wertschöpfung

Um zu verstehen, wie durch Innovation neue Werte entstehen, müssen wir zunächst verstehen, wie Werte überhaupt geschaffen werden. Zu diesem Zweck bedienen wir uns eines vereinfachten Wertschöpfungsmusters, das sechs Elemente benennt: Kontext, Ziel, Key-Stakeholder, extern geschaffener Wert, neu geschaffener Wert und Organisation, das heißt Struktur-, Prozess- und Leistungsmanagement[220] (siehe Abbildung 28).

Die Brücke zwischen dem Ziel eines Unternehmens und dem geschaffenen Wert ist der Wertschöpfungsprozess. Er ist der wichtigste Prozess innerhalb einer Organisation. Der Wertschöpfungsprozess führt zu den Ergebnissen und zum erzeugten Wert selbst. Ohne Wertschöpfung wären Wirtschaftsunternehmen bedeutungslos. Der Wertschöpfungsprozess unterscheidet sich je nach Gewerbe und individueller Unternehmensausrichtung. In Anlehnung an Michael Porters klassisches Wertkettenmodell[221] findet sich eine allgemeine Darstellung des Wertschöpfungsprozesses in Abbildung 29.

219 http://leading-change.com/tools. Auf Deutsch: http://www.sichtwechsel.org/Formel_des_Wandels.pdf
220 Raich, M. (2000). Managing in the Knowledge-Based Economy. London u. Zürich: Eigenverlag.
221 Porter, M. (1985). Competitive Advantage. New York: Free Press. Auf Deutsch: Porter, M. (2008). Wettbewerbsstrategie: Methoden zur Analyse von Branchen und Konkurrenten. Frankfurt a. M.: Campus Verlag.

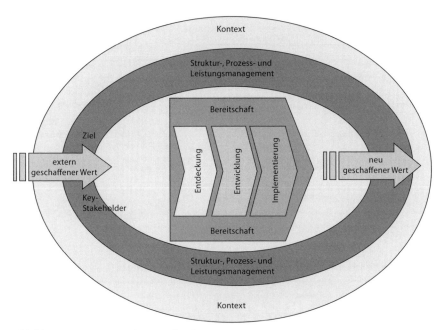

Abbildung 28: Innovation als Wertschöpfungsprozess

Nicht jede Wertschöpfung vollzieht sich linear. Wertschöpfung verläuft zunehmend systemisch, das heißt, mehrere Elemente sind miteinander verknüpft und üben gleichzeitig Einfluss aufeinander aus.

Strategische Innovation im 21. Jahrhundert

Prägnante Phänomene des 21. Jahrhundert werden Innovationsführerschaft (die Fähigkeit von Unternehmen, trotz permanenter und abrupter Neuerungen erfolgreich zu sein)[222] und Innovationspartnerschaft sein. Letzteres beschreibt die Beteiligung aller Key-Stakeholder, einschließlich der strategischen Partnerschaften und Allianzen, an der Innovationsführerschaft, die auf Vertrauen, einer gemeinsamen Basis und offener Kommunikation beruht.

Vor uns liegt eine Zeit großer sozialer Unruhen und politischen Aufruhrs. Am Ende des Jahrhunderts wird sich unsere Welt stark von der unterscheiden, die wir heute kennen. Immer mehr Menschen werden Initiativen zur Bewältigung ihres veränderten Lebens starten.

---

222 Das schließt die Neuerfindung der Innovation selbst ein. Unser Denken über Innovation wird sich auch verändern.

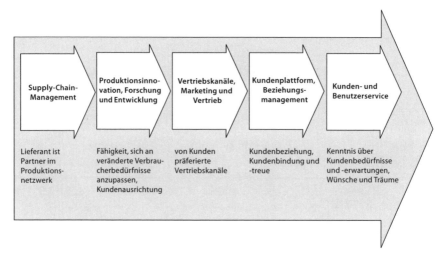

Abbildung 29: Schematische Darstellung des Wertschöpfungsprozesses

Verbunden mit der Erwartung, dass sich die Evolution des Managements dramatisch beschleunigen ließe und Unternehmen dabei zu helfen sei, neue Grundsätze und Prozesse im Management auszuprobieren[223], hat Gary Hamel vor Kurzem ein »Management Innovation Lab« an der London Business School gegründet. Durch die genauere Betrachtung der Risiken und Chancen in einer systemisch vernetzten Welt lassen sich Potenziale für strategische Innovationen entdecken. Wir werden außerdem sehen, dass wir alle ein aktiver Teil unserer Welt sind und für die Folgen unseres Handelns geradestehen müssen.

Soziale Innovation

Die größten Umbrüche in der Menschheitsgeschichte sind durch soziale Innovationen hervorgerufen worden. Unsere heutige Welt ist das Ergebnis der Einführung des Herrschaftsmodells in die Gesellschaft vor circa 10.000 Jahren. Das war eine soziale Veränderung, deren Folgen bis heute sichtbar sind. Der Verlust des Partnerschaftsmodells zwischen Mann und Frau, zwischen Mensch und Natur und zwischen Nationen hat zu einer verzerrten, auf Macht und Beherrschung fußenden Entwicklung geführt.

---

223 Darlove, D. (2006). Inside the innovation lab, Business Strategy Review, Spring. Siehe auch Gary Hamels Interview unter http://www.managementinnovationlab.com/voices/ voices/gary_hamel_interview/

Einige der dramatischsten Veränderungen auf unserem Planeten sind auf abrupte soziale Innovationen zurückzuführen. Man denke an den Faschismus und den Kommunismus. Obwohl die Demokratie schon in der Antike erfunden wurde, hat es fast zwei Jahrtausende gedauert, bis sie sich erfolgreich durchgesetzt hat.

Heute treten wir in ein Zeitalter des Wandels und der Transformation ein. Wir werden erleben, wie sich zahlreiche Veränderungen in allen Lebensbereichen ereignen, nicht alle zu unserer Freude. Wir konzentrieren uns immer noch zu sehr auf die materiellen Werte, die im industriellen Zeitalter besonders dominant waren.

Tabelle 13: Mögliche strategische Innovationen

Kernbereich	kritische Themen/Probleme	Beispiele für mögliche strategische Innovationen
Gesellschaft	Wissenszeitalter Wandel und Transformation kultureller Zusammenstoß Demografie Gesundheitsversorgung männliche Dominanz Migration Armut Erziehung/Bildung zukünftige Generationen Perspektiven »Jugendüberschuss« in der islamischen Welt und in Afrika	von der Herrschaft zur Partnerschaft Partnerschaften zwischen Nationen Programme wie »Europa in Afrika«; »Die USA in Lateinamerika« bereiten Immigranten durch Kultur- und Berufstraining auf die Umsiedlung vor UN hat die Verantwortung für globales Lernen (online und virtuell) die EU bietet Ausbildung für eine Million junger Menschen in den Ländern mit »Jugendüberschuss« an, vorzüglich Frauen
Weltbild und Religion	Intoleranz Fundamentalismus	neue Weltanschauung neue Religion
Politik	bewaffnete Konflikte Wirtschaftsmodelle Eigentum und Urheberrechte Subventionen Bedrohung durch Auslöschung Weltherrschaft Welthandel, Handelsgrenzen	gerichtliche Verfolgung der Waffen liefernden Länder EU-Subventionen für afrikanische Agrarerzeugnisse
Umwelt	Niedergang der Artenvielfalt Klimawandel Gentechnologie Naturkatastrophen Verschmutzung Ausbeutúng der natürlichen Ressourcen globale Wasserknappheit	alternative Energiequellen Gesamtkalkulationen müssen die Umweltkosten berücksichtigen Gewinnung von Trinkwasser aus dem Meer unter Gebrauch von Solarstrom

Kernbereich	kritische Themen/Probleme	Beispiele für mögliche strategische Innovationen
Wissenschaft und Technik	Biotechnologie Konvergenz Nanotechnologie Singularität virtuelle Realität	Welttechnologierat für neue (gefährliche) Technologien doppelte Bürgerschaft: real und virtuell
Arbeit und Unternehmen	neue Materialien neue Düngemittel Wirtschaftlichkeit Strom zukünftige Führungskräfte Nachhaltigkeitsmodelle Wasser	der aufstrebende Sektor der »erneuerbaren Energien«: synthetische Brennstoffe (Sasol), Biotreibstoffe, Biogas (Kompogas), Fotovoltaik etc. alternative Stromerzeugung, -speicherung, -verteilung, Stromeinsparungen lokale Stromerzeugung
Kunst	Künstler haben Einsicht in Produktion, Vertrieb und geschaffenen Wert Kunstwerke sind der Öffentlichkeit zugänglich Verleger verwalten Auswahl, Produktion, Verteilung und Werte Newcomer haben nur begrenzten Zugang und die Öffentlichkeit nur begrenzte Auswahl	direkter Zugang der Künstler zur interessierten Öffentlichkeit Öffentlichkeit nimmt Einfluss auf Auswahl direkte Produktion Verlagerung des Wertschöpfungsprozesses des Kunstwerks in die virtuelle Welt virtuelle Kunst

Wir scheinen den Blick für die wichtigen Dinge unseres Lebens verloren zu haben. Nur eine Innovationspartnerschaft aller gesellschaftlichen Interessengruppen, die auf gegenseitigem Vertrauen, einer gemeinsamen Basis und offener Kommunikation beruht, lässt uns hoffen, dass die Menschheit von den bevorstehenden radikalen Veränderungen (in Technologie, Unternehmen und/oder Gesellschaft) profitiert.

Es wird neue Geschäftsideen geben, die es uns erlauben, besser mit Risiken, Unsicherheit und permanenten Störungen umzugehen. Es wird auch neue Unternehmensformen geben, die jenseits unserer Vorstellungskraft liegen, sowie neue gesellschaftliche Modelle und Konzepte.

Nur die, die es vermögen, die Welt anders als bisher wahrzunehmen, werden in einem Umfeld ständigen Wandels erfolgreich sein. Wir werden erleben, wie neue Weltbilder und -konzepte entstehen, die auf dem Fortschritt der Wissenschaft, der Technologie und der historischen Erfahrung basieren und alle bisher da gewesenen traditionellen Weltanschauungen infragestellen.

Wir müssen unsere Fantasie und unsere Kreativität einsetzen, um soziale Innovationen zu entwickeln, von denen wir letztlich alle profitieren!

Vom Wettbewerb zu Kooperation und Partnerschaft

Wie wir bereits in Kapitel 3 sahen, sind Kooperationen eine Art der Zusammenarbeit, die auf einer gemeinsamen Basis (GB), offener Kommunikation (OK) und gegenseitigem Vertrauen (GV) gründen:

Kooperation = (GB x OK x GV)

Die Formel zeigt, dass alle drei Faktoren zwingend vorliegen und alle die gleiche Gewichtung haben müssen.

Es geht darum, dass alle das gleiche Verständnis davon haben, auf was sie sich einlassen, und eine gemeinsame Vision dessen, was sie zu erreichen versuchen. Das ist die *gemeinsame Basis*. Damit der Fluss der relevanten Informationen, unabhängig von Güte oder Objektivität, gewährleistet ist, braucht es eine *offene Kommunikation* untereinander. Diese ist für den Erfolg des Innovationsabenteuers entscheidend. Schließlich müssen die an der Innovationsinitiative oder einem entsprechenden Projekt Beteiligten wissen, wie die Stakeholder dazu stehen. Sie müssen auch wissen, welche Art von Erfahrungen und Kompetenzen vorhanden sind und was jedes einzelne Teammitglied bereit und imstande ist, einzubringen. Das bezeichnen wir als *gegenseitiges Vertrauen*.

Entscheidungen, die von einer Gruppe von Individuen ohne Kooperationsgeist gefällt werden, sind erfahrungsgemäß schlechter, als wenn Einzelne die Entscheidung allein treffen. Dafür gibt es zahlreiche aktuelle Beispiele aus der Unternehmensgeschichte. Deshalb kommt es nicht selten vor, dass sogar sogenannte »Management-Teams« Entscheidungen fällen, die keiner nachvollziehen kann, der über ein gewisses betriebswirtschaftliches Verständnis verfügt.

Eine Gruppe[224] ist ein Zusammenschluss von Individuen. Die Qualität realer Ergebnisse und Entscheidungen hängt entscheidend vom schwächsten Glied der Gruppe ab. Ein Team hingegen ist eine Gruppe mit einem hohen Maß an partnerschaftlichem Verhalten. Die Qualität der Ergebnisse und Entscheidungen kann weitaus höher sein als der Beitrag des stärksten Gruppenglieds. Partnerschaft ist die höchste Form der »Ko-operation«. Partnerschaft ist das grundlegende Prinzip einer Beziehung zwischen Menschen. Sie beruht auf gegenseitige Unterstützung und Entwicklung. In einer Partnerschaft sollen alle beteiligten Partner ihr Bestes geben.

Die Erfahrung lehrt uns, dass sich eine Gruppe nicht automatisch in ein Team verwandelt und nicht notwendigerweise nach einer Weile eine Partnerschaft entwickelt. Dazu bedarf es einer Menge Arbeit!

---

224 Wie sich eine Gruppe von einem Team unterscheiden lässt und wie sich aus einer Gruppe ein Team machen lässt, siehe Dolan, S. L., Lingham, T. (2008). Foundations of International Organizational Behavior. New Delhi: Sara, Kapitel 4.

Rezepturen für strategische Innovation

Basierend auf der Alchemie der Innovation (siehe Tabelle 14) kennen wir heute fünf Rezepturen für strategische Innovation.

Tabelle 14: Rezepturen für strategische Innovation

Rezeptur	Beispiele
Sprengen Sie die Grenzen des bereits Bestehenden!	*Ductal*
Werden Sie *jenseits* Ihrer Position, Ihrer Branche, Ihres Unternehmensumfeldes, Ihres Unternehmensökosystems, der zugänglichen Märkte und des bestehenden Geschäftsparadigmas tätig!	Ductal® ist eine innovative Technologie, die eine ganze Produktfamilie an äußerst belastbarem Beton mit außergewöhnlichen Eigenschaften hinsichtlich der mechanischen Beständigkeit, Dauerhaftigkeit, der Abnutzungsresistenz und der Resistenz gegenüber chemischen Einwirkungen und Umwelteinflüssen hergestellt. Die Produkte wurden von drei Firmen, Lafarge, Bouygues und Rhodia, entwickelt und patentiert. http://www.ductal-lafarge.com/cgibin/lafcom/jsp/home-Ductal.do?lang=en
Erschließen Sie sich die globale Innovationskraft!	*InnoCentive*
Innovation ist zunehmend offen, multidisziplinär und global.	InnoCentive® ist eine Internetcommunity, die hochkarätige Wissenschaftler/-innen mit führenden Unternehmen rund um den Globus zusammenbringt, die vor ernsten Herausforderungen in Forschung und Entwicklung stehen. InnoCentive bietet ein vielseitiges, viel besuchtes Online-Forum, über das große Firmen wissenschaftliche Neuerungen durch finanzielle Anreize prämieren können. http://www.innocentive.com
Starten Sie eine endlose Suche!	*3M*
Strecken Sie Ihre Fühler aus; bereichern Sie Ihr Denken und nutzen Sie Ihre Netzwerke. Lassen Sie alle Stakeholder partizipieren!	Seit über 100 Jahren liefert 3M Produkte und Problemlösungen, die das Leben vieler Menschen deutlich verbessert. Mit über 55.000 Produkten, über 30 Kerntechnologien und der Marktführerschaft in wichtigen Bereichen weltweit entwickelt 3M weiterhin innovative Lösungen, um die Kunden und ihre verschiedenen Bedürfnisse zufriedenzustellen. http://solutions.3mdeutschland.de/wps/portal/3M/de_DE/EU2/Country/

Rezeptur	Beispiele
Erfinden Sie neu und verwandeln Sie, was immer Sie wollen!	*eBay*
➤ Wertschöpfung im Unternehmen ➤ Geschäftsmodell ➤ Unternehmen ➤ Führungsgrundsätze ➤ Forschung und Entwicklung und die Personalabteilung	eBay wurde im September 1995 gegründet und ist *der* Online-Marketplace® der Welt für den Handel mit Produkten und Dienstleistungen über eine vielfältige Community von Einzelpersonen und kleinen Firmen. Heute hat die eBay-Community über 100 Millionen Mitglieder weltweit. eBay ist die meistbesuchte Internetseite und damit das beliebteste Einkaufsziel im Internet. http://www.ebayinc.com
Antizipation und Kreativität	*Google*
➤ etwas über die Zukunft erfahren ➤ Zukunft schaffen ➤ Umgang mit immer schnelleren, abrupten Veränderungen	Google ist mittlerweile die allgemein akzeptierte größte Suchmaschine der Welt – ein kostenloser, einfach zu bedienender Service, der die gesuchten Ergebnisse meist im Bruchteil einer Sekunde liefert. Google betreibt Webseiten auf vielen internationalen Domains; die meistbesuchte ist jedoch www.google.com. Google hat den Ruf, die »beste Suchmaschine der Welt« zu sein, da sie schnell, genau und leicht zu bedienen ist. Das dahinter stehende Unternehmen bietet auch Dienstleistungen (kostensensible Werbung, breite Palette an ertragreichen Suchdiensten) für Klienten anderer Bereiche (z. B. Werbeagenturen, Content-Publisher und Site-Manager) an. Googles bahnbrechende Technologie und fortwährende Innovation dienen seiner Mission, »die Information der Welt zu organisieren und sie universell zugänglich und nutzbar zu machen«. http://www.google.de/intl/en/corporate/index.html

Wir brauchen inspirierte Führungspersönlichkeiten, die sich mit der Bedeutung der strategischen Innovation auskennen und imstande sind, die Unternehmenskultur zu beeinflussen, indem sie Kreativität, Innovation und Unternehmergeist fördern. Es wäre wichtig, dass Mitarbeiter in Firmen mehr über strategische Innovation wüssten, damit diese zum integralen Bestandteil der Mentalität und der Prozesse eines Unternehmens werden könnte.

Über das Unternehmertum

Unternehmertum ist eine zentrale menschliche Aktivität – sicherlich eine der wichtigsten für die Fortentwicklung der Gesellschaft. Die Entwicklung der Zivilisation zu Hochkulturen ist ohne Unternehmertum schwer vorstellbar.

Unternehmertum basiert auf drei Kernelementen: die Wahrnehmung von Chancen, die Mobilisierung von Ressourcen und das Erzielen von Ergebnissen. Im Kern stehen Information, Wissen und Know-how.

Unternehmergeist kann sich in verschiedenen Formen ausdrücken und auf unterschiedlichen Ebenen abspielen: im individuellen Bereich, im familiären Bereich und im Unternehmen. Spätestens seit Einführung des Web 2.0 entwickelt sich das virtuelle Unternehmertum fort.

Neben der reinen Innovation ist das Unternehmertum ein zentraler Wirtschaftsmotor. Das zeigt sich aktuell vor allem im anbrechenden Wissenszeitalter. Sobald sich das virtuelle Zeitalter durchgesetzt hat, werden sich die Rolle des Unternehmertums sowie der unternehmerische Ansatz selbst grundlegend ändern. »Virtuelle Agenten« werden wie Assistenten nach Geschäftsmöglichkeiten für uns suchen, bei Bedarf neue schaffen und bei der Bereitstellung von Ressourcen behilflich sein. Aufbauend auf dem neuen Internet werden virtuelle Plattformen die Art verändern, wie wir Ergebnisse erzielen und Nutzen daraus ziehen. Der an den Erwartungen der Stakeholder orientierte Nutzen wird zum Ausgangspunkt für unternehmerische Aktivitäten werden. Es wird neue Wirtschaftsformen geben: virtuelle Unternehmen bzw. hybride Firmen, die sowohl in der realen als auch in der virtuellen Welt existieren.

In dieser Zeit des Wandels, der totalen Transformation, der permanenten Veränderung und der zunehmenden Unsicherheit sind wir auf noch mehr kreatives Unternehmertum und Innovationskraft angewiesen. Unternehmertum und Innovation sind schon immer zentrale Wirkkräfte für Handel und Vermögensbildung gewesen, für wirtschaftliche und gesellschaftliche Entwicklung. Innovation bedeutet jedoch mehr als nur Produktinnovation und kontinuierliche Produktverbesserung. Der Entwicklungsmotor schlechthin ist die strategische Innovation. Der stete Wandel in Gesellschaft und Unternehmen ist sicherlich ein hervorragendes Terrain für Innovation; insbesondere für strategische Innovation. Heutzutage ist es jedoch schwierig, eine Aussage darüber zu treffen, wohin uns die Innovation führen wird. Sicher ist nur, dass die Hinwendung zum Sozialen den wichtigsten Teil der Innovation darstellt.

Neue Wege im Unternehmertum

Welche Kräfte Marktveränderungen entfalten können, haben wir erlebt, als sich im Zuge der New Economy die Grenzen der traditionellen Branchen auflösten. Aus diesem gravierenden Wandel gingen neue Produkte und Dienstleistungen in verschiedenen Branchen hervor. In der Pharmaindustrie zum Beispiel wäre ein Perspektivenwechsel angebracht. Ähnlich wie wir versuchen, in Lösungen anstatt in Problemmustern zu denken, sollte sich die pharmazeutische Industrie auf die Gesundheit anstatt auf die Krankheit konzentrieren und damit ihr Geld verdienen. Als ersten Schritt müssten sich die Pharmafirmen mit Unternehmen aus dem Gesundheitswesen, Versicherungen und vielleicht Banken zusammensetzen und beraten.

Heute wird uns bewusst, dass der Aktionsradius der meisten Unternehmen der Industrienationen nur einen kleinen Teil der Weltbevölkerung berücksichtigt. Idealerweise sollte er sich über den ganzen Globus erstrecken. Die Einbindung der Entwicklungsländer erfordert grundlegende Innovationen in Technologie und Geschäftsmodellen. Im Niedriglohnsektor liegen ungeheure Chancen für die reichsten Firmen der Welt, nämlich ihr Glück dort zu versuchen und den aufstrebenden Armen zu Wohlstand zu verhelfen.[225] Die meisten Unternehmen, globale und internationale, haben jedoch noch gar nicht begriffen, dass sie sich mit ihrer Beschränkung auf den Binnenmarkt ihrer selbst begrenzt haben. Sie wissen teilweise nicht, welche Chancen sie verpassen – für sich selbst und für die Entwicklung der Weltökonomie. Sie wissen nicht, oder wollen es nicht wissen, mit welchen Herausforderungen die Menschen in den Entwicklungsländern konfrontiert sind.

Die größte Veränderung wird das Unternehmertum mit dem Übergang der Wirtschaft in das Wissenszeitalter erfahren. Seit Entstehen der Industriewirtschaft und -gesellschaft vor über 200 Jahren dürfte das die bedeutendste Veränderung für Wirtschaft und Gesellschaft sein, und sie wird sich in zwei Welten gleichzeitig abspielen, in der realen und der virtuellen.

Bislang kennen wir die Agrarwirtschaft (Grundlage: Land) und die Industriewirtschaft (Grundlage: Kapital). Während wir heute in der Wissensökonomie leben, ist die nächste Wirtschaftsform schon im Entstehen begriffen, nämlich in der virtuellen Welt. Die Geschichte hat gezeigt, dass sich Veränderungen in Wirtschaft und Gesellschaft gegenseitig bedingen. Insofern gilt unsere Aufmerksamkeit auch der virtuellen Gesellschaft. Die neue Wirtschaftsordnung wird die alte nicht völlig ersetzen, aber führend und dominant sein.

Die mit Abstand gewaltigste Herausforderung für das Unternehmertum geht von den Problemen aus, die unsere Zivilisation und die menschliche Existenz

225 Pralahd, C.K., Hart, S.L. (2002). The fortune at the bottom of the pyramid. strategy + business, Heft 26.

bedrohen. Die Konzentration der Künste auf damit zusammenhängende Kernthemen könnte uns gegebenenfalls neue Ideen, Einblicke und Perspektiven bieten. Für die Lösungssuche ist unser aller Kreativität gefragt. Für die Umsetzung wird jedoch ein gehöriges Maß an Unternehmergeist erforderlich sein. In diesem Sinne gilt es, das Unternehmertum in eine neue Richtung zu lenken, damit es über die Stufe des sozialen Unternehmertums hinausgeht und zum transformationalen Unternehmertum wird.

Verschiedene Faktoren, die das Unternehmertum antreiben, sind bekannt: Profitstreben und Vermögensbildung, der Wunsch nach Anerkennung und Erfolg sowie die Wahrnehmung von Chancen. Das soziale Unternehmertum hat gezeigt, dass auch die Verbesserung der Lebensqualität und ein gesteigertes soziales Bewusstsein starke Motoren sein können.

Der Schwerpunkt sollte zukünftig nicht auf den wirtschaftlichen, sondern auf den universellen menschlichen Werten liegen, denn es geht nicht mehr primär um Profite und wachsende Marktanteile; es geht auch nicht mehr so sehr um Marktbeherrschung. Es geht vielmehr um unser Überleben und den Aufbau einer neuen Welt! Dabei vermag uns das Unternehmertum helfen, auf aktuelle Veränderungen und den Wandel an sich einzuwirken.

Vor uns liegt eine historisch einzigartige Chance, eine Wirtschaft aufzubauen, die auf Ganzheitlichkeit beruht; eine Chance, den inkonsistenten, jedoch in der Industriewirtschaft vorherrschenden Ansatz zu dispensieren. Nötig ist ein vernünftiges Maß an systemischem Denken, das der Komplexität der Welt von heute Rechnung trägt und gleichzeitig die gesteigerte Unsicherheit und die Veränderungen berücksichtigt. In der New Economy kam es förmlich zu einer Explosion an Kreativität, Unternehmertum und Gier, die in der berühmten Spekulationsblase mündete. Auch wenn die Blase geplatzt ist, ist dieser Zeit doch einiges zu verdanken. Das e-Business beispielsweise kann heute kein ernst zu nehmendes Unternehmen mehr ignorieren. Es war die New Economy, die das »neue Unternehmertum« einführte, das auf den »neuen Technologien«, auf neuen Geschäfts- und Investitionsideen aufbaute. Man denke nur an eBay, Amazon, Yahoo! und Google.

Macht das virtuelle Zeitalter neue Organisationsformen erforderlich? Unabhängig von Größe, Branchenzugehörigkeit, Entwicklungsstufe, Alter etc. liegt der Zweck eines jeden Unternehmens darin, Produkte, Dienstleistungen oder Erfahrungen für einen bestimmten Markt unter bestimmten Bedingungen herzustellen und zu verkaufen. Das muss in einer Weise geschehen, die einen echten Nutzen für alle Stakeholder entstehen lässt. Nur auf diese Weise kann eine Firma ihren sozialen und wirtschaftlichen Auftrag erfüllen und Möglichkeiten zur nachhaltigen Entwicklung wahrnehmen.

Im Laufe der Geschichte sind verschiedenste Arten von Hilfsmitteln in Organisationen zum Einsatz gekommen: Körper- und Maschinenkraft, menschliche und künstliche Intelligenz. Es gibt sie in großer Vielfalt, als Handwerks-

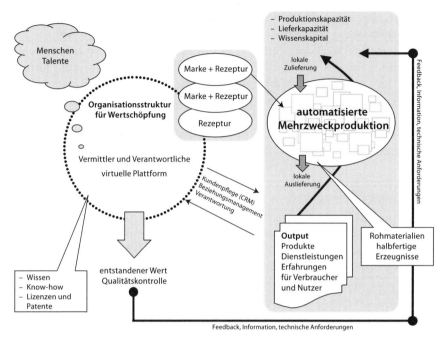

Abbildung 30: Modell für eine dezentrale Produktion

laden, Bauernhof, Einkaufsladen, Familienbetrieb, als staatliches Unternehmen, multinationale Kooperation oder weltweit tätige Firma. In naher Zukunft erleben wir womöglich das Aufkommen einer dezentralen Produktion, die nahe am Kunden und Nutzer stattfindet und auf Marken- und Patenteigentum beruht.

Der Marken- und Patentinhaber sammelt die Bestellungen und schickt sie zusammen mit seinem Know-how an lokale Produzenten. Er (der Inhaber) kontrolliert auch die Qualität der Produkte. Das erspart die Verschiffung der Produkte, ermöglicht eine Produktion in Kundennähe und ein maximales Maß an Zuschnitt auf den Verbraucher (siehe Abbildung 30).

In der Wissensökonomie wird es selbstverständlich neue und unterschiedliche Organisationsformen geben. Die Unternehmen der Wissensökonomie werden stärker auf gegenseitige Unterstützung, Strukturvertrieb, virtuelle Netzwerke und virtuelles Franchising achten. Beispielhaft wären hier kleine bis mittelgroße Unternehmensnetzwerke, die die meisten der innerbetrieblichen Leistungen als gemeinsamen Service für das gesamte Netzwerk anböten.

Jedes System neigt zu Bürokratie. Bürokratie verbrennt jedoch übermäßig Unternehmensenergie und kann zum Selbstläufer werden. Sie ist wie ein Parasit, der keinen Wert schafft, sondern diesen für gewöhnlich eher zerstört oder vermindert. Unternehmertum ist das Gegenteil von Bürokratie.[226] Davon ist auch die Wertschöpfung betroffen.

Der erzeugte Wert am Markt ist lediglich temporär und hat nur so lange Bedeutung, wie der spezifische Kontext, in dem er erzeugt wurde, fortbesteht. Um verschiedene »Werte« erwerben zu können, die von verschiedenen Menschen geschaffen wurden, hat man ein Ersatzmittel erfunden: Geld bzw. Kapital. Obwohl Geld und Kapital den Besitzern ein falsches Gefühl von Wert geben, sind sie zum begehrten Gegenstand geworden. Geld ist als »eintauschbarer« Wert eines der »Güter«, mit denen am meisten gehandelt wird.

Der Trend geht weg von der linearen, hin zur systemischen Wertschöpfung. Es ist einfacher, diese Veränderungen zu verstehen, wenn wir uns den Sachverhalt mit Hilfe einer neuen Wertschöpfungsstruktur anschauen, die speziell für die Wissensökonomie entwickelt wurde. Im Zentrum dieser Struktur stehen die Wertschöpfung und der real geschaffene Wert. Unternehmen können nicht wie bisher geführt werden. Es gilt, den Wertschöpfungsprozess in Unternehmen zu analysieren, umzustrukturieren und neu zu erfinden. Das Unternehmen ist im Wesentlichen eine »Wertschöpfungsmaschine«, die für ihre Stakeholder Werte schafft. Das ist jedoch nicht immer leicht; der Wert, den der eine Stakeholder erwartet, mag nicht immer dem entsprechen, was ein anderer erwartet.

Weil sich auch der von den Stakeholdern erwartete Wert verändern mag, scheint es durchaus angemessen, die Führung eines Unternehmens als eine Kunst zu betrachten, bei der die Anforderungen, Bedürfnisse und Erwartungen der Stakeholder in Erfahrung gebracht, Veränderungen erkannt und das bestmögliche Ergebnis für alle Beteiligten erzielt werden muss. Es ist auch eine Kunst, alle materiellen und ideellen Ressourcen eines Unternehmens zu mobilisieren und einzusetzen. Im Wissenszeitalter wird sich das »Management« hin zu »Verantwortung« und »Expertenschaft« verlagern (siehe Tabelle 15).

Das Vorbild für Organisation und Management in der industriellen Wirtschaft basierte auf einem Konzept, das ursprünglich für das Militär entwickelt und verwendet wurde. Es galt, eine große Anzahl von Menschen zu beschäftigen und bestimmte Ziele zu erreichen. Diese Art der Organisation basierte auf den Prinzipien Befehl, Kontrolle und Hierarchie.

---

226 Regierungen ziehen den größten Nutzen aus geschaffenen Werten (Steuern!), missbrauchen diesen Umstand aber oft auch. Deshalb ist bislang jeder Versuch einer Einflussnahme auf den Wertschöpfungsprozess gescheitert. Auch Versuche an einer direkten Beteiligung am Wertschöpfungsprozess haben katastrophal geendet. Das beste Beispiel aus der jüngsten Geschichte ist die Sowjetunion. Heute sind hier beispielsweise alle möglichen Arten von Subventionen, unter anderem für die Landwirtschaft und die Fischerei, zu nennen.

Tabelle 15: Neue Aufgabenschwerpunkte in der Unternehmenswelt

erforderliche Expertise und Kernkompetenzen	unternehmensintern	Netzwerk
Vermittlung von Wissen	Fachmann für Aus- und Weiterbildung	je nach Bedarf; beruht auf etablierten Kontakten, Beziehungen und Geschäftsplattformen
Versorgungskettenmanagement	Fachmann für Be- und Zulieferung	
Auslieferung und Kundenservice	Fachmann für Kundenpflege und -beratung	
Beschaffung von intelligentem Kapital (Erfahrung, Know-how)	Fachmann für Wisensressourcen	
Verantwortung für die virtuelle Plattform	Fachmann für neue Technologien	
Verantwortung für die Wertschöpfung	Fachmann für Wertschöpfung	
Verantwortung für die Organisationsstruktur	Fachmann für Unternehmensabläufe	
Leitung und Führung	Geschäftsführer	
Vermittlung von geeignetem Fachpersonal	Fachmann für Talenteentdeckung und -förderung	
Verantwortung für die Produktion	Fachmann für Herstellung	
Verantwortung für Forschung und Entwicklung	Fachmann für Innovation	

Die Vorbilder für die Wissensökonomie kommen vornehmlich aus der Wissenschaftscommunity, aus Technologie und Ingenieurwesen und teilweise auch aus der Kunst. Ihre Art des Umgangs mit Wissensschöpfung, Verbreitung, Erweiterung und Anwendung ist die effizienteste. An welchen Vorbildern werden sich die Unternehmen des virtuellen Zeitalters wohl orientieren?

Wo stehen wir heute?

Träumer können wir nicht gebrauchen; wir brauchen Personen mit Unternehmergeist, die Träume wahr machen!

Am Ende der Industriewirtschaft war unser Leben vom Ökonomismus geprägt. Wie wir bereits sahen, stand das Unternehmertum ganz im Zeichen der Verbreitung, Verbesserung und Anwendung von Wissen. Das führte zum Beispiel dazu, dass Firmen begannen, sich ausschließlich auf Forschung und Entwicklung zu konzentrieren. Im virtuellen Zeitalter wird sowohl diese Transformation als auch der soziale Unternehmergeist und die Innovation die Wirtschaft bestimmen.

Eine weitere Verzerrung des Systems bildete sich in den großzügigen Subventionsprogrammen und anderen Formen von Geldgeschenken ab, die es in ihrer pervertierten Form bald nicht mehr geben wird. Über Subventionen und Ähnliches versuchen Regierungen immer wieder, sich als ernst zu nehmende Marktteilnehmer zu behaupten. Jegliche Versuche dieser Art haben bisher jedoch stets einen schlechten Ausgang genommen. Es stehen eben zu viele politische Ambitionen auf dem Spiel, gleichzeitig herrscht ein Mangel an unternehmerischer Erfahrung. Nicht zu vergessen, dass Geld für solche Versuche nicht von der Regierung selbst, sondern vom Steuerzahler kommt.

Nachhaltige Entwicklung, soziale Innovation und soziales Unternehmertum

Laut Brundtland-Report von 1987[227] versteht man unter nachhaltiger Entwicklung wie bereits erwähnt eine »Entwicklung, die den Bedürfnissen der heutigen Generation entspricht, ohne die Entfaltungsmöglichkeiten zukünftiger Generationen zu beschneiden«. Googelt man heute den Begriff »nachhaltige Entwicklung«, erhält man zehn Millionen Treffer. Das zeigt, wie weit das Konzept bereits verbreitet ist. Die Vereinten Nationen tragen dem mit einer eigens gegründeten Kommission für Nachhaltige Entwicklung Rechnung.[228] Es gibt ein Internationales Institut für Nachhaltige Entwicklung (mit Hauptsitz in Kanada), das sich für die weltweite Förderung von nachhaltiger Entwicklung durch Innovation, Partnerschaften, Forschung und Kommunikation einsetzt.[229] Viele Länder und Firmen besitzen schon eigene Organisationen für nachhaltige Entwicklung. Eine wachsende Anzahl an Stiftungen widmet sich dem Thema und ein globaler Zusammenschluss von 200 großen Firmen, die sich exklusiv mit der Thematik in Bezug auf die Wirtschaft befassen, hat sogar eine eigene CEO-geführte Organisation, den Weltwirtschaftsrat für Nachhaltige Entwicklung (WBCSD), gegründet.[230]

Soziale Unternehmer sind Menschen, die nach Lösungen für soziale Herausforderungen und Probleme suchen, soziale Innovationsstrategien entwickeln

227 United Nations (1987). Report of the World Commission on Environment and Development. General Assembly Resolution 42/187, 11. Dezember 1987. Veröffentlicht unter dem Titel »Our Common Future« 1987. Oxford: Oxford University Press.
228 http://www.un.org/esa/sustdev/csd/review.htm
229 http://www.iisd.org
230 http://www.wbcsd.org/templates/TemplateWBCSD5/layout.asp?MenuID=1

und unternehmerische Lösungen für eine bessere Welt umsetzen. Weil sie sich nicht mit der sozialen Situation abfinden wollen, sammeln sie Ideen, beschaffen die notwendigen Ressourcen und sorgen für die Implementierung. Manche nennen dies »Sozialunternehmen«, andere »sozialen Kapitalismus«.[231]

Selbstverständlich hängen unternehmerische Sozialverantwortung und nachhaltige Entwicklung zusammen. Das WBCSD beschreibt es wie folgt: »Unternehmerische Sozialverantwortung manifestiert sich in der Verpflichtung eines Betriebes, kontinuierlich ethisch verantwortlich zu handeln, zur wirtschaftlichen Entwicklung beizutragen und sich gleichzeitig um die Verbesserung der Lebensqualität der Angestellten und ihrer Familien sowie des unmittelbaren Umfelds und der Gesellschaft im Allgemeinen zu bemühen.«[232]

Die unternehmerische Sozialverantwortung (oder CSR: »Corporate Social Responsibility«), eine Verantwortung, die Firmen für ihr Umfeld wahrnehmen, ist von philantropischer Wohltätigkeit in Form einer größeren Spende für einen guten Zweck am Jahresende grundsätzlich zu unterscheiden.[233] Ein guter Bürger zu sein, ist eine noble Sache, und wir ermutigen Firmen immer wieder, unternehmerisch sozialverantwortlich zu handeln. Solange es jedoch keine Sanktionen für Menschen gibt, die *nicht* sozialverantwortlich handeln, bleibt das Konzept ein frommer Wunsch, ein Allgemeinplatz des guten Willens, reine Image- und Markenpflege, mehr nicht. Rückendeckung durch alle Interessenvertreter und Anteilseigner erfahren die wenigsten Organisationen. Wir hoffen stark, dass sich das mit der aufstrebenden Wissensökonomie und dem Wandel in Denken und Verhalten, wie wir es diskutiert haben, ändert und CSR zu einem selbstverständlichen Teil unseres Alltags wird.

Soziales Unternehmertum ist eine der wichtigsten Innovationen im Bereich des Unternehmertums. Über diesen Weg setzen sich von sozialen und ethischen Werten angetriebene Unternehmer mit den dringlichsten sozialen Problemen der Welt auseinander. Sie werden nicht nur das Erscheinungsbild der Wirtschaft verändern, sondern als Agenten des Wandels für die Gesellschaft agieren.[234]

Soziale Innovation und Unternehmertum, unternehmerische Sozialverantwortung und unternehmerische Philantropie sind bedeutende Formen, soziale Herausforderungen und Probleme zu meistern oder ihr Schwergewicht zumindest zu reduzieren. Sie hängen von Menschen ab, die unheimlich wichtig für das soziale Wohlbefinden sind. Das sind in der Regel Menschen, die in der Lage sind, ihre berufliche Zwangsjacke abzulegen. Von ihnen brauchen wir mehr. Sie werden die Welt jedoch nicht verändern, solange sie Teil eines Systems sind, das

231 http://www.fastcompany.com/social/2005/explanation.html
232 http://www.wbcsd.org/DocRoot/hbdfl19Txhmk3kDxBQDWW/CSRmeeting.pdf
233 UK Government (2004). Corporate Social Responsibility: A Government Update. http://labspace.open.ac.uk/mod/resource/view.php?id=365611
234 Für weitere Informationen siehe http://www.ashoka.org. Ashoka ist eine globale Organisation der weltweit führenden sozialen Unternehmer.

sich von finanziellen Maßeinheiten wie Rendite, Rentabilität, Profit, Kapitalausstattung etc. abhängig macht und bedeutende Aspekte wie Linderung von Leid, Zufriedenheit, Glück und Freude ignoriert.

Um die Struktur der Wertschöpfung zu verändern, sollten wir damit beginnen, die Werte, die wir schaffen wollen, neu zu definieren. Wenn sich die heutigen Kernwerte auf das Überleben der menschlichen Spezies erstrecken, auf die Rettung unserer Zivilisation, auf eine angemessene Lebensqualität für die meisten Menschen und die nachhaltige Produktion von Gütern und Bereitstellung von Dienstleistungen, dann wird keine Rendite, sei sie noch so hoch, keine Spende, sei sie noch so großzügig, das Grundproblem lösen. Es liegt doch auf der Hand: Für die Hungrigen, die Durstigen, die Kranken und die Analphabeten müssen die Werte in Lebensmittel, Wasser, Gesundheitsversorgung und Bildung übersetzt werden. Deswegen brauchen wir soziales Unternehmertum, unternehmerische Sozialverantwortung und Philantropie, auch wenn das alles immer noch nicht genügen wird. Die ökonomischen und sozialen Prinzipien, denen wir heute folgen, scheinen grundsätzlich fehlerhaft zu sein. Vielleicht liegt es an der Art, wie wir Erfolg definieren und welche Kategorien von Werten wir als wichtig erachten. Auf folgende Fragen sind Antworten zu finden: Können wir uns über die Grenzen des kommerziellen Denkens hinausbewegen? Oder sind wir so gefangen in dem kapitalistischen System, dass wir uns nur auf finanzielle Ergebnisse konzentrieren können? Wer sollte verantwortlich sein für die Definition der Kernwerte, die wir heute erzielen wollen? Die bestehenden Organisationen, Unternehmen, NGOs, Regierungsorganisationen und auch religiöse Institutionen haben die Probleme nicht lösen können. Möglicherweise liegt es daran, dass sie alle Teil des Systems sind. Wir müssen also ein neues System von Kernwerten für Wirtschaft und Gesellschaft etablieren. Wir müssen eine neue Wertschöpfungsstruktur entwickeln und uns dabei fernab des bestehenden Systems bewegen. Heutzutage müssen wir schon beginnen, über das »virtuelle Unternehmertum« nachzudenken, das mit der Weiterentwicklung der virtuellen Realität immer lebendiger und konkreter wird.

Es ist an der Zeit, die wesentlichen Grundlagen von Gesellschaft und Wirtschaft zu verändern, uns dabei jenseits der bestehenden Systeme zu bewegen und neue Lösungen zu finden. Nur so lassen sich Wirtschaft und Geschäftswelt neu denken.

Fassen wir zusammen: Innovation ist jeglicher Wandel, der neue Werte hervorbringt. Nur die strategische Innovation geht jedoch über das bereits Bestehende hinaus. Die Brücke zwischen dem Zweck einer Organisation und dem geschaffenen Wert ist der Wertschöpfungsprozess. Die Neuerfindung dieses Prozesses kann den Weg zu bedeutenden Innovationen öffnen.

Die Grundstruktur der Innovationsart, die wir in diesem Kapitel vorgestellt haben, beruht auf einem alchemistischen Konzept von Transformation, das uns hilft, die Komplexität der strategischen Innovation zu durchdringen. Es erweist sich als hervorragender Führer auf der Innovationsreise.

Wir bewegen uns rasant auf das Zeitalter umwälzender Innovationen zu und werden auch im sozialen Bereich immer mehr Innovationen erleben. Die von uns präsentierte Innovationsstruktur eignet sich besonders für die soziale Innovation. Wir müssen uns in Anlehnung an James Utterback jedoch bewusst sein, dass ein Programm oder ein Innovationsprozess allein wenig auszurichten vermag, »solange die Angestellten einer Firma nicht an den richtigen Stellen eingesetzt werden, nicht mit genügend Ressourcen ausgestattet sind und kein Klima herrscht, das neue Denkweisen und Risikobereitschaft fördert und belohnt«. Ferner betont er: »Damit sich Innovation durchsetzen kann, bedarf es einer Lockerung der traditionellen Kontrollmechanismen in Betrieben.«[235]

Wir haben fünf Rezepturen für strategische Innovation vorgestellt (Tabelle 14). Alle fünf erfordern die Fähigkeit, neue Ideen zu entwickeln, aus ihnen einen konsistenten, überzeugenden Plan zu schmieden, diesen Plan schließlich umzusetzen und damit neue Werte zu schaffen. Die Rezepturen brauchen außerdem eine Innovationspartnerschaft[236], zu deren Kernwerten Unternehmertum, gegenseitiges Vertrauen, eine gemeinsame Basis und offene Kommunikation zählen.[237] Die Erfahrungen, die in vielen, meist interkulturellen Gruppen und Teams rund um den Globus mit Kooperation und Partnerschaft gesammelt werden, sind ermutigend. Schneller als unter normalen Bedingungen sind aus Gruppen einsatzbereite, funktionierende Teams geworden; es hat sich gezeigt, dass die Qualität der Arbeitsergebnisse üblicherweise mit der Weiterentwicklung oder/ und Vertiefung der Kooperation korreliert. Aktuelle Studien bestätigen, dass sich mehr Kooperationen bilden, wenn Egoismus sanktioniert wird, und dass eine Minderheit fair miteinander umgehender Teilnehmer eine große Mehrheit aus Eigeninteresse handelnder Teilnehmer zu zwingen vermag, im öffentlichen »Spiel« voll zu kooperieren.[238]

Die Alchemie der Innovation lässt sie uns als einen Transformationsprozess begreifen, der sich von der Bereitschaft über die Entdeckung zur Entwicklung erstreckt und mit der Umsetzung endet, die neue Werte schafft. Fundamentale Veränderungen sind vorhersehbar, vor allem bezüglich der Rolle des Unternehmertums in der Wissensökonomie und hinsichtlich des unternehmerischen An-

235 Utterback, J.M. (1996). Mastering the Dynamics of Innovation. Cambridge, MA: Harvard Business School Press, S. 230.
236 Falkinger, J., Fehr, E., Gaechter, S., Winter-Ebmer, R. (1995). A Simple Mechanism for the Efficient Provision of Public Goods – Experimental Evidence. http://www.econ.jku.at/members/WinterEbmer/files/papers/FFGW.PDF
237 Falkinger et al., 1995.
238 Fehr, E., Schmidt, K.M. A Theory of Fairness, Competition and Cooperation. http://citeseerx.ist.psu.edu/viewdoc/download?doi=10.1.1.21.9786&rep=rep1&type=pdf

satzes selbst. Unternehmertum und Initiative werden zu den Charakteristika der neuen Kultur zählen.

Es wird »virtuelle Agenten« geben, die uns bei der Suche und dem Schaffen unternehmerischer Chancen assistieren und bei der Organisation der Ressourcen behilflich sind. Als Teil des neuen Internets werden virtuelle Plattformen die Art verändern, wie wir Ergebnisse erzielen und Nutzen daraus ziehen. Unternehmertum wird explizit zu dem werden, was es implizit immer schon war: der wichtigste Teil der Ökonomie. Es ist an der Zeit, die Wirtschaft wieder in den Dienst der Gesellschaft zu stellen. Da die virtuelle Gesellschaft und Wirtschaft vor der Tür stehen, bietet sich uns jetzt die einzigartige Chance zum Neubeginn.

Jenseits des klassischen Managements[239]

Management hängt mit Kultur zusammen. Die Kultur eines Unternehmens ist im Grunde seine Persönlichkeit.[240] Kultur setzt sich aus den Anschauungen, Werten, Normen und konkreten Manifestationen (z. B. Verhalten) der Mitglieder einer Organisation zusammen. »Kultur« ist einer dieser Begriffe, die schwer zu fassen sind, die aber jeder kennt. Die Kultur eines großen gewinnorientierten Unternehmens unterscheidet sich beispielsweise stark von der eines Krankenhauses, die sich wiederum von der einer Universität unterscheidet. Welche Kultur eine Organisation pflegt, lässt sich am Mobiliar erkennen, daran, worüber sich die Mitglieder profilieren, welche Kleidung sie tragen etc. Die Kriterien sind ähnlich denen, die wir anlegen, wenn wir etwas über die Persönlichkeit eines Menschen erfahren wollen.

Unternehmenskultur lässt sich als System verstehen. Der Input generiert sich unter anderem aus dem Feedback der Gesellschaft, den für das Unternehmen relevanten Berufsständen, den gesetzlichen Rahmenbedingungen, den Geschichten (der Geschichte), den Helden des Unternehmens etc. Dieser Prozess basiert auf Anschauungen, Werten und Normen beispielsweise hinsichtlich un-

---

239 Der folgende Abschnitt beruht maßgeblich auf bereits publizierten Arbeiten der Autoren, vor allem von Dolan, S. L., García, S. (2002). Managing by Values: Cultural redesign for strategic organizational change at the dawn of the twenty-first century, Journal of Management Development, 21, 2, 101–117. Dolan, S. L., Richley, B. (2006). Management by Values (MBV): A new philosophy for a new economic order. In Handbook of Business Strategy (pp. 235–238). London: Emerald. Dolan, S. L., García, S., Richley, B. (2006). Managing by Values: A Corporate Guide to Living, Being Alive, and Making a Living in the 21st Century. Basingstoke u. New York: Palgrave Macmillan. Dolan, S. L., Lingham, T. (2007). Fundamentals of International Organizational Behavior. New Delhi: Sara, besonders Kap. 10.

240 Dolan, S. L., García, S. (2002). Managing by values: Cultural redesign for strategic organizational change at the dawn of the twenty-first century, Journal of Management Development, 21, 2, 101–117.

seres Umgangs mit Geld, Zeit, Kompetenzen, Raum und Menschen. Der Output einer Kultur sind solche Dinge wie das Verhalten in Organisationen, Technologien, Strategien, das Image einer Organisation, ihre Produkte, Leistungen, ihr Erscheinungsbild etc.

Das Konzept der Kultur ist besonders bedeutend, wenn es darum geht, organisationsübergreifende Veränderungen zu begleiten. Praktikern wird langsam bewusst, dass unternehmerische Veränderungen trotz bester Vorbereitung nicht nur die Veränderung von Strukturen und Prozessen, sondern auch die Veränderung der Unternehmenskultur einschließen müssen.

Im letzten Jahrzehnt ist eine Menge Literatur zum Konzept der Organisationskultur erschienen, insbesondere zu der Frage, wie man lernt, sie zu verändern. Trotzdem sind die Versuche, Organisationen zu verändern, oft zum Scheitern verurteilt. Dieses Scheitern lässt sich nicht selten auf ein fehlendes Verständnis für die starke Rolle der Kultur in Organisationen zurückführen. Das ist einer der Gründe, warum heute der Identifizierung der strategischen Werte in Planungsprozessen eine genauso große Bedeutung wie der Mission und der Vision beigemessen wird.

Die Abhängigkeit effektiven Managements von einer starken Unternehmenskultur

Eine *starke Unternehmenskultur* existiert dort, wo die Angestellten gut zusammenarbeiten und -halten, weil sie sich mit den Werten der Organisation identifizieren. Eine *schwache Unternehmenskultur* herrscht hingegen dort, wo wenig Identifikation mit den Organisationswerten stattfindet und die Belegschaft übermäßig durch Formalismus und Bürokratie kontrolliert wird.

Wo eine starke Kultur herrscht, tun die Menschen Dinge, weil sie daran glauben, dass es richtig ist, sie zu tun. Das ist zum Beispiel der Fall, wo einer zentralen, charismatischen Persönlichkeit im Unternehmen besonderes Vertrauen entgegengebracht wird, wo ein überzeugter Glaube an die Unternehmenswerte und ein gutes Betriebsklima herrscht. Einige Experten bringen dieses Phänomen mit »Ethnozentrismus« oder »Kulturzentrismus« in Zusammenhang und deuten damit an, dass wir dazu neigen, unsere eigene Kultur/Subkultur für die beste zu halten. Je selbstbewusster eine Kultur jedoch ist, desto größer die Gefahr des »Gruppendenkens«, das dazu führen kann, dass sich jegliche Offenheit gegenüber Innovationen in einem Unternehmen verflüchtigt. Durch die Bindung an starre Prozesse laufen auch besonders bürokratisch geführte Unternehmen Gefahr, Innovationsgelegenheiten zu verpassen. Im Gegensatz dazu benötigen innovative Firmen Persönlichkeiten, die bereit sind, den Status quo (sei es das Gruppendenken oder die Bürokratie) zu hinterfragen, und sie benötigen Methoden zur effektiven Umsetzung der neuen Ideen.

Werte und wertbasiertes Management

Während die Anerkennung des Einzelnen und die Wahrnehmung des Kollektivwerts für den Erfolg eines jeden Unternehmens früher optionale Umgangsmöglichkeiten darstellten, sind sie heute ein Muss. Selten waren die Risiken für Führungskräfte, die den Einfluss der Menschen sowie der Unternehmenskultur, in der sie arbeiten, unterschätzt haben, größer als heute. Arbeitskräftemangel und Veränderungen in der Demografie der Arbeiterschaft haben in den meisten entwickelten Ökonomien einen Nachfragemarkt entstehen lassen. Die Tendenz zur Kopfarbeit und hochqualifizierten Mitarbeitern hat effektives Personalmanagement zu einem Leistungsmaßstab gemacht, der die Unternehmensspreu vom -weizen trennt.

Studien belegen, dass die Art, wie Menschen geführt und gefördert werden, in höherem Maße die Rendite wachsen lässt als der Einsatz neuer Technologie, Forschung und Entwicklung, Wettbewerbsstrategien oder Qualitätsinitiativen. Zusätzlich manifestiert sich eine Kultur, in der die Effektivität der Angestellten im Vordergrund steht, ganz konkret in den Ausschüttungen an die Aktionäre. Deshalb mag es kaum überraschen, dass viele Vorstände mittlerweile von ihrer Belegschaft etwas klischeehaft behaupten, dass sie ihr »größtes Pfund« sei.

Die weitreichenderen Implikationen dieser Realität werden allen Mitstreitern im Unternehmen klar, die sich darum bemühen, Werte durch Qualität und Kundenorientierung in einem zunehmend komplexen, professionell anspruchsvollen und sich ständig verändernden globalen Markt zu veredeln. Das Glaubens- und Wertesystem, das nordamerikanische Management- und Organisationsmodelle zu Beginn des 20. Jahrhunderts prägte, ist hinsichtlich der neuen Denk- und Handlungsweisen im Geschäftswesen weitgehend obsolet geworden. Traditionelle Befehls- und Kontrollpraktiken im Management erstickten die Kreativität im Keim, die für Innovationsleistungen in einer komplexen Umwelt und die Anpassung an selbige so zentral ist, und bremsten die Möglichkeiten des erfolgreichen Wettbewerbs komplett aus. Die Veränderungen des 21. Jahrhunderts sind der Motor für das grundlegende Überdenken der organisatorischen Strukturen und der Philosophie eines Unternehmens in Richtung einer Erneuerung der Unternehmenskultur.

Rigide Managementmodelle, die auf einer hierarchischen Kontrolle der Mitarbeiter unter den Bedingungen relativer externer und interner Stabilität beruhen, bieten Organisationen von heute eine wackelige Grundlage für ein Bestehen und Überleben inmitten der Wirren des globalen und technologischen Wandels. Stabilität muss sich aus dem Inneren einer Organisation heraus entwickeln und in eine Kultur eingebettet sein, die die Schätze ihrer Vergangenheit wahrt und gleichzeitig neue Denk- und Verhaltensweisen fördert.

Die Herausforderung besteht darin, effektive Mechanismen der Leistungskontrolle beizubehalten und gleichzeitig das Potenzial eines jeden Unternehmensmitarbeiters zu fördern. Während diese These theoretisch fast überall Zustimmung findet, scheint die praktische Umsetzung auf einem anderen Blatt zu stehen. Festzulegen, welche Werte und Grundsätze zu ändern sind, wie und wann der Veränderungsprozess einzuläuten ist, wie weit er zu gehen hat und wie der kulturelle Re-Engineering-Prozess[241] zu führen und zu steuern ist, ohne dass es zum Totalzusammenbruch kommt, stellt eine weitaus größere Hürde dar.

Wie können Führungspersonen und Manager des Wandels sicherstellen, dass die Chance zur Wiederbelebung einer stagnierenden Kultur sowohl verstanden als auch unterstützt wird? Solange die Angestellten aller Ebenen die Implikationen der Implementierung und der Förderung neuer Grundsätze und Werte nicht begreifen, sind Initiativen wie Total Quality Management, Continuous Improvement, Just-in-Time Scheduling, Lean Management und Business Process Re-Engineering, die in der Geschäftswelt nacheinander en vogue gewesen sind, schon vorab zum Scheitern verurteilt. Wird die Grundlage einer Organisation, das heißt ihre Kultur, vernachlässigt, verkommen alle Begriffe zu Plastikwörtern des Managements, die keiner ernst nimmt.

Unzählige Analysen bestätigen die Fehlbarkeit eines solchen Ansatzes. In einer aktuellen Studie, in der fast die Hälfte der Firmen, die Value-Based-Management-(VBM)-Systeme ausprobiert hatten, von unbefriedigenden Ergebnissen berichtete, fand man heraus, dass Erfolg maßgeblich von Veränderungen in der Unternehmenskultur abhing. VBM hilft Firmen unter anderem, »Werttreiber« zu identifizieren sowie Wertstrategien und Maßnahmen zur Leistungsverbesserung zu entwickeln (z. B. in Form von Gratifikationen). Umfrageergebnisse von 117 großen VBM-Anwendern in Nordamerika, Europa und Asien führen Forscher der INSEAD Business School zu folgender Schlussfolgerung: »Bei VBM geht es primär um kulturellen, weniger um finanziellen Wandel. [...] Darin liegt das Scheitern der meisten Anwender begründet: Der Paradigmenwechsel in einem großen Unternehmen ist möglicherweise die schwierigste aller Führungsherausforderungen. [...] Die theoretische Einfachheit von VBM mag Firmen dazu verleitet haben, zu schnell zu viel zu erwarten und zu früh aufzugeben.«[242]

Das Konzept der Bedeutung von Werten im Organisationszusammenhang ist in den unterschiedlichsten Disziplinen der Sozialwissenschaften verbreitet; gleichzeitig besteht Uneinigkeit über das Wesen dieses Konzepts, was sowohl Forscher als auch Anwender gleichermaßen irritiert. Manche Werteforscher, wie Rokeach[243], unterteilen die individuellen Werte in terminale Werte, die wünschenswerte Endzustände der Existenz darstellen (wie Glück, Zufrieden-

---

241 Re-Engineering ist ein Konzept für die durchgreifende Änderung von Produktions-/ Geschäftsprozessen in Betrieben (Anm. d. Ü.). Siehe http://www.ephorie.de/hindle_ reengineering.htm

242 Haspeslagh, P., Noda, T., Boulos, F. (2001). Managing for Value: It's not just about the numbers, Harvard Business Review, 79, Juli–August, 65–73.

243 Rokeach, M. (1970). The Nature of Human Values. New York: Free Press.

heit, Weisheit), und instrumentelle Werte, die erstrebenswerte Verhaltensweisen umfassen (wie ehrlicher Umgang, viel Geld verdienen). Diese beiden Werte verhalten sich funktional zueinander, da die instrumentellen Werte Verhaltensweisen implizieren, die das Erreichen der terminalen Werte erleichtern. Die Literatur schenkt den instrumentellen Werten mehr Aufmerksamkeit als den terminalen. Instrumentelle Werte werden von Forschern und Praktikern stärker zur Beschreibung einer Unternehmenskultur eingesetzt. Es ist außerdem üblich, zwischen situationsspezifischen Arbeitswerten und Lebenswerten, die den konstanteren persönlichen Bereich betreffen, zu unterscheiden.

Dass gemeinsame Werte im Kontext einer Organisation eine große Rolle spielen, ist nicht neu. Das Unterteilen von Werten verringert die Unsicherheit hinsichtlich dessen, was als »korrektes« Denken, Empfinden und Wahrnehmen im Unternehmenskontext gilt. Dies ermöglicht den Mitgliedern einer Organisation, externe Stimuli auf ähnliche Weise aufzunehmen, zu verarbeiten und entsprechend zu reagieren. Eine Folge dessen sind gesteigertes Engagement und höhere Zufriedenheit, eine geringere Bereitschaft, das Unternehmen zu verlassen und geringere Mitarbeiterfluktuation. Außerdem erleichtert es die Umsetzung von Veränderungen im Unternehmen, beeinflusst Machtverhältnisse und verringert die Burnout-Rate.[244]

Die Einstimmung auf gemeinsame Werte kann umso leichter erfolgen, wenn Arbeitnehmer ein Unternehmen für attraktiv erachten, dort eingestellt werden und aufgrund des Umstands bleiben, dass Persönlichkeit, Einstellungen und Werte zueinander passen. Dagegen kann eine solche »Harmonisierung« kaum erfolgen, wenn sich die Wahrnehmung der Werte eines Unternehmens durch den Einzelnen nicht mit dessen Zielsetzungen deckt. Diese Diskrepanz führt schnell zu einer Schieflage in der Work-Life-Balance und zur Gleichgültigkeit seitens des Angestellten. Begründet mag dieser Zustand in der möglichen Diskrepanz zwischen unterstützten Werten und innerlich vertretenen Werten sein, da letztere das Verhalten stärker beeinflussen als erstere.

Jenseits des »Managing-by-Objectives«-Modells in Richtung einer (R)Evolution des »Managing-by-Values«-Modells

Aktuell beobachten wir eine beachtliche Fokusverschiebung im Management. Manager werden an höheren Leistungsstandards gemessen, weil die Anforderungen der Gesellschaft hinsichtlich fachlicher Kompetenz, Qualität und Kundenorientierung gestiegen sind. Um diese Erwartungen zu erfüllen, müssen Manager ihre Führungskompetenz unter Beweis stellen und imstande sein, not-

---

244 Dolan, S. L. (2006). Stress, Self-Esteem, Health and Work. Basingstoke u. New York: Palgrave Macmillan.

wendige Veränderungen einzuleiten. Die Welt heute ist unsicherer und komplexer als gestern. Führungskräfte müssen also die Fähigkeit besitzen, sich der kontinuierlichen Komplexitätssteigerung zu stellen, sowohl unternehmensintern als auch extern.

Wenn sich die Grundsätze und Werte der Firmeninhaber mit denen der Angestellten decken, kann das ein entscheidender Wettbewerbsvorteil sein. Was könnte mehr motivieren oder eine Organisation stärken als wahrhaftig geteilte – und gelebte – Werte (selbst wenn es sich um ein kleines Team handelt)? So verbreitet dieser Ansatz aber auch sein mag, bleibt fraglich, wie viele Firmen tatsächlich artikulieren können, von welchen Handlungsprinzipien oder wesentlichen Werte sie sich in ihrer täglichen Arbeit und ihrem täglichen Handeln leiten lassen. Die wichtigste Aufgabe für Unternehmensführer und Manager des 21. Jahrhunderts könnte darin bestehen zu lernen, wie man Werte in der Praxis lebt.

Es ist deshalb kaum überraschend, dass *Management by Values*™[245] (MBV, deutsch: Führung durch Werte) die Hauptantriebskraft bei der Implementierung einer nachhaltigen, wettbewerbsfähigen und humaneren Unternehmenskultur darstellt. MBV lässt sich als Führungsphilosophie, aber auch -praxis definieren, deren Fokus auf den Kernwerten einer Organisation und ihren strategischen Zielen liegt. Dieser Ansatz konzentriert sich auf drei wertbasierte Domänen: 1. ökonomisch-pragmatisch, 2. ethisch-sozial und 3. emotional-energetisch.

Das Konzept des MBV geht auf eine spanischsprachige Publikation von Salvador García und Simon L. Dolan aus dem Jahre 1997 zurück[246], die sofort nach Erscheinen zum Bestseller wurde. Zufällig erschien im selben Jahr ein Buch mit dem gleichen Titel von Ken Blanchard und Michael O'Connor.[247] Obwohl beide Titel auf die Bedeutung der Kernwerte verweisen, sind sie intentional und inhaltlich ganz verschieden.

Während Werte lange als »zu weich« galten, als dass man sie in ein ernst zu nehmendes Managementkonzept hätte integrieren wollen, sind sie heute zentraler Bestandteil einer jeden Unternehmensstrategie. Denn wenn sich die Werte eines Einzelnen nicht mit den Kernwerten der Organisation vereinen lassen, entstehen erfahrungsgemäß Unzufriedenheit, Stress und Entfremdung, was unter anderem die Leistung und das allgemeine Wohlbefinden der Person beeinträchtigt und dem Unternehmen schadet. Deshalb kann MBV laut García und Dolan sowohl der individuellen Reflexion und der Formulierung einer individuellen Strategie als auch der Führungsphilosophie und -praxis dienen. Werte, die in

245 »Management by Values« ist ein eingetragenes Markenzeichen der Gestion MDS Management Inc., Montréal.
246 García, S., Dolan, S. L. (1997). La dirección por valores. Madrid: McGraw-Hill.
247 Blanchard, K., O'Connor, K. (1997). Managing By Values. San Francisco: Berrett-Koehler.

einer bestimmten Form geprüft und angenommen sind, können und sollten als Management-Tool eingesetzt werden.

Ein Unternehmen, das die Werte seiner Angestellten heutzutage nicht mit seinem Unternehmensauftrag und seinen Zielen in Einklang bringt, hat geringe Chancen, langfristig zu überleben. MBV bekräftigt, dass der Kern echter Führung in menschlichen Werten liegt. Die Aufgabe einer Führungskraft ist es, das Unternehmen dazu zu bringen, gemäß der strategischen Ausrichtung und seiner Kernwerte zu agieren. Das geschieht über die Entwicklung einer gemeinsamen Kultur der Wertschöpfung, die als Leitlinie für die täglichen Aktivitäten der Angestellten auf allen Ebenen und in allen Positionen gelten darf. Indem eine Firma ihre grundlegende strategische Vision »humanisiert«, fördert sie ihr eigenes Überleben und ihr Wachstum und maximiert ihre wirtschaftliche Leistungskraft durch das gesteigerte Engagement sowohl der internen als auch der externen Interessenvertreter.

In der Vergangenheit war der Fortschritt einer Instanz – einer Person, Organisation oder der Wirtschaft – primär durch seine Fähigkeit bestimmt, andere durch Größe, Kapitalzuwachs und Schnelligkeit zu übertrumpfen. In der neuen globalen Arena und im Gefolge von Unternehmensskandalen, Kriegen und Naturkatastrophen müssen sich Fortschritt und Erfolg heute nicht nur daran messen lassen, ob sie es vermögen, gesteigerte Komplexität zu managen, sondern auch, ob sie das berücksichtigen, was den Kern unserer Menschlichkeit ausmacht: *unsere Werte.*

Führungskräfte und Manager müssen die Fähigkeit besitzen, mit Komplexität in einer Weise umzugehen, die die Kernwerte sowohl auf unternehmerischer als auch auf individueller Ebene berücksichtigt. Diese Evolution geht auf vier Entwicklungstendenzen von Organisationen zurück, die in den letzten Jahrzehnten entstanden sind und Organisationen in die Pflicht nehmen, sich an die Situation zunehmend anspruchsvoller und unvorhersehbarer Märkte anzupassen und wettbewerbsfähig zu bleiben. Dieser vier miteinander verknüpften Tendenzen erhöhen wiederum die Komplexität des Unternehmens und tragen zu einer Steigerung der Unsicherheit bei (siehe Abbildung 31).

Weil sich die Welt so dramatisch verändert hat, halten es Manager für notwendig, ihre Praxis den Bedürfnissen der Zeit anzupassen. Im frühen 20. Jahrhundert galt *Management by Instruction* (MBI, deutsch: Führung durch Anleitung) als die adäquate Form der Unternehmensführung. Da Veränderungen langsamer einsetzten als heute, waren die Praktiken der Vergangenheit gut genug, um weitergegeben zu werden. In den 1960ern begann sich der Wandel zu beschleunigen, sodass mehr Flexibilität von Managern erwartet wurde. Die Einführung des *Management by Objectives* (MBO, deutsch: Führung über Ziele) ermöglichte es Managern, sich einerseits gemeinsam auf eine Richtung zu verständigen und andererseits eine eigene Strategie zu verfolgen. Als die Veränderungen im Umfeld (durch globalen Wettbewerb und den Einfluss der Technologie)

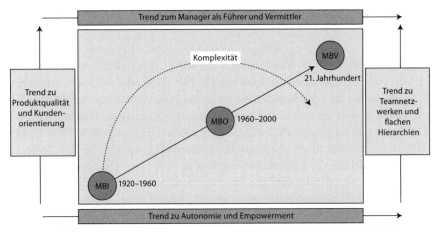

Quelle: In Anlehnung an Dolan et al. (2006). Managing by Values. Basingstoke u. New York: Palgrave Macmillan, S. 6.

Abbildung 31: Vier Tendenzen in der Entwicklung von Managementgrundsätzen

jedoch virulenter wurden, erwies sich die MBO-Führungsstrategie als unzureichend für eine derart vernetzte und schnelllebige Welt. Unternehmen, die heute noch auf MBO setzen, müssen oft erkennen, dass ihre Manager die vereinbarten Ziele nicht erreichen. Hier ist Frustration vorprogrammiert, besonders wenn die Beteiligten trotz größter Bemühungen nicht in der Lage sind, festzustellen, was schief gelaufen ist. Selten sind die Ziele zu hoch angesetzt oder unrealistisch; oft hat sich aber zwischenzeitlich viel Unvorhersehbares verändert. In Folge dieser wachsenden Komplexität konsultierten Wissenschaftler verstärkt Chaos- und Systemtheorien, um das Verhalten in Organisationen besser zu verstehen.[248] In dieser Zeit galten Organisationen als komplexe und dynamische Systeme, die sich in einem Zustand des Flusses und der Interaktion mit ihrer Umwelt befanden. Jahrelange Forschung hat gezeigt, dass der Schlüssel zum Verständnis des Verhaltens dieser lebendigen Systeme im Verstehen der dazugehörigen Werte liegt. Deshalb können wir heute behaupten, dass Wertesysteme die Motivatoren sind, die das Verhalten von Einzelpersonen, Organisationen und sogar Gesellschaften antreiben und schließlich zum Entstehen des *Management by Values* (MBV) geführt haben.

Tabelle 16 stellt die wichtigsten Ähnlichkeiten und Unterschiede bei den Merkmalen des Management by Instruction (MBI), des Management by Objectives (MBO) und des Management by Values (MBV) zusammenfassend dar.

---

248 Siehe beispielsweise Dolan, S.L., García, S., Auerbach, A. (2003). Understanding and managing chaos in organisations, International Journal of Management, 20, 1, 23.

MBV in einer immer komplexer werdenden Welt

Das »Verhalten« einfacher, lebloser, menschgemachter Entitäten – Maschinen, Brücken, Gebäude etc. – lässt sich über die Messung physikalischer Kräfte verstehen, zum Beispiel über die Schwerkraft. Mit Hilfe weniger mathematischer Formeln lassen sich die Reaktionen dieser Entitäten mit einer ziemlichen Genauigkeit in einer ganzen Reihe von Umfeldern vorhersagen. Dieselbe Vorhersagbarkeit galt lange Zeit auch für Unternehmen. Heute jedoch werden Unternehmen nicht mehr als mechanistische, sondern als komplexe, lebende Systeme betrachtet. Gemäß der Chaosforschung gibt es in dynamischen Systemen sogenannte seltsame Attraktoren, die für das Entstehen von Subsystemen verantwortlich sind. Führungskräfte und Manager müssen diese Auslöser für unvorhersagbares Verhalten verstehen, um Unternehmen sicher durch unbekannte Gewässer zu lenken. Deshalb sind MBI und MBO obsolet geworden. Die zentralen Schlüsselanziehungspunkte sind die Werte. Über sie müssen Unternehmen geführt werden.

Tabelle 16: Hauptmerkmale des MBI, MBO und MBV

	MBI	MBO	MBV
präferierte Anwendungssituation	Routinearbeiten oder Notfälle	mäßig komplexe, relativ standardisierte Produktion	Notwendigkeit von Kreativität, um komplexe Probleme zu lösen
Bild vom Kunden	Anwender/Käufer	Anwender/Kunde	anspruchsvoller Kunde mit vielen Wahlmöglichkeiten
Markttyp	stabil	mäßig variabel	unvorhersehbar/dynamisch
Art der Organisationsstruktur	mehrstufig/Pyramide	Pyramide mit wenige Stufen	Netzwerke/funktionale Allianzen/Projektteams
Kontrollphilosophie	Top-down-Kontrolle/Überwachung	Kontrolle und Förderung der beruflichen Leistung	Selbstkontrolle/Ermutigung
Führungsstil	traditionell	Konzentration auf Zuordnung der Ressourcen	transformational (legitimiert Transformationen)
strategische Vision	kurzfristig	mittelfristig	langfristig
kulturelle Kernwerte	quantitative Produktion/Loyalität/Konformität	Ergebnismessung/Rationalisierung/Motivation/Effizienz	Entwicklung/Partizipation/lebenslanges Lernen

Quelle: In Anlehnung an Dolan et al. (2006). Managing by Values. Basingstoke u. New York: Palgrave Macmillan, S. 15.

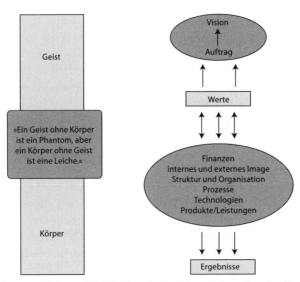

Quelle: In Anlehnung an Dolan et al. (2006). Managing by Values. Basingstoke u. New York: Palgrave Macmillan, S. 213.

Abbildung 32: Werte im Einklang mit Auftrag und Vision eines Unternehmens

Werte sind das Rückgrat eines Unternehmens, auf das alles aufbaut. Wenn ein Unternehmen seine Mitarbeiter lediglich als verlängerten Arm seiner Maschinen und Technologien betrachtet, schätzt es sie nur wegen ihrer physischen Präsenz und ihres körperlichen Einsatzes. Wir müssen von Unternehmen nicht erwarten, dass sie ein Umfeld schaffen, in dem Menschen einfach nur ihre Zeit verbringen und Spaß haben – das könnte sich keine Firma erlauben. Wenn hingegen eine Kultur entsteht, in der Körper und Geist miteinander in Einklang gebracht werden, dann ist eine Harmonisierung mit Auftrag und Vision des Unternehmens möglich. MBV ist eine Philosophie, die traditionelle Managementphilosophien ergänzt; sie braucht sie nicht unbedingt ersetzen. Abbildung 32 fasst diese Idee zusammen.

Das dreidimensionale Modell des Managing by Values

Was sind die Kernwerte eines Unternehmens? Welche Werte werden die Mitglieder einer Organisation hinsichtlich der Übereinstimmung mit ihren persönlichen Zielen besonders schätzen? Warum sollten Angestellte bereit sein, ihre Werte an die der Unternehmenskultur anzupassen? Das sind exemplarische Schlüsselfragen, die das dreidimensionale MBV-Modell zu beantworten versucht.

Dem Modell liegt die Annahme zugrunde, dass jede Organisation, unabhängig von ihrer Art, ihrem Auftrag oder ihrer Vision, Werte hat. Einmal offenbar, lassen sie sich in drei Kerndimensionen unterteilen, in denen sich alle persönlichen Werte und alle Unternehmenswerte wiederfinden. Wir haben diese bereits bestimmt: die ökonomisch-pragmatische, die ethisch-soziale und die emotional-energetische Dimension.[249]

Das höchste Ziel des Re-Engineerings einer Organisationskultur besteht darin, ein Gleichgewicht zwischen den drei Dimensionen herzustellen und die Werte in einem Prozess des Dialogs und Konsens' nach innen und nach außen adäquat zu kommunizieren. Die Logik hinter der Identifizierung der drei Dimensionen basiert sowohl auf klassischer Forschung als auch auf der Beobachtung der einfachsten und grundlegendsten Organisation, die wir alle kennen: die Familie. Man denke an seine eigene Familie oder eine andere, die man kennt. Intuitiv weiß man, dass es eines Gleichgewichts zwischen den Dimensionen bedarf, damit die Familie als Einheit funktioniert. Dieses ist von beiden Partnern mitzutragen. Die Familie (besonders die Ehen) des 21. Jahrhunderts steckt in einer ernsten Krise. Die Scheidungs- und Trennungsraten sind alarmierend, die Gewalt in Familien nimmt zu und ein allgemeines Gefühl des Unbehagens und der Unzufriedenheit in der Ehe macht sich breit. Warum aber? Wie jede andere Organisation hat eine Familie Ziele; wenn aber die Ziele und die dazugehörigen Werte nicht miteinander übereinstimmen und die Partner diese nicht teilen, ist die Familie zum Scheitern verurteilt, weil

- Uneinigkeit über die ökonomisch-pragmatischen Werte herrscht;
- sich die Partner nicht einig über die ethisch-soziale Orientierung sind;
- einer oder beide Partner die anfängliche Leidenschaft für den anderen verloren hat und damit den wichtigsten emotionalen Wert, der ein Paar zusammen hält.

Wenn wir an Familie und Freunde als lebende Organisationen denken, die damit zu kämpfen haben, in einer so komplexen Welt wie der unseren zu überleben und glücklich zu sein, können wir uns vorstellen, dass sich die Komplexität für Unternehmen noch gewaltiger darstellt. Nichtsdestotrotz gelten die gleichen gemeinsamen Werte, die so wichtig sind, um positive, nachhaltige Beziehun-

---

249 In der Kabbalah steht, dass alles, dessen wir wahrhaftig bedürfen, Energie ist – in Form eines spirituellen Lichts von Gott. Das Ziel dieses Lichts ist es, uns von unseren Begrenzungen zu befreien und uns Erfüllung zu schenken. Das vom Licht zu erhalten, was wir wirklich brauchen, ist ein höheres Ziel als das zu bekommen, was wir wollen. Wir müssen einen wahrhaftigen inneren Wandel durchlaufen. Während wir nach Erfüllung suchen, dürfen wir unseren fünf Sinnen nicht allein vertrauen, weil sie uns nur 1 % der Schöpfung in ihrer chaotischen Form vermitteln, während 99 % der geordneten Schöpfung dem Bereich der Spiritualität vorbehalten sind (James J. DeFrancisco, http://www.aramaicbible-center.com/kabbalah.html).

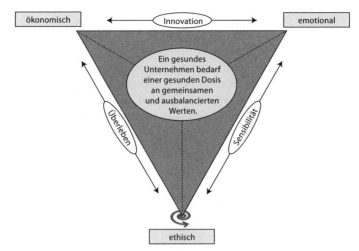

Quelle: In Anlehnung an Dolan et al. (2006). Managing by Values. Basingstoke u. New York: Palgrave Macmillan, S. 216.

Abbildung 33: Das dreidimensionale MBV-Modell

gen innerhalb der Familie und mit Freunden zu knüpfen, auch am Arbeitsplatz. Deshalb ist die Beurteilung der Unternehmenskultur über die Bestimmung der Kernwerte, die Erhebung des Levels, auf dem sie geteilt werden, und der Eruierung des Maßes, in dem sie im Einklang mit den persönlichen Werten der Mitarbeiter eines Unternehmens sind, so bedeutend. Die MBV-Methode, die wir später vorstellen, ermöglicht uns, die Werte entlang der drei Dimensionen zu messen und eine Analyse zu erstellen, die den Grad der Übereinstimmung und Abweichung der Mitglieder einer Organisation gegenüber der dominanten Kultur der Organisation anzeigt. Je größer die Kluft, desto größer der Nachbesserungsbedarf.

Abbildung 33 stellt das Modell, die spezifischen Werte einer jeden Dimension und die internen Verknüpfungen dar. Folgende Behauptungen werden aufgestellt:

– Eine Übereinstimmung zwischen der emotional-energetischen und der ökonomisch-pragmatischen Dimension fördert Innovation in Organisationen.
– Eine Übereinstimmung zwischen der ökonomisch-pragmatischen und der ethisch-sozialen Domäne hilft beim Überleben.
– Eine Übereinstimmung zwischen dem ethisch-sozialen und dem emotional-energetischen Bereich steigert die Sensibilität der Mitglieder und stärkt die proaktiv-sozialverantwortliche Seite einer Organisation.

Ein Stufenmodell zur Veränderung der Unternehmenskultur

Die Kultur eines Unternehmens zu verändern, gehört wohl zu den schwierigsten Aufgaben eines Managers, denn sie ist das Ergebnis eines jahrelangen Prozesses der Interaktion zwischen allen an der Organisation Beteiligten. Eine kulturelle Veränderung kann zum Problem werden, wenn das Führungspersonal der Organisation keinen Veränderungsbedarf sieht, wo großer Veränderungsbedarf besteht, oder nicht kompetent genug ist, den Wandel zu begleiten.

In einem höchst interessanten Artikel, der 2005 im »European Business Forum« erschien, führen Sheth und Sisodia das Scheitern einer zunehmenden Anzahl von Unternehmen (einschließlich derer, die auf eine Erfolgsgeschichte zurückblicken konnten und dann gescheitert sind) auf zwei Ursachen zurück: die Unfähigkeit der Führungsriege, sich zu verändern, oder die fehlende Bereitschaft zur Veränderung.[250] Führungspersönlichkeiten, die zu kurzsichtig sind oder den Mut nicht aufbringen, sich für Veränderungen im Unternehmen einzusetzen und sich an eine zunehmend komplexe und bewegliche Umwelt anzupassen, werden ihren Aktionären keine ruhige Minute mehr lassen. Aber auch das führt nicht zum Ziel, sondern wird langfristig den Untergang des Unternehmens einleiten. Abbildung 31 hat uns die Trends hinsichtlich der Führungsstile vor Augen geführt und die Zustände in Organisationen, in denen entsprechende Einstellungen herrschen. Abbildung 34 legt uns nun folgende Unternehmensklassifizierung nahe:

- Wir haben es häufig mit *frustrierten Unternehmen* zu tun, wenn die Führung Veränderungen zwar einleiten möchte, ihr jedoch die Fähigkeiten zur Durchführung fehlen. Diesen Führungskräften mangelt es erfahrungsgemäß an Geschick und Kompetenz, größer angelegte Veränderungen durchzusetzen; sie wissen nicht, wie man Allianzen knüpft und mit Widerständen umgeht.
- *Überhebliche Unternehmen* verfügen über eine kompetente Führungsriege, die Veränderungen durchführen könnte, aber zu kurzsichtig ist, diese für nötig zu halten. Weil sie immer erfolgreich waren, vertreten sie bestimmte Grundsätze und glauben, dass nur sie den Königsweg für ihr Unternehmen kennen. Wenn Führungskräfte oder Unternehmen durch Zufall erfolgreich werden, neigen sie dazu, sich an ihrem Grundsatzsystem zu klammern. Viele werden abergläubisch und sind davon überzeugt, dass sie immer Erfolg haben werden. Mit dieser Einstellung korreliert oft eine gewisse Veränderungsresistenz. Die meisten Angestellten fühlen sich von einer solchen Führung extrem unter Druck gesetzt. Führungskräfte dieses Typs identifizieren sich mit ihren Grundsätzen und müssen sie ständig verteidigen. Hier wird etwas als Stärke verkauft, das in Wirklichkeit eine Schwäche ist.

---

250 Sheth, J., Sisodia, R. (2005). Why good companies fail, European Business Forum, 22, Herbst, 24–31.

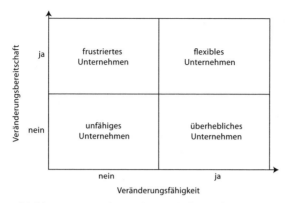

Abbildung 34: Veränderungsbereitschaft und -fähigkeit

- Von *unfähigen Unternehmen* redet man in diesem Zusammenhang, wenn die Geschäftsführung weder bereit noch imstande ist, Veränderungen einzuleiten, und den Betrieb dadurch veralten lässt.
- Als *flexibel* gelten Unternehmen, deren Führungsriege bereit und fähig ist, notwendige Veränderungen vorzunehmen. Dies sind die Firmen, die langfristig überleben und erfolgreich sein werden. Sie werden in der Regel von Menschen geleitet, die von der Relevanz einer kontinuierlichen Evaluierung des Unternehmensauftrags, seiner Vision und Kultur überzeugt sind und die drei Faktoren stets zu verbinden suchen.

Der erste Schritt, eine Unternehmenskultur grundlegend zu verändern, beginnt also damit, sicherzustellen, dass das Unternehmen über Transformationsführer verfügt und dass die Unternehmenskultur zur Klärung der Ausgangssituation einer Evaluation unterzogen wurde. Sobald der Leitungsebene bewusst ist, dass die aktuelle Unternehmenskultur zur Förderung des Unternehmenserfolgs und der Unternehmensentwicklung einer Wandlung bedarf, kann Veränderung entstehen. Wandel an sich ist aber weder schön noch einfach. Allein die Möglichkeit, dass Unternehmenskultur veränderbar ist, ist für viele jedoch ein positives Signal. Für einen Kulturwandel sind Verständigung, Engagement und Mittel gefragt.

Phasen des Unternehmenskulturwandels

Vorbereitung: Die Voraussetzungen schaffen
Dolan und Kollegen bezeichnen den ersten Schritt als »Phase 0«, weil er die wesentliche Voraussetzung für den Gesamtprozess darstellt.[251] Viele Projekte der strategischen Wiederbelebung der Denk- und Handlungsweisen in einer Organisation entpuppen sich als bloße Vorhaben (manchmal sogar Pseudovorhaben), die weder auf soliden Argumenten und adäquaten Ressourcen noch auf einer vernünftigen Basis aufbauen. Mit anderen Worten: *Der gute Wille allein reicht nicht aus, um Veränderungen anzugehen.* Der Erfolg der Anfangsphase der MBV-Implementierung hängt entscheidend von der Beantwortung der folgenden Fragen ab:

– Ist das Unternehmen ernsthaft an einem Kulturwandel interessiert?
– Ist das Unternehmen bereit, sich langfristig zu engagieren? Was versteht die Organisation unter »langfristig«?
– Verfügt die Organisation über den richtigen Führungstypus, um den Prozess einzuleiten und durchzuführen?
– Hat der Betrieb die notwendigen Ressourcen und wie sehen diese aus?

Wird eine oder mehrere dieser Fragen verneint oder zögerlich beantwortet, deutet das darauf hin, dass die Beteiligten weitere Gedanken, Zeit und Diskussion in das Projekt stecken müssen, bevor eine Implementierung des MBV erfolgen kann. Der Schlüssel zu einem erfolgreichen Veränderungsprozess liegt in der Verfügbarkeit und Präsenz einer oder mehrerer wahrer Führungskräfte, die MBV überzeugend verkörpern und über den Willen, das Engagement und die Fähigkeit zum Einsatz aller erforderlicher Ressourcen verfügen. Leider liegt diese Alles-oder-nichts-Voraussetzung erfahrungsgemäß nur selten vor. Vermutlich scheitern an ihr die meisten Versuche, Unternehmenskultur zu verändern.

Eine weitere Komponente der Vorbedingungen zur Veränderung ist die Art, wie ein firmenübergreifendes »Kulturaudit« durchgeführt wird. Während je nach Konzept verschiedene Untersuchungsmethoden zum Einsatz kommen können, ist das MBV-Audit eine Methode, die Werte der wichtigsten Stakeholder (die Angestellten) zu bestimmen und diese mit den Werten der Organisation abzugleichen. Konkret bedeutet das: Je größer die Unterschiede zwischen den individuellen Werten und Bedürfnissen der Stakeholder und denen der Organisation, desto größter der Bedarf, die Kultur zu verändern.[252]

---

251 Dolan, García u. Richley, 2006.
252 Es gibt verschiedene valide Methoden, ein Audit durchzuführen. Eine erst kürzlich entwickelte, die sogenannte »MBV Suite«, ermöglicht es Unternehmen, das Audit mit Hilfe des Internets durchzuführen. Weitere Informationen unter http://www.mbvsuite.com oder www.hrmsuite.com

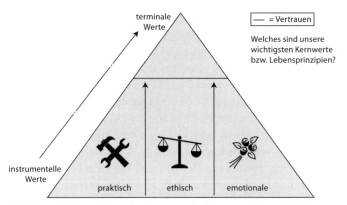

Abbildung 35: Veredelung der Kernwerte im Zusammenhang mit Auftrag und Vision einer Organisation

Phase I: Die wesentlichen Werte herausfiltern
Sobald der politische Wille zur Veränderung als ernsthaftes Vorhaben erklärt ist und Bereitschaft signalisiert wird, die erforderlichen Ressourcen aufzubringen, kann die erste Arbeitsphase des MBV beginnen. Sie besteht in der Neudarlegung der Werte und erfordert maximale Beteiligung aller Unternehmensmitarbeiter/-innen.

Die erste Phase beinhaltet drei grundlegende, aufeinanderfolgende Aufgaben:
1. Gemeinsame Vergegenwärtigung, welche Art von Zukunft final gewünscht ist, in Vision und Auftrag des Unternehmens integriert werden soll.
2. Diagnostizierung der Stärken und Schwächen des aktuellen Wertesystems der Organisation und Eruierung, wie sich diese zu den Chancen und Risiken im Unternehmensumfeld verhalten.
3. Konsensbildung bezüglich des Weges, der für den Wechsel zu neuen, die führende Betriebskultur ausmachenden Unternehmenswerten beschritten werden soll.

Das Herausfiltern von Annahmen, Situationsanalysen und »Spielregeln« der allgemeinen und idealerweise enthusiastischen Unterstützung sollten zu einem intensiven Dialog führen, der auf den Werten und Ansichten aufbaut, die möglichst den meisten Mitgliedern einer Organisation gemein sind. Dieser schließt assoziierte Interessengruppen wie Hauptlieferanten und Kunden, Gewerkschaften und Berufsverbände ein. Im Wesentlichen sollte er so viele Interessenvertreter wie möglich involvieren. Die Leitlinien zu diesem Selektionsprozess gehen aus der Vereinbarung hervor, wie die Werte auf die unterschiedlichen Dimensionen (ökonomisch-pragmatisch, ethisch-sozial und emotional-energetisch) zu verteilen sind. Sie sollten im Einklang mit Vision und Auftrag des Unternehmens stehen (siehe Abbildung 35).

Die Idee, für die Entwicklung einer neuen Kultur so viele Interessenvertreter wie möglich zu mobilisieren, mag wirklichkeitsfern erscheinen, ist aber logischerweise unumgänglich, wenn weiter die Hoffnung darauf ruht, ein Umfeld auf der Grundlage von MBV zu schaffen. Die MBV-Philosophie fördert Werte, die in jedem Menschen das Potenzial sehen, gemäß seines Wissen und seiner Erfahrung einen Beitrag zu leisten; sie fördert eine dynamische und offene Organisation, in der gemeinsames Lernen nicht von etwaigen Rahmenbedingungen wie übergeordnete, untergeordnete, gleiche Ebene bestimmt ist.

Seit Ende des 20. Jahrhunderts lassen sich Wirtschaftsführer auf neue organisatorische Konfigurationen für Denken und Handeln bei der Arbeit ein. Das schuf eine neue Kultur, die mit der alten, überheblichen Annahme brach, dass nur die »höheren Etagen« die Lösungen, das Wissen, die Erfahrung und die Energie haben, Überlebens- und Erfolgsstrategien zu entwickeln und umzusetzen. Es besteht zunehmend Konsens darüber, dass Vorhersagen und Vorschreibungen von Experten – selbst von internen – nicht die Validität bzw. Wirkung haben wie eine von allen geteilte, kreative Vision. Die Stimulation unternehmerischer Initiative und unternehmerischen Verhaltens, wie Autoren sie »herausragenden Firmen« attestieren, gewinnt an Bedeutung für die Wettbewerbsfähigkeit. Überzeugende Gegenstimmen sind rar.

Ein Prozess des internen Dialogs sollte auf allen organisatorischen Ebenen stattfinden und von einer Task Force moderiert werden. Als allgemeine Leitlinie gilt: Das begrenzte Set an Geschäftswerten, das eine Firma für sich als gültig definiert, sollte sich aus den drei Dimensionen des ökonomisch-pragmatischen, ethisch-sozialen und emotional-energetischen Bereichs speisen. In Tabelle 17 unterbreiten wir auf der Basis unserer Erfahrung ein paar Vorschläge diesbezüglich. Zur Veranschaulichung zeigen wir dort konkrete Beispiele möglicher Werte auf, die eine Firma aus den drei Dimensionen in ihre Geschäftsphilosophie integrieren kann.

Das geforderte Ablegen alter Ansichten und Verhaltensweisen und die Entwicklung neuer, gemeinsamer Ideen kann nur über den Prozess einer qualitativ wertvollen Diskussion erfolgen, bei der gegenseitiger Respekt und konstruktive Konfliktbereitschaft herrschen. Ein passendes Konzept für den moderierten Dialog zur Identifikation der zukünftigen Geschäftswerte besteht aus den folgenden vier Schritten:

1. Interner Dialog der Führungskräfte: Was versuche ich zu erreichen? Was sind meine Werte?
2. Dialog auf der Ebene des Managementteams,
3. Dialog zwischen allen Interessenvertretern,
4. Identifikation und Kommunikation des Kernsets der vereinbarten Werte.

Phase II: Wir verändern uns! Die Projektteams gehen an die Arbeit
Während sich die Aufgaben in Phase I auf Veränderungen im Denken und Handeln durch die Neudarstellung der wesentlichen Werte der Organisation kon-

zentrierten, markiert die zweite Phase den Moment, an dem der Kulturwandel in Veränderungen bei der Arbeitseinstellung, beim Arbeitsprozess und bei einzelnen Aufgaben übersetzt wird.

Tabelle 17: Beispiele für mögliche Unternehmenswerte

Dimension	Werte
ökonomisch-pragmatisch	Werte, die für den Erhalt und die Zusammenführung der verschiedenen Untersysteme eines Unternehmens notwendig sind. Diese Dimension beinhaltet Werte, die mit Effizienz, Leistungsstandards und Disziplin zusammenhängen. Sie sind für Bereiche wie Planung, Qualitätssicherung und Buchhaltung besonders wichtig.
ethisch-sozial	Gemeinsame Gruppenwerte und Werte, die die Art, wie sich Menschen in Gruppen verhalten, steuern. Ethische Werte entspringen der Vorstellung, wie Menschen sich in der Öffentlichkeit, bei der Arbeit und in Beziehungen verhalten sollten. Sie sind verbunden mit sozialen Werten wie Ehrlichkeit, Übereinstimmung, Respekt und Loyalität. Die ethischen Werte beeinflussen das Verhalten eines Menschen, wenn er seine persönlichen ökonomisch-pragmatischen und seine emotional-energetischen Werte auslebt.
emotional-energetisch	Werte, die notwendig sind, um neue Handlungsmöglichkeiten zu schaffen. Es sind Werte im Zusammenhang mit Freiheit und Glück, zum Beispiel Kreativität/Ideenfindung, Leben/Entfaltung, Selbstbehauptung/Selbstbestimmung, Anpassungsfähigkeit/ Flexibilität und schlicht Leidenschaft.

Wenn eine Organisation eine inspirierende Vision, einen sinnvollen Auftrag und eine praktikable Kultur hat, die in einer gesunden Wertekombination gründet, dann ist sie so weit, ihr grundsätzliches Vorgehen in Bezug auf eine gut durchdachte Struktur der lang-, mittel- und kurzfristigen Ziele zu bestimmen. Dieser Aufgabe sollten sich idealerweise einzelne Projektteams widmen.

Phase III: Entwurf einer werteorientierten Personalpolitik
Bezüglich der Personalpolitik sind meist in unterschiedlichen Bereichen – Auswahl, Fortbildung, Beförderung, Gratifikation, Evaluation etc. – Mängel zu beobachten. Dies ist auf zwei Aspekte zurückzuführen:
- Sie ist nicht in hinreichendem Maße auf die formale Strategie der Geschäftsführung abgestimmt.
- Sie ist weder adäquat formuliert noch wird sie von einer markanten Führungsidee zusammengehalten. Folglich ist sie meist Stückwerk und verliert so die Kraft zur gegenseitigen Verstärkung.

Alle Werte, die eine Firma als für den Erfolg wesentlich erklärt, sollten durch Fortbildungsmaßnahmen in ihrer Verankerung gestärkt werden. Es wäre undenkbar und wenig praktikabel, wenn ein Unternehmen eine Innovationsstrategie ausriefe, aber keine adäquaten Fortbildungsmaßnahmen für alle Angestellten folgen ließe (z. B. die Erlernung kreativer Techniken). Da in mehr als der Hälfte aller Unternehmen Führungskräfte sitzen, die behaupten, dass sie eine Innovationsstrategie verfolgen, ist das keine unübliche Situation.

Persönliche Werte wirksam zu verändern und zu stärken, gehört wohl zu den interessantesten und dankbarsten Fortbildungszielen, die man verfolgen kann. Auf beruflicher Ebene ist das jedoch eine Herausforderung, weil die Veränderung nur mit besonderem Respekt vor der Würde des Menschen und der Meinungsfreiheit geschehen kann.

Phase IV: Die Sichtung der Werte durch Kulturaudits
Der häufigste und bedauerlichste Fehler, den Firmenchefs begehen können, wenn sie denken, dass sie zu einer erfolgreichen Neudefinition der Vision, des Auftrag und der Werte des Unternehmens gekommen sind, besteht darin, diese in einer attraktiven Form zu präsentieren und dann die Hände in den Schoß zu legen. Sie werten weder die Adaption der Angestellten an die neue Kultur aus noch belohnen sie deren Compliance. Gemeinsame Werte sind in Handlungsziele zu übersetzen, die eine unmittelbare Relevanz für alltägliche Arbeitsprozesse haben und somit messbar sind.

Ein Audit dient dazu, sicherzustellen, dass beides vorliegt. Neben der erfolgreichen Einführung einer neuen Kultur betont MBV, dass es äußerst wünschenswert ist, diese Kultur zu dynamisieren und das Engagement aller Angestellten für lebenslanges Lernen, ständige Verbesserung, periodische Werterückblicke abzurufen und neue Mitarbeiter für diese Kultur zu werben.

Diese Dynamik erfordert wiederum einen Auditprozess, der den Fortschritt überprüft und sicherstellt, dass jeder seinem Vorhaben entsprechend handelt. Das Audit muss unter denselben Bedingungen wie der Veränderungsprozess stattfinden, der die neue, unter Beobachtung stehende Kultur hat entstehen lassen. Er muss auf jeden Fall alles umfassen und keine Ebenen oder Bereiche von der Prüfung ausschließen; er muss offen sein und professionell durchgeführt werden. Während des Audits sollte eine wohlwollende Atmosphäre herrschen, damit das Aufdecken von Mängeln oder Schwächen nicht als Bedrohung, sondern als Chance wahrgenommen werden, Missstände zu beseitigen, unerwartete Probleme zu lösen und weitere Ressourcen bereitzustellen, falls die Menge der erforderlichen Ressourcen unterschätzt wurde.

Zusammenfassung

Um im 21. Jahrhundert überleben zu können, müssen sich Firmen von alten Managementgewohnheiten verabschieden und neue Wege operativen Handelns einschlagen, das heißt eine neue Kultur schaffen. Es gibt verschiedene Arten, wie sich Kultur in Organisationen definieren lässt. Einige davon haben wir kurz skizziert. Allen Kulturmodellen und deren Einfluss auf den unternehmerischen Erfolg ist die Vorstellung gemein, dass die Werte der Angestellten mit Vision und Auftrag des Unternehmens übereinstimmen sollten. Ein aktuelles Diagnoseverfahren der Unternehmenskultur über die Werteperspektive haben wir anhand des dreidimensionalen MBV-Modells beschrieben. Wir haben dargestellt, wie wichtig ein »Kulturaudit« ist. MBV bringt gemeinsame Kernwerte, den Auftrag einer Organisation und deren Vision auf eine Linie.

Die Architektur eines geplanten Kulturwandels steht auf zwei Pfeilern: die Einleitung des Veränderungsprozesses und dessen Erhaltung durch kontinuierliche Evaluation. Die fünf Phasen der Implementierung haben wir besprochen.

Ihre persönlichen Werte

Nota bene: Diese Übung gilt nur der Demonstration. Sie ist einem Online-MBV-Auditassessment entnommen, das unter www.mbvsuite.com bzw. www.hrmsuite.com einzusehen ist.

Tabelle 18: Werteassessment

Wie wichtig sind Ihnen …	1 nicht wichtig	2 einigermaßen wichtig	3 wichtig	4 sehr wichtig
1. Liebe und Sympathie				
2. Konkurrenz, der/die Beste sein				
3. Zusammenarbeit				
4. Leidenschaft				
5. Geld, Kaufkraft				
6. Nähe zu direkten Familienmitgliedern				
7. emotionale Zufriedenheit, Erfüllung				
8. effiziente Ergebniserzielung				
9. Arbeitsethik				

Wie wichtig sind Ihnen …	1 nicht wichtig	2 einigermaßen wichtig	3 wichtig	4 sehr wichtig
10. Empathie				
11. Struktur, Ordnung, Organisation				
12. soziale Gerechtigkeit und Sozialverantwortung				
13. Streben nach individuellem Glück				
14. stärkere Konzentration auf Aufgaben als auf Menschen				
15. Ehrlichkeit, Versprechen halten				

Bitte bearbeiten Sie die Fragestellungen in Tabelle 18. Beginnen Sie mit Ihrem Privatleben: Familie, Freunde, Hobbys etc. Überlegen Sie, welche Bedeutung jeder der aufgeführten 15 Werte für Ihre Einstellungen und Ihr Verhalten hat. Wenn Sie aktuell bei einer Firma angestellt sind, wiederholen Sie diese Übung mit Blick auf Ihren Arbeitsplatz. Fragen Sie sich selbst, wie wichtig die genannten Werte im Alltag Ihres Unternehmens sind. Es gibt keine richtigen oder falschen Antworten: Markieren Sie einfach eine Zahl zwischen 1 und 4, die Ihre Einstellung widerspiegelt.

Zur Berechnung Ihres dreidimensionalen Ergebnisses: Gesamtergebnis

Zählen Sie die Punkte aus den Fragen 1, 4, 7, 10 und 13 zusammen   EMO =

Zählen Sie die Punkte aus den Fragen 2, 5, 8, 11 und 14 zusammen   ÖKO =

Zählen Sie die Punkte aus den Fragen 3, 6, 9, 12 und 15 zusammen   ETH =

EMO = emotional-energetisch; ÖKO = ökonomisch-pragmatisch; ETH = ethisch-sozial

In jedem Bereich sollte das Gesamtergebnis zwischen 5 und 20 Punkten liegen.

Identifizieren Sie Ihren »Wertebereich«, indem Sie die Einzelergebnisse in dem Dreieck in Abbildung 36 eintragen.

Verbinden Sie die drei Ergebnisse im Dreieck miteinander und markieren Sie den durch die Linien eingegrenzten Bereich farbig. Jetzt lässt sich erkennen

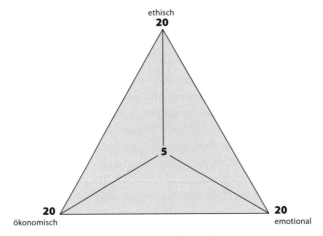

Abbildung 36: Das Dreieck der »Wertebereiche«

– wie wichtig Ihnen ökonomische, ethische und emotionale Werte in Ihrem Leben sind (relativ gesehen).
– wie wichtig Ihnen ökonomische, ethische und emotionale Werte an Ihrem Arbeitsplatz sind (relativ gesehen).

Würden Sie sich bei Organisationen um einen Job bewerben, deren Werte a) Ihren ähnlich sind oder b) sich von Ihren unterscheiden? Welche Folgen hätte diese Wahl für Ihre Zufriedenheit im Job, für Ihre Arbeitsleistung und für Ihre Gesundheit?

Jenseits der traditionellen Führungsstile

Wir haben gesehen, dass viele Veränderungen nötig sind, um die Welt in die richtige Richtung zu bewegen. Unbeantwortet bleibt bislang, wer diese Veränderungen anstößt und sie lenkt. Wer führt den Exodus aus der Komfortzone an? Dafür bedarf es sicherlich einer neuen Generation von mutigen Führungskräften.

In diesem letzten Kapitelabschnitt lassen wir Leitfiguren der Managementszene zu Wort kommen, die diese Fragen aus ihrer jeweiligen Perspektive erörtern. Wir präsentieren ihre Beiträge im (übersetzten) O-Ton in alphabetischer Reihenfolge. Alle drei Autoren und ihre Co-Autoren sind ausgewiesene Experten auf ihrem Gebiet, haben schon mehrfach zu diesem Thema publiziert und sind wissenschaftlichen, wirtschaftlichen und unternehmerischen Kreisen anerkannt.

Für den Fall, dass Sie einen dieser inspirierenden Denker nicht kennen sollten, haben wir uns erlaubt, den Beiträgen kurze biografische Einführungen voranzustellen.

DENKER VON MORGEN

Richard Boyatzis, der Schriftführer der ersten Vignette, ist einer der weltweit führenden Experten für Führungskräfteentwicklung und emotionale Intelligenz (EI). Seine Arbeit hat den Personalmanagementsektor auf der ganzen Welt beeinflusst und eine völlig neue Generation von Kompetenzberatern, Trainern für Führungskräfte und Forschern auf diesem Gebiet beflügelt. Sein neuestes, mit Annie McKee verfasstes Buch »Resonant Leadership« (Harvard Business School Press) ist bereits in 16 Sprachen übersetzt. Darin werden konkrete Möglichkeiten beschrieben, Resonanz zu erzeugen, die eine gute Führerschaft ausmacht. Laut Boyatzis vermögen es »resonante« (d.h. emotional intelligente, Anm. d. Ü.) Führungspersönlichkeiten über das Herstellen tiefer, emotionaler Bindungen zu anderen, das Beste aus ihren Mitarbeitern herauszuholen und belastbare, anpassungsfähige Organisationen aufzubauen. Zusammen mit Daniel Goleman und Annie McKee hat er auch das Buch »Primal Leadership: Learning to Lead with Emotional Intelligence« geschrieben, in dem er anhand neuer wissenschaftlicher Studien aufzeigt, welch enormen Einfluss die emotionalen Kompetenzen einer Führungskraft auf Erfolg und Grundausrichtung eines Unternehmens haben. Wall Street Journal, Business Week und New York Times kürten »Primal Leadership« zum Bestseller. Es liegt in 28 Sprachen vor.[253]

Manfred Kets de Vries ist Psychoanalytiker, Unternehmensberater und Professor für Führungskräfteentwicklung. An der INSEAD Business School hat er den Raoul-de-Vitry-d'Avaucourt-Lehrstuhl inne und leitet dort das »Global Leadership Centre« (IGLC). Er ist Programmdirektor der INSEAD-Topmanagementseminare »The Challenge of Leadership: Creating Reflective Leaders«, »Consulting and Coaching for Change: Creating Reflective Change Agents« und »Leadership for Creativity: Insights to Expand the Limits of Organizational Performance«. Er hat über 24 Bücher geschrieben, mitverfasst und herausgegeben und über 250 wissenschaftliche Aufsätze in Büchern und Zeitschriften publiziert. Seine Bücher und Aufsätze liegen in 20 verschiedenen Übersetzungen vor. Financial Times, Le Capital, Wirtschaftswoche und The Economist sehen in Manfred Kets de Vries einen der weltweit führenden Experten zu Führungsfragen.

Humberto Romesín Maturana, der federführende Autor der dritten Vignette, ist Biologe und Kybernetiker. Er entwickelte das Konzept der Autopoiesis, die sich an die Arbeiten von Gregory Bateson, Ludwig Wittgenstein, Giambattista Vico, Paul Weiss und vielen anderen anlehnt. Maturana beschäftigt sich hauptsächlich damit, das Konzept im Rahmen eines umfassenden Forschungsprogramms in seinem Labor in Santiago de

---

253 Auf Deutsch: Boyatzis, R., Goleman, D., McKee, A. (2003). Emotionale Führung. Berlin: Ullstein.

Chile wissenschaftlich zu untermauern. Für seine kontinuierliche Weiterentwicklung versucht er empirisch nachzuweisen, dass die Realität nichts weiter als eine konsensuelle Gemeinschaftskonstruktion ist, auch wenn sie »objektiv« zu existieren scheint. Die Idee der »Objektivität« ersetzt er durch den Begriff der »Konstruktion«. Maturanas systemischer Blick auf die menschliche Erfahrung führt zu einer Veränderung des Konzepts von Menschlichkeit. Das schlägt sich primär in einer Neubewertung der Gefühle als der Grundlage des menschlichen Lebens und sogar der Vernunftbegabung nieder.

Ximena Dávila Yáñez und Humberto Romesín Maturana haben zusammen das »Instituto de Formacíon Matríztica« gegründet.

Richard Boyatzis, Annie McKee, Fran Johnston

Die zukünftige Ausbildung guter Führungskräfte[254]

Anstatt Ihnen anhand eines Beispiels zu zeigen, was eine gute Führungspersönlichkeit ausmacht, bitten wir Sie, sich auf ein kurzes Gedankenexperiment einzulassen. Lehnen Sie sich für einen Augenblick zurück und machen Sie diese Reflexionsübung mit. Glauben Sie uns, es lohnt sich!

Denken Sie an einen Vorgesetzten, mit dem Sie in der Vergangenheit zusammengearbeitet haben, der *alles aus Ihnen herausgeholt* hat. Das wäre jemand, mit dem die Zusammenarbeit so viel Spaß machte, dass Sie eine Versetzung beantragten, würde er/sie eine andere Abteilung in Ihrem Unternehmen übernehmen. Wenn diese Person an Ihrem Wohnort ein Projekt initiierte, würden Sie sofort mitmachen.

Jetzt denken Sie bitte an eine Person in einer Führungsposition, mit bzw. für den Sie arbeiten mussten und von dem Sie denken, dass er/sie ein Hornochse ist. Wie viel Gehalt er/sie auch verdient haben mochte, es war definitiv zu viel. Das Beste, war Sie für die Firma tun könnten, wäre, ihm/ihr einen Führungsposten bei Ihrem ärgsten Wettbewerber zu besorgen.

Erinnern Sie sich an die Erfahrungen mit diesen beiden Personen. Währenddessen fragen Sie sich bitte: Wie haben Sie reagiert, was haben Sie gesagt, wie haben Sie und andere sich in der Anwesenheit dieser Personen gefühlt?

Nehmen Sie sich einen Augenblick Zeit für diese Übung.

[Pause]

Inwiefern unterschieden sich die Äußerungen dieser Personen von ihrem Handeln und wie hat sich das auf Ihre Befindlichkeit und die der anderen ausgewirkt?

---

254 Dieser Beitrag lehnt sich an Boyatzis, R., McKee, A. (2005). Resonant Leadership: Renewing Yourself and Connecting with Others Through Mindfulness, Hope and Compassion. Boston: Harvard Business Press und McKee, A., Boyatzis, R., Johnston, F. (2008). Become a Resonant Leader. Develop your Emotional Intelligence, Renew your Relationships, Sustain your Effectiveness. Boston: Harvard Business Press an.

Wir führen diese Übung mit Menschen aus der ganzen Welt durch und erhalten erstaunlicherweise immer die gleichen Antworten. Die Führungspersonen, die alles aus Ihnen herausgeholt haben, haben Sie eingebunden, Sie motiviert, inspiriert, über Sie und das Team gesprochen, Ihnen zugehört, Ihnen Wertschätzung entgegengebracht, Ihnen geholfen, den Gesamtzusammenhang zu verstehen und sich als Teil eines wichtigen Auftrags zu fühlen. Sie haben Sie gefordert und ihre Leidenschaft und ihr Engagement mit Ihnen geteilt. Die anderen Führungskräfte haben die Schuld gern anderen Leuten in die Schuhe geschoben, wenn etwas schief gelaufen war. Sie haben über die Aufgabe und den Einzelnen gesprochen, nicht über die Gruppe. Sie haben ihre Ziele sehr eng gesteckt und sich defensiv und bedrohlich verhalten. Das bestätigen Ergebnisse aus über 80 Jahren empirischer Forschung zu der Vorhersagbarkeit von Führungseffizienz.

Die Unterschiede liegen auf der Hand. Die Person, die alles aus Ihnen herausgeholt hat, hat eine Beziehung zu Ihnen aufgebaut und gepflegt. Die andere Person hat hingegen Distanz geschaffen und gefördert. Die Person, die alles aus Ihnen herausgeholt hat, hat Ihnen das Gefühl vermittelt, dass sie an Sie glaubt und dass Sie Teil einer wichtigen Sache und eines Teams sind. Die andere Person hat in Ihnen das Bedürfnis hervorgerufen, sich zu schützen oder an andere Dinge als an die Arbeit zu denken, sich abzulenken. Die Person, die alles aus Ihnen herausgeholt hat, war möglicherweise ein *resonanter Führer*.

Alle, die mutig genug sind, in dieser Zeit der Unsicherheit Führungsverantwortung zu übernehmen, stehen vor ungeheuerlichen Herausforderungen. Unsere Welt ist eine neue Welt, die einen neuen Führungstypus fordert. Man vergegenwärtige sich nur einmal, dass heutige Führer rund um den Globus gegen eine immer instabilere und gefährlichere Welt antreten müssen. Der schnelle Wandel verstört unseren Sinnesverstand, löst Panik und Wut aus und ruft impulsive, oft irrationale Reaktionen hervor.

Die Männer und Frauen, die wir als *resonante Führungspersonen* bezeichnen, treten an, um sich Wege durch unbekanntes Territorium zu bahnen und Menschen in ihren Organisationen, Institutionen und Communitys mitzureißen. In den Herausforderungen des Alltags entdecken sie Chancen und stiften Hoffnung, wo Angst und Verzweiflung herrschen. Diese Führungspersönlichkeiten bewegen sich kraftvoll, leidenschaftlich und zielorientiert. Dabei nehmen sie gleichzeitig die unumgänglichen Opfer auf sich, die ihre Rolle mit sich bringt. Sie kümmern sich um sich selbst und engagieren sich für die Erneuerung, um so auch langfristig ihre Resonanz zu erhalten. Resonante Führungspersonen inspirieren ihre Teams, die Träume wahrzumachen, die noch vor ein paar Jahren unmöglich erschienen.

Resonante Führungskräfte stehen im Einklang mit ihrem Umfeld. Alle Beteiligten und ihre Aufgaben sind aufeinander abgestimmt; sie arbeiten Hand in Hand und kennen die Gedanken der anderen (was zu tun ist) und deren Gefühle (warum es zu tun ist).[255]

---

255 Für weitere Informationen zu emotionaler Intelligenz, Resonanz und Studienergebnissen siehe Boyatzis, R., Goleman, D., McKee, A. (2003). Emotionale Führung. Berlin: Ullstein.

Es gibt Führungspersönlichkeiten, die von Natur aus Resonanz erzeugen können; die meisten aber müssen hart an sich arbeiten, um emotionale und soziale Intelligenz aufzubauen und Kompetenzen der Selbstbewusstheit, des Selbstmanagements, der sozialen Achtsamkeit und des Beziehungsmanagements zu erwerben. Resonante Führungskräfte kennen und führen sich auch selbst gut. Sie managen Gefühle anderer und knüpfen starke, vertrauensvolle Beziehungen. Sie wissen, dass Gefühle ansteckend sind, und dass die Gefühle einer Führungsperson die Stimmung in der Belegschaft und somit auch die Leistung stark zu beeinflussen vermag. Sie wissen, dass sich Menschen durch Furcht und Angst kurzzeitig motivieren lassen; sie wissen aber auch, dass diese Emotionen schnell umschlagen und die Menschen ablenken, sie verängstigen und ineffektiv werden lassen. Resonante Führungspersonen sind empathisch. Sie wissen genau, was in den Menschen, Gruppen und unternehmerischen Kulturen vorgeht, und knüpfen dauerhafte Beziehungen. Sie motivieren, weil sie leidenschaftlich sind, sich engagieren und ein echtes Interesse an den Menschen und der Unternehmensvision haben. Sie schaffen es, ihr Umfeld nicht nur für eine aufregende Zukunft zu interessieren, sondern sie so zu begeistern, dass sie beginnen, sich aktiv zu engagieren. Sie geben uns Mut und Hoffnung und helfen uns, unser Potenzial voll zu entfalten. Resonante Führungskräfte helfen ihren Organisationen, das Finanz-, Human- und Umweltkapital sowie das intellektuelle und soziale Kapital so zu vereinen, dass daraus ein potentes Rezept für erfolgsorientierte Leistung im Unternehmen wird.[256] Anders ausgedrückt: Mit ihnen lässt sich nicht nur super zusammenarbeiten, sie erzielen auch *Ergebnisse*. Um erfolgreich zu sein, muss der Führer natürlich den Markt kennen, die Technologien, die Menschen und eine Vielzahl von organisatorischen Dingen. Während dieses Wissen notwendig ist, reicht es nicht aus, um nachhaltig und erfolgreich zu führen. Hier kommt die Resonanz ins Spiel. Resonanz befähigt die Führungskraft, seine Expertise zugunsten der unternehmerischen Leistung einzusetzen.

An dieser Stelle sollte die Führungskräfteförderung ansetzen und sich darauf konzentrieren, Menschen zu großen Führungspersönlichkeiten zu machen. Dafür bedarf es eines Bildungskonzepts, das davon ausgeht, dass einer Person nicht nur bestimmte Dinge beigebracht werden (z. B. Finanzmanagement), sondern dass eine Person ganzheitlich zu fördern ist. Mehrere Langzeitstudien an verschiedenen Universitäten (Case Western Reserve in Cleveland, ESADE in Barcelona, Boston University in Boston, ALBA in Athen, die University of Michigan in Ann Arbor u. a.) haben in den letzten 20 Jahren gezeigt, dass auch Erwachsene noch emotionale und soziale Intelligenz aufbauen können; und dies auch auf eine Weise, dass diese Kompetenzen mindestens sieben Jahre erhalten bleiben (zu späteren Zeitpunkten nach Studienabschluss liegen bislang keine Untersuchungen vor).[257]

---

256 Boyatzis, Goleman u. McKee, 2003.
257 Die Ergebnisse der Langzeitstudie an der Case Western Reserve sind in zahlreichen Zeitschriften und Büchern veröffentlicht worden. Siehe den diesbezüglichen Verweis in Boyatzis, R., McKee, A. (2005). Resonant Leadership: Renewing Yourself and Connecting

Die meisten MBA-Programme bieten mittlerweile Module oder Kurse an, die sich den Fertigkeiten und Qualifikationen widmen, die die emotionale und soziale Intelligenz fördern. Viele Kurse werden jedoch in altmodischer Form gehalten. Statt die Studierenden anzuleiten, zu reflektieren und mit sich selbst ins Gespräch zu kommen, wird Kompetenzentwicklung oft noch als weitere Wissenserwerbsübung gestaltet. Dozenten und Professoren lassen hier den Studierenden gegenüber emotionale Intelligenz oft vermissen. Die Programme und Kurse, bei denen das Konzept funktioniert hat, lösten bei den Studierenden das Bedürfnis nach tiefer Reflexion über ihre Identität und ihnen wichtige Werte aus. Die Studierenden fingen an, darüber nachzudenken, was sie im Laufe ihres Lebens erreichen wollen, welchen Beruf sie ergreifen, ob sie eine Familie gründen wollen, ob sie sich in ihrer Gemeinde, ihrem Wohnort, ihrer Community engagieren wollen etc. – die ganze Person beginnt, sich zu hinterfragen. Die guten Programme machen aus dieser persönlichen Vision einen Lernplan, der von Evaluationen (die Verwirklichung der individuellen Träume berücksichtigend) und Coachings begleitet wird. So nutzen die Studierenden nicht nur die 2.000 Kurs- und Hausaufgabenstunden zum Lernen, sondern verwandeln alle 8.000 bis 10.000 Stunden ihres MBA-Programms in einen Lernraum. Das Gleiche gilt für Fortbildungen im Bereich Management und Führungskräfteentwicklung, die in Organisationen angeboten werden. Der Lernerfolg derartiger Programme ist meist enttäuschend. Das liegt tendenziell daran, dass sich die Programme teilweise auf die falschen Kompetenzen konzentrieren und dass sie Methoden verwenden, die schon in der Praxis nicht funktioniert haben.

Damit Führungskräftetrainings auch zum Wohl der Gesellschaft beitragen, müssen sie ganzheitlich angelegt werden. Sie müssen das Wissen vermitteln, das dafür notwendig ist, eine großartige Leitfigur zu sein. Zu lernen, »was zu tun ist«, ist allerdings nur der erste Schritt. In den Trainings muss in den Leuten Hoffnung und Leidenschaft entfacht werden, die sie motivieren, die Kompetenzen zu entwickeln, die sie befähigen, das Wissen auch anzuwenden. Sie sollten den Menschen beibringen, wie die anstehende Arbeit zu erledigen ist. Das erfordert auch, ihnen zu verstehen zu helfen, »warum« sie effektiv arbeiten sollten. Eine gute Führungskraft muss imstande sein, andere so zu fordern und zu fördern, dass sie alles geben und ihr ganzes Wissen und all ihr Talent nutzen wollen. Das ist durchaus möglich.

with Others Through Mindfulness, Hope and Compassion. Boston: Harvard Business Press und McKee, A., Boyatzis, R., Johnston, F. (2008). Become a Resonant Leader. Develop your Emotional Intelligence, Renew your Relationships, Sustain your Effectiveness. Boston: Harvard Business Press.

Manfred Kets de Vries

Die globale Führungsgleichung

Die Globalisierung ist erwachsen geworden – und mit ihr die globalen Kooperationen, die sukzessive an Bedeutung gewinnt. Eine globale, vernetzte Institution kann eine neue Vision des ganzen Unternehmens, seiner Wettbewerbsstrategien und seiner Organisations- und Kommunikationsstrukturen implementieren. Die Geschäftszentrale wird zum »support office« für die einzelnen Unternehmensteile und bearbeitet firmenübergreifende Themen; für speziellere Themen sind jeweils die einzelnen Abteilungen verantwortlich. Hinter der global-lokalen Ausrichtung steht eine Unternehmensvision, die ferner von effizienter und erfolgreicher Kommunikation und einem Anreizsystem gestützt und verstärkt wird. Allerdings lässt sich beobachten, dass globale Organisationen ihre Führungskräfte und die Mitgliedschaft unter besonderen Druck stellen.

In einer globalen Organisation zu arbeiten, ist nicht einfach. Allen Beteiligten wird ein heikler Balanceakt abverlangt. Wir wollen alle Teil von etwas Größerem sein, gleichzeitig wollen wir unsere Individualität, die Merkmale, die uns einzigartig machen, wahren. Das »etwas Größere« ist unsere soziale Identität; dass wir unsere Individualität erhalten wollen, bedeutet, dass wir gleichzeitig an unserer persönlichen Identität festhalten wollen. Viele Aspekte der Globalisierungsflut können bedrohlich und überwältigend sein, weil auf subjektiver Ebene befürchtet wird, dass die Globalisierung für individuelle Unterschiede und Eigenarten keinen Raum lässt. Da wir aber soziale Wesen sind, ist es andererseits utopisch, vollkommene Individualität und Autonomie anzustreben. Wir würden uns isolieren und extrem verletzlich werden. Eine der Herausforderungen, vor denen das Führungspersonal globaler Organisationen steht, besteht darin, herauszufinden, wie sich die Bereitschaft zum Ausprobieren neuer Dinge bei gleichzeitiger Wahrung der Einzigartigkeit der Teilnehmer erzeugen lässt.

Das ist jedoch längst nicht die einzige Herausforderung an globale Führerschaft. Damit ein globales Unternehmen wirklich gut ist, muss es eine ganze Reihe an Mindestanforderungen erfüllen. Zukunftsfähige Organisationen müssen »authentizotisch« sein. Dieser von mir erfundene Begriff setzt sich aus den griechischen Adjektiven »authenteekos« und »zoteekos« zusammen. »Authenteekos« bedeutet in diesem Kontext, dass Führung in globalen Organisation authentisch sein muss, Vertrauen erweckend und zuverlässig. »Zoteekos« bedeutet lebensnotwendig und steht im Unternehmenskontext für die Energie, die für einen Menschen von seiner Arbeit ausgeht. Zootekos-Menschen in globalen Organisationen haben das Gefühl von Ausgewogenheit und Ganzheit, da ihr Bedürfnis nach Wissen, Entdecken und Lernen beachtet und erfüllt wird. Dieser Unternehmenstypus erlaubt seinen Mitarbeitern, sich am Arbeitsplatz zu behaupten. Das fördert Effektivität, Kompetenz, Autonomie, Initiative, Kreativität, Unternehmergeist und Fleiß. Authentizotische globale Unternehmen weisen sieben charakteristische Merkmale auf:

Die Gewissheit, ein gemeinsames Ziel zu haben: Die Führung entwickelt und vermittelt die Vision eines Idealzustands des Unternehmens. Dazu gehört die grundlegende Zielorientierung der Firma, die Kultur, die Werte und Grundsätze. Diese Vision verbindet und trägt zur Identifizierung mit der Gruppe (Firma, Kolleg/-innen) bei.

Zugehörigkeitsgefühl: Durch Umstellung der allgemeinen Organisationsstruktur (z. B. durch Bilden kleinerer Einheiten) und durch andere geeignete Maßnahmen wird ein Gemeinschaftssinn geschaffen. Das Gefühl von Zugehörigkeit und der Bereitschaft, einander zu helfen, fördert Zielorientierung, eine gemeinsame Kultur und dezentrale Führungsstrukturen.

Kompetenzerleben: Unternehmensmitarbeiter/-innen erleben, dass sie sich an ihrem Arbeitsplatz persönlich weiterentwickeln. Das stärkt das Selbstwertgefühl, erhält das persönliche Gleichgewicht und regt die Kreativität an.

Gefühl der Selbstbestimmung. Angestellte in authentizotischen Unternehmen sollen das Gefühl haben, ihr Leben im Griff zu haben. Sie dürfen sich nicht als kleines Rädchen im Getriebe verstehen, sondern als fähige Meister ihres eigenen Lebens.

Selbstwirksamkeitserleben: Jeder Mitarbeiter/jede Mitarbeiterin in authentizotischen Unternehmen muss davon überzeugt sein, dass sein/ihr Handeln die gesamtbetriebliche Leistung entscheidend beeinflusst. Darum geht es beim Konzept des Empowerment.

Sinn für Genuss: Verspieltheit ist eine wichtige Dimension der unternehmerischen sowie der mentalen Gesundheit und fördert die Fantasie- und Innovationskraft. In Organisationen, die Spaß verabscheuen, verhalten sich Entscheidungsträger/-innen oft wie Schlafwandler. Entscheidungsträger in beispielhaften globalen Organisationen hingegen sind hellwach. Sie begleiten ihre Mitarbeiter/-innen auf einer spannenden Reise und ermutigen sie dazu, Spaß zu haben.

Sinnstiftung: Wenn die Arbeit über die persönlichen Bedürfnisse hinausgeht und etwas zur gesellschaftlichen Entwicklung beizutragen vermag, erleben die Angestellten ihre Arbeit als sinnvoll. Es heißt, Menschen arbeiteten für Geld und stürben für eine Sache. In diesem Sinne sind sie bereit, ihre Fantasie und Kreativität auch bei ihrer Arbeit einzusetzen und diese in Folge wie einen »Fluss« zu erleben – ein Gefühl totaler Einbindung und Konzentration auf ihre Arbeit.

Wenn Firmen zu globalen Avantgarde-Unternehmen aufsteigen wollen, müssen diese sieben Anforderungen zusammen mit einer Mentalität erfüllt sein, die kulturelle Vielfalt wertschätzt. Unter der richtigen Führung kann kulturelle Diversität gewaltige Durchbrüche in Kreativität, Wettbewerb und Flexibilität erreichen. Leider ist Menschen die Gabe nicht angeboren, Vielfalt zu tolerieren und wertzuschätzen. Selbst innerhalb nationaler Kulturgrenzen zeichnen sich große Unterschiede bei der Wahrnehmung von Führung ab. Das mag auf die Erfahrung eines jeden Einzelnen zurückzuführen sein, die er in der Beziehung zu seinen Eltern oder seiner primären Bezugsperson gemacht hat. Unterschiedliche frühkindliche Erfahrungen und Einflüsse im familiären Kontext bringen nicht nur höchst verschiedene Unternehmensführer und -mitarbeiter hervor, sondern erzeugen auch unterschiedliche Erwartungshaltungen. Ist eine Führungskraft beispielsweise in den Niederlanden erfolgreich, heißt das nicht, dass sie auch in Costa Rica, Singapur oder in einem anderen europäischen Land Erfolg hätte. Globale Organisationen stehen vor der Aufgabe, die Stärken der einzelnen Kulturen zu nutzen und auf diesen aufzubauen.

In diesem Sinne sollten wir davon absehen, Menschen auf Grund ihrer Ähnlichkeit und Nähe zu uns auszuwählen. Das Unbekannte ruft immer Unbehagen hervor. Menschen in globalen Organisationen müssen aber lernen, Unterschiede in Beziehungsmustern zu akzeptieren, sie wertzuschätzen und sich an verschiedene Denk- und Verhaltensweisen zu gewöhnen. Das ist ein zuweilen anstrengender, gemeinschaftlicher Prozess, und globale Führungskräfte sind dafür verantwortlich, ihren Mitarbeitern eine Umgebung zu bieten, die ihnen hilft, mit der Angst umzugehen, die entsteht, wenn Signale und Bedeutungsträger der anderen Kultur nicht verstanden werden. Sie müssen ihre Angestellten ermutigen, die Vielfalt maximal auszunutzen.

In vielerlei Hinsicht gleicht die Rolle der globalen Führungskraft der einer »hinreichend guten« Erzieherin, die ein Kind groß zieht. Sie ist die Autoritätsperson, an die sich das Kind wendet, wenn es vor neuen Aufgaben und Herausforderungen steht. Führungspersonen, die diese Rolle wahrnehmen, müssen ihr Fingerspitzengefühl unter Beweis stellen, da sie fürsorglich und frustrierend bzw. fordernd zugleich sein müssen. Wenn sie adäquat reagieren, werden ihre Angestellten nach einer Weile gelernt haben, wie sie in der »schönen neuen Welt« der globalen Organisationen erfolgreich sein können. Sie werden bereit sein, die vor ihnen liegenden Herausforderungen anzugehen. Über Versuch und Irrtum werden sie sich neu erfinden. Diese Form der »unternehmerischen Elternschaft« sollte nicht optional sein, sondern fester Bestandteil einer kreativen Lernumgebung am Arbeitsplatz.

Globale Führungskräfte, die diese Fähigkeit besitzen, vermitteln ihren Angestellten einen Stolz, der weit über das »Zahlenspiel« hinausgeht. Sie fördern unternehmerische Werte, die die Grundbedürfnisse des Menschen, wie der Wunsch nach Zugehörigkeit und Sinnstiftung, erfüllen, jedoch mit einem entscheidenden Fokus: Ihre Unternehmen erreichen ihre Ziele durch Teamwork, nicht durch Alleinherrschaft. Durch die gemeinschaftlichen Bemühungen der Männer und Frauen, die die Organisation ausmachen, versuchen diese Führungskräfte die Welt auf positive Art zu verändern.

Ein Arbeitgeber, der diese wesentlichen menschlichen Bedürfnisse wahrnimmt und anerkennt, lässt einen Sinn für Gemeinschaft und Leistung entstehen. Das gibt Selbstbestätigung, würdigt den Platz eines jeden Einzelnen in der Welt und wirkt identitätsstärkend. Globale Unternehmensführer sollten darauf achten, ein Gemeinschaftsgefühl zu entwickeln und einen Zweck oder ein Ziel zu definieren, das die Mitarbeiter als sinnvoll erachten. Das ist weitaus tragfähiger und nachhaltiger ist als simple Renditesteigerungsformeln.

Ximena Dávilá Yáñez und Humberto Romesín Maturana

Die große Chance: Das Ende der Führung und die Geburt des co-inspirierten Managements

Wir leben in einer Zeit, in der Schmerz und Leid überall präsent sind. Reichtum auf der einen und Elend auf der anderen Seite veranlassen uns zu fragen, wie wir unser Leben weiter so leben können, und in diesem Moment, der so viel kreatives Potenzial und Handlungskompetenz in sich birgt, so viel Leid bei gleichzeitigem Wohlstand einiger weniger in Kauf nehmen. In diesem Beitrag vertreten wir die These, dass wir uns im Übergang zu einem neuen Zeitalter der Menschheit befinden: der post-postmodernen Ära.

Das post-postmoderne Zeitalter bricht an, wenn wir verstehen, dass wir wissen, was wir wissen, und verstehen, was wir verstehen. Diese Erkenntnis dessen, was wir wissen und was wir verstehen, verpflichtet uns zu handeln. Nicht irgendwie und einfach drauf los, sondern wir verpflichten uns, bewusst und verantwortungsvoll auf eine Weise zu handeln, die niemanden verletzt oder beeinträchtigt. Es ist die Ära, in der wir nicht weiter betrügen, sondern uns bewusst machen, dass, wenn wir nicht gemäß dem handeln, was wir wissen, wir uns selbst und andere, einschließlich unserer Kinder, belügen. Wenn jemand weiß, dass er etwas weiß, kann er nicht länger so tun, als wisse er nichts, ohne zu lügen. Das post-postmoderne Zeitalter zeichnet sich durch ethische Bewusstheit gegenüber unserem Leben und Zusammenleben aus. Es ist eine Ära, in der wir uns sukzessive bewusst werden, dass das Konzept der Führerschaft ein Auslaufmodell ist und das der Co-Inspiration anbricht. Von dieser Erkenntnis ausgehend, schlagen wir schließlich vor, von *drei relationalen und operationalen Pfeilern der ethischen Reflexion und Handlung* zu sprechen, die *unsere entstehenden post-postmodernen unternehmerischen Aktivitäten begründen und stützen.*

Diese drei Pfeiler sind das *Wissen*, das *Verstehen* und die *Verfügbarkeit adäquater Handlungsmöglichkeiten* in dem Umfeld, in dem wir leben. Sie bilden die Basis für unser spontanes ethisches Handeln an den verschiedenen Beziehungskreuzungen, an denen wir entscheiden müssen, was im Milieu unseres Zusammenlebens zu tun ist. Wenn wir von *Wissen* reden, meinen wir, dass wir den Charakter der sozialen und ökologischen Weggabelungen kennen, an denen wir leben und handeln; *Verstehen* bedeutet, dass wir die verschiedenen sozialen und ökologischen Konsequenzen kennen (Systemvision), die sich in Folge der verschiedenen Handlungen, unter denen wir zu wählen hätten, in der Anthroposphäre und der Biosphäre ergäben; und die *Verfügbarkeit adäquater Handlungsmöglichkeiten* bezieht sich auf die Verfügbarkeit adäquater Mittel zur Umsetzung der gewählten Aktionen. Wenn wir nichts *wissen*, sind wir blind und uns ist nicht bewusst, welche Handlung erforderlich ist; wenn wir nicht *verstehen*, haben wir nicht die Möglichkeit, eine adäquate Handlung an der sozialen und ökologischen Schnittstelle, an der wir leben, wahrzunehmen; und wenn wir nicht *über adäquate Handlungsmöglichkeiten verfügen*, stellen sich Lähmung, Depression, Ablehnung und Resignation ein. Wenn wir die ökologischen und sozialen Schnittstellen der Anthroposphäre kennen und wissen, was für Aktionen möglich sind, wenn wir die möglichen Folgen unseres Handelns kennen, sowohl in der Anthropo- als auch in der Biosphäre, und wenn wir über die adäquaten (ethischen) Handlungsmöglichkeiten verfügen, ist es unmöglich, dass wir uns *nicht* sozial verantwortlich verhalten, ohne Schlechtes im Sinn zu haben.

5 Zeit zum Handeln

Zusammenfassung der zentralen Ideen

Wir sollten aufhören, uns selbst in die Tasche zu lügen und anderen die Schuld in die Schuhe zu schieben! Jede einzelne von uns getroffene Entscheidung wirkt sich direkt auf unsere Zukunft aus. Als Bürger und Verbraucher haben wir einen riesigen Einfluss auf unsere Umwelt. Es bleibt keine Zeit für erschöpfende Analysen und endlose Debatten. Wenn wir *jetzt* nicht handeln, könnte es sein, dass wir unsere letzte Chance verpassen.

Tabelle 19 fasst unsere Analysen der Problemfelder, Kernthemen und Lösungsansätze noch einmal zusammen. Wie zu sehen ist, kristallisieren sich einzelne Handlungsstränge heraus; drei beziehen sich auf mehr als ein Kernthema.

Tabelle 19: Von Kernanliegen zu Lösungsansätzen

Problemfeld	ausgewähltes Kernthema	Kernthema neu betrachtet	Lösungsansätze
Gesellschaft	Demografie und Migration	Überbevölkerung	neue Gesellschaftsordnung
Politik	bewaffnete Konflikte	Herrschaftsstreben	Partnerschaft und Verantwortung
Weltbild und Religion	Spiritualität	universelle Werte	allgemeingültiger Wertekanon und dessen Einhaltung
Umwelt	sensible Ökosysteme	Zerstörung der Ökosysteme	zukunftsorientierte Wirtschaftsordnung und Schaffung neuer Werte
Wissenschaft und Technik	virtuelle Realität	»Metaversum«	»Metaversum« und Bürgerschaft in vielen Welten
Arbeit und Unternehmertum	Verschwendung von Energie- und Humanressourcen	Umwelt- und Sozialverträglichkeit	Entwicklung und Etablierung eines neuen Lebensstils
Kunst	Herstellungs- und Vertriebsbedingungen	Zugang der/ zur Öffentlichkeit	Zusammenschluss der Künste mit den Medien und Bildungsanstalten
ganzheitlicher Blick	globale Kluft	zunehmende Polarisierung	Edu-World – Bildung und Edutainment im »Metaversum«

Es ist höchste Zeit, sich ernsthaft Gedanken über die physischen, psychischen, sozialen und spirituellen Anliegen zu machen und damit zu beginnen, Weltgemeinschaft, Gesellschaft, Wirtschaft und Unternehmen zu transformieren. Wir müssen aufhören, so zu tun, als gäbe es keine Krise. Verlassen Sie die Komfortzone! Rücken Sie ab von dem Irrglauben, Sie könnten sowieso nichts bewirken! Begreifen Sie, dass es nicht genügt, sich nur um den eigenen Garten zu kümmern, während überall die Flusspegel steigen! Wir haben keine Zeit, darüber zu diskutieren, ob wir die gleichen Pflanzen wie letztes Jahr pflanzen; es ist Zeit, am Damm zu arbeiten oder unsere Habseligkeiten zu packen und den Ort zu verlassen.

In der Kindheit bringen die Eltern immer wieder in Ordnung, was man verbockt hat. Später projizieren wir diese Erwartungshaltung auf die Autoritäten (z. B. den Staat) und drücken uns so davor, die harten Entscheidungen nicht selber zu treffen.

Die linear-kausale, eng gefasste, analytische Denkweise, die unserer Kultur zugrunde liegt, hat ausgedient. Wir leben in einer komplexen, schnelllebigen, stark vernetzten Welt, in der selbst das Bedeutung hat, was an entfernten, abgelegenen Orten passiert. Das schmelzende Eis in der Antarktis, die Entwaldung im Amazonasbecken oder in China, das Bevölkerungswachstum in Nigeria, in Pakistan oder in Äthiopien, die Automassen in den USA oder Europa – das geht uns alle an!

Die Medien und der Bildungssektor spielen eine entscheidende Rolle. Wir brauchen eine kritische Öffentlichkeit, die eine Wende in der Meinung der Welt auslöst.

Wir können uns vorstellen, dass sich eine große Flutwelle auf uns zubewegt, die entweder alles hinwegraffen wird, was wir geschaffen haben, oder uns in eine neue Welt befördert – wenn wir dazu bereit sind (was allerdings bedeutet, dass wir die »alte Welt« hinter uns lassen müssen).

In der Krise liegt auch eine Chance. Wenn wir die richtigen Lösungen finden, entwickeln und umsetzen, könnte es uns gelingen, einen Durchbruch zu erreichen, anstatt als Gesellschaft zu kollabieren (siehe Abbildung 37).

Wenn wir unsere wunderbare Welt nicht verlassen wollen, wenn wir unseren schönen blauen Planeten weiter genießen und ihn für künftige Generationen erhalten möchten, wenn wir ihn nicht für kurzfristigen Gewinn zerstören und lebendige Landschaften nicht für abstrakte Bankkonten aufs Spiel setzen wollen, müssen wir die weit verbreitete Ichbezogenheit der Menschen, die sich nur um sich selber kümmern und bereit sind, alles andere für ihren eigenen Vorteil zu opfern, besiegen.

Die Zukunft unseres Planeten liegt in *unserer* Hand; *wir* können das Schicksal unserer Spezies bestimmen. Lassen Sie uns *jetzt* gleich damit beginnen, eine neue Gesellschaft zu gründen! Die mächtige Strömung der sich durchsetzenden neuen Lebensstile und der kräftige Motor der neuen Wirtschaftsordnung können uns den historisch größten Durchbruch in der gesellschaftlichen Entwick-

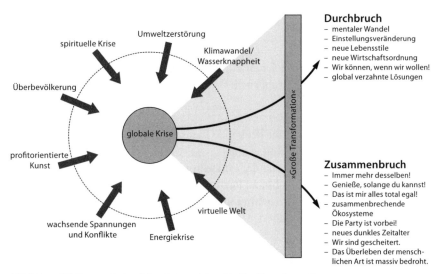

Abbildung 37: Das zweischneidige Schwert der »Großen Transformation«

lung verschaffen. Forschung und Technologie werden uns die Mittel zur Verfügung stellen, um CO_2 in Kohlenstoff und Sauerstoff, Wasser in Wasser- und Sauerstoff und, unter Nutzung der Sonnenergie, Meerwasser in frisches Wasser zu verwandeln. Wir alle sind Kinder der Sonne, entstanden durch eine lange Evolution von einfachen Lebensformen zu hoch komplexen Wesen, die die materiellen und die spirituellen Welten miteinander verbinden.

Wir sollten das kreative Potenzial unseres Geistes und die spirituellen Werte als Leitsterne und die endlose Kraft des Mitgefühls und der Liebe nutzen, um neue Ufer anzusteuern, wo jeder Verantwortung übernimmt und die Chance auf ein würdiges Leben hat. Wir machen uns auf in ein Gebiet jenseits der Welt des Kampfes um Macht und gegenseitige Zerstörung. Lassen Sie uns die Kraft der gegenseitigen Partnerschaft nutzen, um eine neue Welt für unsere Art zu schaffen.

Wir müssen die Motivation unserer Führungskräfte umlenken. Die Konzentration sollte weniger auf Macht und Status und mehr auf Verantwortung und Erfolg liegen. Das impliziert, dass wir mehr Führungspersonen brauchen, die weibliche Merkmale der Fürsorge und des Mitgefühls mitbringen. Das Ziel wäre ein Gleichgewicht zwischen männlichen und weiblichen Elementen.

Zum Glück lässt sich schon jetzt beobachten, wie sich die Basis einer neuen Gesellschaft im Gewand einer weltweiten Bürgerbewegung formiert. Laut Paul Hawken zählt sie schon mindestens zwei Millionen Menschen und verfolgt eine Vielzahl von Zielen.[258]

---

258 Hawken, P. (2007). Blessed Unrest: How the Largest Movement in the World Came into Being and Why No One Saw it Coming. Harmondsworth: Penguin.

Zusammen- oder Durchbruch?

Da wir weit vorangeschritten sind auf dem Weg zum globalen Kollaps (und die Symptome der Zeit einen solchen andeuten), ist ein Zusammenbruch aktuell wahrscheinlicher als ein Durchbruch.

Anzeichen für den Durchbruch
– globales Bewusstsein für die drohende Katastrophe;
– Stabilisierung der Weltbevölkerung;
– weit verbreitete Veränderung der Einstellung zur Natur;
– von Macht und Kontrolle hin zu Partnerschaft und Verantwortung;
– Wandel in der Wertewahrnehmung: weg von ökonomischen Werten allein, hin zu einem Gleichgewicht der Werte;
– Durchsetzung von neuen Lebensstilen;
– weltweit ähnliche Ausrichtung der Bürgerbewegungen;
– Veränderungen in Gesetzgebung und gewerblicher Wirtschaft;
– Gesetze im Einklang mit den neuen gesellschaftlichen und wirtschaftlichen Rahmenbedingungen;
– neue Produktionsweisen gemäß dem Cradle-to-Cradle-Prinzip;
– Transformationsprojekte in Vorbereitung.

Anzeichen für den Zusammenbruch
– anhaltendes Bevölkerungswachstum;
– ernste Klimakatastrophen;
– Zusammenbruch der Ökosysteme;
– starke Fluten weltweit oder Wasserknappheit;
– Massenmigration;
– Ausbruch des 3. Weltkriegs;
– globales Erstarken des Fundamentalismus;
– Terrorismus nutzt Massenvernichtungswaffen;
– globale Pandemien;
– Missbrauch von Bio- oder Nanotechnologie;
– Weltwirtschaftskrisen;
– Energiekrisen: Peak Oil, Stromausfälle, Zusammenbruch der Infrastruktur.

Die ökonomischen und sozialen Rahmenbedingungen

Verharren wir in den bestehenden ökonomischen und sozialen Systemen, werden wir die Probleme der Welt nie in den Griff bekommen. Heutzutage wird die Wirtschaft von der Vorstellung steten Wachstums und von Gier und Angst bestimmt. In der Gesellschaft dominiert das Prinzip der Herrschaft. Alle Initiativen innerhalb dieser Rahmenbedingungen sind zum Scheitern verurteilt, da sie pervertiert werden, um entweder mehr Macht und Kontrolle zu erlangen oder ökonomisch noch stärker zu wachsen. Nur unter Bedingungen, die den Grundsätzen der nachhaltigen Entwicklung, der Verantwortung und der Partnerschaft folgen, haben wir eine Chance, langfristige Lösungen zu entwickeln und umzusetzen. Wir müssen die alten Strukturen durchbrechen, die uns in die aktuelle Lage versetzt haben.

Ein Beispiel für das Festhalten an falschen Prinzipien ist der »grüne Treibstoff«, der auf Ethanolbasis produziert wird (Vorreiter Brasilien). Seitdem die USA entdeckt haben, wie sich die Abhängigkeit von importiertem Öl reduzieren lässt, ist ein wachsendes Geschäftsfeld daraus entstanden. Die Folgen: Lebensmittelprobleme in Mexiko aufgrund des enorm gestiegenen Maispreises, schnellere Abholzung der Wälder in Brasilien, gestiegener CO_2-Ausstoß, vermehrter Einsatz von Öl für Dünger und Pestizide (mit Hilfe staatlicher Subventionen). Die Lebensmittelpreise werden weiter steigen und Konflikte werden sich aufgrund des Missbrauchs von Grund und Boden zuspitzen. Wir können dafür weder die Bauern noch die Firmen verantwortlich machen, die das Ethanol produzieren, denn sie wittern neue Chancen, ihren Profit zu erhöhen und zu wachsen. Sie sind in gewisser Weise Gefangene ihres eigenen Systems. Die einfachste Art, unsere Abhängigkeit vom Öl zu reduzieren, ist es, weniger Öl zu verbrauchen. Dann wird die Industrie erstaunlich schnell neue Lösungen finden, wie zum Beispiel die Isolierung von Gebäuden zum Schutz vor Hitzeeinwirkung im Sommer und Wärmeverlust im Winter – die Technologie ist verfügbar und äußerst wirksam.[259]

Es finden sich zahlreiche Berichte von Zivilisationen, die einen Zusammenbruch erlebt haben, aber nur wenige Beispiele von Zivilisationen, die eine ernste Krise überwunden haben. Jared Diamonds Buch »Collapse« beschreibt genau, warum und wie Gesellschaften scheitern.[260] Es ist ihm ein Leichtes gewesen, Beispiele zur Veranschaulichung seiner Thesen zu finden. Interessanterweise lassen sich alle Fälle, sowohl die des Scheiterns als auch die des Erfolgs, auf zwei Ursachen zurückführen: Überbevölkerung und Umweltverschmutzung durch menschliches (Fehl-)Verhalten oder Klimawandel.

---

259 Mehr als 40 % der Energie wird in Europa und Nordamerika von Gebäuden verbraucht. Etwa 70–90 % dieser Energie könnte mit Hilfe besserer Isolation eingespart werden. Siehe http://www.rockwool.com/environment/environment+reports

260 Diamond, J. (2005). Collapse: How Societies Choose to Fall or Survive. Harmondsworth: Penguin. Auf Deutsch: Diamond, J. (2005). Kollaps. Warum Gesellschaften überleben oder untergehen. Frankfurt a. M.: S. Fischer.

DENKER VON MORGEN
Al Gore

Die Zukunft beginnt heute

Al Gore war von 1993 bis 2001 unter Bill Clinton Vizepräsident der Vereinigten Staaten von Amerika. Außerdem hat er sich als Umweltaktivist einen Namen gemacht und 2007 zusammen mit dem »Intergovernmental Panel on Climate Change« den Nobelpreis »für ihre Bemühungen, den vom Menschen verschuldeten Klimawandel zu erforschen und dieses Wissen zu verbreiten sowie für ihre Grundlagenforschung, die Maßnahmen benennt, um dem Wandel zu begegnen« erhalten.

Al Gore hält weltweit Vorträge zum Thema globale Erwärmung, die er »Klimakrise« nennt. 2006 spielte er die Hauptrolle in dem oscargekrönten Umwelt-Dokumentarfilm »Eine unbequeme Wahrheit«. Gore war an der Organisation des Benefizkonzerts »Live Earth« am 7. Juli 2007 beteiligt, das ausgerichtet wurde, um auf den Klimawandel aufmerksam zu machen. Heute sitzt Gore im Vorstand des amerikanischen Fernsehkanals Current TV, ist Vorsitzender der Firma Generation Investment Management, hat einen Direktorenposten bei Apple Inc. und ist inoffizieller Beirat der Google-Geschäftsführung. Gore ist Vorsitzender der »Alliance for Climate Protection« und Gesellschafter bei der Venture-Capital-Firma Kleiner Perkins Caulfield & Byers, deren Taskforce zum Klimawandel er leitet. Im Folgenden lesen Sie, was Al Gore Ihnen sagen möchte:

Kurz vor seiner Ermordung sagte Martin Luther King Jr. in einer Rede[261]: »Wir stehen jetzt vor der Tatsache, dass die Zukunft heute beginnt. Heftig drängt uns die Notwendigkeit, uns jetzt zu entscheiden, denn das sich jetzt entfaltende Rätsel des Lebens und der Geschichte kennt auch ein ›zu spät‹. Wer zögert, dem läuft auch heute noch die Zeit davon. Nach einer versäumten Gelegenheit kann es uns oft passieren, dass wir betrübt dastehen und nichts mehr in den Händen halten. Die steigende Flut der Möglichkeiten des Menschen bleibt nicht immer eine steigende Flut; sie ebbt wieder ab. Es könnte sein, dass wir dann der Zeit verzweifelt zurufen, sie möge anhalten (um uns noch eine Chance zu geben), aber die Zeit ist taub für solche Bitten und eilt weiter. Über den bleichen Gebeinen und zerstreuten Überresten vieler Kulturen stehen die beiden verhängnisvollen Worte ›zu spät‹. Es gibt ein unsichtbares Buch des Lebens, in dem unsere Wachsamkeit und unsere Versäumnisse genau aufgezeichnet sind. Omar Khayyam hat Recht, wenn er sagt: ›Der Finger bewegt sich und schreibt. Wenn er geschrieben hat, bewegt er sich weiter […]‹«

Die Klimaerwärmung birgt jedoch nicht nur Gefahren, sondern auch unerwartete Chancen. Zum einen werden in verschiedenen Bereichen Arbeitsplätze entstehen und

261 M.L. King, Beyond Vietnam, Rede in der Riverside Church, New York, am 4. April 1967. http://www.lebenshaus-alb.de/magazin/001713.html

Investitionen profitabel werden. Wir können erneuerbare Energiequellen wie Sonne und Wind nutzen. Wir die Energieverschwendung beenden. Wir können die reichen Kohlevorkommen unseres Planeten nutzen, ohne die Atmosphäre aufzuheizen.

Die Zauderer wollen uns einreden, dass das sehr viel Geld kosten wird. Dabei haben in den letzten Jahren viele Firmen ihren Ausstoß von klimaschädigenden Gasen reduziert und gleichzeitig Geld gespart. Einige der weltgrößten Unternehmen arbeiten fieberhaft daran, die enormen wirtschaftlichen Möglichkeiten zu nutzen, die sich in Zukunft durch saubere Energie ergeben werden.

Aber wenn wir das Richtige tun, dann gibt es noch etwas Wertvolleres zu gewinnen.

Durch die Klimakrise haben wir die Chance, etwas zu erleben, was nur ganz wenige Generationen im Lauf der Geschichte erleben durften: eine Mission von großer Tragweite; das Hochgefühl eines zwingenden moralischen Ziels; eine verbindende gemeinsame Sache; die aufregende Erfahrung, dass wir durch die Umstände gezwungen werden, die kleinlichen Konflikte beiseitezuschieben, die so oft das Streben des Menschen behindern, die eigenen Grenzen zu überwinden. Kurz gesagt, wir können an dieser Aufgabe wachsen.

Wenn wir diese Chance ergreifen, wird das sehr erfüllend sein und uns miteinander verbinden. Wer heute in Zynismus und Verzweiflung dahinlebt, wird wieder frei atmen können. Wer keinen Sinn im Leben sieht, wird Hoffnung fassen.

Wir werden erkennen, dass es bei dieser Krise nicht um Politik geht, sondern um eine moralische und spirituelle Herausforderung. Das Überleben unserer Zivilisation und die Bewohnbarkeit der Erde stehen auf dem Spiel. Was wir dabei über uns selbst lernen werden, wird uns die moralische Kraft geben, gangbare Lösungen für andere, verwandte Probleme zu finden, die wir gleichfalls als moralische Herausforderungen begreifen müssen: AIDS und andere Pandemien, denen Unzählige zum Opfer fallen; die Armut auf der Welt; die weltweite Umverteilung von den Armen zu den Reichen; den Völkermord in Darfur; die Hungersnöte in Nigeria und anderswo; Bürgerkriege, die immer wieder aufflackern; die Überfischung der Weltmeere; zerfallende Familien; Gemeinschaften, in denen die Menschen verstummen; die Erosion der Demokratie in Amerika und die Refeudalisierung der öffentlichen Diskussion. [...]

Wir stehen moralisch an einem Scheideweg. Es geht darum, wer wir als Menschen eigentlich sind. Wir müssen unsere Grenzen überwinden und beweisen, dass wir den Herausforderungen gewachsen sind. Wir müssen mit offenen Augen und offenen Herzen erkennen, was zu tun ist. Dies ist eine moralische, ethische und spirituelle Herausforderung.

Wir sollten diese Herausforderung nicht fürchten, sondern begrüßen. Mit den Worten von Martin Luther King: »Die Zukunft beginnt heute.«

Quelle: Al Gore (2006). Eine unbequeme Wahrheit. Die drohende Klimakatastrophe und was wir dagegen tun können. München: Riemann Verlag. Der Abdruck des Textauszugs erfolgt mit freundlicher Genehmigung der Verlagsgruppe Random House GmbH.

Wendepunkte der Menschheitsgeschichte

Mahatma Gandhi[262] hat einmal gesagt, dass es sieben Dinge gäbe, die unsere Existenz bedrohen:
- Wohlstand ohne Arbeit,
- Vergnügen ohne Gewissen,
- Wissen ohne Charakter,
- Kommerz[263] ohne Moral,
- Wissenschaft ohne Menschlichkeit,
- Religion ohne Opfer,
- Politik ohne Grundsätze.

Alle sieben Bedrohungen, die Gandhi als zerstörerisch bezeichnet, sind in unserem heutigen Alltag weitgehend präsent. Um zu verstehen, was vor uns liegt, müssen wir einen Blick zurück in den Spiegel der Vergangenheit wagen. In Kapitel 3 haben wir den Transformationszyklus beschrieben:
- *Ur-Kultur*: Vor circa einer Million Jahren begannen die Menschen, sich das Feuer nutzbar zu machen.[264]
- *Kultur der Unterwerfung*: Vor circa 10.000 Jahren begannen die Menschen, Tiere zu domestizieren, Boden zu bewirtschaften und Siedlungen zu bauen, die später zu Städten wurden.
- *Virtuelle Kultur*: In der letzten Hälfte des 20. Jahrhunderts begannen die Menschen, eine virtuelle Realität zu errichten.[265]

Wir beobachten, dass sich Transformationen jedes Mal um ein Hundertfaches schneller ereignen als beim letzten Mal. Wenn das so weitergeht, wird die aktuelle »Große Transformation« nur circa 100 Jahre dauern.

Eine neue Gesellschaftsordnung, die auf Partnerschaft, Verantwortung und universellen Werten basiert, wird zusammen mit einer fortgeschrittlichen, auf der Transformation fußenden Wirtschaftsordnung die Grundlage für unsere Zukunft sein.

---

262 http://www.mkgandhi.org/mgmnt.htm. Auf Deutsch: http://www.ccsf.de/ccsf-persoen lichkeiten_persoenlichkeit_mahatma_gandhi.html
263 Kommerz bedeutet hier auch Geschäft, unternehmerisches Handeln.
264 Der früheste Gebrauch von Feuer datiert auf eine Zeit vor 0,5–1,7 Millionen Jahren. Siehe James, S. R. (1989). Hominid use of fire in the Lower and Middle Pleistocene, Current Anthropology, 30, 1, 1–6.
265 1968 entwickelte Ivan Sutherland in Zusammenarbeit mit seinem Studenten Bob Sproull das erste, auf dem Kopf getragenes visuelles Ausgabegerät, das am Computer erzeugte Bilder auf einem augennahen Bildschirm darstellt oder direkt auf die Netzhaut projiziert – und erweiterte damit unsere Realität. In den späten 1980ern prägte Jaron Lanier, ein Pionier auf dem Gebiet, den Begriff der »virtuellen Realität«.

Die vor uns liegende Geschichte ist eine Geschichte des Erfolgs und des Scheiterns, der Veränderung und der Transformation, der Chance und des Risikos. Für Unternehmer und Führungskräfte, die darin geübt sind, auf Risiko zu setzen und damit ihr Geld zu machen, ist das nichts Neues. Das haben sie schon immer so gemacht und dabei nicht nur ihr Kapital, ihre Zeit und ihren Ruf, sondern manchmal auch ihr Leben aufs Spiel gesetzt. Unternehmer sind schon immer ein eigener Schlag gewesen. Jetzt erfordern die nächsten Jahrzehnte jedoch einen neuen Typus von Unternehmergeist: eine Kombination aus einem furchtlosen Kapitän der Entdeckerzeit und einem Astronauten, der mit jeder Sekunde dem Unbekannten einen Schritt näher kommt – und das bei zunehmender Beschleunigung. Wir werden uns auf immer mehr Komplexität und Unsicherheit einstellen müssen.

Was ist mit Ihnen?

Sind Sie bereit für das große Abenteuer? Halten Sie es aus, immer wieder mit Unerwartetem konfrontiert zu werden? Sind Sie flexibel genug, den permanenten Wandel mitzumachen und mit einer gesteigerten Komplexität zu leben? Sind Sie bereit für die »Große Transformation«?

Dann lassen Sie uns die Welt um uns herum noch einmal betrachten. Kommen Sie mit auf die Reise: Wir beleuchten die Antriebskräfte der Welt von heute und bereiten uns auf die Antriebskräfte von morgen vor. Wir nehmen unsere Möglichkeiten unter die Lupe, nicht nur, um in dieser verrückten Welt zu überleben, sondern auch, um in einer erfolgreichen Zukunft aufzublühen. Wie wir in Kapitel 1 feststellten, liegt das Geheimnis im »weji-ji«, dem chinesischen Wort für »Krise«, das sich aus zwei Teilen zusammensetzt: »Gefahr« und »Chance«. Die Kunst besteht darin, die Gefahr zu meiden und die Chance zu suchen.

In dieser neuen Welt ist nicht alles Gold, was glänzt. Und es könnte sogar sein, dass Sie entdecken, dass selbst Gold nicht mehr Gold ist. Das sollte uns aber nicht beunruhigen, denn vor uns liegen viele neue Möglichkeiten – für alle, die bereit, willens und fähig sind! Das Beste ist, dass wir alle die Chance haben, Teil dieser neuen Welt zu sein, die es noch zu schaffen gilt.

Mit Veränderung und Wandel klarzukommen, erfordert andere Fähigkeiten und Praktiken als solche, auf denen Ihr Erfolg vielleicht bisher gründete. Neben dem Umgang mit der Tranformation müssen wir in Erfahrung bringen, wie sich Kooperation und Teamwork etablieren und erhalten lassen und wie Erfolg in einer disruptiven Umwelt möglich ist. Außerdem müssen wir unsere Wendigkeit, unsere Widerstands- und Begeisterungsfähigkeit, unser Quantensprungdenken und unsere kreativitätsfördernde Innovationskraft einsetzen und die Fähigkeit entwickeln, die richtigen Fragen zu stellen.

Die von uns vorgeschlagenen Lösungsansätze bieten eine Reihe an Möglichkeiten für Innovation und unternehmerisches Handeln. Die meisten der neuen Unternehmungen werden auf sozialen Netzwerken aufbauen und sich bis in die virtuelle Welt erstrecken. Zum ersten Mal in der Menschheitsgeschichte hat praktisch die ganze Menschheit Anteil an der Zukunft.

Eine neue Wirklichkeit

Vorausgesetzt, jeder befolgte die von uns vorgeschlagenen Maßnahmen, stellt sich die Frage, ob wir als Spezies bei einer für 2050 prognostizierten Weltbevölkerung von 9,5 Milliarden überhaupt überlebensfähig wären. Den Klimawandel könnten wir vielleicht noch bewältigen, vielleicht auch den gesellschaftlichen und ökonomischen Wandel, die bewaffneten Konflikte und die »Ökonomisierung« der Kunst. Mit ein bisschen Glück könnten wir auch die Energiekrise in den Griff bekommen. Wir wären aber möglicherweise nicht imstande, die Zerstörung der Umwelt und die globale Polarisierung mit all ihren desaströsen Folgen aufzuhalten.

Wir dürfen zwar nicht vergessen, dass die Globalisierung die Kernprobleme verstärkt. Eine Hybridexistenz im »Metaversum« aber würde vieles erleichtern. Die Lösung könnte in lokaler Produktion, weniger Reisen und einem eher losen globalen Zusammenschluss unabhängiger Wirtschaftszonen liegen. Ein interessantes Beispiel ist in diesem Zusammenhang das Cradle-to-Cradle-Konzept von William McDonough und Michel Braungart.[266] Auf jeden Fall wird die Globalisierung sich in Richtung des virtuellen Teils des »Metaversums« bewegen.

Liegt in China und Indien der Schlüssel zur neuen Welt? Heutzutage scheinen sie noch dem alten kapitalistischen Prinzip des »Immer mehr« zu folgen. Werden sie die neuen Prinzipien der Partnerschaft, der Verantwortung und Transformation und der hybriden Existenz in der realen und gleichzeitig der virtuellen Welten für sich annehmen? Wird Europa sie befolgen? Oder wird es eine Renaissance in den USA geben, die dann die Führung in der »Großen Transformation« übernehmen?

Neue Denk- und Verhaltensweisen werden uns den Weg in eine neue Wirklichkeit weisen, die ein anderes Gesicht hat und auf sozialen und wirtschaftlichen Innovationen und, das ist wohl am wichtigsten, auf neuen Lebensstilen beruht. Wie in Abbildung 38 illustriert, gehen wir von einer vieldimensionalen Transformation aus.

---

266 McDonough, W., Braungart, M. (2002). Cradle to Cradle: Remaking the Way We Make Things. San Francisco: North Point. Auf Deutsch: McDonough, W., Braungart, M. (2005). Einfach intelligent produzieren: Cradle to cradle: Die Natur zeigt, wie wir die Dinge besser machen können. Gebrauchsanweisung für das 21. Jahrhundert. Berlin: Berlin Verlag Taschenbuch.

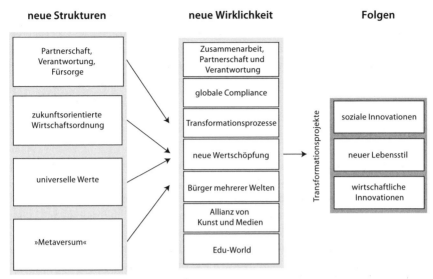

Abbildung 38: Neue Strukturen, neue Wirklichkeit und ihre Folgen

Unsere Kernbotschaften

Unsere Kernbotschaften sind die folgenden:

- Unsere Kultur steht kurz vor dem Untergang. Wir stecken in der größten Krise seit Menschengedenken und wir haben sie selbst verschuldet.
- Wir gehen einer neuen »Großen Transformation« der menschlichen Kultur entgegen, die zwei Richtungen kennt: weg von der alten Welt und optimistisch auf eine neue Welt zu oder zurück zum Anfang, wo unser langer Weg vor vielen Jahrtausenden begann.
- Wir haben viele Probleme verursacht, die im engen Zusammenhang stehen, und sie durch die wachsende Anzahl von Menschen auf diesem Planeten weiter verstärkt.
- Da die Probleme miteinander verknüpft sind, brauchen wir globale Lösungen, die *jenseits* der bestehenden Strukturen von Gesellschaft und Wirtschaft liegen.
- Die grundlegenden Kräfte, die die »Große Transformation« antreiben, sind eng mit der Art unseres Denkens und Handelns in unserer Kultur verbunden – Herrschaft, Kontrolle und unbegrenztes Wirtschaftswachstum, geschürt von unbändigem Bevölkerungswachstum und unserer unbezähmbaren Gier.

Schließlich müssen wir uns bewusst machen, dass es nicht um irgendwelche Menschen geht, die weit weg wohnen, sondern um uns. Wenn es klappt, können wir eine neue Welt aufbauen. Wenn nicht, werden wir zum Anfang zurückgehen müssen, denn dann sind wir die letzte Generation von Menschen, die diesen Planeten besiedelt. Die Zeit läuft uns davon – jetzt ist die Zeit zum Handeln. Jetzt haben wir die Chance, uns unsere eigene Zukunft zu schaffen!

 Biovision[267]

Biovision ist eine Stiftung für projektbezogene, ökologische und nachhaltige Entwicklungshilfe für Menschen in Afrika und fördert damit im Sinne der Hilfe zur Selbsthilfe die Erhaltung der natürlichen Lebensgrundlagen. Biovision ist ein gutes Beispiel für nachhaltige Entwicklungshilfe, die zugleich auch das soziale Unternehmertum unterstützt.

Biovision bekämpft Armut und Hunger an der Wurzel. Sie fördert ökologisches Denken und Handeln – im Norden wie im Süden. Sie setzt sich ein für die Entwicklung, Verbreitung und Anwendung von ökologischen Methoden, die zur nachhaltigen Verbesserung der Lebensbedingungen in Afrika führen.

Biovision wurde 1998 vom Schweizer Welternährungspreisträger Dr. Hans Rudolf Herren gegründet mit dem Ziel, die Lebenssituation der Menschen in Afrika nachhaltig zu verbessern und die Natur als Grundlage allen Lebens zu erhalten.

---

267 Mehr Information unter http://www.biovision.ch

Dabei sein

Liebe Leserin, lieber Leser,
helfen Sie mit, den Dialog aktiv aufrechtzuerhalten. Die Themen dieses Buches sind zu gewichtig, als dass wir sie den Wissenschaftlern oder Politikern allein überlassen könnten. Es geht uns alle an, die ganze Menschheit, und wir können alle zur Lösung der Probleme beitragen.

Wir, die Autoren, werden weiter am Modell des Wertegleichgewichts arbeiten und über die sozialen und wirtschaftlichen Systeme und Strukturen nachdenken. Die Ideen, die wir in diesem Buch vorgestellt haben, möchten wir noch breiter streuen und in die Welt tragen. Über unsere Website www.beyond-comfort-zone.com können Sie an der Diskussion teilnehmen und Entwicklungen fördern. Wir dürfen keine Zeit verlieren – lassen Sie's uns angehen!

Sind Sie bereit? Wollen und können Sie mitmachen? Die »Große Transformation« ist wohl nicht mehr aufzuhalten, ihren Ausgang aber können wir beeinflussen.

Dafür brauchen wir Menschen, die bereit, den Durchbruch zu erzielen und den Zusammenbruch zu verhindern und dies auch können. Den Ernst der Lage zu erkennen und Veränderungsbereitschaft zu signalisieren, sind nur die ersten Schritte. Wir müssen unsere Komfortzone verlassen, um Raum für neue Lebensstile zu schaffen. Wir müssen jeden Einzelnen mobilisieren, seine Macht als Verbraucher, als Kunde und als Bürger zu nutzen, um den Wandel hin zu einer besseren Welt zu unterstützen. Zur Entwicklung kreativer Lösungen und Projekte müssen wir so viele kluge Köpfe wie möglich auf unsere Seite bringen. Was wir hier vorgeschlagen haben, sind Lösungs*ansätze* zur Weiterentwicklung.

Stellen Sie sich die grundsätzlichen Fragen! Sind Sie bereit und gewillt:
- ... Ihre Komfortzone zu verlassen?
- ... andere Leute davon zu überzeugen, es Ihnen gleich zu tun?
- ... bei der Beschaffung von Geldern zu helfen, die für eine »Sensibilisierungskampagne« nötig sind?
- ... eine »Jenseits«-Diskussions- und Aktionsgruppe zu gründen?
- ... die Entwicklung der Millennium-Projekte zu unterstützen?

Um welche Millennium-Projekte geht es da genau?

Zu den Millennium-Projekten zählen:
- das Bevölkerungswachstum stoppen,
- Partnerschaftsprojekte umsetzen,
- globale Compliance erreichen,
- Grüne Sahara,
- Solarenergie nutzen,
- künstliche Fotosynthese,
- $CO_2 \rightarrow C + O_2$,
- $CO_2 \rightarrow$ Brennstoff,
- $2H_2O \rightarrow 2H_2 + O_2$,
- Biogas aus Abfällen,
- neue Lebensstile,
- globaler virtueller Kunstraum,
- Stiftung Edu-World.

Sind Sie bereit, zur Weiterentwicklung der Lösungsansätze in diesen Bereichen beizutragen?

Zu den Lösungsansätzen zählen:
- Schaffung neuer gesellschaftlicher Strukturen,
- Neubewertung sozialer Werte,
- Stoppen des Bevölkerungswachstums,
- Streben nach Zusammenarbeit und Partnerschaft,
- Festlegung und weltweite Aktzeptanz universeller Werte,
- zukunftsorientierte Wirtschaftsordnung und neue Wertschöpfungsprozesse,
- »Metaversum« und Bürgerschaft in vieler Welten,
- Entwicklung und Etablierung neuer Lebensstile,
- Zusammenschluss der Kunst mit den Medien und Bildungseinrichtungen,
- Edu-World – Bildung und Edutainment im »Metaversum«.

Und wann soll's losgehen? Gleich jetzt? So schnell wie möglich?

Auf unserer Website finden Sie weitere nützliche Informationen über die vielfältigen Handlungsmöglichkeiten. Dort kann man auch miteinander in Kontakt treten und Ideen austauschen.

Auf unserer Website finden Sie einen »psychologischen Vertrag«, den wir Sie bitten würden zu unterzeichnen. Es ist zunächst einmal wichtig, dass Sie mit dem Inhalt einverstanden sind. Keiner zwingt Sie, zu unterschreiben; es gibt auch keine direkten Folgen oder Strafen, wenn Sie den Vertrag nicht erfüllen oder sich nicht an die Vereinbarungen halten können. Dieser einfache Vertrag kann aber Ihr erster Schritt zum Engagement sein. Entscheidung und Handlung liegen in Ihrer Hand.

Wir brauchen alle Talente und alle verfügbare Kreativität, um den Zusammenbruch unserer Zivilisation zu verhindern oder gar die Auslöschung der menschlichen Spezies zu verhindern und die »Große Transformation« auf eine neue Welt hinzulenken, in denen es allen Menschen besser geht.

Zerstörerische Kräfte sind überall präsent und tun ihre Arbeit. *Die Zukunft beginnt heute!* Heute entscheiden wir über unser Schicksal von morgen!

Danksagung

Unser herzlicher Dank gilt allen »Denkern von morgen«, die die Vignetten verfasst haben, namentlich:

Salvador García
D. K. Matai
Belmiro Azevedo
Astrid Stückelberger
Fabio C. Barbosa
Henry Mintzberg
Ramnath Narayanswamy
Riane Eisler
Konstantin Theile
Sue Howard und Yochanan Altman
Bertrand Piccard
Howard Jones
Richard Boyatzis, Annie McKee und Fran Johnston
Manfred Kets de Vries
Ximena Dávila Yáñez und Humberto Romesín Maturana
Al Gore

Dem Global-Virtual-Team danken wir ganz herzlich für seine Unterstützung und Beiträge. In alphabetischer Reihenfolge sind dies namentlich:

Alain Mouni, Corporate Management Performance, CDO Consulting, Vevey, Schweiz

Alan Auerbach, emeritierter Professor für Psychologie, Wilfried Laurier University, Waterloo, Ontario, USA

Dr. Andrew Dearing, Secretary General, European Industrial Research Management Association, Paris, Frankreich

Dr. Andrew Stainton, Senior Fellow, School of Management, University of Southampton, Großbritannien

Arturas Bumbly, Marketing Manager, Vilnius, Litauen

Berthold Hackl, Managing Director, Heidelberg Innovation, Heidelberg

Bruno Stulz, Biologie- und Bildungsexperte, Luzern, Schweiz

Dr. Clive Stainton, Unternehmensberater, Musikproduzent, London, Großbritannien

Czeslaw Paulus, IT-Spezialist, Waldshut, Deutschland

Dr. Daniel Maerki, Managing Director, Das Fernlicht, Wien, Österreich

David Miller, Präsident des British Horticultural Institute, Großbritannien

Dr. David Strong, Professor für BWL, Houston, Texas, USA

Deepak Nayak, Indien, MBA-Student, ESADE Business School, Barcelona, Spanien

D. K. Matai, Executive Chairman, mi2g, ATCA, The Philantropia, London, Großbritannien

Ed Marsh, Leiter der Abteilung Talent and Leadership Development, Nestlé, Vevey, Schweiz

MBA-Studierende der Educatis-Universität: Alexandra Gandini, Bastian Schallenberg, Benjamin Hellbusch, Hans Krummenacher-Wüst, Jérôme Manvill, Marcel Zbinden, Marion Beier, Michael Buck, Mimi Frischknecht, Stefan Konzack-Wenger

Erich Chiavi, Raum- und Farbphysiologe, Davos, Schweiz

Francesc Lamolla, Professor am Department of Business Policy, ESADE, Barcelona, Spanien

Guido Spichty, Executive Education, Crans-Montana, Schweiz

Henning Kosmack, Business Development & Innovations, Nokia Siemens Networks, München, Deutschland

Jan Klimek, Professor an der Handelshochschule Warschau, Mitglied der EU-Wirtschaftskommission, Brüssel, Belgien

Jörg Geier, Stellvertretender Generalsekretär, Club of Rome, Hamburg, Deutschland

Dr. Kimio Kase, Senior Lecturer in Strategic Management, IESE Business School, Madrid

Klaus Blum, Kanzler der Educatis-Universität, Altdorf, Schweiz

Max von Zedtwitz, Professor an der Tsinghua University, China, an der Universität von St. Gallen, Schweiz, Präsident der AsiaCompete International

Monika Noser, Präsidentin des World Wide Business Centres, Network Europe, Zürich, Schweiz

Dr. Pero Micic, Geschäftsführer der FutureManagementGroup AG, Eltville, Deutschland

Peter E. Naegeli, Vorstandsvorsitzender der Abegglen Management Consultants, Zürich, Schweiz

Dr. Petra Wüst, Self Branding, Basel, Schweiz

Pierre von Moos, Ökonom und Ökologe, Baden, Schweiz

Rafal Kwiatkowski, Strategic Planning, Telecommunications, Warschau, Polen

Ramnath Narayanswamy, Professor am Indian Institute of Management, Bangalore, Indien

Richard John Artley, Professor und Chief Scientist in der ETeCH Management GmbH, Zürich, Schweiz

Richard Watson, Geschäftsführer des Global Innovation Network, Sydney, Australien

Sebastian Stücker, Programmierer bei Eurospace, Deutschland

Stefan Berner, Software-Architekt, FJA, Zürich, Schweiz

Tamara Raich, Geschäftsführerin der Tara Security Services, Rümlang, Schweiz

Tielman Nieuwoudt, Consumer Goods Consultant, Emerging Markets, Ho Chi Minh City, Vietnam

Tlelai Thabiso, Unternehmer, Bloemfontein, Südafrika

Tomasz Krzeminski, XELLECT-Project-Integrator, Katowice, Polen

Dr. Waltraud Hellmann, Human Resources, Merck, Darmstadt, Deutschland

Werner Pfeiffer, Wirtschaftswissenschaftler, Deutschland

Willi Frei, Finanzwissenschaftler, Zürich, Schweiz

Für seine tatkräftige Unterstützung bedanken wir uns auch bei Claudio Cisullo, Präsident des Board of Directors, CC Trust Group Ltd., Zug, Schweiz.

Die Abbildungen sind in Anlehnung an grafische Ideen von Tomasz Krzeminski, XELLECT-Project-Integrator, Katowice, entstanden.

Schließlich danken wir dem Team von Vandenhoeck & Ruprecht für seine Unterstützung. Wir danken dem Lektor Herrn Günter Presting für die Aufnahme unseres Buches in sein Programm und der Redakteurin Frau Sandra Englisch für ihre zuverlässige und kompetente Begleitung im Publikationsprozess.

Die Autoren

Professor Mario Raich ist Zukunftsforscher und Ideenentwickler. Weltweit berät er verschiedene Arten von Unternehmen im Bereich des Change- und Innovationsmanagements. Raich spricht fließend Deutsch und Schweizerdeutsch, Englisch, Französisch, Italienisch, Polnisch und Spanisch. Er hatte Führungspositionen in großen internationalen Firmen wie Xerox, Citigroup und Zürich Financial Services inne. Als erfolgreicher Unternehmer hat Raich eigene Firmen in unterschiedlichen Branchen gegründet, vor allen Dingen im Verlagswesen und der Beratung. Eines seiner wichtigsten Beratungsprojekte – ein Langzeitprojekt über zehn Jahre zur Entwicklung und Fortbildung von Unternehmern in Polen – wurde von der Schweizer Regierung finanziert. Mehr als 15.000 polnische Unternehmer, Manager und Studenten nahmen an diesem Projekt teil. Seit 1997 ist Professor Raich Vorstand von Learnità Ltd., einem Londoner Institut für Innovationsmanagement mit globaler Ausrichtung (www.learnita.com).

Raich lehrt seit 1997 als Gastprofessor an der ESADE Graduate School of Business in Barcelona und ist seit 2001 außerordentlicher Professor am GSM der Educatis-Universität in Altdorf, Schweiz. Außerdem ist er Gründungsdirektor des Institute for Strategic Innovation. Von 1997–2001 war er außerdem als Gastprofessor an der HEC School of Management in Paris.

Professor Simon L. Dolan ist Professor für Personalführung und Arbeits- und Organisationspsychologie an der ESADE Business School in Barcelona, eine der weltweit führenden akademischen Einrichtungen auf diesem Gebiet. Er war zuvor Professor für Personalmanagement und Arbeits- und Organisationspsychologie an der Universität Montréal und der McGill University. Professor Dolan ist Autor zahlreicher Publikationen rund um die Themen Personalführung und Arbeits- und Organisationspsychologie, berufsbedingter Stress und Change Management. Er gibt die Zeitschrift »Cross Culture Management: An International Journal« heraus und ist im Herausgeberkreis mehrerer internationaler wissenschaftlicher Zeitschriften wie »Human Resource Planning«, »Management Research«, »Career Development International« vertreten. Professor Dolan spricht Englisch, Französisch, Spanisch und Hebräisch und versteht Deutsch und Polnisch. Er ist Autor und Co-Autor von über 35 Büchern, von denen einige auf den Bestsellerlisten großer Verlage wie McGraw-Hill und Planeta stehen. Seine jüngsten englischsprachigen Publikationen sind bei Palgrave Macmillan erschienen: »Managing by Values« (2006, zusammen mit Salvador García und Bonnie Richley) und »Stress, Self-Esteem, Health and Work« (2007). Als Wissenschaftlicher Direktor des Institute for Labor Studies an der ESADE betreut Professor Dolan zahlreiche wissenschaftliche Studien zum Thema Führungsverantwortung. Er ist Begründer und Präsident der Unternehmensberatung Gestion MDS Management Inc. in Montréal, die seit über 30 Jahren ihre Beratungsdienste weltweit anbietet. Als beliebter Redner hat Dolan schon über 600 Reden und Präsentationen weltweit gehalten. Sein aktueller Lebenslauf ist unter www.mbvsuite.com/dolancv einzusehen.

Register

Personen

Sachbegriffe